Kerstin Lammer

Den Tod begreifen

Neue Wege in der Trauerbegleitung

Mit einem Geleitwort von
Yorick Spiegel

4. Auflage 2006

Neukirchener

Neukirchener Verlag
Verlagsgesellschaft des Erziehungsvereins mbH, Neukirchen-Vluyn

Umschlaggestaltung: Hartmut Namislow
Druckvorlage: Dorothee Schönau
Gesamtherstellung: MVR-Druck, Brühl
Printed in Germany
ISBN 3–7887–2019–0

Bibliografische Information Der Deutschen Bibliothek

Die Deutsche Bibliothek verzeichnet diese Publikation in der Deutschen Nationalbibliografie; detaillierte bibliografische Daten sind im Internet über http://dnb.ddb.de abrufbar.

Zu diesem Buch

Das Buch stellt neue Wege der Trauerbegleitung vor. Gängige Phasenmodelle der Trauer sind 30 Jahre alt und älter. Inzwischen haben sich die gesellschaftlichen Bedingungen von Sterben, Tod und Trauer gewandelt; die Trauerforschung ist fortgeschritten. Das Buch bringt LeserInnen auf den neuesten Stand und gibt ihnen ein modernes Konzept der Trauerbegleitung an die Hand. Es bietet ein übersichtlich systematisiertes Kompendium der neueren internationalen Trauerforschung und fasst die Ergebnisse zu einem Modell von sechs Aufgaben der Trauerbegleitung zusammen. Die Umsetzung wird mit vielen Fallbeispielen aus der Praxis illustriert.

Trauerbegleitung beginnt heute zu spät. Im Unterschied zur verbreiteten Annahme, am Beginn des Trauerprozesses stehe eine »Schockphase«, während derer Trauerbegleitung nicht möglich und nicht nötig sei, arbeitet die Autorin die bisher verkannte Bedeutung gerade der frühen Trauerauslösung heraus. Ihr Konzept folgt der Devise »vorbeugen statt heilen« und setzt Trauerbegleitung bei der ersten Gelegenheit an: beim Abschied am Sterbe- und Totenbett. Denn die erste Aufgabe der Trauerarbeit, die »Realisierung des Todes«, kann dann und dort am besten angegangen werden, wo der Tod eintritt und man ihn körperlich sehen, hören, riechen und be-greifen kann.

Was hier versäumt wird, führt oft zu komplizierten Trauerverläufen und muss später mit aufwendigen Therapieverfahren nachgeholt werden. Zur Prävention ist es sinnvoll, Trauerbegleitung zur Sterbezeit und am Sterbeort – in der Mehrzahl der Fälle also im Krankenhaus – anzubieten. Heute handelt es sich häufig zugleich um die letzte Gelegenheit, Trauernde überhaupt mit einem Begleitangebot zu erreichen und Risikofaktoren rechtzeitig zu erkennen.

Neben *allgemeinen* Grundsätzen moderner Trauerbegleitung stellt die Autorin die besonderen Charakteristika und Stärken einer *seelsorglichen* Trauerbegleitung dar.

Die Nachfrage nach kirchlichen Trauerfeiern geht stark zurück. Doch Kirche kann im Trauerfall mehr und noch anderes bieten. Sie *muss* es auch, damit ihr die Expertise im Trauerfall nicht weiter entgleitet. Das Buch zeigt neue Chancen auf.

Dank

Die vorliegende Studie wurde von der Theologischen Fakultät der Christian-Albrechts-Universität zu Kiel im Wintersemester 2002/2003 unter dem Titel »Den Tod begreifen – Trauerbegleitung am Totenbett. Begründung und Entwurf perimortaler Seelsorgepraxis im Krankenhaus« als Dissertation angenommen. Mein Doktorvater Prof. Dr. Reiner Preul hat das Projekt von der ersten Idee an gefördert, mich in der Eigenständigkeit meiner Konzeption und meiner Positionen bestärkt und stets konstruktiv begleitet. Wo ich ins Zweifeln oder Stocken geriet, blieb er unbeirrt vom Gelingen der Arbeit überzeugt. Ihm vor allen danke ich sehr herzlich. Für viele anregende Fachgespräche und freundschaftliche Unterstützung danke ich Prof. Dr. Ulrike Wagner-Rau, Dr. Bertold Höcker und Prof. Dr. Michael Klessmann. Reinhard Dircks, Kai Detig, Gitta Wilke und besonders Kerstin Krohn danke ich für liebevolle Begleitung, Ermutigung, Verzicht – und dafür, dass sie immer noch da sind. Ich danke meinen Eltern, die meine Arbeit auf die vielfältigste Weise unterstützt haben, und meiner Schwester Anja für alle Hilfe und Anteilnahme. Für Druckkostenzuschüsse danke ich der Nordelbischen und der Westfälischen Landeskirche, der EKU, der VELKD und der Deutschen Gesellschaft für Pastoralpsychologie. Dorothee Schönau gilt mein Dank für das Erstellen der Druckvorlage. Schließlich danke ich für das freundliche Geleitwort. Dass Yorick Spiegel mein Buch damit würdigt, ehrt mich sehr.
Die Erfahrungen, die diesem Buch zugrunde liegen, verdanke ich meinen PatientInnen und KlientInnen, die mir Vertrauen geschenkt und ihre Trauer mit mir geteilt haben. Sie waren mir LehrmeisterInnen in der Begegnung mit dem Tod.

Schwerte, im Juni 2003 Kerstin Lammer

Vier Monate nach Erscheinen war die erste Auflage dieses Buches vergriffen, und die zweite, leicht korrigierte, ging in den Druck; zwei Jahre später erscheint die vierte Auflage – darüber freue ich mich! Ich danke den Leserinnen und Lesern für ihr Interesse und dem Neukirchener Verlag für die zügigen Neuauflagen.

Schwerte, im Januar 2006 Kerstin Lammer

Zum Geleit

Endlich, nach exakt dreißig Jahren, erscheint in Deutschland wieder eine Studie, die in ähnlich breit angelegter Form und in vergleichbar interdisziplinärer Weise wie meine eigene die Arbeit mit Trauernden beschreibt.
Diese Arbeit hat sich in vielen Bereichen ausdifferenziert und ist enorm angewachsen, nicht nur in Seelsorge und Psychoanalyse, sondern auch in der Psychologie und der Ethologie. Zunehmend wird in der Pflege alter Menschen geforscht und gelehrt.
In der Theologie gehen in der letzten Zeit das Gemeindepfarramt und die Krankenhausseelsorge immer weiter auseinander. Hier hat Kerstin Lammer ihr Schwergewicht in die Krankenhausseelsorge und auf die Kooperation mit ihren Kolleginnen und Kollegen aus der Seelsorge in den verschiedensten Konfessionen und Religionen, aber auch mit Ärztinnen und Ärzten und dem Pflegepersonal gelegt.
So wünsche ich mir eine Theologie: Auf der einen Seite soll sie in Fragen nach Sterben und Trauer mit anderen Disziplinen zusammenarbeiten. Auf der anderen Seite muss die Theologie sich weiter bewegen und sich nicht allein auf die Tradition verlassen.
Ich wünsche Kerstin Lammers Studie eine breite Rezeption und eine intensive Diskussion.

Offenthal, im Juni 2003 Yorick Spiegel

Prof. Dr. Yorick Spiegel ist Autor des 1973 veröffentlichten und seither in 13 Auflagen erschienenen Buches »Der Prozeß des Trauerns. Analyse und Beratung«.

Inhalt

EINLEITUNG

Thema, Anliegen und Aufbau des Buches

Thema, Anliegen und Aufbau des Buches

Trauerbegleitung beginnt heute zu spät

Die Krankenschwester bittet mich, zur Notaufnahme zu kommen. Ein noch nicht einjähriges Kind ist am plötzlichen Kindstod gestorben, die Reanimation ist nicht gelungen. Die Schwester möchte, dass ich die Mutter beruhige und dazu bewege, nach Hause zu gehen.
Die junge Mutter läuft im Warteraum rastlos umher, »Mein Baby, mein Baby, mein Baby!« Sie schlägt ihren Kopf an die Wand. Sie bückt sich und schaut unter Stühle, sie reckt sich, um hinter das Sofa zu sehen, sie sucht – »Mein Baby!« Und es ist ganz klar: Die Frau muss nicht beruhigt und nicht nach Hause geschickt werden; sie muss zu ihrem toten Kind.
Ich bringe sie zum Totenbett. Sie fliegt auf den kleinen Körper zu und nimmt ihn hoch. Sie spricht mit ihm, stutzt, schüttelt den Körper, schreit ihn an. Sie will ihn zum Leben erwecken, vergeblich. Dann werden ihr die Knie weich und sie sinkt zu Boden. Ich fange sie auf und halte sie, helfe ihr wieder hoch. Schütteln, Schreien, Schlagen, Zusammensinken. So geht es wieder und wieder, dreimal. Dann legt sie den Körper des Kindes auf die Bahre, streichelt ihn leise und sagt: »Du bist ja so kalt.« »Ja,« sage ich, »sie ist kalt. Ihre kleine Tochter ist tot. Es tut mir so leid!« Still fährt die Frau fort, den reglosen Körper zu streicheln. Und langsam be-greift sie den Tod ihres Kindes.
Schließlich nimmt sie ihr totes Baby in die Arme, sanft, sie wiegt es, weint, spricht leise mit ihm, legt es wieder hin, nimmt ihren Abschied. Und dann fällt ihr ihr anderes Kind ein, das auf sie wartet, und sie will zu ihm gehen.
Ich begleite sie hinaus, aus dem Sterbezimmer, aus der Notaufnahme, aus dem Krankenhaus – jede Tür eine Schwelle: das verstorbene Kind zurücklassen, eintreten in die Welt der Lebenden, der Öffentlichkeit. Draußen kommt uns die Freundin der Frau mit einem kleinen Jungen in der Sportkarre entgegen. Die Frau zögert, dann läuft sie auf ihr lebendes Kind zu, sie kniet vor der Kinderkarre nieder und drückt ihren Sohn fest an sich.[1]

1 Die Fallgeschichte und die folgenden Ausführungen wurden in gekürzter Fassung vorveröffentlicht in *K. Lammer*, Den Tod begreifen – Trauerbegleitung am Totenbett, in: WzM 52 (2000), 400–408

Trauerbegleitung beginnt heute zu spät. Das ist die These dieses Buches. Trauerbegleitung sollte schon dann und dort ansetzen, wo (vgl. die obige Fallgeschichte) die erste Aufgabe, die Trauernde bewältigen müssen, körperlich angegangen werden kann: die *Realisierung des Todes*. Trauerbegleitung sollte dann und dort beginnen, wo der Tod wirklich eintritt und wo ich ihn sehen, hören, riechen und be-greifen kann: *in der Todesstunde, am Sterbe- und Totenbett.*
Trauerbegleitung zur Sterbezeit und am Sterbeort, mit einem terminus technicus als »perimortal« zu bezeichnen, geschieht mancherorts bereits: In dörflichen Gemeinden werden PastorInnen z.T. noch gerufen, wenn Menschen zu Hause sterben; Hospize beteiligen Zugehörige an der Begleitung Sterbender zum Tod und ermöglichen ihnen das Abschiednehmen;[2] einige Pflegeheime richten inzwischen »Abschiedsräume« ein; Notfallseelsorgedienste stehen an Unfall- und Katastrophenorten u.a. den Zugehörigen von tödlich Verunfallten zur Verfügung. Perimortale Trauerbegleitung anzubieten, ist überall sinnvoll, wo Menschen sterben und Zugehörige ihren Tod unmittelbar oder mittelbar erleben. Die Anregungen dieses Buches lassen sich auf alle diese Kontexte anwenden. Der größte Bedarf besteht aber dort, wo in der modernen westlichen Gesellschaft bei weitem die meisten Menschen sterben: *im Krankenhaus*. Leider haben entsprechende Bemühungen dort bisher nur sehr vereinzelt Erfolg. Im Krankenhaus stellt der Tod von PatientInnen den »Betriebsunfall« dar, Scheitern und Ende der lebenserhaltenden ärztlichen Kunst. Und hier fühlt man sich für PatientInnen zuständig, nicht für deren Zugehörige. Im Krankenhaus sind Sterben und Trauern i.S. der Systemtheorie »system-nicht-konforme Prozesse«.[3]
Auf die Mehrzahl der Fälle trifft weiterhin zu, dass Trauerbegleitung zu spät beginnt. Das bezieht sich sowohl auf die *Praxis*- als auch auf die *Theorieebene*: die verschiedenen für eine Trauerbegleitung infragekommenden Berufsgruppen intervenieren in der Praxis zu spät, und

2 Dies gilt ebenso für die Hospiz-ähnlichen Palliativ-Stationen in Krankenhäusern. Bei beiden werden Sterben und Tod bewusst in den Mittelpunkt der Bemühungen gestellt und begleitet. Man bezieht Zugehörige hier in die Sterbebegleitung mit ein, allerdings weniger um ihrer selbst als um der Sterbenden willen. Der Akzent liegt in beiden Fällen darauf, das *Sterben*, nicht das *Trauern* zu erleichtern – doch kann das eine durchaus positive Auswirkung auf das andere haben. Stellvertretend für die wachsende Fülle der Hospiz-Literatur vgl. *A. Fried*, Wo man in Frieden sterben kann. Die Hospizbewegung, Wuppertal 1988; *H. Petzold / I. Rösing* (Hg.), Die Begleitung Sterbender. Theorie und Praxis der Thanatotherapie, Paderborn ²1992; *R.W. Buckingham*, Hospiz – Sterbende menschlich begleiten, Freiburg i.Br. 1993; *A. Heller* (Hg.), Kultur des Sterbens. Bedingungen für das Lebensende gestalten, Freiburg i.Br. 1994. Zur Palliativmedizin vgl. *R. Zielinsky*, Wo Schmerzen ihre Schrecken verlieren. Ein Modell der palliativen Therapie, Mainz 1988.

3 Vgl. *C. Morgenthaler*, Sterben im Krankenhaus – systemische Aspekte, in: WzM 52 (2000), 408–424, insbes. 411. S. auch unten zum Krankenhausgesetz.

in den dazugehörigen Wissenschaftszweigen wird Trauerbegleitung auch theoretisch zu spät angesetzt.

Das gilt für den Bereich von *Theologie und Kirche:* Die christliche Tradition früherer Jahrhunderte kannte zur Sterbezeit eine lange Reihe von Übergangshilfen; jeder Handgriff vom Abendmahl am Sterbebett über das Waschen und Ankleiden der Verstorbenen bis hin zur Bestattung wurde mit reicher Liturgik begleitet.[4] Heute verortet man den pastoralen Erstkontakt im Trauerfall im Kontext von Kasualtheorie[5] und Bestattungspraxis – und das heißt: immer später, je weiter Tod und Trauerfeier inzwischen auseinandertreten.[6]

Dass Trauerbegleitung theoretisch und praktisch zu spät ansetzt, gilt erst recht für den Bereich von *Psychologie und Psychiatrie:* Theoretisch hält man eine Erstintervention erst Wochen und Monate nach dem Tod für sinnvoll;[7] praktisch findet der Erstkontakt mit Trauernden oft erst dann statt, wenn ihr Trauerprozess so fehlgeleitet ist, dass sie zum Therapiefall geworden sind. In aufwendigen, retrospektiven Therapieverfahren sucht man dann »zur ersten Phase der Trauer ... zurückzukehren, die zur Zeit des Verlustes übergangen oder verpfuscht worden war«[8] und nachzuholen, was sich unter günstigeren Umständen am Beginn des Trauerprozesses ganz natürlich hätte ergeben können.

4 Vgl. u.a. *Ordo Romanus*, 49; *J. Bärsch / B. Kowalski*, Trauernde trösten – Tote beerdigen, Stuttgart 1997, 52.

5 Zur Kasualtheorie vgl. als modernen Klassiker *F. Ahuis*, Der Kasualgottesdienst. Zwischen Übergangsritus und Amtshandlung, Stuttgart 1985. Eine Erweiterung der kirchlichen Amtshandlungspraxis, wenn auch nicht im hier vorgeschlagenen Sinne, empfehlen *J. Matthes*, Volkskirchliche Amtshandlungen, Lebenszyklus und Lebensgeschichte, in: *ders.* (Hg.), Erneuerung der Kirche – Stabilität als Chance?, Gelnhausen/Berlin 1975, 83–112, hier 101, 111, sowie in ihrer Habilitationsschrift *U. Wagner-Rau*, Segensraum. Kasualpraxis in der modernen Gesellschaft, Stuttgart 2000, hier bes. Kap. 5.3, 224ff.

6 In einer Großstadt wie Hamburg erhalten PastorInnen oft erst nach Tagen Nachricht von einem Todesfall; die Trauerfeier findet nicht selten erst 10, 14 und mehr Tage später statt.

7 Selbst die wenigen neueren AutorInnen, die sich ausdrücklich für ein Konzept einer frühen, präventiven Erstintervention aussprechen, setzen deren Beginn frühestens 2–8 Wochen nach dem Todesfall an. Vgl. *T.A. Rando*, Grief, Dying and Death. Clinical Interventions for Caregivers, Champaign, Illinois (Research Press Company) 1984, 108. Die diesbezüglichen Vorschläge des Trauer-»Klassikers« *E. Lindemann*, Symptomatology and Management of Acute Grief, in: American Journal of Psychiatry 10 (1944), 141–148, haben in der breiten Rezeptionsgeschichte seines Beitrags leider keinerlei Niederschlag gefunden.

8 *S.J. Bowlby*, Trauern in der Kindheit, in: *ders.*, Das Glück und die Trauer. Herstellung und Lösung affektiver Bindungen, Stuttgart 1982, 74. An retrospektiven Ansätzen der Trauertherapie vgl. neben der Psychoanalyse z.B. die »Re-grief work therapy« nach *Volkan* (Psychiatric Quarterly 45 [1971], 255–273) und das »Reliving-Revising-Revisiting« nach *Melges/ DeMaso* (American Journal of Psychotherapy 34 (1) [1980], 51–61). Vgl. dazu ausführlich in Teil II des Buches.

Erste Trauerreaktionen und deren Begleitung – Forschungs- und Praxislücke

Trotz des wachsenden wissenschaftlichen und populären Interesses an Themen um Sterben, Tod und Trauer, trotz anwachsender Literatur, trotz sich häufender Fernsehbeiträge und Talkshows zum Thema – trotz einer sogenannten »neuen perimortalen Aufmerksamkeit«:[9] Erste Trauerreaktionen und deren Begleitung stellen eine eklatante Forschungs- und Praxislücke dar.

Zwar sind erfreulicherweise in den vergangenen Jahren sowohl der Bereich Sterben und Sterbebegleitung als auch der Bereich Trauer und Trauerbegleitung in der Zeit *von der Bestattung an und später* mit einer stark angestiegenen Zahl von Veröffentlichungen immer besser in den Blick genommen worden. Was Trauernde jedoch zur Todeszeit selbst bzw. in der ersten Zeit unmittelbar davor und danach erleben, d.h. in der *vor* der Bestattung liegenden Initialphase des Trauerprozesses, bleibt weithin unbeachtet. Rare Ausnahmen bilden einige wenige populärwissenschaftliche Handreichungen, die weniger die Trauernden als vielmehr die Not professioneller HelferInnen im Blick haben und Berufsgruppen aus Polizei, Rettungsdienst und Notfallseelsorge für das Überbringen von Todesnachrichten zurüsten wollen.[10] Allenfalls im kommerziellen Bereich, nämlich in Teilen des Bestattungsgewerbes beginnt man, die Bedürftigkeit Trauernder im Zeitraum *vor* der Bestattung zu entdecken – man experimentiert dort etwa mit neuen Formen der Aufbahrung und der Sarggestaltung, lässt den Zugehörigen mehr Zeit am Totenbett und bezieht sie stärker in die Bereitung der Verstorbenen zum Begräbnis ein.[11] In der deutschen und anglo-amerikanischen Literatur zur Trauerforschung aber habe ich bis auf die u.a. Studie des Chicagoer Krankenhaus-Seelsorgers *George Fitchett*[12] keine

9 Vgl. *A. Heller* (Hg.), Kultur des Sterbens. Bedingungen für das Lebensende gestalten, Freiburg i.Br. 1994, hier 16. »Peri-mortal« (griech.) heißt wörtlich übersetzt: »um das Sterben herum«; gemeint sind hier die Todeszeit und die ersten Minuten und Stunden unmittelbar davor und danach.

10 Vgl. etwa *B. Fertig*, »Entschuldigen Sie, sind Sie die Witwe Maier?« – Von der Schwierigkeit, eine Todesnachricht zu überbringen, in: *ders. / H. v. Wietersheim* (Hg.), Menschliche Begleitung und Krisenintervention im Rettungsdienst, Edewecht/Wien 1997, 196–208; *ders.*, »Mit Dir stirbt auch ein Teil von mir ...« – Begegnung mit Tod und Trauer im Rettungsdienst, a.a.O., 209–221.

11 So z.B. der inzwischen bundesweit populäre Bestatter Fritz Roth, der in seinem Institut in Bergisch Gladbach eine Art Aufbahrungs-Wohnzimmer einrichtet, wo Zugehörige in privater Atmosphäre viel Zeit mit ihren Toten verbringen und die Einsargung individuell selbst gestalten können.

12 *G. Fitchett*, The First Moments Of Grief. What May We Expect?, in: APHA Bulletin 44 (2) (1980), 123–130; dazu die Vorgänger-Studie: The First Moments of Grief, unveröffentlichtes Manuskript eines Vortrags, gehalten bei der Fourth Annual Conference of the Forum for Death Education and Counseling, November 6 (1979), Cambridge, MA; erhältlich beim Verfasser, Department of Relig-

einzige wissenschaftliche Veröffentlichung finden können, die sich speziell mit ersten, perimortalen Trauerreaktionen befasst – geschweige denn mit einer perimortalen Trauer*begleitung*.[13] Und auch in Gesamtdarstellungen von Trauerprozessen und deren Begleitung findet die perimortale Eingangsphase kaum Berücksichtigung.[14]
Dies ist um so unverständlicher und um so ungünstiger, als »*Verspätung*« *oder* »*Verzögerung*« der Trauerreaktion bekanntlich als *Risikofaktoren* gelten müssen, die häufig zu pathogenen Entwicklungen von Trauerprozessen führen. Diese Erkenntnis gehört zu den ersten und am besten gesicherten der modernen Trauerforschung.[15] Warum hat man dann die Auslösephase der Trauerreaktion so wenig erforscht, warum so wenig daran gedacht, die Trauerauslösung frühzeitig zu unterstützen? Wie kommt es zur Verspätung und Verzögerung unserer Trauer*begleitung*?
Darüber, wie die perimortale Lücke in Theorie und Praxis der Trauerbegleitung entstanden ist, lassen sich nur – wenn auch begründete – Vermutungen anstellen. Man griffe sicher zu kurz, wollte man nur die These von der allgemeinen Todesverdrängung in der modernen Gesellschaft[16] anwenden und annehmen, auch TrauerexpertInnen wichen der unmittelbarsten Annäherung an die Todeszeit bzw. der direkten Begegnung mit dem Tod und den dadurch hervorgerufenen Reaktionen aus. Mir scheinen sich (ohne Anspruch auf Vollständigkeit) zwei konkretere Begründungszusammenhänge nahezulegen. Einer davon liegt im Bereich der Berufssoziologie: m.E. sind unter den Berufsgruppen, die mit Sterben, Tod und Trauer befasst sind, die professionellen Zuständigkeiten so aufgeteilt, dass die Beobachtung und die Begleitung erster Trauerreaktionen strukturell ausgespart bleiben. Der andere Grund liegt im Bereich der Forschungsgeschichte, genauer: im Bereich der Wirkungsgeschichte eines prominenten Theorems der Trauerfor-

ion and Health, Rush-Presbyterian-St. Luke's Medical Center, Chicago, Illinois, 60612. S. auch *ders.*, It's Time to Bury the Stage Theory of Death and Dying, in: Oncology Nurse Exchange II (3) (1980), 1–4.

13 Rare nichtwissenschaftliche Ausnahmen an den Rändern des hier bearbeiteten Themas bilden im deutschen Sprachraum Veröffentlichungen wie: *C. Thomas*, Berührungsängste? Vom Umgang mit der Leiche, Köln 1994; *D. Tausch-Flammer / L. Bickel*, Wenn ein Mensch gestorben ist – wie gehen wir mit dem Toten um? Freiburg i.Br. 1995 (beide Autorinnen sind in der Hospiz-Arbeit tätig). Als nichtwissenschaftliche Publikationen eines weiteren US-amerikanischen Krankenhaus-Seelsorgers vgl. *A. Miles*, Caring for the family left behind, in: American Journal of Nursing (Dec. 1993), 34–36; *ders.*, Comforting a Family When a Child dies, in: The Christian Ministry (May–June 1990), 12–14.

14 Vgl. Teil II dieser Arbeit.

15 Vgl. schon den »Klassiker« *E. Lindemann*, Symptomatology and Management of Acute Grief, in: American Journal of Psychiatry 10 (1944), 141–148; hier insbes. 144 und 150-160. Zu Risikofaktoren vgl. u., 186.

16 Vgl. I.2.1.

schung – ich meine die ebenso weit verbreitete wie irreführende Annahme einer sogenannten »Schockphase«. Beide Gedanken sind noch näher auszuführen.

Segmentierung professioneller Zuständigkeiten

Die beschriebene Forschungs- und Praxislücke lässt sich m.E. nicht zuletzt auf sozio-strukturelle Faktoren zurückzuführen. Dabei denke ich vor allem an die professionellen »settings«, d.h. an Arbeitsbedingungen, Zugangsweisen u.v.a. an die Zuständigkeitsbereiche der Berufsgruppen, die mit Sterbenden und Trauernden arbeiten und aus denen entsprechende Forschungsbeiträge und Publikationen hervorgehen: Die Klientel derjenigen, die zum Zeitpunkt des Todes selbst präsent sind, also die Klientel von ÄrztInnen und Pflegekräften, sind die *Sterbenden*, die PatientInnen – nicht deren Zugehörige. Im Todesfall sind diese Berufsgruppen mit ihrer Kunst und ihrem institutionellen Auftrag am Ende, und ihre Zuständigkeit für Hinterbliebene erstreckt sich allenfalls noch auf die Todesmitteilung.

So werden Krankenhäuser in § 2 KHG definiert als »... Einrichtungen, in denen durch ärztliche und pflegerische Hilfeleistung Krankheit, Leiden oder Körperschäden festgestellt, geheilt und gelindert werden sollen oder Geburtshilfe geleistet wird und in denen die zu versorgenden Personen untergebracht und verpflegt werden können« – Sterben, Tod und Trauer bzw. Sterbende und deren trauernde Zugehörige sind hier nicht vorgesehen.[17]
Die Ausklammerung des Todes zeigt sich in Deutschland auch an den Krankenhausstatistiken: Die Anzahl der Sterbefälle in Krankenhäusern wird nicht erfasst (vgl. dazu unter I.2.1).

Umgekehrt sind diejenigen Berufsgruppen, deren Metier die Begleitung oder Behandlung Trauernder ist, kaum je zum Zeitpunkt des Todes oder kurz danach präsent. PastorInnen nehmen den Erstkontakt häufig erst auf, nachdem sie vom Bestattungsinstitut über die anstehende Beerdigung informiert werden – in einer Großstadt wie Hamburg heute oft erst eine Woche, nicht selten auch erst zehn oder mehr Tage nach dem Todesfall. Und ins Gesichtsfeld von PsychologInnen, BeraterInnen PsychiaterInnen oder anderen ÄrztInnen rücken Trauernde erst, wenn sie als therapiebedürftiger »Fall« in deren Praxen erscheinen, also meist Wochen oder Monate, manchmal Jahre nach dem Todesfall.[18]

17 Das KHG ist das Gesetz zur wirtschaftlichen Sicherung der Krankenhäuser und zur Regelung der Krankenpflegesätze, hier zit. nach *Nassehi/Weber*, Todesverdrängung, 238.

18 Eine Ausnahme bilden in Fällen, in denen jemand zu Hause stirbt, HausärztInnen, die sowohl die Sterbenden/Verstorbenen als auch deren Zugehörige/Hinterbliebene behandeln. In der Mehrzahl der Fälle sind es heute aber Notfall- und KrankenhausärztInnen, die Sterbende zuletzt behandeln.

Die bestehende Forschungs- und Praxislücke scheint mir mindestens teilweise in diesem Sachverhalt begründet zu sein: In der Regel sind die zum Todeszeitpunkt präsenten Berufsgruppen nicht für Trauernde zuständig, und die für Trauernde zuständigen Berufsgruppen sind zum Todeszeitpunkt nicht präsent. Durch die Segmentierung professioneller Zuständigkeiten ist eine professionelle Beobachtung und Begleitung von ersten, perimortalen Trauerreaktionen strukturell ausgeschlossen.
Von dieser Regel gibt es zwei Ausnahmen. Die eine wird von einer *Fall*gruppe gebildet: In Fällen von perinatalem Tod, d.h. wenn Kinder tot geboren werden oder kurz nach der Geburt sterben, richtet sich die Aufmerksamkeit der behandelnden ÄrztInnen auf die trauernden Mütter, und zwar deshalb, weil sie nicht nur Zugehörige der verstorbenen PatientInnen, sondern zugleich selber *Patientinnen* der Entbindungsstation sind. Das Wenige, was meines Wissens an medizinischen Studien über die Bedeutung früher Trauerreaktionen vorliegt, bezieht sich auf diese Gruppe perinatal verwaister Mütter und wurde unter der – im Ergebnis positiv beantworteten – Fragestellung angestellt, ob der physische und psychische Heilungsverlauf verbessert und die Gefahr von Komplikationen späterer Schwangerschaften verringert werden, wenn man ihnen im Krankenhaus Gelegenheit zu frühem Trauerverhalten gibt.[19] Das medizinische Interesse dieser Studien gilt also mehr dem Heilungsprozess der Patientin als dem Trauerprozess und seiner Begleitung. Dennoch lassen die Studienergebnisse auch Rückschlüsse über die Bedeutung der Initialphase des Trauerprozesses für dessen weiteren Verlauf zu. Sie sprechen indirekt für eine möglichst frühe Initiation der Trauer resp. der Trauerbegleitung. Dieser Befund mag hier vorläufig genügen, wenn auch in einem psychosozial besonders schwerwiegenden Trauerfall wie dem perinatalen Kindstod aus Sicht der Trauerbegleitung noch ganz andere Fragen als die nüchternen medizinischen aufgeworfen sind.[20]

19 *K.-H. Wehkamp*, Kindstod in der Frauenklinik, in: *G. Lutz / B. Künzer-Riebel* (Hg.), Nur ein Hauch von Leben. Eltern berichten vom Tod ihres Babys und von der Zeit ihrer Trauer, Lahr ^{4}1987, 79–95, insbes. 85; *M. Beutel / R. Deckardt / M. von Rad / H. Weiner*, Grief and depression after miscarriage. their separation, antecedents, and course, in: Psychosom. Med. 1995; 57 (6), 517–526. Vgl. auch *K. Schaudig* u.a., Verarbeitung eines Spontanaborts und chronische Trauer im weiteren Verlauf, in: Psychosomatische Gynäkologie und Geburtshilfe 12 (1993/94), 152–156. Eine weitere lesenswerte Studie aus ärztlicher Sicht ist die von *A.-C. Schwerin*, Sterben Tod und Trauer im Bilde verwaister Eltern, Frankfurt a.M. 1995. Sie fällt aber nicht unter die hier gesuchte Kategorie, da sie mit retrospektiven Interviews arbeitet und die drei Abschnitte »Sterben des Kindes in Anwesenheit der Eltern«, »Todesmitteilung« und »Kontakt zum Leichnam des Kindes« insgesamt leider nur zwei Seiten der Monographie einnehmen (82f).

20 Wo zwei Übergangskrisen, Geburt und Tod, zusammenfallen, wo erwartetes Leben ungelebt bleibt und wo dazu noch der Verlust und die Trauer der Eltern

Die zweite Ausnahme von der o.a. Regel bildet die *Berufs*gruppe, die bei Sterbefällen zum Zeitpunkt des Todes regelmäßig präsent ist oder sein *könnte*, und deren Zuständigkeit sich eben nicht nur auf die *Sterbenden*, sondern auch auf deren *Zugehörige* erstreckt: Ich meine die Gruppe der Krankenhaus-SeelsorgerInnen, aus der nicht zufällig einige der ganz wenigen Veröffentlichungen speziell über erste Trauerreaktionen und deren Begleitung stammen.[21] Diese Berufsgruppe eignet sich m.E. hervorragend als Anbieterin von perimortaler Trauerbegleitung, und zwar aus den genannten strukturellen, aber auch aus einer Reihe von anderen Gründen, die an späterer Stelle noch zu entfalten sind.[22]

Mythos »Schockphase«

Dass Trauerbegleitung in Theorie und Praxis zu spät angesetzt wird, ist m.E. zu einem weiteren, nicht unwesentlichen Teil auf einen Mythos der Trauerliteratur zurückzuführen: Die sog. »Schockphase«, postuliert in verschiedensten Phasenmodellen des Trauerprozesses nach *Kübler-Ross, Spiegel* und *Bowlby, Westberg, Fulcomer* und vielen anderen mehr, vielfältig in der Literatur rezipiert und von Generationen von professionellen HelferInnen in Medizin und Pflege, Psychotherapie und Seelsorge als Examenswissen erlernt. In den ersten Stunden und Tagen nach dem Todesfall müssten Trauernde demnach generell wie erstarrt und wie betäubt sein, ihre Wahrnehmungs-, Handlungs- und Kommunikationsfähigkeit stark eingeschränkt. Vielfach hat man daraus den Schluss gezogen, in der Eingangsphase des Trauerprozesses sei eine Begleitung nicht nötig und nicht möglich.[23]

Klinische Erfahrung wie auch empirische Untersuchungen kommen zu anderen Ergebnissen: Zweifellos kommen »Schock« bzw. die ihm zugeschriebenen Symptome als erste Trauerreaktionen vor. Ich habe unmittelbar nach Todesmitteilungen im Krankenhaus jedoch auch alle

und Geschwister von der sozialen Umwelt kaum wahrgenommen und gewürdigt werden, weil das verlorene Kind sozial noch nicht in Erscheinung getreten ist, sind besondere Problematiken zu bewältigen. Vgl. Kap. III.3.2.

21 Vgl. neben der Vorab-Veröffentlichung der Autorin die genannten Arbeiten von *G. Fitchett* und *A. Miles*. Es überrascht nicht, dass es sich um amerikanische, nicht deutsche Krankenhaus-Seelsorger handelt, da in vielen Großkrankenhäusern in den USA eine regelmäßige Praxis perimortaler Akut-Trauerbegleitung angeboten werden kann. In Deutschland ist das gegenwärtig kaum zu leisten, weil die Personaldecke der Krankenhaus-SeelsorgerInnen zu dünn ist und ihr Status als Gäste, bzw. Delegierte einer Fremdinstitution (Kirche), Probleme bei der strukturellen Einbindung in die Institution Krankenhaus bereitet.

22 Vgl. Buchteil III.

23 Vgl. ausführlich in Kap. II.3.2. Hier sei als prominentes Beispiel nur genannt: u.a. *W. Worden*, Grief Counseling & Grief Therapy. A Handbook for the Mental Health Practitioner, Second Edition, New York (Springer Publishing Company) 1991, 39.

anderen Formen von Trauerreaktionen beobachtet, die die Phasenmodelle späteren »Phasen« zuschreiben.[24] Entsprechend haben von Krankenhaus-SeelsorgerInnen in Chicago durchgeführte empirische Untersuchungen in den ersten Minuten und Stunden nach dem Tod von PatientInnen bei den Hinterbliebenen eine enorme Bandbreite von nicht weniger als 158 verschiedenster Trauerreaktionen erfasst *(Fitchett,* 1979; 1980*;* vgl. in Kap. III.3.2).[25]
Andere Forschungsbeiträge[26] heben neben der Diversität die besondere Heftigkeit und Signifikanz erster Trauerreaktionen hervor: Empirische Studien zeigen einen drastischen Anstieg der Suizidalität Trauernder innerhalb der ersten Woche nach dem Todesfall (vgl. zu *Kaprio* et al., USA 1987, im Exkurs zur Fragen der Pathologie, Kap. II.3). Dass sie ihre eigene Trauerreaktion (z.B. Empfindungen von Kälte, Leere und Verwirrung; vor allem aber Weinen; Schreien; Panik; Angst, das Leben allein nicht bewältigen zu können) schon vor der Bestattung bzw. im von mir so bezeichneten perimortalen Zeitraum als am heftigsten erlebt hatten, gaben 76 % von in Deutschland und 92 % von in den USA interviewten Trauernden an (vgl. zu *Bojanowsky/Bojanowsky,* D 1983) und zur *Harvard-Studie* (USA 1974) im symptomatologischen Kap. II.3.1).
Auch die Alltagserfahrung zeigt: Erinnerungen an die Sterbesituation bzw. an die Todesumstände und daran, wie sie die Todesnachricht empfangen und die Verstorbenen in Augenschein genommen haben sind Hinterbliebenen häufig noch nach Jahren in lebhafter Erinnerung und bleiben auch noch stark affektiv besetzt. Schon daran ist erkennbar, dass die sinnliche Aufmerksamkeit und die emotionale Präsenz der Betroffenen offenbar gerade in dieser allerersten Phase oft sehr hoch sind, auch wenn es nach außen nicht so scheint. Welche Erfahrungen man hier gemacht hat, ob und wie man hier begleitet worden ist (auch: ob und wie *Kirche* hier präsent war), ist nicht nur in der Situation selbst bzw. für den weiteren Verlauf des Trauerprozesses wichtig – es *bleibt* auch später in der Rückschau wesentlich!

24 In den Krankenhäusern, in denen ich in USA 18 Monate lang gearbeitet habe (University of Chicago Hospitals in Chicago, Illinois und The Queen's Medical Center in Honolulu, Hawaii), versehen die Krankenhaus-SeelsorgerInnen umschichtig Bereitschaftsdienste, so dass 24 Stunden am Tag immer eine[r] im Hause ist und über Pieper zu allen Not- und Sterbefällen gerufen wird. Dadurch bin ich selbst in über 70 Fällen in der Todesstunde bei den Zugehörigen gewesen und kenne aus den täglichen Bereitschaftsberichten der jeweils diensthabenden KollegInnen mehrere hundert Fälle mittelbar.

25 Vgl. dazu die o.a. Beiträge *Fitchetts.*

26 Aus den hier verarbeiteten Veröffentlichungen lassen sich die für uns relevanten Daten und Fakten über erste Trauerreaktionen als eine Art Nebenprodukt herausfiltern.

Der Vorschlag: Perimortale Trauerbegleitung

Die obigen Ausführungen verdeutlichen, und das wird die Auswertung der Trauerforschung im zweiten Buchteil immer wieder untermauern: Es handelt sich bei der perimortalen Situation, d.h. bei der Todeszeit und den ersten Minuten und Stunden unmittelbar davor und danach, um eine Schlüsselsituation des Trauerprozesses, und es ist ganz unsinnig, wenn gerade sie in der Theorie unberücksichtigt und in der Praxis unbegleitet bleibt.[27] Ob es hier zur Realisierung des Todes resp. des erlittenen Verlustes und zur Auslösung der Trauer kommt, ob Trauerreaktionen freigesetzt oder im Ansatz unterdrückt werden, ist nach allem, was wir wissen, für den weiteren Verlauf des Trauerprozesses und für die psychische und physische Gesundheit der Betroffenen von entscheidender Bedeutung.[28]
Ich plädiere deshalb dafür, wo immer möglich, kirchlicherseits eine perimortale Trauerbegleitung anzubieten, m.a.W. für eine seelsorgliche Intervention bei der ersten Gelegenheit – die übrigens in zahlreichen Fällen zugleich die *letzte* Gelegenheit sein dürfte, Trauernde überhaupt mit einem professionellen Begleitangebot zu erreichen. Dies gilt nicht zuletzt deshalb, weil der Anteil an kirchlichen Bestattungen immer stärker zurückgeht, ja, sogar der Anteil an Bestattungen, bei denen überhaupt irgendeine Form von Trauerfeier stattfindet und Zugehörige die Gelegenheit des rituellen Abschiednehmens für ihren Trauerprozess nutzen können. Doch die Kirche kann im Trauerfall mehr und noch anderes als die Bestattung anbieten. Sie *muss* es auch, damit ihr die Expertise im Todes- und Trauerfall nicht weiter entgleitet.[29]

27 In Fällen, in denen Zugehörige zur Todeszeit nicht anwesend sind, tritt der Zeitpunkt der Todesmitteilung an die betr. Stelle. In den USA findet diese in aller Regel nicht telefonisch statt, sondern, nachdem man die Zugehörigen zu kommen gebeten hat, im Krankenhaus. Man will so verhindern, dass die Zugehörigen im Zustand emotionaler Agitiertheit unterwegs verunfallen. Sie sollen persönlich mit den behandelnden ÄrztInnen über den Tod und die Todesursache sprechen, den Leichnam der Verstorbenen sehen und Abschied nehmen können. In Deutschland wird dies unterschiedlich gehandhabt.

28 Schlaglichtartig sei hier nur eine Zahl dazu genannt: Nach einer Untersuchung des Göttinger Psychiaters B. Bron fanden sich bei 46 % aller an endogenen oder neurotisch-reaktiven Depressionen erkrankten Patienten in der Anamnese Hinweise auf frühere fehlgeleitete Trauerreaktionen als Auslöser der psychischen Erkrankung. Vgl. *B. Bron*, Pathologische Trauerreaktionen nach Verlust einer nahestehenden Person bei endogenen und neurotisch-reaktiven Depressionen im höheren Lebensalter, in: *Howe/Ochsmann*, Trauer – Ontologische Konfrontation. Bericht über die 2. Tagung zur Thanato-Psychologie vom 23.–24. November 1989 in Osnabrück, Stuttgart 1991, 27–41, bes. 31. Ansonsten vgl. ausführlich in Teil II dieses Buches, insbes. unter II.C.1 und im Exkurs zu Fragen der Pathologie.

29 Vgl. Kap. I.2.2.

Trauerbegleitung am Sterbe- und Totenbett ergänzt die Angebotspalette bedarfsgerecht. Strukturell ist sie am sinnvollsten dort aufzubauen, wo sie den größten Wirkungsgrad erreichen kann: zuerst im Krankenhaus (knapp 50 % der Sterbefälle) und an zweiter Stelle in Alten- und Pflegeheimen (etwa weitere 25–30 % der Sterbefälle).[30] Hier ist perimortale Trauerbegleitung zu institutionalisieren und idealerweise in jedem Sterbefall routinemäßig anzubieten.[31] So wird es in einigen Großkliniken in den USA, in denen ich gearbeitet habe, bereits praktiziert. In Deutschland dürfte dies wegen der zu dünnen Personaldecke und der mangelnden strukturellen Einbindung der Krankenhaus-Seelsorge in die Institution Krankenhaus derzeit nicht zu leisten sein. Die Kirchen täten gut daran, ihre Kasualpraxis zu erweitern[32] und hier mehr qualifiziertes Personal einzusetzen! Denn Kirche ist gefordert, ihren Beitrag zur Sterbe- und Trauerkultur unserer Gesellschaft zu leisten. Hier, wo Menschen angesichts des Todes existentiell angesprochen und ansprechbar sind, ist ihr seelsorgliches Angebot gefragt.

Ziele und Funktionen perimortaler Trauerbegleitung

Die vorgeschlagene perimortale Trauerbegleitung soll vor allem die folgenden fünf *Ziele* befördern: 1. Realisation des Todes; 2. Validation des Verlustes; 3. Auslösung von Trauerreaktionen; 4. Gestaltung des Abschieds und Hinwendung zum Leben; 5. Evaluation von Bewältigungsressourcen und Risikofaktoren. Sie erfüllt dann die *Funktionen* der Initiation und der Prävention von Fehlleitungen des Trauerprozesses. Ein weiteres Ziel, die Rekonstruktion der Lebens- und Beziehungsgeschichte von Verstorbenen und Hinterbliebenen, wird in der *perimortalen* Trauerbegleitung meist nur ansatzweise in den Blick genommen werden können und ist stärker bei Trauerbesuchen im Kontext der Bestattung in Angriff zu nehmen. (So im Vorgriff auf die Ergebnisse von Buchteil II.)

Aufbau der Arbeit

Teil I der Arbeit behandelt Kontexte moderner Trauerbegleitung. Die Klärung des *Begriffs* bzw. der deutschen und anglo-amerikanischen *Begriffe* von Trauer, so wie sie diesem Buch zugrundelegt werden, steht voran. Es wird dargestellt, unter welchen soziologischen *Bedin-*

30 Vgl. u. Kap. I.2.1.

31 Dasselbe gilt natürlich für eine dem schon vorausgehende Begleitung der Sterbenden und der antizipatorischen Trauer ihrer Zugehörigen, die aber nicht Gegenstand meines Beitrags sind. Zum Bereich der Sterbebegleitung gibt es – im Unterschied zu meinem Thema – ausreichende Literatur.

32 Vgl. dazu *Ulrike Wagner-Rau*, Segensraum. Kasualpraxis in der modernen Gesellschaft, Stuttgart 2000.

gungen Sterben, Tod und Trauer in der modernen Gesellschaft stehen und wie angesichts dieser veränderten Bedingungen gegenwärtig die *Aufgabe der Kirchen* zu bestimmen ist.[33] Die Entwicklung der Nachfrage nach kirchlicher Trauerbegleitung wird nachgezeichnet. Daran wird deutlich, dass das bestehende Begleitangebot im Kontext der kirchlichen Bestattung nicht mehr ausreicht. Denn einerseits sinkt die Nachfrage nach dem, was Kirche gegenwärtig an Trauerbegleitung anbietet; andererseits steigt der Bedarf an anderer Stelle. Buchteil I fundiert, was hier in der Einleitung als These vorweggenommen wurde: Es besteht ein Defizit an einer perimortalen Erstintervention, die schon zur Sterbezeit und am Sterbeort angeboten wird. Moderne Konzepte von (kirchlicher) Trauerbegleitung müssen zu einem früheren Zeitpunkt als bisher ansetzen und können nicht mehr am Krankenhaus als *dem* Sterbeort der modernen Gesellschaft vorbeigehen.
In Teil II, dem Hauptteil dieses Buches, werden vorliegende Beiträge zur *Trauerforschung und Trauertheorie* systematisiert, dargestellt und ausgewertet. Die paradigmatische Bedeutung der Trauerbewältigung für die Bewältigung anderer biographischer Krisen sowie die bisher übersehene Bedeutung der perimortalen Frühphase des Trauerprozesses werden aufgezeigt. Die gewonnenen Erkenntnisse belegen von verschiedensten Forschungsrichtungen her, warum eine perimortale Trauerbegleitung mit den hier angegebenen Zielen und Funktionen angezeigt ist.
Buchteil II bietet darüber hinaus ein Kompendium der neueren internationalen Trauerforschung (die letzte umfassende wissenschaftliche Darstellung von *Y. Spiegel* ist 30 Jahre alt) und fasst deren Ergebnisse zu einem Aufgabenmodell der Trauerbegleitung zusammen. Das macht ihn interessant für alle, die sich mit Trauer und Trauerbegleitung beschäftigen und nicht nur speziell an der perimortalen Arbeit interessiert sind. Die Überblicksdarstellung ist quasi en passent entstanden, weil nur dadurch die beiden Schwierigkeiten zu lösen sind, auf die die Arbeit *methodisch* stößt:
1. Zu ihrem eigentlichen Gegenstand liegt – die Forschungslücke wurde oben dargestellt – fast keine spezifische Literatur vor. Daher müssen allgemein angelegte Beiträge zur Trauerforschung gesichtet und jeweils daraufhin ausgewertet werden, inwieweit sie die hier verfolgte Fragestellung berücksichtigen bzw. was sich dafür indirekt aus ihnen ableiten lässt. Die Verarbeitung vorliegender Beiträge zur Trauerforschung erfolgt also jeweils in zwei Schritten: a) Darstellung und kritische Würdigung; b) Auswertung im Hinblick auf eine perimortale Trauerbegleitung.
2. Auswahl und Systematisierung der relevanten Forschungsbeiträge sind erschwert. Denn Trauerforschung ist – wie auch die davon zu un-

33 Vgl. unter I.2.2.

terscheidende »Thanatologie«, die wissenschaftliche Beschäftigung mit Tod und Sterben – weder eine eigenständige Disziplin, noch ist sie ausschließlich oder vorrangig einer wissenschaftlichen Fachrichtung zuzuordnen. Entsprechend unübersichtlich ist die Materiallage, auch wenn man sich, wie ich es hier tue, auf diejenige Literatur beschränkt, die sich auf moderne westliche Industriegesellschaften bezieht:[34] Theoretische und empirische Beiträge stammen aus den Bereichen Medizin, Psychologie und deren Überschneidungsbereichen Psychiatrie und Psychosomatik, aus Theologie, Philosophie, Soziologie und ihrem Überschneidungsbereich Anthropologie. Es liegt bislang keine allgemeine und umfassende Trauertheorie vor, die unter Einschluss der Erkenntnisse verschiedener wissenschaftlicher Disziplinen die Fragen nach Wesen, Auslösern, Funktionen, Erscheinungsbildern, Verläufen von Trauer(prozessen) sowie nach dem Bedarf an und den Chancen von gezielten (Erst-)Interventionen beantwortet;[35] sie wäre aufgrund der Komplexität des Phänomens auch außerordentlich schwer zu entwerfen. Die vorfindlichen theoretischen Ansätze unterscheiden sich nach ihrem Begriff von Trauer, nach den Aspekten der Trauer, die sie zu ihrem Gegenstand machen und nach den theoretischen Konzepten, die sie als Referenzrahmen heranziehen.

Aus pragmatischen und sachlichen Gründen beschränke ich mich hier weitgehend auf Forschungsbeiträge aus den Bereichen der Medizin (insbes. Psychiatrie) und der Psychologie (einschließlich Sozial- und Pastoralpsychologie), die sich mit den im Rahmen meiner Arbeit relevanten Fragen subjektiven Trauererlebens (*grief*, vgl. unter I.1) und individueller Trauerbegleitung befassen. Eine Gesamtdarstellung der Forschungslage dieser Disziplinen, wie sie vor mehr als einem Vierteljahrhundert *Yorick Spiegel* veröffentlichte,[36] ist angesichts der seither enorm angewachsenen Materialmenge aus den unterschiedlichsten und in sich wiederum immer stärker zergliederten Fachrichtungen inzwischen kaum noch zu leisten. Der Trend zu interdisziplinären Sammelbänden[37] mag

34 Dieses ist sinnvoll, weil Trauerverarbeitung resp. Trauerverhalten in hohem Maße kulturell geprägt und gebunden sind. Interkulturelle Vergleiche und Erfahrungen, wie ich sie während meiner Krankenhaus-Tätigkeit in der multireligiösen und multikulturellen Gesellschaft Hawaiis erleben konnte, sind hochinteressant, würden aber den Rahmen dieser Arbeit sprengen.

35 Zu diesem Befund kommen auch *Stroebe/Stroebe*, Bereavement and Health, 56; ebenso *Cleiren*, Bereavement, 9f; Nach *Shakleton* kranken die maßgeblichen Trauertheorien sämtlich an Uneinheitlichkeit, fehlender Verifizierbakeit und zu beschränkter Reichweite, vgl. *C.H. Shakleton*, The Psychology of Grief. A Review, in: Advances in Behaviour Research and Therapy 6 (1984), 153–205, dort 153f u.ö.

36 Vgl. *Spiegel*, Prozeß.

37 Vgl. *Stroebe/Stroebe/Hansson*, Handbook, sowie *dies*., Bereavement and Widowhood, Themenheft des Journal of Social Issues 44 (3) (1988); weiter u.a. *H. Becker* u.a. (Hg.), Im Angesicht des Todes: ein interdisziplinäres Kompendium,

ein Indiz für die multidisziplinären Anstrengungen auf dem Gebiet der Trauerforschung sein, zeigt aber auch, dass man Einzelbeiträge aus verschiedenen Disziplinen eher additiv nebeneinandergestellt, als dass interdisziplinär übergreifende Konzepte oder auch nur eine enzyklopädische Übersicht über die Forschungslage erarbeitet würden.

Mir bleibt also nichts anderes übrig, als selber Gesichtspunkte für eine *Systematisierung* des disparaten Materials zu entwickeln, anhand derer sich eine Auswahl und die Einordnung der relevanten Literatur vornehmen lässt. Stärker als *Spiegel* und andere deutschsprachige AutorInnen beziehe ich Literatur aus dem anglo-amerikanischen Sprachraum ein. Ich lege dabei im wesentlichen die (von mir leicht modifizierte) Freudsche Definition des Trauerbegriffs zugrunde und systematisiere das Material nach dessen Schlüsselkategorien.[38]

Inhaltlich werden in Teil II der Arbeit zur Bewertung der vorliegenden Forschungsbeiträge Kriterien wie die folgenden zugrundegelegt: innere Stimmigkeit, Reichweite bzw. Beschränkung, theologisch-anthropologische Verantwortbarkeit, therapeutische Brauchbarkeit und phänomenologische Angemessenheit, d.h. Erfassungsgrad der Diversität und der Individualität von Trauerprozessen. Im Ergebnis wird eine deutliche Kritik an behavioristischen und soziobiologistischen Trauertheorien sowie an vorliegenden Phasenmodellen des Trauerprozesses formuliert. Gestützt auf brauchbare Erkenntnisse anderer hier ausgewerteter Trauertheorien werden Aufgabenmodelle der Trauer*bewältigung* befürwortet und ein eigenes Aufgabenmodell der Trauer*begleitung* entwickelt.

In Teil III des Buches wird dargestellt, inwiefern SeelsorgerInnen als AnbieterInnen von (perimortaler) Trauerbegleitung infrage kommen, d.h. welche spezifischen Kompetenzen sie dafür qualifizieren und wie sie von daher die Ziele und Aufgaben der Trauerbegleitung erfüllen können. Das zuvor entwickelte Aufgabenmodell der Trauerbegleitung wird am Beispiel der Krankenhausseelsorge für die Praxis durchdekliniert. Der Entwurf wird durch Fallbeispiele illustriert und durch einige »Kunstregeln« (*Do*s und *Don't*s) ergänzt. Es folgen abschließende Überlegungen zu der Frage, was mit den begrenzten Ressourcen der

2 Bde., St. Ottilien 1987; *J. Howe / R. Ochsmann*, (Hg.), Tod – Sterben – Trauer. Bericht über die 1. Tagung zur Thanato-Psychologie vom 4.–6. November 1982 in Vechta, Eschborn 1985; *dies*., Tod – Sterben – Trauer, Frankfurt 1984; *dies*. (Hg.), Trauer – Ontologische Konfrontation. Bericht über die 2. Tagung zur Thanato-Psychologie vom 23.–24. November 1989 in Osnabrück, Stuttgart 1991; *O.S. Margolis* et al. (Eds.), Acute grief. Counseling the bereaved, New York (Columbia University Press) 1981; *B.M. Schoenberg* et al. (Eds.), Bereavement Counseling. A Multidisciplinary Handbook, Westport, CT (Greenwood Press) 1980; etc.

38 Vgl. II.1.

Krankenhaus-Seelsorge in Deutschland gegenwärtig schon in Richtung auf eine perimortale Trauerbegleitung geleistet werden kann.

Zielgruppe

Fokus und Anliegen dieses Buches ist die Trauerseelsorge zur Sterbezeit am Sterbeort. Dabei ist zuerst an das Krankenhaus als Haupt-Sterbeort der modernen Gesellschaft und an Krankenhaus-SeelsorgerInnen als AnbieterInnen gedacht. Das Buch spricht aber auch LeserInnen an, die in anderen Kontexten der Trauerbegleitung arbeiten, weil es eine Überblicksdarstellung der neueren internationalen Trauerforschung bietet und über den speziellen perimortalen Akzent hinaus ein modernes Aufgabenmodell der Trauerbegleitung im Allgemeinen vorstellt.

TEIL I

KONTEXTE DER TRAUERBEGLEITUNG

Kontexte der Trauerbegleitung

1. Zur Einführung: Begriffsklärungen
Trauer – Bereavement, Grief, Mourning

»Trauer« – Definition in Anlehnung an Freud

Die in unserem Jahrhundert klassisch gewordene Definition des Begriffs Trauer hat *Sigmund Freud* 1916 in »Trauer und Melancholie« geprägt:[1]

> »Trauer ist regelmäßig die Reaktion auf den Verlust einer geliebten Person oder einer an ihre Stelle gerückten Abstraktion wie Vaterland, Freiheit, ein Ideal usw.«[2]

Diese Definition möchte ich in der folgenden, von mir leicht modifizierten Fassung übernehmen:

Trauer ist regelmäßig die Reaktion auf einen Verlust, speziell auf den Verlust einer signifikanten Person.

Mit den o.a. kleinen Veränderungen scheint mir Freuds Trauerbegriff heute noch weitgehend geeignet, denn er hat verschiedene Vorzüge:
- er verweist auf die positive Funktion der Trauer, nämlich die Bewältigung von Verlusterfahrungen (»Reaktion auf *Verlust*«);
- er hebt die Normalität von Trauer hervor (»*regelmäßig*«);
- er ist in der Lage, vielfältige *intra*personale und *inter*personale Aspekte der Trauerphänomenologie einzuschließen (»*Reaktion* auf Verlust«).

Die genannten Punkte sind nun zu entfalten, und die oben vorgenommenen Modifikationen des Freudschen Trauerbegriffes sind zu begründen.

Trauer als »Reaktion auf Verlust« – Positive Funktion: Verlustbewältigung
In meiner Arbeit wird Trauer zwar speziell im Zusammenhang mit dem Sterben und dem Tod von nahestehenden Menschen betrachtet;

1 *S. Freud*, Trauer und Melancholie (1916), in: *ders.*, Gesammelte Werke, Bd. 10, Frankfurt ^{4}1967, 428–446.

2 A.a.O., 428f.

generell ist Trauer aber allgemein als Reaktion auf ein *Verlusterlebnis* sachgerecht beschrieben. Denn einerseits findet sich Trauer nicht ausschließlich als Reaktion auf *Todesfälle*, sondern in ganz vergleichbaren Erscheinungsformen auch als Reaktion auf andere lebensgeschichtliche Verluste wie z.B. in Fällen von Trennung, Scheidung, Verlust von Arbeitsplatz, Heimat, Gesundheit etc. Solche parallelen Fälle können heuristisch genutzt werden, um die Materialbasis, auf der Erkenntnisse über Trauer gewonnen werden, zu erweitern.[3] Sie sind in der Theoriebildung auch zur paradigmatischen Begründung von Trauerreaktionen überhaupt herangezogen worden, etwa bei *John Bowlby*, der Trauer analog zu primärer Trennungsangst, also auf dem Hintergrund der frühkindlichen Erfahrung der Trennung von der Mutter versteht;[4] sie können schließlich in der Praxis der Trauerbegleitung diagnostischen und therapeutischen Zwecken dienen, beispielsweise nach dem Konzept der Krisenintervention: Dort können u.a. lebensgeschichtlich frühere Verlusterfahrungen nach Anzahl, Schwere und Bewältigung als Indikatoren für die Risiken bei der aktuellen Trauerbewältigung gelten, und die Reaktivierung der dort wirksam gewesenen Bewältigungsstrategien gilt als ein therapeutisches Ziel.[5]
Trauer tritt also einerseits nicht nur bei Todesfällen auf, und andererseits muss Trauer nicht in *jedem* Todesfall auftreten, sondern nur dann, wenn, bzw. nur in dem Maße, wie der Todesfall von den Hinterbliebenen als *Verlust* erlebt wird. Ob das der Fall ist, hängt allerdings durchaus nicht nur – wie Freuds Formulierung nahelegt – davon ab, ob oder wie sehr der verstorbene Mensch »geliebt« war. Das Verlusterlebnis kann auch ganz anders plausibel gemacht werden – je nachdem, welcher theoretische Referenzrahmen bemüht wird: z.B. indem man auf die an die verstorbene Person geknüpfte »libidinöse Besetzung« (*Freud*)[6] oder »Bindung« (»*attachment*«, *Bowlby*)[7] hinweist, auf die an

3 Vgl. z.B. *Y. Spiegel*, Der Prozeß des Trauerns. Analyse und Beratung, München [7]1989 ([1]1973), 22.

4 Vgl. *J. Bowlby*, Separation Anxiety, in: International Journal of Psycho-Analysis 41 (1960), 89–113, wieder aufgenommen und erweitert in: *ders.*, Attachment and Loss, Vol. 2, Separation: Anxiety and Anger, New York (Basic Books) 1973, insbes. Kap. 1, 3–24 und Kap. 3, 33–56.

5 Vgl. zur Krisenintervention klassisch *G. Caplan*, Principles of Preventive Psychiatry, New York 1964. S. auch *G.F. Jacobsen*, Crisis Intervention from the viewpoint of the Mental Health Professional, in: Pastoral Psychology 21 (1970), Nr. 203, 21–28, und aus pastoralpsychologischer Sicht *H. Clinebell*, Modelle beratender Seelsorge, München [5]1985 (am. Originalausgabe 1966), 154–174, insbes. 166ff. Als pastoralpsychologische Veröffentlichung vgl. aus dem deutschsprachigen Raum *H. Gastager* (Hg.), Hilfe in Krisen. Wege und Chancen einer personalen Krisenintervention, Göttingen 1982.

6 Vgl. *Freud*, Trauer und Melacholie, 430 u.ö.

7 Grundlegend *J. Bowlby*, Attachment and Loss, Vol. 1, Attachment, New York (Basic Books) 1969, insbes. Kap. 11, 177–209 und Kap 12, 210–234. Vgl. auch die Zusammenfassung dieses »attachment«-Konzepts in: *ders.*, a.a.O., Vol. 3,

sie gebundene »Sinnstruktur« (»*structure of meaning*«, *Marris*)[8] bzw. auf den mit dem Tod eingetretenen »Kontrollverlust«[9] oder etwa auf die »positive Verstärkung« (»*positive reinforcement*«), die der oder die Verstorbene den Hinterbliebenen früher zukommen ließ und die ihnen nun fehlt,[10] etc. Es scheint daher sachdienlich, in Freuds Trauerbegriff die Formulierung »Verlust eines *geliebten* Menschen« durch die allgemeinere Wendung »Verlust eines *signifikanten* Menschen« zu ersetzen. Entscheidend an der Definition der Trauer als Reaktion auf Verluste ist m.E. der implizite Hinweis auf die *positive Funktion* der Trauer, dass sie nämlich der *Bewältigung* der betreffenden Verlusterfahrungen dient. An der jeweiligen Deutung und Bewertung der Verluste kann auf der Theorieebene die Kategorisierung der verschiedenen Trauertheorien aufgehängt werden;[11] auf der Praxisebene kann die Diagnose der Schwere eines Trauerfalls und des Interventionsbedarfs ebenfalls bei der Evaluation des erlittenen Verlustes ansetzen.

Trauer als »regelmäßige« Reaktion auf Verlust – Normalität der Trauer

An der Formulierung, Trauer sei »*regelmäßig*« die Reaktion auf Verlust, ist sinnvollerweise festzuhalten, weil sie die *Normalität* von Trauer betont.

Dies ist besonders im Bereich moderner westlicher Gesellschaften notwendig, in denen Trends zur sozialen Verdrängung und Marginalisierung[12] bzw. (in verschiedenen Gegenbewegungen) zur Dramatisie-

Loss: Sadness and Depression, New York (Basic Books) 1980, 38–44; s. auch *ders*., Das Glück und die Trauer. Herstellung und Lösung affektiver Bindungen, Stuttgart 1982 (engl. Originalausgabe 1979).

8 Vgl. *P. Marris*, Loss and Change, London (Routledge / Kegan Paul) 1974, 4, 11 u.ö.

9 So in kognitiven Ansätzen; vgl. den genannten *P. Marris*, sowie *M.J. Horowitz*, Psychological response to serious life events, in: *H.J. Parad* et al. (Eds.), Emergency and disaster management: a mental health sourceback, Bowie, Maryland (Charles Press) 1979; *ders*., A model of mourning: chance in schemas of self and other, in: Journal of the American Psychoanalytic Association 38 (2), 297–324.

10 So in behavioristischen Ansätzen wie *R.S. Lazarus / S. Folkman*, Stress, appraisal and coping, New York (Springer Publishing) 1984, im Anschluss an *Lazarus*, Psychological Stress and the coping process, New York (McGraw-Hill) 1966; *F.C. Seitz*, Behaviour modification techniques for treating depression, in: Psychotherapy, Theory, Research and Practice 8 (1971), 181–184; *P.M. Lewinsohn* et al., Reinforcement and Depression, in: *R.A. Depue* (Ed.), The Psychobiology of Depressive Disorders, New York (Academic Press) 1979, 291–316.

11 Vgl. unter II.1.

12 Vgl. zum soziologischen Befund einer gesellschaftlichen Todesverdrängung *A. Nassehi / G. Weber*, Tod, Modernität und Gesellschaft. Entwurf einer Theorie der Todesverdrängung, Opladen 1989, insbes. Kap. III.3, 231–245; von gesellschaftlich erwarteter »Entemotionalsierung« der Trauer und zunehmend »apathischem« Verhalten spricht *Spiegel*, Prozeß, 117f. Auf eine neue und vertiefte

rung[13] von Trauer bestehen. Die schwindende Akzeptanz dafür, dass Trauer etwas Normales ist, hat vielfach auch zu einer Stigmatisierung und Pathologisierung von Trauernden geführt,[14] die der o.a. Trauerbegriff zu vermeiden sucht. Auf die letztgenannten Probleme wird im Abschnitt über die Frage nach »pathologischer« Trauer noch näher einzugehen sein.[15]

Trauer als »Reaktion auf Verlust« – Einschluss vielfältiger inter- und intrapersonaler Phänomene

Der hier gewählte Begriff der Trauer hat den Vorteil, dass er – obwohl Freud selbst ihn nicht so weit gefasst hat[16] – in der Lage ist, sowohl *intrapersonale* als auch *interpersonale Aspekte* der Trauer einzuschließen. Damit ist der Begriff weit genug, um der erst lange nach Freud erkannten großen phänomenologischen Diversität möglicher Trauerreaktionen gerecht zu werden.

Zu den *intra*personalen Phänomenen zählen physiologische und innerpsychische Reaktionen einschließlich kognitiver und verhaltensbezogener Aspekte, wie z.B. Schlafstörungen und Appetitlosigkeit, das Empfinden von Schmerz und Angst, Wahrnehmungsstörungen und verlangsamtes Denken, Agitiertheit oder Apathie etc., um nur wenige Beispiele zu nennen.[17]

Unter die *inter*personalen Phänomene werden die sozialen Aspekte der Trauer gefasst. Darunter ist zunächst das soziale Verhalten der Trauernden selbst zu verstehen, etwa soziale Begehung des Todes und öffentliches Trauerverhalten (u.a. im Bestattungsritual), zeitweise Abstinenz von Arbeit oder Erwerbstätigkeit, sozialer Rückzug während des Trauerprozesses, evtl. aggressives Verhalten gegenüber der sozialen

Auseinandersetzung der mit Sterbenden und Trauernden konfrontierten Berufsgruppen verweisen dagegen *Heller*, Kultur des Sterbens, 13–27 und *E. Weiher*, Die Religion, die Trauer und der Trost. Seelsorge an den Grenzen des Lebens, Mainz 1999, 29–31.

13 Vgl. z.B. *H. Goldbrunner*, Trauer und Beziehung. Systemische und gesellschaftliche Dimensionen der Verarbeitung von Verlusterlebnissen, Mainz 1996, 7f.

14 Im Praxisbereich ist hier z.B. auf die leider häufig praktizierte ärztliche Medikamentierung Trauernder mit Sedativa zu verweisen. Im Bereich der Theoriebildung vgl. Ansätze, Trauer als Krankheit zu definieren, z.B. klassisch *G.L. Engel*, Is grief a disease?, in: Psychosomatic Medicine 23 (1961), 18–22; ebenso *Spiegel*, Prozeß, 54. Bei beiden besteht keineswegs die Absicht, Trauer durch ihre Einordnung als Krankheit zu stigmatisieren; die vorgenommene Pathologisierung der Trauer ist aber kritisch zu betrachten. Dagegen wenden sich in der neueren Diskussion u.a. *J.R. Averill / E.P. Nunley*, Grief as an emotion and as a disease. A social-constructionist perspective, in: *M. Stroebe / W. Stroebe / R.O. Hansson* (Eds.), Handbook of bereavement: Theory, research and intervention, Cambridge (Cambridge University Press) 1993, 77–90, insbes. 77.

15 Vgl. den Exkurs unter II.3.

16 Vgl. im Abschnitt über das psychoanalytische Modell von Trauer.

17 Zur Symptomatik der Trauer vgl. ausführlich im Buchteil II.3.

Umwelt etc. Das soziale Interaktionsverhalten der Trauernden ist in den Begriff der Trauer als »Reaktion auf einen Verlust« ohne weiteres integrierbar.

Was der Freudsche Trauerbegriff nicht leistet
Zunehmend hat die Forschung allerdings auch die Gegenrichtung der Interaktion in den Blick genommen, also die soziale Einwirkung der Umwelt *auf* die Trauernden, die den Trauerprozess fördern oder erschweren kann.[18]
Zu den sozialen Faktoren, die auf die Trauerbewältigung einwirken, gehören zum einen die soziokulturellen und soziostrukturellen *Voraussetzungen*, unter denen sich Trauerfälle ereignen und von denen einige für den Zusammenhang unseres Themas besonders relevant sind: etwa die soziale Verdrängung und Hospitalisierung des Todes in der modernen Gesellschaft, die Umstände des hospitalisierten Sterbens mit ihren Folgen für das Erleben der Zugehörigen und die möglichen Auswirkungen auf den Trauerprozess; aber auch ganz allgemein die kulturell geprägten Normen und Konventionen im Zusammenhang mit Todesfällen (z.B. Bestattungsriten, Kleidervorschriften, »Trauerjahr« etc.) einschließlich deren sozialer Funktion, sowie die weltanschaulichen Todes*deutungen* in einer Gesellschaft.
Zum anderen gehören zu diesen Faktoren die sozialen *Folgen* des erlittenen Verlustes, von denen die Trauernden wiederum rückbetroffen sind: Wechselwirkungen können eintreten, z.B. zwischen dem aktiven Rückzug bzw. der *Selbst*isolation Trauernder und ihrer Meidung durch die Umwelt, bzw. einem sozialen Isoliert-*Werden*. Oder der Trauerfall kann sekundäre soziale Belastungen nach sich ziehen, die wiederum negativ auf die Trauerbewältigung zurückwirken.

Als Beispiel sei der Fall einer Witwe genannt, die zusätzlich zum Tod ihres Mannes u.U. eine Verschlechterung der Beziehungen zur Familie des Verstorbenen, Verschlechterung der Beziehungen zu befreundeten Ehepaaren, Verschlechterung ihres Sozialstatus (Abstieg von der verheirateten Frau zur Witwe), Verschlechterung ihrer ökonomischen Situation, entstehende Abhängigkeiten von sozialer Versorgung u.a.m. zu verkraften haben kann.

18 Vgl. als Beiträge mit soziologischem und sozialpsychologischem Schwerpunkt u.a. *Nassehi/Weber*, Todesverdrängung; ebenso *A. Nassehi / R. Pohlmann* (Hg.), Sterben und Tod. Probleme und Perspektiven der Organisation von Sterbebegleitung, Münster/Hamburg 1992, und den Themenband »Bereavement and Widowhood« des Journal of Social Issues 44 (3) (1988), Eds. *M. Stroebe / W. Stroebe / R. Hansson*. Darüber hinaus vgl. *M. Stroebe / W. Stroebe*, Bereavement and Health. The psychological and physical consequence of partner loss, Cambridge 1987, sowie das o.g. Handbook of Bereavement von *Stroebe/Stroebe/Hansson* 1993.

Natürlich ist hier auch an positive soziale Folgen zu denken, etwa Erbschaft, Befreiung von den Lasten der Pflege, Übernahme sozialer Funktionen der Verstorbenen durch Hinterbliebene, etc. Solche sozialen Aspekte integriert der o.g. Trauerbegriff (auch im weiter gefassten Sinne) nur partiell und indirekt, und zwar insoweit sie dem Verlusterlebnis selbst zuzurechnen sind oder sofern sie zu den Faktoren gehören, die die Reaktion auf den erlittenen Verlust motivieren (bzw. zu deren theoretischen Erklärung herangezogen werden).

Im obigen Beispiele der Witwe hieße das: Der Verlust ihrer sozialen Rolle, ihrer sozialen Identität und ihres sozialen Status fallen mit dem Verlust des verstorbenen Mannes zusammen, weil und soweit er deren Garant war. Das bedeutet etwa in behavioristischer Perspektive, dass die Witwe nicht nur die »positive Verstärkung« durch ihren Mann verloren hat, sondern dass sich auch die »positive Verstärkung«, die sie von ihrer sozialen Umwelt erhält, drastisch reduziert. Trauerreaktionen können dann sowohl durch den primären Verlust des Verstorbenen als auch durch die sekundären sozialen Verluste ausgelöst werden.

Dasselbe gilt auch für bestimmte *intra*personale Prädispositionen und Rückbetroffenheiten: Z.B. kann es bei der Trauerbewältigung einen großen Unterschied machen, ob die Betroffenen psychisch und physisch gesund sind, oder ob sie als zusätzliche Belastungen zum Trauerfall noch eine physische oder psychische Krankheit mitbringen. Und umgekehrt kann die Trauer selbst jemandem so sehr zu schaffen machen, dass er oder sie krank wird.
Wenn solche Aspekte im o.a. Trauerbegriff nicht explizit vorkommen, ist das kein Mangel, denn es handelt sich dabei um *kontextuelle* Faktoren, die auf Ausprägung und Verlauf der Trauer sekundär einwirken (können), aber nicht die Trauer selbst konstituieren. Zum *Kontext* der Trauerbewältigung gehören kulturelle, situative und individuelle Bedingungen.[19] Sie müssen in einer *Theorie* der Trauer berücksichtigt werden (dort kommen sie als »sekundäre Stressoren«, »Risikofaktoren« o.ä. vor), nicht aber im *Begriff* der Trauer zur Sprache kommen.
Der hier gewählte Begriff der Trauer ist einerseits konkret genug gefasst, um eine erste, allgemeine Bestimmung des Wesens der Trauer abzugeben, andererseits ist er weit genug formuliert, um für den Großteil der vorliegenden Trauertheorien gelten zu können.

Anglo-amerikanischer Sprachgebrauch
Weitere Begriffsklärungen müssen noch für den englischsprachigen Bereich vorgenommen werden, aus dem die Mehrzahl der hier zu verarbeitenden Beiträge zur Trauerliteratur stammt. Im anglo-amerikanischen Sprachgebrauch wird der Trauerbegriff in drei Begriffe ausdifferenziert, nämlich:

19 Vgl. *M.P. Cleiren*, Bereavement and Adaptation. A Comparative Study on the Aftermath of Death, Washington/Philadelphia/London 1993, 4.

- bereavement
- grief
- mourning.

Diese drei werden häufig verwechselt oder fälschlicherweise synonym gebraucht.[20] Die Begriffsverwirrung dürfte u.a. daher rühren, dass Freuds o.g. Grundlagenbeitrag in der englischen Übersetzung (wohl wegen der klangvollen Alliteration) mit »*Mourning and Melancholia*« statt mit »*Grief and Melancholia*« überschrieben wurde.[21]

Bereavement bezeichnet korrekterweise die objektive Situation von Menschen, die eine signifikante Person durch Tod verloren haben. Im Deutschen wären die Ausdrücke »einen Todes- oder Trauerfall haben«, »in Trauer sein« oder »hinterblieben sein« ungefähr entsprechend; die substantivierte Form *the bereaved* ist mit »die Hinterbliebenen« zu übersetzen. *Bereavement* ist der neutralste und umfassendste der drei Begriffe und kann als Oberbegriff gebraucht werden, obwohl er im strengen Sinne Ursache oder Anlass der mit *grief* und *mourning* bezeichneten Phänomene darstellt.

Der Begriff *grief* wird häufig mit »Schmerz«, »Kummer« oder »Gram« übersetzt. Das weist in die richtige Richtung, ist allerdings zu eng gefasst. Tatsächlich gemeint ist die individuell-subjektive Reaktion auf den Todesfall, bzw. die subjektive *Erlebnis*seite der Trauer, was verschiedene emotionale bzw. affektive, aber auch psychosomatische Aspekte einschließt und in etwa mit »Trauerreaktionen« oder »Trauersymptome« bzw. mit »Trauern« im engeren Sinn des Wortes übersetzt werden kann.

Mourning schließlich bezeichnet den Ausdruck von Trauer, also das nach außen hin sichtbare, expressive »Trauer*verhalten*«.[22]

Die Unterscheidung von *grief* und *mourning* ist insofern bedeutsam, als das Trauerverhalten, insbesondere das öffentlich sichtbare, in der Regel stark von kulturellen Normen und Erwartungen geleitet ist (vgl. Trauerriten und -gebräuche), während das subjektive Trauern bzw. seine Symptome individuell-existentiell geprägt und sehr verschiedenartig sind. Natürlich gibt es sowohl zwischen beiden Phänomenen als auch in der wissenschaftlichen Diskussion der Phänomene Überschneidungen. Generell wird man aber sagen können, dass *mourning*, zumindest soweit es öffentlich ist und mit soziokulturellen Normen konform geht,

20 Dieses mahnen *Stroebe/Stroebe* zu Recht sogar beim Bestseller Webster's Dictionary an; vgl. *dies.*, Bereavement and Health, 7.

21 »Grief« halten auch *Stroebe/Stroebe* für die angemessene Übersetzung des von Freud behandelten Gegenstands; vgl. a.a.O., 8.

22 Zu der so vorgenommenen Unterscheidung der Begriffe vgl. in Anlehnung an die Entwürfe von *Averill* und *Parkes* auch *R.O. Hansson / M. Stroebe / W. Stroebe*, Bereavement research. An Historical Introduction, in: *dies.*, Berevement and Widowhood, Themenband des Journal of Social Issues 44 (3) (1988); ebenso *Stroebe/Stroebe*, a.a.O.

eher zu den Untersuchungsgegenständen von Anthropologie und Soziologie gehört, während *grief* in den Bereich von Psychologie und Psychiatrie bzw. Medizin fällt und der eigentliche Gegenstand von Konzepten präventiver oder therapeutischer Trauerbegleitung ist. Der begrifflichen Unterscheidung liegt also eine sachliche zugrunde, die u.a. die Sichtung und Ordnung des umfangreichen Materials zum Thema Trauer und Trauerbegleitung erleichtert, und die auch hilfreich ist, um in diesem komplexen Feld Gegenstandsbereiche voneinander zu unterscheiden. Ich möchte diese in unserem Sprachraum ungebräuchliche Unterscheidung in einer graphischen Übersicht zusammenfassen:

Abb. 1:
Ausdifferenzierung des anglo-amerikanischen Trauerbegriffs (Grafik K.L.):

BEREAVEMENT Verlustsituation nach einem Todesfall

↙ ↘

GRIEF subjektive *Erlebnis*seite der Trauer	MOURNING expressives Trauer*verhalten*
↓	↓
Gegenstandsbereich von: Psychologie, Psychiatrie, Medizin Konzepte: individuelle Trauerbegleitung, präventiv, therapeutisch etc.	Gegenstandsbereich von: Anthropologie, Soziologie Konzepte: soziale Trauerbegehung, rituell, soziokulturell etc.

Bezug zu kirchlicher Praxis und Praktischer Theologie
Bemerkenswerterweise haben sich nun die traditionelle kirchliche Praxis der Trauerbegleitung, aber auch pastoraltheologische bzw. pastoralpsychologische Beiträge zu Theorie und Praxis der Trauerbegleitung vorwiegend auf das *Bestattungsritual* und seine Funktion konzentriert, also auf den öffentlich-sozialen Aspekt des mit dem Begriff *»mourning«* angegebenen Gegenstandsbereichs (Trauerverhalten).[23]

23 Vgl. übersichtsweise u.a. *Spiegel*, Prozeß, hier insbes. 128–159; ebenso im katholischen Bereich z.B. *P.M. Zulehner*, Heirat-Geburt-Tod. Eine Pastoral zu

M.E. hat sich die Problematik der Trauerbewältigung heute aber stark in den mit dem Begriff »*grief*« bezeichneten Bereich der individuell-existentiellen Trauererfahrung verlagert, und dieses wurde in der Theorie und Praxis der Trauerbegleitung, insbesondere der kirchlichen Trauerbegleitung, bisher nicht genügend berücksichtigt. Ich entfalte dies im nächsten Abschnitt.

2. Sterben, Tod und Trauer in der Moderne

2.1 Gesellschaftliche Entwicklung

Die Bedingungen von Sterben, Tod und Trauer haben sich in der modernen Gesellschaft stark verändert. An äußeren Bedingungen sind hier (ohne Anspruch auf Vollständigkeit) u.a. zu nennen:

- Demographische Veränderungen: Verlängerung der Lebenserwartung;
- Medizinischer Fortschritt und Verbesserung der Lebensqualität, insbesondere der Lebensqualität von Alten und Kranken; Möglichkeit zum Aufschub des Todes;
- Verlagerung des Sterbeortes in die Institution Krankenhaus;
- Rückgang sozialer Trauerriten und -gebräuche, darunter speziell Rückgang kirchlicher Bestattungen und weltlicher Trauerfeiern;
- Räumliches und zeitliches Auseinandertreten von Tod und Bestattung.

In der Folge der o.a. Gegebenheiten haben sich ebenso das soziale Erleben von bzw. die sozialen und religiösen Einstellungen zu Tod und Trauer gewandelt. Ich kann diese Entwicklungen hier nur sehr grob und nur insoweit sie für den Fortgang meiner Untersuchung relevant sind skizzieren. Ansonsten verweise ich auf die einschlägige (Medizin-)soziologische und sozialgeschichtliche Literatur.[24]

den Lebenswenden, Wien ^{4}1982 (^{1}1976), hier insbes. 30f und 192–229; als neuere Veröffentlichung im evangelischen Bereich *M. Schibilsky*, Trauerwege. Beratung für helfende Berufe, Düsseldorf ^{4}1994 (^{1}1989).

24 Hier sind an deutschsprachigen Monographien u.a. zu nennen: *Ph. Ariès*, Geschichte des Todes, München 1980 (Paris 1978); *A. Heller*, Kultur des Sterbens. Bedingungen für das Lebensende gestalten, Freiburg i.Br. 1994; *J. Howe / R. Ochsmann* (Hg.), Sterben – Tod – Trauer, Lehrbuch der psychologischen und sozialen Alternswissenschaft, Bd. 4, Heidelberg 1992; *A. Nassehi / G. Weber*, Tod, Modernität und Gesellschaft. Entwurf einer Theorie der Todesverdrängung, Opladen 1989. Zum engeren Gegenstandsbereich meiner Arbeit vgl. u.a.: *A. Nassehi / R. Pohlmann* (Hg.), Sterben und Tod. Probleme und Perspektiven der Organisation von Sterbebegleitung, Münster/Hamburg 1992; *F. Schulz-Nieswandt*, Sterben im Krankenhaus. Determination der Hospitalisierung und Institutionalisierung in Alteneinrichtungen, Weiden/Regensburg 1997.

Demographische Veränderungen – Statistik: Nur noch alle 15–20 Jahre ein Todesfall im engeren familiären Umfeld

Innerhalb der Lebensspannen von zwei bis drei Generationen hat sich die Lebenserwartung mehr als verdoppelt, die Säuglings- und Kindersterblichkeit ist auf ein Minimum zurückgegangen: Im Jahr 1875 betrug die durchschnittliche Lebenserwartung in Deutschland 35 Jahre;[25] im Jahr 1997 lag sie für 65-jährige Männer bei 80,4 Jahren, für 65-jährige Frauen bei 84,1 Jahren; die Tendenz ist weiter steigend.[26] Die Kinder- und Säuglingssterblichkeit ist in Deutschland heute mit insgesamt ca. 0,6 % sehr gering;[27] der Tod eines Kindes wird als außergewöhnlich, widernatürlich und katastrophal erlebt. 1875 dagegen starb fast ein Drittel, nämlich über 31 % der Neugeborenen innerhalb des ersten Lebensjahres; über 50 % der Kinder starben bis zum Alter von acht Jahren, d.h. weniger als die Hälfte der Kinder wurde neun Jahre oder älter.

Gehörten Sterben und Tod früher zum Alltag, tritt heute durchschnittlich nur noch alle 15–20 Jahre ein Todesfall im engeren familiären Umfeld ein, mit weiter absinkender Tendenz. Tod, Sterben und Trauer treten schon dadurch im allgemeinen Erleben und Bewusstsein immer mehr zurück; ihre Bewältigung wird immer weniger geübt.

Medizinischer Fortschritt und Verbesserung der Lebensqualität – Machbarkeit des Lebens, Beherrschbarkeit des Todes?

Bedingt durch den medizinischen Fortschritt wird die Qualität des Lebens heute allgemein und selbst bei Alten und Kranken überwiegend als gut erlebt, der Tod dagegen als Schrecken, der im normalen Leben nicht gegenwärtig ist. Dagegen wurde das Leben in früheren Jahrhunderten und Jahrzehnten stärker in der Perspektive auf den Tod hin betrachtet, angesichts schlechter Lebensqualität und (Über-)Lebenskampf oft als Jammertal, aus dem der Tod erlösen sollte. (Vgl. z.B. die Mehrzahl der Choräle im Evangelischen Kirchengesangbuch!)

25 Die Zahlenangaben im folgenden Abschnitt stammen, soweit nicht anders angemerkt, aus: *W. Schweidtmann*, Der Umgang mit Toten und Hinterbliebenen im Krankenhaus, in: *K. Richter* (Hg.), Der Umgang mit den Toten. Tod und Bestattung in der christlichen Gemeinde, Freiburg i.Br. 1990, 81–92.

26 Telefonische Auskunft des Statistischen Bundesamtes vom Januar 2001. Für Neugeborene betrug die durchschnittliche Lebenserwartung im Jahr 1997 74,4 (Jungen) bzw. 80,6 (Mädchen) Jahre. Die Lebenserwartung steigt mit zunehmendem Lebensalter an, weil man immer mehr Risiken (Kindstod, Berufsunfälle, stressbedingte Herz-Kreislaufversagen etc.) hinter sich lässt.

27 Im Jahr 1998 wurden in Deutschland 785 034 Kinder lebend geboren. In der Altergruppe unter einem Jahr verstarben 3668 Kinder, darunter 1678 in den ersten sieben Lebenstagen. In der Altersgruppe von einem bis unter fünf Jahren verstarben 842, in der Altersgruppe von fünf bis unter zehn Jahren 510 Kinder. Daraus errechnen sich eine Säuglingssterblichkeit von ca. 0,5 % und eine Kindersterblichkeit von ca. 0,1 %. (Daten im Januar 2001 per eMail vom Statistischen Bundesamt erhalten.)

Nicht nur hat sich die *Qualität der Ängste* vor dem Tod bzw. der Schreckensbilder des Todes gewandelt: Heute stehen eher der *horror vacui* oder die evtl. physischen Qualen im Vordergrund, die früher gegenüber den ohne Betäubungsmittel schon im Leben zu ertragenden Schmerzen kaum besonders hervortraten. Früher fürchtete man besonders die seelischen Qualen wie Anrechnung von Sünde, Hölle und Verdammnis,[28] die »... aus dem heutigen Todesbewusstsein wo nicht verschwunden, so doch in die Bild- und Sprachlosigkeit verdrängt« sind.[29]

Zunehmend hat auch im *Umgang* mit diesen Ängsten die Kategorie der »*Machbarkeit*« Platz gegriffen: Vor die Frage, wie Sterben, Tod und Trauer ertragen, gedeutet und bewältigt werden können, tritt die Frage nach ihrer Beherrschbarkeit resp. danach, was medizinisch noch alles getan werden kann, um sie abzuwenden, hinauszuschieben oder zu mildern. Dabei wird immer mehr verlernt, mit der Realität der menschlichen Endlichkeit, Geworfenheit und Begrenztheit resp. mit Erfahrungen von Ohnmacht, Chaos, Passivität, Ausgeliefertsein und Loslassen-Müssen umzugehen. Gleichzeitig finden in Segmenten der Gesellschaft Gegenbewegungen statt, in deren Zug das »richtige« Sterben und Trauern wieder *ge*lernt bzw. gelehrt werden soll.[30] Auch solche Ansätze stehen jedoch (das gilt ebenso für das hier vorliegende Buch) in der Gefahr, ihrerseits illusionäre Erwartungen an eine seelsorgliche oder therapeutische »Machbarkeit« von Bewältigungsprozessen zu nähren. Zu Recht spricht *H. Luther* im Hinblick auf den Sterbeprozess kritisch von einer modernen »Orthothanasie«, die unrealistische Vorschläge für einen therapeutisch vermeintlich bestens gesicherten »Abgang« aus dem Leben verbreitet und – so möchte ich hinzufügen – dessen »regelgerechten« Verlauf auf unangemessene Weise normiert.[31] Ähnliches ist auf den Trauerprozess übertragbar; kritisch sind hier m.E. insbesondere die Phasenmodelle zu betrachten.[32]

28 Vgl. zu diesem Abschnitt *Schweidtmann*, a.a.O., 81, 86 sowie *R. Preul*, Der Tod des ganzen Menschen. Luthers Sermon von der Bereitung zum Sterben, in: Der ›ganze Mensch‹. Perspektiven lebensgeschichtlicher Individualität, FS Dietrich Rössler, Berlin / New York 1997, 111–130, bes. 126–129.

29 *Preul*, a.a.O., 126.

30 Dazu gehören u.a. die hier mehrfach besprochenen Phasenmodelle des Sterbe- und Trauerprozesses (vgl. die Einleitung und II.3.2), aber auch die hier favorisierten Aufgabenmodelle (vgl. II.3.3).

31 Vgl. in Anlehnung an *M. Gronemeyer* und kritisch gegen *E. Fuchs*' Konzeption des »natürlichen Todes«: *H. Luther*, Tod und Praxis. Die Toten als Herausforderung kirchlichen Handelns. Eine Rede, in: ZThK 88 (1991), 407–426, hier 409.

32 Vgl. die Einleitung und II.3.2.

Institutionalisierung / Hospitalisierung des Todes: Der Todes- und Trauerfall im Krankenhaus ist der Regelfall

Die Mehrheit der Menschen stirbt heute in Deutschland wie in anderen modernen westlichen Gesellschaften nicht mehr für Zugehörige und Nachbarn sichtbar zu Hause, sondern abseits ihres sozialen Umfeldes in Krankenhäusern und Pflegeeinrichtungen.

In Presse und Fachliteratur findet man immer wieder Angaben, nach denen der prozentuale Anteil der Menschen, die im Krankenhaus sterben, stetig ansteigt, von ca. 40 % in den sechziger über ca. 60 % in den siebziger und achtziger bis zu 70 % und mehr in den neunziger Jahren und im neuen Jahrtausend.[33] Zuverlässige Quellenangaben fehlen dabei oft; insbesondere bei den aktuell genannten Zahlen dürfte es sich um Schätzwerte handeln. Meine Anfrage beim Statistischen Bundesamt ergab eine Korrektur nach unten; das Bild eines ständigen Anstiegs der Sterbefälle im Krankenhaus trifft nur bis zum Ende der siebziger Jahre zu; seither gab es bis 1998 sogar einen Rückgang auf gut 47 % (vgl. Abb. 2). Trotzdem wird man sagen müssen: An keinem anderen Sterbeort finden mehr Todesfälle statt als im Krankenhaus. Dies gilt auch dann, wenn man die in keiner amtlichen Statistik erfassten, üblicherweise mit ca. 25–30 % geschätzten zusätzlichen Sterbefälle in Alten- und Pflegeheimen nicht hinzurechnet. Obwohl es über 90 % wünschen, sterben schätzungsweise weniger als 30 % der Menschen zu Hause.[34]

Tod und Trauer mögen im Krankenhaus strukturell nicht vorgesehen sein (vgl. o.). Sie kommen aber nirgendwo anders so häufig vor wie dort. Sterben im Krankenhaus ist der *Regelfall*.[35] Die moderne Gesellschaft hat den Tod hospitalisiert. Das Krankenhaus ist Hauptort des Todes- und Trauerfalls.

33 Vgl. z.B. *P. Becker*, Moderne Gesellschaft im Umgang mit Sterben und Tod – Hospize, in: *Nassehi/Pohlmann*, Sterben und Tod, 43–53, hier 45; *G. Scharffenorth / K. Müller* (Hg.), Patienten-Orientierung als Aufgabe, Heidelberg ²1991, 320; *F. Schulz-Nieswandt*, Sterben im Krankenhaus. Determinaten der Hospitalisierung und Institutionalisierung in Alteneinrichtungen, Weiden/Regensburg 1997, 53f; *Schweidtmann*, a.a.O., 83 und andere mehr.

34 Vgl. *Schulz-Nieswandt*, a.a.O., 54.

35 Vgl. zutreffend *R. Grossmann*, Organisationsentwicklung im Krankenhaus, in: *Heller*, Kultur des Sterbens, 83–111, hier 88. S. auch das Kapitel »Hospitalisierung des Todes«, in: *Nassehi/Weber*, Todesverdrängung, 231–245.

Abb. 2:
Jährliche Sterbefälle in der BRD und in Krankenhäusern der BRD (Grafik: K.L.)[36]

Jahr	Gestorbene		
	insgesamt (Quelle: Todesursachenstatistik)	darunter im Krankenhaus (Quelle: Krankenhausstatistik)	
	Anzahl		Prozent
früheres Bundesgebiet			
1958	597 305	240 574	40,3 %
1968	734 049	377 028	51,5 %
1978	723 218	400 617	55,4 %
1988	687 516	360 132	52,4 %
Deutschland			
1991	911 245	444 936	48,8 %
1998	852 382	402 962	47,3 %

Rückgang von Trauerriten und -gebräuchen – weniger soziale Stützung, mehr individuelle Bewältigungsleistung

Die Sterbe- und Trauerkultur ist in modernen westlichen Gesellschaften – auch wenn sie in ländlichen Bereichen vielfach noch gelebt wird, auch wenn in Großstädten hier und da verschiedene Institutionen beim Versuch ihrer Wiederbelebung zusammenwirken – allgemein stark zurückgegangen. Ich nenne dafür schlaglichtartig nur wenige, äußerlich sichtbare Beispiele: Der Sterbeort Krankenhaus macht es Sterbenden schwer, »ihr Haus ...« (fernab desselben) »... zu bestellen«; Zugehörigen und Nachbarn sind Erleben und Begehen des Abschieds im häuslichen Umfeld erschwert. Die offene Aufbahrung des Leichnams im

36 Die Daten stellte mir das Statistische Bundesamt im Januar 2001 auf Anfrage via eMail zu.

Trauerhaus oder in der Friedhofskapelle wird kaum noch praktiziert; letzte Ehrbezeugungen wie das Einkleiden und Einsargen der Toten durch Zugehörige, das Sargtragen durch Nachbarn und Freunde etc. gehen zurück bzw. werden an professionelle Helfer delegiert. Die Zahl der *kirchlichen* Bestattungen sinkt (vgl. dazu ausführlich unter 2.2); darüber hinaus finden besonders in großstädtischen Bereichen immer mehr anonyme Bestattungen *ganz* ohne Trauerfeier und ohne eine Teilnahme von Zugehörigen statt.[37] Besuche im Trauerhaus, Kondolenzschreiben und andere Bezeugungen der Anteilnahme sind ebensowenig selbstverständlich und sozial eingeübt wie Trauerkleidung und Trauerjahr, etc. Wie in anderen Bereichen des gesellschaftlichen Lebens hat auch im Bereich der Trauerriten und -gebräuche ein Traditionsschwund eingesetzt; vielfach besteht Unsicherheit, was im Trauerfall zu tun und zu sagen bzw. wie mit den Betroffenen umzugehen sei. Ein weltanschaulicher Konsens über Einstellungen zum Tod bzw. Deutungen des Todes besteht in der pluralistischen Gesellschaft nicht mehr; vielfach fehlt schon ein Diskurs darüber.
Sterben, Tod und Trauer finden immer weniger öffentlich sichtbar, kommuniziert und begleitet statt. Die soziale Gemeinschaft ist im Umgang damit zunehmend ungeübt und verunsichert. Die Betroffenen werden entsprechend weniger sozial gestützt; die Anforderungen an die individuelle Bewältigungsleistung steigen. Was die Soziologie auch für viele andere Lebensbereiche feststellt, die »Privatisierung und Individualisierung von Lebenslagen«[38] trifft insbesondere auf den Bereich von Sterben, Tod und Trauer zu.

Räumliches und zeitliches Auseinandertreten von Tod und Bestattung
Dass Verstorbene binnen dreier Tage vom Trauerhaus zur Dorfkirche und von dort auf dem heimischen Friedhof zu Grabe getragen werden, kommt in der modernen Gesellschaft noch vor. Nicht selten werden Verstorbene heute aber auch vom Krankenhaus in ein städtisches Kühlfach und von dort erst zehn, 14 oder mehr Tage später auf einen entlegenen Großfriedhof mit mehreren Kapellen und kilometerweiten Wegen zu den Gräbern gebracht. Die *räumlichen* Verhältnisse erklären sich von selbst. Die *Zeit*verzögerung kommt u.a. durch lange Bearbeitungszeiten der Standesämter, Häufung von Autopsien, Terminengpässe der beteiligten Bestatter, Friedhöfe, RednerInnen oder Zugehörigen etc. zustande und wird durch die heute verbesserten Möglichkeiten zur Kühlung der Leichen ermöglicht.

37 Hierzu konnte ich leider auch durch direkte Anfragen bei Großfriedhöfen wie Hamburg-Öjendorf und Hamburg-Olsdorf kein zuverlässiges Zahlenmaterial erhalten.
38 *U. Beck*, Risikogesellschaft. Auf dem Weg in eine andere Moderne, Frankfurt a.M. 1986.

Vielerorts treten Tod und Bestattung heute räumlich und zeitlich immer weiter auseinander. Für die kirchliche Trauerbegleitung bedeutet das: Wenn sie erst im Kontext der Bestattung ansetzt, entfernt sie sich von Ort und Zeit des Todes.

Fazit: Hospitalisierung, Privatisierung und Individualisierung von Sterben, Tod und Trauer

Die oben skizzierten und andere Entwicklungen werden in Literatur und Presse häufig mit dem Stichwort »*Todesverdrängung* in der modernen Gesellschaft« zusammengefasst – häufig im psychoanalytischen Sinne eines individuellen oder kollektiven psychischen Verdrängungsmechanismusses, seltener im soziologischen Sinne einer sozialen Vernischung. Eine komplette soziologische »Theorie der Todesverdrängung« bietet das hier mehrfach zitierte Werk von *Nassehi und Weber.*[39] Die Diagnose »Todesverdrängung« verstehen diejenigen, die sie stellen, natürlich als Kritik an einer, wie sie meinen, soziopathologischen Entwicklung, einer Verfallserscheinung der Gesellschaft; sie weisen vor allem auf die Nachteile der beschriebenen Entwicklung hin.

Man wird diese Diagnose und die dazugehörigen Konnotationen etwas differenzieren müssen. Sicher gibt es in der modernen Gesellschaft eine breite Entwicklung in die mit dem Stichwort »Todesverdrängung« angezeigte Richtung, zugleich aber auch in Segmenten der Gesellschaft Gegenbewegungen dazu. Sterben, Tod und Trauer werden zugleich umschwiegen und thematisiert, verlernt und gelernt, verdrängt oder vermischt aber auch mit einer neuen »perimortalen Aufmerksamkeit« bedacht (vgl. o.).[40] Darüber hinaus ist fraglich, ob eine psychische Todesverdrängung nur einseitig negativ zu bewerten ist. Insbesondere diejenigen, die professionell ständig mit Sterben, Tod und Trauer befasst sind, *müssen* bei aller notwendigen und vielfach auch geleisteten existentiellen Auseinandersetzung immer wieder auch verdrängen, um ihre Arbeit tun zu können (»Unsere persönlichen Mitleidsressourcen sind begrenzt«[41]). Vor allem darf man diesen Berufsgruppen nicht eine gesamtgesellschaftliche Entwicklung anlasten, an der sie nur teilhaben; und man wird nicht erwarten können, dass sie allein mit ihrem persönlichen Einsatz ausgleichen, was (etwa durch die organisatorischen Realitäten eines Krankenhauses) strukturell bedingt ist.[42]

Mit den o.a. Einschränkungen ist die Rede von der »Todesverdrängung« nicht von der Hand zu weisen. Die Diskussion, ob sie hier und da zu pauschal bzw. mit einem zu umfassenden Gültigkeitsanspruch angewandt wird, muss hier nicht zu Ende geführt werden. Sinnvoller,

39 Vgl. a.a.O.
40 Vgl. *Heller*, Kultur des Sterbens, 13–27.
41 Vgl. *Heller*, a.a.O., 15.
42 Vgl. *Heller*, a.a.O.; ebenso *Weiher*, Religion, Trauer und Trost, 29–31.

als mit nur einem Rundumschlagwort zu operieren, scheint mir jedoch, ein aufgefächertes Fazit zu ziehen, das nicht wertet, sondern beobachtbare Entwicklungen beschreibt: Wir erleben in der modernen Gesellschaft eine Hospitalisierung des Todes und eine Privatisierung und Individualisierung der Trauer.
Mit dem Stichwort Hospitalisierung ist der Ort angegeben, an dem Sterbe- und Trauerbegleitung heute ansetzen sollten. Mit den Stichwörtern Privatisierung und Individualisierung ist erneut die o.a. Verlagerung des Trauerns aus dem *mourning* genannten Bereich des öffentlich-sozialen Trauerverhaltens in den mit *grief* bezeichneten Bereich des individuell-subjektiven Trauererlebens angesprochen[43] und zugleich benannt, was heutige Trauerbegleitung verstärkt anbieten sollte: individuellen seelischen Beistand, nicht nur und nicht erst in einer retrospektiven Psychotherapie, sondern durch eine akut begleitende Seelsorge, die idealerweise schon am Sterbe- und Totenbett beginnt.

2.2 Kirchliche Aufgaben

Im Ensemble von sozialen Systemen und Institutionen in der modernen Gesellschaft gehören die Kirchen nach *R. Preul*[44] (gemeinsam mit Schulen, Universitäten, Museen, Theatern etc.) zur Gruppe der Bildungsinstitutionen.

»Institutionen, die es mit Erfahrung, Wahrnehmung und Bewusstsein (Weltbewusstsein, Selbstbewusstsein, Gottesbewusstsein) in ihrem Bezug aufeinander zu tun haben, die dieses dreidimensionale Bewusstsein entwickeln, schulen, in bestimmte Richtung lenken, mit Mitteln der Kunst abbilden, darstellen, zur Aufführung bringen, sind Bildungsinstitutionen. Mit diesem Begriff werden all diejenigen Institutionen zusammengefasst, deren Aufgabe in irgendeiner Weise das gemeinschaftliche oder individuelle Symbolisieren ist.«[45]

Innerhalb dieser Gruppe bildet Kirche »ein System der Kommunikation des christlichen Wirklichkeitsverständnisses«.[46] Wie alle Religionssysteme bzw. Institutionen öffentlicher religiöser Kommunikation hat Kirche (so *Preul* in Übereinstimmung mit *E. Herms*) u.a. die Aufgabe, ethisch orientierendes Wissen über lebensdienliche Handlungsziele im Zusammenhang mit Vorstellungen über die »Bestimmung des Menschen« zu kommunizieren resp. Kommunikationsprozesse darüber zu fördern.[47] Religion (nicht ein spezifisches Bekenntnis) ist dabei eine dem Menschen mit der Fähigkeit zur Selbstreflexion gegebene anthro-

43 Vgl. i.d. Einleitung.
44 Vgl. zum folgenden Abschnitt *R. Preul*, Kirchentheorie, Berlin / New York 1997, 128–177, bes. 143–153; hier (in Anlehnung an *Herms*) 145.
45 *Preul*, a.a.O., 147.
46 A.a.O., 153.
47 A.a.O., 145.

pologische Grundkonstante. *Alle* Menschen sind religiös bzw. haben Religion, denn:

»Der Ausdruck ›Religion‹ bezeichnet nicht irgendwelche Ansichten über eine übersinnliche Welt, Ansichten, die man hegen kann oder auch nicht, sondern ›Religion‹ bezeichnet den für die Existenz jeder endlichen Person grundlegenden Tatbestand, dass sie auf den Ursprung und auf das Ziel ihrer Existenz bezogen ist; und zwar *so* bezogen, dass sie diese Grenzen ihres Daseins irgendwie verstehen und in ihrer Lebensführung berücksichtigen muss.«[48]

Endlichkeit bzw. Sterblichkeit ist demnach *das* zentrale Thema sowohl der Anthropologie als auch der Theologie, sowohl des Lebens wie des Glaubens; die Kommunikation darüber ist die genuine Aufgabe der Religionsgemeinschaften. Besteht auch in der modernen Gesellschaft kein mehrheitlicher Konsens mehr über spezifische (etwa: christliche, evangelische, katholische etc.) inhaltliche Ausprägungen der religiösen Einstellung (zum Tod), so haben doch die Kirchen (wie auch andere Religionsgemeinschaften) den religiösen Diskurs darüber zu führen und ihre je eigenen Anschauungen dazu zu kommunizieren. Der Tod ist der »Ernstfall« des Glaubens. Wo er eintritt, ist Kirche im Zentrum ihrer Aufgabe gefordert. Deshalb hat Kirche im Todesfall präsent zu sein; deshalb gehört sie an die Seite der Trauernden; deshalb haben die kirchlichen Amtspersonen ihre Kompetenz nicht nur *für* den Todes- und Trauerfall auszubilden, sondern auch *durch* ihn bzw. *von ihm her!* Der Tod hat hermeneutische Funktion – er ist der Lehrmeister des Lebens und des Glaubens. Mit ihrer Präsenz im Todes- und Trauerfall hat Kirche deshalb einen Dienst an den Betroffenen, an der Gesellschaft und an sich selbst zu leisten.

2.3 Kirchliche Entwicklung – Anfragen an die kirchliche Trauerbegleitung im Kontext der Bestattung

Kirchliche Trauerbegleitung durch die Bestattung und in deren Kontext ist notwendig, aber nicht mehr hinreichend

Was kirchlicherseits an Trauerbegleitung regelmäßig und flächendeckend angeboten wird, ist die christliche Bestattung (und ggf. die seelsorgliche Begleitung der Hinterbliebenen in deren Kontext). Gemeinsam mit den übrigen Amtshandlungen (Taufe, Konfirmation, Trauung) war die Bestattung lange »Kassenschlager« der evangelischen Kirche. Auch von denjenigen, die sich Sonn- und Alltags nicht mehr mit Kirche und Gemeinde identifizierten, von randständigen Kirchenmitgliedern, Kirchendistanzierten und selbst Ausgetretenen wurden die Amtshandlungen ungebrochen stark nachgefragt, weil sie einen existentiel-

48 *E. Herms*, Ist Religion noch gefragt? in: *ders.*, Erfahrbare Kirche. Beiträge zur Ekklesiologie, Tübingen 1990, 25–48, hier 30.

len Bedarf decken. Hier werden Menschen an den Krisen-, Höhe- und Knotenpunkten ihres Lebens oder des Lebens einer ihnen nahestehenden Person Übergangshilfen angeboten: seelsorgliche Begleitung, Sinndeutungsangebote in Gespräch und Verkündigung und vor allem die rituelle Inszenierung und Gestaltung des Übergangs, wobei der Segen eine wesentliche Rolle spielen, wenn nicht sogar den Kulminationspunkt bilden dürfte.[49] Im Kasualgottesdienst und in den begleitenden Gesprächen werden der allgemeine Lebenszyklus und die individuelle Lebensgeschichte der Betroffenen strukturiert, ihre Lebenserfahrung und die existentielle Wandlung ihres Lebens werden aufgenommen, thematisiert und theologisch gedeutet, tragende soziale Systeme und Sinnsysteme werden aktiviert, kurz: an den Einschnittstellen der Biographie, an Lebenswenden wird Lebensvergewisserung kommuniziert.[50]

Nach wie vor scheint es sinnvoll zu sein, die kirchlichen Amtshandlungen anzubieten. Das gilt auch für den Trauerfall bzw. für die bisherige Form der kirchlichen Trauerbegleitung durch den Bestattungsritus und in dessen Kontext. Dieses Angebot ist weiterhin notwendig; fraglich ist jedoch, ob es heute noch *hinreichend* ist. Neben dem oben schon benannten Problem des zeitlichen und räumlichen Auseinandertretens von Tod und Bestattung gibt es noch mindestens zwei weitere Faktoren, die dies bezweifeln lassen: 1. die veränderte Nachfrage nach kirchlichen Amtshandlungen – gerade die kirchliche Bestattung wird immer weniger in Anspruch genommen; 2. das bestehende Seelsorge-Defizit bzw. die hohe Bedeutung, die Betroffene in den Wechselfällen bzw. an den Übergängen ihres Lebens der seelsorglichen Begleitung beimessen; dieses korrespondiert mit der oben festgestellten Individualisierung und Privatisierung der Trauerbewältigung.

Die o.a. Aspekte werden im Folgenden näher beleuchtet. Dabei wird wiederum deutlich werden, dass das kirchliche Angebot der Trauerbegleitung sinnvollerweise hinsichtlich Ort, Zeit und hinsichtlich der Rolle, die Geistliche dabei einnehmen zu überdenken bzw. zu erweitern ist.

49 Dies hat besonders *Wagner-Rau*, Segensraum, herausgearbeitet. S. auch *M. Luther*, Der Segen, so man nach Mose spricht über das Volk, aus dem vierten Buche Mosi, am 6. Capitel, 1532, WA 30/3, 572–582; vgl. schon *C. Westermann*, Der Segen in der Bibel und im Handeln der Kirche, München 1968.

50 Vor den schon genannten *Ahuis*, Kasualgottesdienst, *Matthes*, Amtshandlungen, *Wagner-Rau*, Segensraum vgl. zur kirchlichen Amtshandlung als Übergangsritual grundlegend schon *A. van Gennep*, Übergangsriten (Les Rites de Passage), Frankfurt / New York 1986 (französische Originalausgabe Paris 1909); weiterhin *K. Will*, Sinngebung und Lebenshilfe. Zur theologischen Theorie der Amtshandlungen, Frankfurt a.M. 1983; *E. Winkler*, Tore zum Leben. Taufe, Konfirmation, Trauung, Bestattung, Neukirchen 1995. Zur volkskirchlichen Bedeutung der Amtshandlungen vgl. auch *Preul*, Kirchentheorie, 178–203 und 242–267.

Veränderte Nachfrage nach kirchlichen Amtshandlungen – der Amtshandlungszyklus entspricht modernen Lebensläufen nicht mehr

Nach gängiger Ansicht[51] ist der kirchliche Amtshandlungszyklus am Lebenszyklus derjenigen Menschen orientiert, die in der Tradition der christlich sozialisierten Kleinfamilie leben: Man wird geboren und getauft, man wird erwachsen und konfirmiert, man heiratet und wird getraut, man bringt Kinder hervor und erlebt wiederum deren Taufe, Konfirmation und Trauung etc., man stirbt und wird so bestattet, wie man es als trauernde/r Hinterbliebene/r schon als tröstlich erlebt hat, wenn Angehörige der Vorgänger-Generationen gestorben sind.

Das Muster dieses Lebenslaufs, der noch vor ein bis zwei Generationen selbstverständlich als »Normalbiographie« gelten konnte, wird heute nur noch in einem Segment der Gesellschaft fortgesetzt. Längst ist in den jüngeren Generationen die »*Wahl*biographie« an die Stelle der »Normalbiographie« getreten. Wie wir es oben schon für den Bereich von Sterben, Tod und Trauer festgestellt haben, spricht man auch im Blick auf alle anderen Lebensbereiche von einer allgemeinen »Privatisierung und Individualisierung von Lebenslagen«.[52] Die Möglichkeit und die Qual der Wahl des eigenen Lebensentwurfs entstand in der modernen Gesellschaft durch soziale Entwicklungen wie: Traditionsabbruch im Bereich von Werten und Normen, (Geschlechts-)Rollen und Lebensformen; gleichmäßigere Verteilung von Bildungs- und Erwerbschancen auf gesellschaftliche Schichten und auf die Geschlechter; Geburten-Kontrolle durch die Anti-Baby-Pille; Infragestellung der geschlechtsspezifischen Delegation von produktiver Erwerbsarbeit an Männer und reproduktiver Haus- und Familienarbeit an Frauen. Besonders die größere Teilhabe von Frauen an Bildung und Erwerbstätigkeit hat sich sowohl auf deren eigene Lebensläufe als auch auf das Sozialgefüge insgesamt ausgewirkt: die traditionelle Ein-Verdiener-Kleinfamilie ist nur noch *ein* Modell neben anderen; Einzelne und Paare müssen individuell über ihren eigenen Lebensentwurf entscheiden, z.B. ob sie zugunsten des beruflichen Fortkommens auf Familie verzichten oder umgekehrt bzw. welche Formen sie wählen, um beides zu vereinbaren. Heirat und Nachkommenschaft sind heute ebensowenig selbstverständliche Biographieelemente wie die Inanspruchnahme kirchlicher Begleitung an den lebensverändernden Übergängen.

51 Vgl. grundlegend *Matthes*, a.a.O. Es wird dabei übersehen, dass die Kasualien ihre je einzelne, weit in die Sozial- und Kirchengeschichte zurückreichende Entstehung haben. Die begriffliche und sachliche Verkoppelung mit modernen Biographieverläufen ist sekundär. Dies tut dem Argumentationsgang hier aber keinen wesentlichen Abbruch.

52 Vgl. zu den hier skizzierten sozialen Entwicklungen das Grundlagenwerk des Soziologen *U. Beck*, Risikogesellschaft. Auf dem Weg in eine andere Moderne, Frankfurt a.M. 1986.

Auf die Amtshandlungen bezogen heißt das: Auf dem Lebensweg von Menschen, die nicht oder nicht kirchlich heiraten, die keine Kinder bekommen oder deren Kinder wiederum nicht getauft, konfirmiert und getraut werden, findet von ihrer Taufe (und evtl. Konfirmation),[53] d.h. vom Säuglings- (oder Pubertäts-)alter bis hin zu ihrem Tod resp. ihrer Bestattung keine kirchliche Amtshandlung mehr statt. Nicht zuletzt deshalb ist vielfach eine Erweiterung und Verbreiterung der kirchlichen Amtshandlungspraxis angeregt worden.

Erweiterung der Amtshandlungspraxis – aber wie?

Man hat hier in jüngerer Zeit vor allem an eine Vermehrung der gottesdienstlich zu begehenden lebensgeschichtlichen Anlässe gedacht, d.h. daran, etwa beim Eingehen auf Dauer angelegter nichtehelicher Partnerschaften, bei Scheidungen, bei Jubiläen, bei Umzügen, beim Ausscheiden aus dem Berufleben etc. zusätzliche Amtshandlungen anzubieten.[54] Solche Überlegungen sind sicher sinnvoll. Die Amtshandlungspraxis muss erweitert und verändert werden, wenn sich die Lebensläufe und Lebensumstände der Menschen in unserer Gesellschaft so gravierend verändern wie in der Moderne. Erweiterung der Amtshandlungspraxis kann aber m.E. nicht nur bedeuten, die Zahl der Anlässe zu vermehren, zu denen man kirchlich handelt; vielmehr muss man auch im Blick auf die Anlässe, zu denen bereits kirchlich gehandelt *wird*, die Handlungs*weise* überdenken.[55]

Mindestens ebenso viel Anlass, wie dazu, *mehr Amtshandlungen* anlässlich weiterer lebensgeschichtlich bedeutsamer Ereignisse einzuführen, besteht m.E. dazu, anlässlich derjenigen Lebenswenden, die aus guten Gründen bereits jetzt kirchlich begangen werden, mehr und anderes *als* nur die Amtshandlungen anzubieten, und zwar auch über den Kontext der Ortsgemeinde hinaus. Dies gilt insbesondere im Blick auf die Bestattung, resp. auf den Todes- bzw. Trauerfall, und nur das will ich hier ausführen.

53 Die Konfirmation hat u.a. dadurch an Bedeutung verloren, dass sie nicht mehr als Initiationsritus am Übergang von der Jugendzeit zum Erwachsenenalter bzw. von der Schulzeit zum Berufsleben steht, nachdem sich Ausbildungszeiten und Adoleszenz enorm verlängert haben. Vgl. dazu *Matthes*, a.a.O.

54 Vgl. u.a. *Wagner-Rau*, a.a.O., Kap. 5.3, 224ff; Wagner-Rau schlägt dort ebenfalls den Ausbau jahreszeitlicher Kasualien wie Erntedank etc. vor.

55 Natürlich wird auch dies von den genannten AutorInnen z.T. getan, jedoch nicht im hier vorgeschlagenen Sinne. Die Überlegungen bleiben zumeist auf den Kontext der parochialen Kasualpraxis beschränkt, während ich eher an übergemeindliche Angebote denke. Vgl. auch *Preul*, a.a.O., 250: »Woran es hier [sic.: bei der Bestattung] jedoch häufig fehlt, ist die Begleitung der Hinterbliebenen in ihrem Trauerprozess. Fast immer fehlt auch die Begleitung im vorhergehenden Sterbeprozess sowie die vorbereitende und akute Begleitung der Zugehörigen; der Pfarrer wird i.d.R. erst nach Eintritt des Todesfalles gerufen.«

Die kirchliche Bestattung erlebt einen starken Nachfrageverlust, obwohl sie die von veränderten Lebensläufen am wenigsten betroffene Amtshandlung ist

Man sollte meinen, dass die Bestattung von allen Amtshandlungen am wenigsten vom gesellschaftlichen Wandel der Lebensumstände und Biographieverläufe betroffen ist. Denn wenn man im Zeitalter der Wahlbiographie heute auch mehr und mehr AutorIn der eigenen Lebensgeschichte ist – das letzte Kapitel schreiben die wenigsten selbst. Nach wie vor sind wir alle vom Tod betroffen, müssen wir sterben und trauern. Die Annahme liegt also nahe, dass unter den kirchlichen Amtshandlungen die Bestattung diejenige sei, die von den sozialen Veränderungen in der modernen Gesellschaft am ehesten unberührt bleibe. So wurde es auch noch bis zum Anfang der neunziger Jahre konstatiert:

> »Die Bestattungsziffer, d.h. der Anteil der evangelisch Bestatteten an der Summe der verstorbenen Gemeindeglieder, ist seit Jahrzehnten innerhalb der EKiD ziemlich konstant und liegt bei 94–100 %. Die Bestattung erweist sich neben der Taufe als stabilste volkskirchliche Amtshandlung. Für nicht wenige ist das Recht, kirchlich bestattet zu werden, ein ausgesprochener Grund, Mitglied in der Kirche zu bleiben.«[56]

Leider irrt hier jedoch der zitierte Verfasser. Erstaunlicherweise belegen Statistiken, dass gerade die Nachfrage nach der kirchlichen Bestattung in den vergangenen 30 Jahren ganz enorm zurückgegangen ist.

Zwar wird weder beim statistischen Bundesamt noch in den Landes- oder Kirchenämtern das Verhältnis von jährlichen Sterbeziffern, kirchlichen und nicht-kirchlichen Bestattungen zueinander erfasst. Bezogen auf Regionalkirchen sind direkte Vergleiche auch deshalb problematisch, weil die Grenzen von Bundesländern und evangelischen Landeskirchen und somit die Bemessungsgrundlagen nicht übereinstimmen (dasselbe gilt für katholische Bistümer). Die verfügbaren Zahlen sprechen jedoch eine eindeutige Sprache.

In den nachstehenden Übersichten habe ich für die Zeit von 1970 bis 2000 in Zehn-Jahres-Abständen die Entwicklung von Sterbeziffern und kirchlichen Bestattungen gegenübergestellt, einmal im Bundesgebiet (aus Gründen der Vergleichbarkeit der Bemessungsgrundlagen vor und nach 1989 wurden die Zahlen für das Gebiet der alten BRD resp. der alten Bundesländer und der westlichen EKD-Gliedkirchen bzw. Bistümer gewählt, einmal im Blick auf eine evangelische Regionalkirche. Schon bezogen auf das Bundesgebiet nehmen sich die Zahlen wesentlich schlechter aus als in der Literatur angenommen (vgl. Abb. 3): Der Rückgang kirchlicher Bestattungen beläuft sich bundesweit von

56 Vgl. *F. Merkel*, Der Umgang mit Toten und Trauernden als Thema evangelischer Theologie und kirchlicher Praxis, in: *Richter*, Umgang mit den Toten, 48–62, hier 55. *Ders*., Art. Bestattung IV und V, in: TRE 5, 743ff, hier 749, dort auch weitere Literatur.

1970 bis 2000 aus evangelischer Sicht auf knapp 25 %, aus katholischer auf gut 11 % und in der Gesamtschau beider Großkirchen auf knapp 19 %. Der Blick auf eine Gliedkirche der Evangelischen Kirche in Deutschland (EKD) – ich habe exemplarisch die Nordelbische Evangelisch-Lutherische Kirche (NEK) ausgewählt[57] – ergibt ein noch wesentlich schlechteres Bild (vgl. Abb. 4): Schon von 1970 bis 1980 ist die Zahl der kirchlichen Bestattungen in der NEK um über 11 % gesunken, die Todesrate im selben Zeitraum nur um unter 3 %. Zehn Jahre später, von 1980 bis 1990 ist die Todesrate fast gleich geblieben, die kirchlichen Bestattungen sind in der NEK jedoch um weitere 15 % abgesunken, und in der folgenden Dekade wiederum um mehr als 17 % (gegenüber 5% geringeren Sterbeziffern). In insgesamt 30 Jahren sind die Bestattungszahlen in der NEK um 38 % abgesunken (bis zum Jahr 2002 um über 45%). Auch wenn man die knapp acht Prozent gegenrechnet, um die die Sterberate im Vergleichszeitraum gesunken ist, macht das einen Schwund von über einem Drittel! Dieses Drittel wird vom kirchlichen Angebot der Trauerbegleitung überhaupt nicht mehr erreicht – zusätzlich zu dem hier nicht erfassten Anteil derer, die schon vor zwanzig Jahren darauf verzichteten.

Bei den Unterschieden zwischen dem Nachfrageschwund im Bundesgebiet und in der nördlichsten Gliedkirche der EKD dürften folgende Faktoren zu Buche schlagen: a) das Nord-Süd-Gefälle in der Traditions- und Kirchenbindung der Bevölkerung; b) die Tatsache, dass sich im recht dünn besiedelten Gebiet der NEK ein vergleichsweise hoher Prozentanteil der Bevölkerung Großstadtbevölkerung ist (konzentriert auf die beiden Ballungsräume Kiel und Hamburg). Es steht zu befürchten, dass sich in der NEK der gesamtgesellschaftliche Trend vorabbildet, der etwas später auch im Bundesdurchschnitt eintreten wird.

57 Es handelt sich um die Landeskirche, der ich zur Zeit der Buchabfassung angehörte; deshalb waren deren Statistiken mir am besten zugänglich. Die Auswahl der NEK ist aber auch aus anderen Gründen günstig, vgl. weiter unten im Haupttext.

Abb. 3:
Sterbefälle vs. kirchliche Bestattungen in Westdeutschland 1970 bis 2000 (Grafik und Berechnungen: K.L.):[58]

Jahr	1 Verstorbene	Bestattungen Ev. Kirche	Prozent ev. Bestattete von 1	Bestattungen Kath. Kirche	Prozent kath. Bestattete von 1	Kirchl. Bestattungen gesamt	Prozent kirchlich Bestattete von 1
frühere Bundesrepublik – westliche Gliedkirchen / Bistümer							
1970	**734 843**	**368 652**	**50,2**	**295 771**	**40,2**	**664 423**	**90,4**
1980	**714 117** -2,8 % zu 1970	**347 498** -5,7 % zu 1970	**48,7**	**288 135** -2,6 % zu 1970	**40,3**	**635 633** -4,3 % zu 1970	**89,0**
alte Bundesländer – westliche Gliedkirchen / Bistümer							
1990	**713 335** -0,1 % zu 1980 -2,9 % zu 1970	**326 514**	**45,8**	**287 183** -0,3 % zu 1980 -2,9 % zu 1970	**40,0**	**613 697** - % zu 1980 - % zu 1970	**86,0**
2000	**678 545** -4,9 % zu 1990 -5,0 % zu 1980 -7,7 % zu 1970	**276 902** -15,2 % zu 1990 -20,3 % zu 1980 -24,9 % zu 1970	**40,8**	**262 102** -8,7 % zu 1990 -9,0 % zu 1980 -11,4 % zu 1970	**38,6**	**539 004** -12,2 % zu 1990 -15,2 % zu 1980 -18,9 % zu 1970	**79,4**

58 Absolute Zahlen in 1/2001 und in 1/2004 vom Statistischen Bundesamt und vom Kirchenamt der EKD per eMail mitgeteilt, von katholischer Seite durch das Sekretariat der Bischofskonferenz (Bonn) telefonisch. Die Zahlen der katholisch Bestatteten können ab 1990 leichte Ungenauigkeiten aufweisen, da seit der Wende zu den Bistümern Berlin und Hamburg kleine Enklaven auf dem Gebiet der neuen Bundesländer gehören und bei den Meldungen geringe Überschneidungen möglich sind. Die Prozentrechnungen (korrigiert gegenüber der 1. Aufl.) sind von mir.

Abb. 4:
Sterbefälle frühere BRD resp. alte Bundesländer vs. kirchliche Bestattungen NEK[59] (Grafik und Berechnungen: K.L.):

Jahr	Verstorbene in der früheren BRD resp. in den alten Bundesländern	Kirchliche Bestattungen in der NEK (Nordelbische Evangelisch-Lutherische Kirche)
1970	734 843	41 865
1980	714 117 = - 2,8 % im Vgl. zu 1970	37 174 = - 11,2 % im Vgl. zu 1970
1990	713 335 = - 0,1 % im Vgl. zu 1980 = - 2,9 % im Vgl. zu 1970	31 600 = - 15,0 % im Vgl. zu 1980 = - 24,5 % im Vgl. zu 1970
2000	678 545 = - 4,9 % im Vgl. zu 1990 = - 5,0 % im Vgl. zu 1980 = - 7,7 % im Vgl. zu 1970	26 036 = - 17,6 % im Vgl. zu 1990 = - 30,0 % im Vgl. zu 1980 = - 38,0 % im Vgl. zu 1970
2002	ca. 658 000[60] = - 3,0 % im Vgl. zu 2000 = - 10,5 % im Vgl. zu 1970	22 995 = - 6,1 % im Vgl. zu 2000 = - 41,6 % im Vgl. zu 1970

59 Die absoluten Zahlen wurden mir im Januar 2001 und im Januar 2004 auf Anfrage vom Nordelbischen Kirchenamt (Kiel), vom Kirchenamt der(EKD Hannover) und vom Statistischen Bundesamt (Wiesbaden) per Fax und eMail mitgeteilt. Die Prozentberechnungen stammen von mir (korrigiert gegenüber der 1. Aufl.).

60 Vorläufiges Ergebnis vom Januar 2004.

Abb. 5:
Kirchliche Bestattungen von Kirchenmitgliedern in der NEK (Grafik: K.L.)[61]:

Jahr	1998
Zahl der verstorbenen Kirchenmitglieder der NEK	32 528
Zahl der in der NEK bestatteten eigenen Mitglieder	25 683[62]
Prozentanteil der in der NEK verstorbenen Kirchenmitglieder, die kirchlich bestattet wurden	78,96 %
Prozentanteil der in der NEK verstorbenen Kirchenmitglieder, die *nicht* kirchlich bestattet wurden	20,04 %

Aufschlussreich ist weiterhin die in der NEK geführte Statistik darüber, wieviel Prozent ihrer jährlich verstorbenen *Mitglieder* auch kirchlich bestattet werden (vgl. Abb. 5). Daraus geht hervor, dass im Querschnitt von Stadt und Land heute schon über 20 % der Kirchen*mitglieder* nicht mehr kirchlich bestattet werden. In den Großstädten selbst dürfte diese Zahl noch wesentlich höher liegen. Immer wieder in der Presse zu lesende Schätzungen, nach denen in Städten mit ca. 40 % nur noch eine Minderheit aller Bestattungen (Kirchenmitglieder und Nicht-Kirchenmitglieder) kirchlich sind, scheinen von daher nicht unplausibel.
Deutlich ist jedenfalls: Nicht nur ist die Aussicht auf eine kirchliche Bestattung heute für viele kein Grund mehr, in der Kirche zu bleiben; selbst von denen, die Kirchenmitglieder geblieben sind, wird offenbar vielfach keine kirchliche Bestattung mehr gewünscht. Mit ihrem Angebot der Trauerbegleitung erreicht die Kirche auch einen substantiellen Teil ihrer Mitglieder (und deren Zugehöriger) nicht mehr.

61 NEK = Nordelbische Evangelisch-Lutherische Kirche. Absolute Zahlen wurden mir im Januar 2001 auf Anfrage vom Nordelbischen Kirchenamt Kiel per Fax erhalten; Prozentberechnungen K.L.

62 Die in Abb. 4 aufgeführte Anzahl der im selben Jahr in der NEK *insgesamt* kirchlich Bestatteten ist höher, weil zusätzlich zu den Kirchenmitgliedern 1208 nicht-evangelische Verstorbene evangelisch bestattet wurden.

Die Expertise im Todes- und Trauerfall entgleitet den Kirchen und wird von anderen Anbietern übernommen

Dass gerade die Inanspruchnahme der kirchlichen Bestattung so stark zurückgegangen ist, ohne dass dafür – wie im Fall der anderen Amtshandlungen – die mit der sozialen Veränderung von Biographieverläufen zusammenhängenden Gründe vorliegen, ist besonders bedenklich. War noch bis vor wenigen Jahren die Zuständigkeit der Kirche im Todes- und Trauerfall fraglos akzeptiert, entgleitet ihr hier heute eine traditionell angestammte Domäne – und den Betroffenen entgeht die kirchliche Kompetenz. War früher, wenn es ans Sterben ging, der Ruf nach dem Pfarrer oder der Pfarrerin so selbstverständlich, dass ihr Besuch oft geradezu mit dem Erscheinen des Todesengels gleichgesetzt wurde, erfahren Geistliche heute, wenn überhaupt, oft zuletzt von einem Todesfall – und zwar durch das Bestattungsgewerbe, das lange vorher zuerst zur Stelle ist und sich inzwischen nicht nur mit weltlichen Rednern für den Bestattungsritus, sondern darüber hinaus als Trauerbegleiter empfiehlt: etwa mit Broschüren zum Trauerprozess, Selbsthilfegruppen, Seminaren, Vortragsveranstaltungen und nicht zuletzt durch Firmennamen wie dem der bundesweit verbreiteten Kette »Ahorn Trauerhilfe«.[63] Ein wachsender Anteil der Bevölkerung überträgt diesen und anderen Anbietern (infrage kommen auch andere Professionen und Institutionen wie ÄrztInnen, PsychotherapeutInnen, SozialpädagogInnen, Volkshochschulen, Esoterik-Schulen etc.), die selbstbewusst und mit einer differenzierten Angebotspalette auftreten, die Expertise im Todes- und Trauerfall – und entzieht sie den Kirchen.
Dieser Vorgang ist sicher z.T. im Zuge der Trends zu verstehen, die mit Schlagwörtern wie Traditionsabbruch, Pluralisierung, Wertewandel, allgemeiner Bedeutungsverlust der Kirchen etc. angedeutet sind. Kirche ist heute allgemein weniger gefragt. Um so mehr muss sie sich aber selbst fragen, ob der gravierende Nachfrageverlust speziell im Todes- und Trauerfall nicht zumindest *auch* daraus resultiert, dass das Profil ihres Angebots nicht mehr dem heutigen Bedarf entspricht.

Seelsorge-Defizit

Schon vor einem Vierteljahrhundert hat die Auswertung umfassender Kirchenmitgliederbefragungen ergeben: Aus Sicht der Betroffenen kommt bei kirchlichen Amtshandlungen der seelsorglichen Begleitung eine besonders hohe Bedeutung zu, bzw. wird ein »Seelsorge-Defizit« empfunden. Die Betroffenen erwarten, dass sie in ihrer Lebenswelt und ihrer konkreten, sich gerade einschneidend verändernden Lebens-

63 In der Literatur findet sich schon die These, die BestatterInnen seien inzwischen an die Stelle der Geistlichen getreten und nähmen deren Platz ein. Vgl. etwa den Theologen und Thanatologen *K. Dirschauer*, Dem Tod Paroli bieten. Bestatter werden Unternehmer und Trauerbegleiter zugleich, in: ZeitZeichen 1 (2001), 50–52.

situation aufgesucht, verstanden und hilfreich begleitet werden, weil nur dann eine entlastende Rekonstruktion ihrer Biographie und eine Verknüpfung mit Sinngebungsakten überzeugend gelingen kann.[64] Dass dies gerade im Trauerfall immer notwendiger wird, je weniger die Trauer sozial getragen wird und je mehr die Betroffenen durch Individualisierung und Privatisierung der Trauer selbst belastet sind, leuchtet ein. Immer stärker wird das betroffene Individuum zum Subjekt der Trauer, ist primär subjektiv betroffen, reagiert sehr individuell und verschiedenartig und muss die Bewältigungsleistung aktiv und vorwiegend selbst bzw. allein erbringen. Meine These war ja, dass sich die Problematik der Trauerbewältigung immer stärker in den mit dem Begriff »*grief*« bezeichneten Bereich der individuell-existentiellen Trauererfahrung verlagert, und dass dieses in der Theorie und Praxis der Trauerbegleitung, insbesondere der kirchlichen Trauerbegleitung, bisher nicht genügend berücksichtigt wurde.[65]

Kontextuelle Verortung kirchlicher Trauerbegleitung überdenken

Es genügt m.E. durchaus nicht, innerhalb der Amtshandlungspastoral das seelsorgliche Element zu stärken, indem Pastorinnen und Pastoren besser über die Dynamik des Trauerprozesses informiert und in die Lage versetzt werden, beim Trauerbesuch vor der Bestattung mit mehr Verständnis und Sensibilität auf die Hinterbliebenen einzugehen. Und zwar genügt es nicht nur deshalb nicht, weil, wie schon Yorick Spiegel festgestellt hat, dieses Begleitangebot zu punktuell und *quantitativ* zu wenig ist:

> »Darum kann die Hilfe der Kirche im Prozess des Trauerns nicht, wie es heute weithin noch Praxis ist, mit dem Todesfall beginnen, und nicht, wie dies leider oft genug geschieht, beendet sein, wenn der Pfarrer gemessenen Schrittes das Grab verlässt.« ... »Die ganze Absicht der hier vorgelegten Untersuchung läuft darauf hinaus, dass ein einzelner Besuch in der Krisenberatung zu wenig ist.«[66]

Der Aspekt, auf den ich aufmerksam machen möchte, ist vielmehr ein *qualitativer*. Ich meine, dass die kontextuelle Verortung kirchlicher Trauerbegleitung grundsätzlich überdacht werden muss. Denn im Kontext der Bestattung sind der seelsorglichen Begleitung des individuel-

64 Vgl. *Matthes*, Amtshandlungen, insbes. 99, 101f, 111 u.ö. Vgl. auch *Preul*, Kirchentheorie, 196: »Sofern die Kirche in ihrer begleitenden Funktion in Krisensituationen und bei lebensgeschichtlich bedeutsamen Ereignissen gefragt ist, muss sie alle Sorgfalt auf ihre Amtshandlungspraxis, auch eine erweiterte Amtshandlungspraxis, und die damit verbundene Seelsorge verwenden.«; vgl. auch a.a.O., 255: »Daher ist ... das mit den Kasualien verbundene Seelsorgeangebot auszubauen.«

65 Vgl. unter I.1.

66 Vgl. *Spiegel*, Prozeß, 140 u. 156. Vgl. auch *Preul*, Kirchentheorie, 255: »Deshalb ist ... das mit den Kasualien verbundene Seelsorgeangebot auszubauen.«

len Trauerprozesses (*grief*) m.E. prinzipiell Grenzen gesetzt, weil die Bestattung mehr im Bereich der öffentlich-sozialen Trauerbegehung (*mourning*) angesiedelt ist (vgl. Abb. 1).
Damit soll weder in Abrede gestellt werden, dass es Überschneidungsflächen zwischen den beiden Bereichen *grief* und *mourning* gibt, noch dass die kirchliche Bestattung als Übergangsritual und als Ort der Sinndeutung von Leben und Tod von hoher sozialer und psychohygienischer Relevanz ist – sonst würde sie wohl auch nicht weiter von immerhin substantiellen Teilen der Bevölkerung nachgefragt. Das gewachsene, gut etablierte und funktionierende Angebot der kirchengemeindlichen Bestattung ist durch die perimortale Trauerbegleitung nicht abzulösen, sondern zu ergänzen. So wie *grief* und *mourning* sich gegenseitig überschneiden, ergänzen und fördern, ist es auch für Seelsorge und Ritual bzw. für perimortale Seelsorge und Kasual-Seelsorge zu erwarten.
Die Bestattung hat die Funktion, den Todes- und Trauerfall zu veröffentlichen und sozial zu begehen; sie inszeniert rituell die Ehrung der Toten[67] und den Abschied von ihnen, die religiösen und kulturellen Vorstellungen einer (Teil-)Gesellschaft vom Verbleib der Toten sowie den sozialen Statusübergang und die bleibende soziale Einbettung der Hinterbliebenen.[68] Sie übt damit wichtige sinnstiftende und sozial stützende Funktionen aus – und zwar für das gesamte soziale Umfeld der Verstorbenen und der Hinterbliebenen, nicht nur für die Trauernden selbst.
Aber, so stützend und entlastend der Ritus auch sein mag, er inszeniert die soziokulturellen Trauerkonventionen und erlaubt, aber erfordert auch ein entsprechend kanalisiertes öffentliches Trauerverhalten (*mourning*), das sich stark von den individuellen Bedürfnissen und inneren Prozessen der Trauernden (*grief*) unterscheiden kann. Die *Kontrolle von Emotionen* gehört konstitutiv zu den Funktionen und Erfordernissen des Bestattungsritus,[69] sei es i.S. der Förderung bzw. Verstärkung oder i.S. der Unterdrückung bzw. Begrenzung ihres expressiven Durchbruchs. In den modernen westlichen Gesellschaften scheint das (erwartete) Trauerverhalten (*mourning*) im Kontext des Bestattungsrituals eine zunehmende Tendenz zur Entemotionalisierung auf-

67 Vgl. *R. Preul*, Kirchentheorie, 260: »Eine kirchliche Bestattung ist nicht nur ein Anlass, das abgelaufene irdische Leben im Lichte des christlichen Wirklichkeitsverständnisses zu bedenken oder zu deuten, sie ist selbst jedenfalls auch ein Teil der Biographie des Verstorbenen (wie auch der Biographie der Zugehörigen); den Zugehörigen liegt viel daran, dass ihm die Ehre der kirchlichen Bestattung zuteil wird.«

68 Vgl. im Anschluss an *A. van Genneps*, Begiff der »Rites de passage«, und *A.L. Strauss*, Konzept der »Trauer als Statusübergang«: *Spiegel*, a.a.O., 101–104 und 115–123. S. auch Kap. II.2.1 zu *Y. Spiegel*.

69 Vgl. a.a.O., 103 und 117f.

zuweisen. Man zeigt sich nicht teilnahmslos, aber gefasst; Klage, Protest, Aggressionen etc. sind unterrepräsentiert.[70]

Als prominentes Beispiel wird in den USA immer wieder Jaqueline Kennedy genannt, die Stunden nach dem tödlichen Attentat auf US-Präsident John F. Kennedy am 22.11.1963 demonstrativ noch in ihrem von Blut und Hirnmasse ihres ermordeten Mannes befleckten Kostüm, aber vollkommen beherrscht vor die Öffentlichkeit trat. Diese Haltung der Präsidentenwitwe wird bis heute in der amerikanischen und in der Weltöffentlichkeit als vorbildlich dargestellt (so 1995 wieder in den Nachrufen der TV- und Printmedien anlässlich des Todes von Jackie Kennedy-Onassis). In den USA sind mir während meiner eigenen Praxis perimortaler Trauerbegleitung mehrfach Fälle begegnet, in denen Trauernde sich in ihrem Bemühen um eine stoisch-beherrschte Haltung ausdrücklich auf das Beispiel der Präsidentenwitwe bezogen.
Dagegen kritisierte die britische Öffentlichkeit nach dem Tod der englischen Prinzessin Diana of Wales im August 1997 Mitglieder des Königshauses im Vorfeld der Bestattung wegen ihrer als extrem emotionsarm und teilnahmslos empfundenen Reaktion. Nach dieser Kritik und nachdem zehntausende BürgerInnen zu Trauerbezeugungen nach London gepilgert waren, sah sich die königliche Familie herausgefordert, anlässlich des Trauerzuges Kontakt mit den Zaungästen auf Londons Straßen aufzunehmen und öffentliches Trauerverhalten zu zeigen. Mit umgekehrten Vorzeichen wird auch hier die öffentliche Kontrolle und Kanalisierung von Trauerverhalten deutlich.

Vor allem dann, wenn der Erstkontakt erst im Kontext der Bestattung zustande kommt, müssen Pastoren und Pastorinnen von den Trauernden als AgentInnen der gesellschaftlichen Kanalisierung der Trauer wahrgenommen werden. Auch wenn sie psychologisch versiert und seelsorglich kompetent sind, erscheinen sie doch in ihrer Rolle als VollzieherInnen des Rituals, zu dessen Funktionen und Wirkungen es gehört, die Emotionen der Betroffenen zu kontrollieren und bestimmte, kulturell geprägte Verhaltensmuster öffentlich zu inszenieren. Es überrascht daher nicht, dass eine seelsorgliche Begegnung im Kontext der Bestattung recht häufig durch Rollen- und Erwartungsunsicherheiten erschwert wird. Vielfach bei Trauerbesuchen auftretende Phänomene wie ein vergleichsweise emotionsarmes Verhalten der Hinterbliebenen und eine gewisse Zurückhaltung bei Erzählungen über ihre Beziehung zu den Verstorbenen, besonders über negativ erlebte Anteile etc. scheinen mir eher auf diese Problematik zurückzuführen zu sein als auf die sogenannte »Schockphase« (vgl. die Einleitung und II.3.2).

Bei einem PastorInnenkonvent zum Thema »Trauerbegleitung« schloss sich die Mehrzahl der KollegInnen der Vermutung an, dass Trauernde sich beim Besuch vor der Bestattung häufig den vermeintlichen Erwartungen des Pastors oder der Pastorin anpassen, etwa gefasst zu sein, nichts Schlechtes über die Toten zu sagen etc. – so wie ja auch viele meinen, es würde von ihnen eine Rechtfertigung ihres Verhältnisses zur Kirche erwartet und kaum, dass Pastor oder Pastorin über die

70 Vgl. *Spiegel*, 117f, der sogar von »apathischem« Verhalten spricht.

Schwelle tritt, verlegen ihre Versäumnisse »gestehen«. Die vielfach geübte Zurückhaltung der Trauernden mag z.T. auch damit zusammenhängen, dass sie befürchten, ihre persönlichen Äußerungen später in der Traueransprache veröffentlicht zu finden.
Sicher können diese Probleme gemildert werden, indem man sie anspricht und manche Befürchtungen ausräumt. Das Spannungsfeld von öffentlich Gefordertem und individuellen Bedürfnislagen bleibt aber prinzipiell bestehen und wirkt sich auch auf der Seite der Geistlichen, gerade bei seelsorglich ambitionierten, als Dilemma einer Doppelrolle aus: Als SeelsorgerInnen wollen sie individuelle Trauerbegleitung anbieten, sie sind gleichzeitig aber zumindest *auch* RitualmeisterIn, müssen auch auf die Formalia des Rituals zu sprechen kommen, für die Ansprache »Informationen« sammeln und das Gespräch strukturieren und kanalisieren; sie bleiben zumindest *auch* RepräsentantIn der Öffentlichkeit und des rituell Verlangten.[71]

Ein Erlaubnisraum und ein günstiges Beziehungsfeld für eine emotionale Öffnung der Trauernden ist jedenfalls nach meiner Erfahrung wesentlich leichter bei einer perimortalen Trauerbegleitung im Krankenhaus herzustellen, die näher an der Ursprungssituation der Trauer und von beiderseitigen Rollenerwartungen unbelasteter ist. Übrigens haben Krankenhaus-SeelsorgerInnen gegenüber GemeindepastorInnen auch den Vorteil, dass man ihnen persönlich, aber quasi anonym begegnen kann: Viele Menschen vertrauen sich in Krisensituationen leichter jemandem an, der oder die sie nie wieder sieht. Es stellt sich die Frage, ob das von Kirchenmitgliedern konstatierte Seelsorge-Defizit nicht am besten im Kontext der speziellen Seelsorge, und mein Vorschlag ist: im Kontext der Krankenhaus-Seelsorge, zu decken wäre.
Die Einbindung in eine überindividuelle, sinn- und gemeinschaftsstiftende Ritualerfahrung ist, darin teile ich den weithin bestehenden Konsens, eine notwendige und heilsame Komponente der Trauerbewältigung. Die Stärke, zugleich allerdings auch die Grenze des kirchlichen Begleitangebots – der Bestattung – liegt in seiner Ausrichtung auf Veröffentlichung, Inszenierung und Kanalisierung von Abschied und Trauer. Der Kontext von Öffentlichkeit und Ritual (*mourning*) lässt individuellen Problem- und Bedürfnislagen und subjektivem Trauererleben (*grief*) nur begrenzt Raum, ja, ist sogar strukturell auf deren Eingrenzung hin angelegt. Ich halte es auch deshalb für sinnvoll, dass die

71 Diesen Sachverhalt hat *F. Winter* beschrieben, aber nicht ausreichend als Rollenkonflikt problematisiert. Winter unterscheidet einen »kuralen« (d.h. einen im engeren Sinne der *cura animarum* seelsorglichen) und einen »präparativen« (d.h. einen der Vorbereitung der Bestattungsansprache dienenden) Sinn des »Gespräch[s] vor der Bestattung«; vgl. seine Monographie: Seelsorge an Sterbenden und Trauernden, Göttingen 1976 (Lizenzausgabe der Evangelischen Verlagsgesellschaft Berlin), Kap. 3.2.2, 72–83. Winter beklagt an anderer Stelle (a.a.O., 11): »Es ist ein Krebsschaden der kirchlichen Entwicklung, dass ein Redner der Kirche wohl Tote fortschaffen hilft, aber den Weg zum Tode nicht mitgeht. Der Sargdeckel muss fest verschraubt sein, wenn die kirchliche Bestattungsfeier einsetzt!« Er denkt aber nicht an eine Ergänzung der kirchlichen Bestattungspraxis im hier vorgeschlagenen Sinne.

Trauerbegleitung schon an anderer Stelle, nämlich im Kontext der akuten individuellen Krisenerfahrung ansetzt.

2.4 Fazit

Ist nun die Quintessenz des oben Gesagten, dass die kirchliche Bestattung heute das falsche Angebot zur Trauerbegleitung ist, im Ansatz

- zu spät, da erst Tage oder Wochen nach dem Tod und nicht schon zur Todeszeit;
- am falschen Ort, da in der Kirchengemeinde und nicht am Sterbeort Krankenhaus und
- mit dem falschen Verfahren, da in Form des Rituals und nicht der Seelsorge?

Ja und nein. Nein, weil die kirchliche Bestattung weiterhin eine sinnvolle und notwendige Form der Hilfe zur Trauerbewältigung ist. Ja, weil diese Form der Trauerbegleitung zum einen immer weniger in Anspruch genommen wird und immer weniger Menschen erreicht; und weil sie zum anderen zeitlich, räumlich und methodisch die Bereiche nicht abdeckt, in die hinein sich Tod und Trauer heute immer mehr verschieben. Will Kirche in der modernen Gesellschaft ihre Expertise als qualifizierte Begleiterin im Todes- und Trauerfall zurückgewinnen und behalten, ist die geeignete Maßnahme, dem Angebot der kirchlichen Bestattung ein ebenso regelmäßiges und flächendeckendes Angebot perimortaler Trauerbegleitung, und zwar zuerst im Krankenhaus, an die Seite zu stellen.

TEIL II

TRAUERFORSCHUNG

Trauerforschung

1. Zur Einführung: Fragestellungen und Systematisierung des Materials

Was ist Trauer? Was sind ihre Auslöser, ihr Ursprung und ihre Funktion? Welche Phänomene kennzeichnen sie, und wie ist ihr Verlauf? Lassen sich »normale« und »pathologische« Trauer unterscheiden, und, wenn ja, wie? Wie ist der Bedarf an Trauerbegleitung bzw. gezielten Interventionen im Trauerprozess einzuschätzen und wo liegen deren Chancen?
Dies sind einige der Fragen, die die Trauerforschung zu beantworten sucht. In diesem Kapitel wird (nachdem die Begriffe bereits im ersten Buchteil geklärt wurden) zunächst ein allgemeiner Überblick über die wichtigsten vorliegenden Trauertheorien und andere Beiträge zur Trauerforschung gegeben. Die dargestellten Entwürfe werden dann speziell daraufhin befragt, was sie im Blick auf perimortale Trauer und deren Begleitung austragen: Inwiefern berücksichtigen sie die Anfangssituation des Trauerprozesses, welche Bedeutung messen sie ihr bei und was lässt sich aus ihnen hinsichtlich einer perimortalen Erstintervention (im Krankenhaus) ableiten?
Bei diesem Durchgang wird sich herausstellen, dass die bisherige Theoriebildung vielgestaltig und unabgeschlossen ist, bzw. dass die vorgestellten Theorien die genannten Fragen jeweils unterschiedlich und nur partiell beantworten. Brauchbare Erkenntnisse müssen daher eklektisch zusammengestellt und durch Heranziehung von zusätzlichem Material ergänzt werden. Dafür kommen Ergebnisse empirischer Trauerforschung und Einzelbeiträge zur perimortalen Trauer in Frage.

Uneinheitliche und unabgeschlossene Theoriebildung
Trauerforschung ist – wie auch die davon zu unterscheidende »Thanatologie«, die wissenschaftliche Beschäftigung mit Tod und Sterben – weder eine eigenständige Disziplin, noch ist sie ausschließlich oder vorrangig einer wissenschaftlichen Fachrichtung zuzuordnen. Die unübersichtliche Materiallage umfasst theoretische und empirische Beiträge aus den Bereichen Theologie, Philosophie, Soziologie und Anthropologie bzw. Ethnologie sowie aus Medizin, Psychologie und deren Überschneidungsbereichen Psychiatrie und Psychosomatik. Der Trend

zu interdisziplinären Sammelbänden[1] mag ein Indiz für die multidisziplinären Anstrengungen auf dem Gebiet der Trauerforschung sein, aber möglicherweise auch dafür, dass Einzelbeiträge aus verschiedenen Disziplinen mehr additiv nebeneinandergestellt, als dass interdisziplinär übergreifende Konzepte erarbeitet werden. Der von *Yorick Spiegel* veröffentlichte Versuch einer Gesamtdarstellung ist 30 Jahre alt;[2] seither ist die Materialmenge durch Beiträge aus den unterschiedlichsten und in sich wiederum immer stärker zergliederten Fachrichtungen enorm angewachsen.
Eine allgemeine und umfassende Trauertheorie, die alle eingangs des Kapitels genannten Fragen beantwortet, liegt bislang nicht vor;[3] sie wäre auch aufgrund der Komplexität des Phänomens außerordentlich schwer zu entwerfen. Die vorfindlichen theoretischen Ansätze unterscheiden sich nach den Aspekten der Trauer, die sie zu ihrem Gegenstand machen, und nach den theoretischen Konzepten, die sie als Referenzrahmen heranziehen. Aus pragmatischen und sachlichen Gründen beschränke ich mich hier weitgehend auf die Bereiche, in denen an den im Rahmen meiner Arbeit relevanten Fragen subjektiven Trauererlebens (*grief*) und individueller Trauerbegleitung gearbeitet wird, nämlich Medizin (Psychiatrie), Psychologie und Pastoralpsychologie (vgl. o.).

Systematisierung nach den Schlüsselkategorien der Freudschen Definition:
- *Deutung der Verlusterfahrung (explikatorische Modelle)*
- *Beschreibung der Trauerreaktion (deskriptive Modelle)*

Meines Wissens liegt kein neuerer Versuch zur Systematisierung des umfangreichen Materials bzw. der disparaten Beiträge zur Trauerforschung vor; ich unternehme ihn deshalb hier selbst. Und zwar lege ich die oben gewählte Definition von Trauer als *Reaktion* auf *Verlust*

1 Vgl. *Stroebe/Stroebe/Hansson*, Handbook, sowie *dies.*, Bereavement and Widowhood, Themenheft des Journal of Social Issues, 44 (3) (1988); weiter u.a. *H. Becker* u.a. (Hg.), Im Angesicht des Todes: ein interdisziplinäres Kompendium, 2 Bde., St. Ottilien 1987; *J. Howe / R. Ochsmann* (Hg.), Tod – Sterben – Trauer. Bericht über die 1. Tagung zur Thanato-Psychologie vom 4.–6. November 1982 in Vechta, Eschborn 1985; *dies.*, Tod – Sterben – Trauer, Frankfurt 1984; *dies.* (Hg.), Trauer – Ontologische Konfrontation. Bericht über die 2. Tagung zur Thanato-Psychologie vom 23.–24. November 1989 in Osnabrück, Stuttgart 1991; *O.S. Margolis* et al. (Eds.), Acute grief. Counseling the bereaved, New York (Columbia University Press) 1981; *B.M. Schoenberg* et al. (Eds.), Bereavement Counseling. A Multidisciplinary Handbook, Westport, CT, (Greenwood Press) 1980.

2 Vgl. *Spiegel*, Prozeß.

3 Zu diesem Befund kommen auch *Stroebe/Stroebe*, Bereavement and Health, 56; ebenso *Cleiren*, Bereavement, 9f; Nach Shakleton kranken die maßgeblichen Trauertheorien sämtlich an Uneinheitlichkeit, fehlender Verifizierbarkeit und zu beschränkter Reichweite, vgl. *Shakleton*, The Psychology of Grief. A Review, in: Advances in Behaviour Research and Therapy 6 (1984), 153–205, dort 153f u.ö.

zugrunde und ordne das vorliegende Material jeweils einer der beiden Schlüsselkategorien dieser Definition zu. D.h., ich unterscheide solche Beiträge, die sich vorrangig um ein näheres Verständnis bzw. eine Deutung des erlittenen *Verlustes* als Ursache der Trauer bemühen, und solche, die ihren Schwerpunkt auf die phänomenologische Erfassung von Trauer*reaktionen* legen.

Die verlust- bzw. deutungsorientierten Ansätze nenne ich *explikatorische Modelle*, denn sie versuchen auf dem Hintergrund eines umgreifenden Theoriekonzepts verständlich zu machen, wodurch die Verlusterfahrung beim Tod eines signifikanten Menschen qualifiziert ist. Hier wird nach Erklärungen dafür gesucht, worin die Problematik der Verlusterfahrung liegt und warum sie oft heftige (insbesondere emotionale) Reaktionen auslöst. Z.T. wurden diese Theorien ursprünglich als Erklärungsmodelle für reaktive klinische Depressionen (d.h. für depressive Reaktionen auf erlittene Verluste) entworfen, die starke Analogien zur Trauer aufweisen;[4] sie greifen meist auf allgemeine psychologische Theorien psychodynamischer, behavioristischer oder kognitivistischer Art zurück.

Die zweitgenannten Modelle bezeichne ich nach ihrer Arbeitsweise als *deskriptive Modelle*. Zu ihnen zähle ich *Symptomatologien* der Trauer und *Verlaufs- oder Phasenmodelle* von Trauer, die im Grunde erweiterte Symptomatologien sind. Auch *Aufgabenmodelle* können m.E. dazugezählt werden, denn die in ihnen zusammengestellten »Trauer-Aufgaben« werden aus der Beschreibung gelingender Trauerprozesse gewonnen und rückprojiziert.

Zu der hier gewählten Einteilung ist zu sagen, dass »explikatorische« und »deskriptive« Modelle selten in Reinform vorliegen. Auch stark explikatorisch arbeitende Entwürfe können nicht völlig auf die Darstellung der Phänomene der Trauer bzw. der Trauerreaktionen verzichten, und umgekehrt setzen auch stark deskriptiv arbeitende Symptomatologien z.T. bestimmte Annahmen eines umgreifenden Theoriekonzepts voraus. Überschneidungen werden besonders im Bereich der Phasenmodelle deutlich: So ist z.B. John Bowlby hauptsächlich an einer *Explikation* der Trauer (nämlich als Reaktion auf Bindungsverlust, vgl. u.) interessiert; wie eine Reihe anderer AutorInnen nimmt aber auch er eine Phasen-Einteilung des Trauerprozesses vor, die eigentlich in den Bereich deskriptiver Symptomatologie fällt. Und umgekehrt bemüht sich etwa Verena Kast vorwiegend um eine *deskriptive* Erfassung der Phasen des psychischen Trauerprozesses, setzt dabei aber zugleich die Theoriekonzepte der Jungianischen Tiefenpsychologie und der Bowlbyschen Bindungstheorie voraus.[5]

4 *Stroebe/Stroebe* sprechen deshalb von »Depression models of grief«, vgl. Bereavement and Health, 56–76.

5 Kasts Programm zeigt sich schon im Titel ihrer Monographie, vgl. *Verena Kast*, Trauern, Phasen und Chancen des psychischen Prozesses, Stuttgart [14]1993 ([1]1982).

Solche Überschneidungen und Mischformen ergeben sich bei jeder Art von Systematisierung umfänglicher Literatur zu einem komplexen Themenbereich; dennoch ist eine Systematisierung notwendig, und die hier vorgenommene Strukturierung nach inhaltlichen und methodischen Schwerpunkten scheint mir sinnvoll.

Gliederung
Der folgende Forschungsüberblick beginnt mit der Gruppe der explikatorischen Modelle, denen Sigmund Freuds »klassische« Grundlegung der Trauertheorie zuzurechnen ist. Es handelt sich bei diesen Modellen, die die Ursachen der Trauer beleuchten, quasi um erweiterte Definitionen der Trauer. Die Systematisierung erfolgt in diesem Teil jeweils nach dem Referenzrahmen, innerhalb dessen der Personenverlust expliziert wird, woraus sich folgende Gliederung ergibt:

1. Personenverlust als Objektverlust: Psychoanalyse
2. Personenverlust als Bindungsverlust: John Bowlby (Ethologie)
3. Personenverlust als Verlust von Verstärkung: Behaviorismus
4. Personenverlust als Verlust genetischer Überlebenschancen: Soziobiologismus
5. Personenverlust als Verlust von Sinn- und Bedeutungsstrukturen: Peter Marris (Kognitionspsychologie)
6. Personenverlust als Auslöser multipler Verluste (Stressoren): Stroebe/Stroebe (Kognitive Stress-Theorie)

Im Abschnitt über deskriptive Modelle, die tiefer in die Phänomene der Trauerreaktion selbst eindringen, behandele ich:

1. Symptomatologien der Trauer im engeren Sinne
2. Phasen- oder Verlaufsmodelle des Trauerprozesses
3. Aufgabenmodelle

2 Explikatorische Modelle – Trauer durch Verlusterfahrung

2.1 Personenverlust als Objektverlust: Psychoanalyse

Trauer und Trauerarbeit nach Sigmund Freud
Sigmund Freud hat in vier seiner Schriften Phänomene der Trauer aus psychoanalytischer Sicht erörtert;[6] davon ist die bereits zitierte über

Ähnlich erarbeitet auch *Spiegel*, Prozeß, ein deskriptives Verlaufsmodell, setzt dabei aber immer wieder Annahmen der Freudschen Psychoanalyse voraus.

6 *S. Freud*, Totem und Tabu (1912/13) (Gesammelte Werke, Bd. 9), Frankfurt [4]1968, 122–194; *ders.*, Zeitgemäßes über Krieg und Frieden (1915) (Ges. Werke, Bd. 10), Frankfurt [4]1967, 324–355; *ders.*, Vergänglichkeit (1916) (Ges. Werke, Bd. 12), Frankfurt [3]1966, 227–268; *ders.*, Trauer und Melancholie (1916) (Ges. Werke, Bd. 10), Frankfurt [4]1967, 428–446.

»Trauer und Melancholie« (1916) die bedeutendste. Freud hat sich in diesem Beitrag vorwiegend mit dem Phänomen der Melancholie (klinischen Depression) befasst und die Trauer nur als Vergleichspunkt benutzt; trotzdem ist diese Schrift die in der Trauerforschung am meisten zitierte und rezipierte, weil Freud darin en passant die erste Theorie der intrapersonalen Dynamik der Trauer entwickelt hat.
Nach Freud ist die Trauer, analog zur Melancholie, gekennzeichnet durch

»... eine tief schmerzliche Verstimmung, eine Aufhebung des Interesses für die Außenwelt ... – soweit sie nicht an den Verstorbenen mahnt, – den Verlust der Fähigkeit, irgendein neues Liebesobjekt zu wählen – was den Betrauerten ersetzen hieße, – die Abwendung von jeder Leistung, die nicht mit dem Andenken des Verstorbenen in Beziehung steht«.[7]

Die psychischen Energien der Trauernden werden also völlig durch die Beschäftigung mit dem oder der Verstorbenen absorbiert. Dieses Phänomen, »Präokkupation« genannt, erklärt Freud durch sein Konzept der *libidinösen Besetzung*. Danach entwickeln Menschen eine Liebe zu oder eine Bindung an andere Menschen, die ihre Bedürfnisse befriedigen, und richten ihre Libido – bei Freud noch einseitig als *Trieb*energie, von späteren Vertretern der Psychoanalyse allgemein als *psychische* Energie beschrieben[8] – auf sie, bzw. auf ihre psychischen Repräsentanzen, d.h. auf die Bilder und Vorstellungen, die sie sich von ihnen gemacht und verinnerlicht haben. Eine libidinöse Bindung endet nicht mit dem Tod eines Liebesobjektes, sondern muss, nachdem der Verlust realisiert wurde, in einem langwierigen und schmerzhaften psychischen Prozess vom Objekt abgelöst werden. Diesen Prozeß nennt Freud die »*Trauerarbeit*«:

»Die Realitätsprüfung hat gezeigt, dass das geliebte Objekt nicht mehr besteht, und erlässt nun die Aufforderung, alle Libido aus ihren Verknüpfungen mit diesem Objekt abzuziehen. Dagegen erhebt sich ein begreifliches Sträuben – es ist allgemein zu beobachten, dass der Mensch eine Libidoposition nicht gern verlässt, selbst dann nicht, wenn ihm Ersatz bereits winkt ... Das Normale ist, dass der Respekt vor der Realität den Sieg behält. Doch kann ihr Auftrag nicht sofort erfüllt werden. Er wird nur im einzelnen unter großem Aufwand von Zeit und Besetzungsenergie durchgeführt und unterdes die Existenz des verlorenen Objektes psychisch fortgesetzt. Jede einzelne der Erinnerungen und Erwartungen, in denen die

7 *Freud*, Trauer und Melancholie, 429.
8 Hintergrund dieses Wandels ist der Paradigmenwechsel innerhalb der psychoanalytischen Theoriebildung: Freuds Denken kreiste noch um den ödipalen Konflikt, und sein Konzept der Psyche ist auf den Sexualtrieb konzentriert; die Selbstpsychologie stellte den narzisstischen Konflikt ins Zentrum ihres Konzepts und entsexualisierte ihre Auffassung von Libido und psychischer Objekt-Besetzung. Vgl. als Hauptvertreter *H. Kohut*, Narzißmus, Frankfurt a.M. [8]1992 (am. Originalausgabe 1971), insbes. 44f.

Libido an das Objekt geknüpft war, wird eingestellt, überbesetzt und an ihr die Lösung der Libido vollzogen.«[9]

Der Vollzug der Trauerarbeit ist es nach Freud, der ermöglicht, dass die Trauer nach einiger Zeit überwunden wird und das Ich »wieder frei und ungehemmt« ist.[10] Die gelingende Ablösung vom verlorenen Liebesobjekt führt demnach über den Umweg der intensiven Beschäftigung mit dem oder der Verstorbenen, wobei in einer Art Katharsis die mit ihm oder ihr verbundenen Erinnerungen, Gedanken und Gefühle ins Bewusstsein gerufen und noch einmal gesteigert durchlebt werden (»Überbesetzung«), bis die libidinöse Fixierung an sie langsam nachlässt.[11]
Nach außen hin wird dieser Vorgang z.B. daran sichtbar, dass Trauernde oft immer und immer wieder die selben Geschichten von dem oder der Verstorbenen erzählen, u.U. jedes Mal wieder unter starker emotionaler Erregung. Dabei treten »Überbesetzung« und »Realitätsprüfung« immer wieder in eine schmerzhafte Spannung zueinander (das glückhaft Erinnerte *war* und *ist* nicht mehr, und Enttäuschendes und Versäumtes ist nun nicht mehr zu verändern), die eine »Schmerzunlust«[12] auslösen und zu einer Vermeidung der Trauerarbeit führen kann. Zusätzlich kann sich die Trauerabwehr der Umwelt hemmend auswirken. Eine Störung oder Vermeidung des Prozesses der Trauerarbeit hält Freud aber ausdrücklich für schädlich.[13]

Risikofaktoren nach Freud
Als *pathologisch*[14] beschreibt Freud neben der pathogenisierenden Behinderung oder Vermeidung der Trauerarbeit zwei spezielle Formen von Verlustbewältigung, die auch miteinander zusammenhängen und Hand in Hand gehen können. Es sind die folgenden:
1) Der *Objekt*verlust wandelt sich in einen *Ich*verlust, so dass eine Ichverarmung und eine Herabsetzung des Selbstwertgefühls eintreten. Dieser Effekt folgt nach Freud daraus, dass der erlittene Objektverlust *ins Unbewußte abgedrängt* wurde und das Ich sich selbst arm fühlt,

9 *Freud*, a.a.O., 430. Vgl. *ders*., Totem und Tabu, 82: »Die Trauer hat eine ganz bestimmte Aufgabe zu erledigen, sie soll die Erinnerungen und Erwartungen der Überlebenden von den Toten ablösen. Ist diese Arbeit getan, so lässt der Schmerz nach, mit ihm die Reue und der Vorwurf und darum auch die Angst ...«
10 Freud, Trauer und Melancholie, a.a.O.
11 Man kann diesen Prozess aber auch so verstehen, dass er dem Wiederaufbau bzw. der Stabilisierung von *Introjekten* der verstorbenen Personen dient! Vgl. unten die Kritik am Freudschen Ideal der »Ablösung« von den Toten, bzw. über die fortgesetzte Beziehung mit deren psychischen Repräsentanzen (Introjekten)!
12 Vgl. a.a.O., 230.
13 Vgl. a.a.O., 229.
14 Vgl. zur Kritik am Begriff »pathologische Trauer« meinen Exkurs in Teil II.3.

anstatt wahrzunehmen und zu bearbeiten, dass seine Beziehungswelt arm und leer geworden ist.

Das »Ich« wird dann nach Freud »... als nichtswürdig, leistungsunfähig und moralisch verwerflich ...« erlebt, »erniedrigt« sich selbst in einer Art »Kleinheitswahn«, der sich auch äußert als »Schlaflosigkeit, Ablehnung der Nahrung und eine psychologisch höchst merkwürdige Überwindung des Triebes, der alles Lebende am Leben festzuhalten zwingt«.[15] In der Praxis erlebt man die Ichverarmung Trauernder z.B. auch in Form von Selbstvernachlässigung, Verwahrlosung etc.

2) Die Trauernden quälen sich mit Schuldgefühlen und Selbstanklagen, von denen sie sich nicht lösen können. Diese Probleme resultieren nach Freud aus einem *unbearbeiteten Ambivalenzkonflikt* gegenüber dem verlorenen Objekt: Aggressionen und Anklagen, die eigentlich dem oder der Verstorbenen gelten (also die feindseligen Gefühlsanteile der Ambivalenz), werden infolge einer Identifikation mit dem verlorenen Objekt gegen das eigene Ich gerichtet.[16]

So kommentiert Freud in einem Fallbeispiel: »Die Frau, die laut ihren Mann bedauert, dass er an eine so untüchtige Frau gebunden ist, will eigentlich die Untüchtigkeit des Mannes anklagen ...«[17] Die Hinterbliebenen »rächen« sich dann nach Freud auf dem Weg der Selbstbestrafung noch indirekt an den Toten, denen sie nie offen feindselig begegnen konnten.[18] Die produktive Aufgabe wäre hier, die Kränkungen und Enttäuschungen zu bearbeiten, die die Hinterbliebenen in ihrer Geschichte mit den Verstorbenen erlitten haben.

In der perimortalen Trauerbegleitung begegnet man Selbstanklagen am häufigsten in der Form, dass Hinterbliebene sich selbst (z.T. auch sehr aggressiv) der Schuld am Tod ihres Zugehörigen bezichtigen. Dieses kann im o.a. Sinne Freuds so verstanden werden, dass eigentlich der oder die Verstorbene angeklagt werden soll, weil er/sie den Tod nicht abgewendet, sondern die Zugehörigen verlassen hat. Es gibt dafür aber auch andere Erklärungsmöglichkeiten: a) Die Hinterbliebenen haben Schuldgefühle, weil ihre bewussten oder unbewussten Todeswünsche gegenüber dem oder der Verstorbenen sich erfüllt haben (Freud);[19] b) Die Schuldgefühle können m.E. auch der Abwehr der Realisierung des Todes dienen (»Nicht-Wahrhaben-Wollen«): Sie wären dann im Kern Retterphantasien, durch die die Unabwendbarkeit des Todes geleugnet wird (»Hätte ich doch ...«, »Wenn ich doch nur dieses oder jenes getan hätte ...«, etc. – zu ergänzen ist ja jeweils: »... dann könnte er/sie vielleicht noch leben«).

Ob den geäußerten Selbstanklagen wirklich Schuldgefühle zugrunde liegen, oder ob sie vielmehr verschobene Anklagen des oder der Verstorbenen sind, kann man nach Freud daran erkennen, ob sie mit Scham (»Demut und Unterwürfigkeit«) vorgetragen werden oder mit gekränkter Erregung, so »als ob ihnen [sic. den Hinterbliebenen, Anm. der Autorin] ein großes Unrecht wiederfahren wäre«.[20]

15 *Freud*, a.a.O., 431f.
16 Vgl. bis hierher und zur folgenden Passage a.a.O., 231–235.
17 Vgl. a.a.O., 434.
18 Vgl. a.a.O., 438.
19 Vgl. *Freud*, Totem und Tabu, 107.
20 Vgl. *Freud*, Trauer und Melancholie, 434f.

Beide Formen einer aus seiner Sicht fehlgeleiteten Verlustbewältigung ordnet Freud nicht als normale Formen von Trauer, sondern als pathologisch ein, genauer: als Krankheitsbild der Melancholie (Depression). Trauer kann nach Freud durch die o.a. Mechanismen pathologisiert werden und zu einer klinischen Depression führen.
Solche Konstellationen, die den Trauerprozess erschweren und das Gelingen der Trauerbewältigung gefährden, werden in der neueren Trauerforschung »Risikofaktoren« genannt. Freud kennt noch nicht diese Vokabel, behandelt aber das Phänomen. Die von ihm beschriebenen *Risikofaktoren* sind zusammengefasst:

- Abdrängung des Verlustes ins Unbewußte
- Nicht-Bearbeitung der Trauer
- Identifikation mit dem verlorenen Liebesobjekt und
- ein unbearbeiteter Ambivalenzkonflikt gegenüber diesem Objekt.

Revision Freuds
Einige Punkte des Freudschen Ansatzes mussten von ihm selbst oder anderen revidiert werden, einerseits, weil er zu stark und zu idealtypisch zwischen dem, was »normal« und dem, was »pathologisch« sei, trennte, und andererseits, weil seine Zielbestimmung des Trauerprozesses zu idealtypisch war:[21]

1. Ein fehlgeleiteter Trauerprozess kann zwar im Sinne Freuds eine klinische Depression auslösen, Depressionen sind aber nicht die einzigen pathologischen Folgen, die auftreten können (vgl. unten unter Symptomatologie).
2. Ambivalenz gegenüber und Identifikation mit dem oder der Verstorbenen sind, ebenso wie die Phänomene Schuldgefühle, Selbstvorwürfe und vermindertes Selbstwertgefühl, nicht pauschal als »pathologisch« einzuordnen. Sie kommen in Trauerverläufen häufig vor und sind grundsätzlich »normal«, wenn auch das Risiko besteht, dass sie dominant werden und den Trauerprozess negativ beeinflussen. Entscheidend ist, die genannten Phänomene, insbesondere den Ambivalenzkonflikt, wahrzunehmen und zu bearbeiten.
3. Hinsichtlich der *Ziele* des Trauerprozesses ist mit Recht hinterfragt worden, ob eine *vollständige* Ablösung von den Verstorbenen und eine *vollständige* Auflösung der Trauer erreichbar und wünschenswert sind. Realistischer scheint die Erwartung zu sein, dass der erlittene Verlust möglicherweise lebenslang als Verlust empfunden, aber mit der Zeit als graduell weniger schmerzhaft und als besser akzeptabel erlebt wird, je mehr es gelingt, die eigene Beziehung zum verlorenen Liebesobjekt zu klären und ihr einen signifikanten Platz in der Erinne-

21 Vgl. *Spiegel*, Prozeß, 36; weiter *Stroebe/Stroebe*, Bereavement an Health, 59, unter Bezug auf die empirische Studie von *C.M. Parkes / R. Brown*, Health after bereavement: a controlled study of young Boston widows and widowers, in: Psychosomatic Medicine 34 (1972), 449–461.

rung bzw. in der (Re-)Konstruktion der eigenen Biographie einzuräumen. Das würde bedeuten, dass das verlorene Liebesobjekt nicht völlig aus dem psychischen System zu tilgen wäre, sondern dass seine psychischen Repräsentanzen (»Introjekte«) innerlich erhalten bleiben bzw. wiederaufgebaut werden müssten (vgl.u., 101f.). Diese These ist unter dem Stichwort der »Inkorporation« zuerst schon von Karl Abraham (1924) vertreten worden.[22]

Die positive Bedeutung des Festhaltens an den inneren Repräsentanzen der Verstorbenen und der fortgesetzten Beziehung zu ihnen betonen in den USA besonders »The Compassionate Friends«, ein nationales Netzwerk von Selbsthilfegruppen für Eltern, deren Kinder gestorben sind. Der Präsident dieser Organisation, der Psychologieprofessor Dennis Klass, schreibt: »There is ample evidence that the inner representation of the deceased continues as an active part of the life of the survivor for many years. ... the inner representation of the child provides the parent with solace, a sense of comfort in the face of the irrevocable loss and one of the central tasks of a self-help group of the bereaved parents is to facilitate the transformation of the inner representation of the child to a form in which the parents will hold for the rest of their lives.«[23] Klass argumentiert unter Rückgriff auf *S. Rubin*, der im Gegensatz zu *Freud*, *Volkan* und vielen anderen bestimmte Formen der fortgesetzten Beziehung zu inneren Repräsentanzen der Verstorbenen nicht für pathologisch, sondern gerade für ein Anzeichen gelungener Trauerbewältigung hält: »It is the *nature* of the relationship of the bereaved to the deceased that is the best determination of wether the mourning has been resolved. ... The greater the comfort and fluidity with which one can relate to the representations (memories, fantasies, feelings) of the deceased – the more one can refer to ›resolution‹ of the loss.«[24] Mit anderen Worten: Es kommt nicht darauf an, die Beziehung zu den Verstorbenen aufzulösen, sondern eine heilsame Beziehungsform zu finden.
Nach Klass' Angaben[25] hat William Worden aufgrund von Diskussionen mit ihm (Klass) die Formulierung seiner »Traueraufgaben« entsprechend geändert: Hieß die vierte und letzte Aufgabe in der Erstauflage seines Buches noch »To withdraw emotional energy and reinvest it in another relationship« (»Emotionale Energie abziehen und in eine andere Beziehung investieren«),[26] so heißt sie nun in der zweiten Auf-

22 Vgl. *K. Abraham*, Versuch einer Entwicklungsgeschichte der Libido auf Grund der Psychoanalyse seelischer Störungen (1924), in: *ders.*, Psychoanalytische Studien, Bd. 1, Frankfurt ²1971, 113–183.

23 Vgl. in: *ders.*, The inner Representation of the Dead Child and the Worldviews of Bereaved Parents, in: Omega. Journal of Death and Dying 26 (1993), No. 4, 255–271, hier 256, 258. Die grammatisch schwer nachvollziehbare Konstruktion des letzten Satzteils steht so im Originaltext.

24 *S. Rubin*, The Resolution of Bereavement: A Clinical Focus on the Relationship to the Deceased, in: Psychotherapy 22 (2) (1985), 231–235, hier 231f., zit. nach *Klass*, a.a.O., 257 (Hervorhebung von mir).

25 So geäußert von Klass in seinem Referat auf dem Symposium »Leitlinien zur Trauerbegleitung« in der Akademie für Medizinische Fortbildung der Ärztekammer Schleswig Holstein vom 19.–23. Juni 1995 in Bad Segeberg.

26 W. *Worden*, Beratung und Therapie in Trauerfällen. Ein Handbuch, Bern 1986, dt. Übersetzung der am. Erstausgabe von 1982, hier 24. (Die amerikanische Erstausgabe ist mir nicht zugänglich; ich zitiere sie hier nach *D. Klass*, John Bowlby's Model of Grief and the Problem of Identification, in: Omega 18

lage: »To Emotionally *Relocate* the Deceased and Move on With Life« (Den Verstorbenen / die Verstorbene emotional neu verorten und das Leben weiterleben).[27] Das Thema der fortgesetzten Beziehungen zu Verstorbenen nehme ich unten im Abschnitt über Parkes und Bowlby wieder auf.

Die von Freud u.v.a. angegebene Zielrichtung des Trauerprozesses bleibt von dieser Kritik grundsätzlich unangefochten; aber die Freudsche Überzeichnung des anzustrebenden Endpunktes wird relativiert. Mit Rücksicht auf die genannten Vorbehalte sollten als *Ziele des Trauerprozesses* m.E. nicht mehr die vollständige »Ablösung vom Verstorbenen«, die »Auflösung der Trauer« und das »Ersetzen« des verstorbenen Menschen bezeichnet werden, sondern, vorsichtiger formuliert, eine Reduzierung der auf ihn gerichteten Besetzungsenergie, eine Reduzierung der schmerzlichen Verstimmung und anderer Trauersymptome, und eine Hinwendung zu alternativen Beziehungs- und Lebensgestaltungsmöglichkeiten.[28]
Freuds triebökonomisches Modell eines »Libido«-Haushaltes ist heute veraltet, und viele seiner Begriffe bzw. Metaphern wie »Libido«, »Ich«, »Unbewusstes« etc. hat man inzwischen durch andere ersetzt.[29] Gegenüber seinem Ideal der »Ablösung« von den Verstorbenen hat man die Bedeutung des Wiederaufbaus bzw. der Stabilisierung von Introjekten, zu denen eine psychische Beziehung fortgesetzt werden kann, profiliert. Trotzdem ist Freud, wie für die Fortentwicklung der Psychologie im allgemeinen, so auch für die Entwicklung einer Psychologie der Trauer wegweisend geblieben.
Freuds Modell der Trauerbewältigung lässt sich nun unter Berücksichtigung der o.a. revisionsbedürftigen Punkte wie folgt zusammenfassen:

(1987–1988), 13–32, hier 27. Eine deutsche Übersetzung der zweiten, überarbeiteten Auflage liegt bislang nicht vor.)

27 *W. Worden*, Grief Counseling & Grief Therapy. A Handbook for the Mental Health Practitioner, Second Edition, New York (Springer Publishing Company) 1991, hier 16; Hervorhebung und Übersetzung von mir.

28 Die Beziehung zum verstorbenen Menschen selbst wandelt sich dabei von der Beziehung zu einem realen *Objekt* zu einer anders qualifizierten Beziehung zu einem *Introjekt*.

29 Vgl. jeweils in den Kommentaren zu ihren Forschungsüberblicken: *Cleiren*, Bereavement and Adaptation, 15; *Stroebe/Stroebe*, Bereavement and Health, 57–60; ebenso die in diesem Punkt sehr viel genauere Untersuchung von Camille *B. Wortman / Roxane C. Silver*, The Myths of Coping with Loss, in: Journal of Consulting and Clinical Psychology 57 (1989), No. 3, 349–357, insbes. 350–352. Wortman und Silver kritisieren die allgemein akzeptierten Annahmen.

Abb. 6:
Der Trauerprozess nach S. Freud, revidiert (Grafik K.L.):

Anlass:

Verlust eines libidinös besetzten Objekts bzw. einer signifikanten Person

↓

Reaktion:

Schmerzliche Verstimmung
Präokkupation mit dem/der Verstorbenen,
Aufhebung des Interesses für die Außenwelt und Leistungshemmung
Unfähigkeit zur Wahl eines neuen Liebesobjekts, bzw. Beziehungsstörungen

↓

Bewältigung (»Trauerarbeit«):

Realisieren des Verlusts
Über den Umweg der Überbesetzung aller Erinnerungen und Erwartungen an die Verstorbenen (»Erinnern-Wiederholen-Durcharbeiten«):
Schrittweise Ablösung der Besetzungsenergie von der realen Person, bzw. Aufbau von Introjekten / psychischen Repräsentanzen
Bearbeiten des Ambivalenzkonflikts

↓

Ziele:

»Ablösung von den Verstorbenen« (Freud),
bzw. Reduzierung der auf sie gerichteten Besetzungsenergie (revidiert)

»Auflösung der Trauer« (Freud),
bzw. Reduzierung der schmerzlichen Verstimmung und anderer Trauersymptome (revidiert)

»Ersetzen des Verstorbenen« (Freud),
bzw. Hinwendung zu anderen Beziehungs- und Lebensgestaltungsmöglichkeiten (revidiert)

Gültig gebliebene Kernthesen

Nicht nur in der psychoanalytischen Theoriebildung, sondern auch in anderen psychologischen Schulen sind die folgenden Freudschen Kernthesen der Trauertheorie bis heute weithin anerkannt:

- Trauer hat eine positive und notwendige psychische Funktion
- Gegen die Trauerarbeit bestehen oft erhebliche Widerstände (»Schmerzunlust«). Die Nicht-Bearbeitung der Trauer bzw. die Störung der Trauerarbeit kann aber pathogene Folgen haben, d.h. zu Erkrankungen führen (u.a. zu klinischen Depressionen).
- Die bewusste Wahrnehmung bzw. Realisierung des erlittenen Verlustes und die Trauerarbeit, d.h. das bewusste Durchleben und »Durchleiden«[30] des Verlustes, sind Voraussetzungen einer gelingenden Trauerbewältigung.
- Der Trauerverlauf ist maßgeblich von psychodynamischen Vorgängen bestimmt, und die Qualität der (Objekt-) Beziehung zum oder zur Verstorbenen spielt dabei eine entscheidende Rolle.
- Daher ist die Klärung der Beziehung zum bzw. zur Verstorbenen (z.B. Bearbeitung des Ambivalenzkonflikts) wesentlicher Bestandteil der Trauerarbeit.

Wie die unten aufgeführte Auswahl von Beispielen aus der Literatur zeigen soll, sind diese Thesen in der Trauerforschung international weithin übernommen und noch um eine weitere ergänzt bzw. gesteigert worden:

- Nicht nur die Trauerarbeit, sondern auch der expressive Ausdruck der damit verbundenen Gefühle ist für eine gelingende Trauerbewältigung unerlässlich.

Die Abwesenheit von emotionalen Trauersymptomen – spätestens seit Elisabeth Kübler-Ross allgemein als »Nichtwahrhabenwollen« bzw. englisch »denial« eingestuft[31] – wird zumeist als pathologisch bzw. pathogen angesehen. Dass die bewusste Trauerarbeit und das bewusste Durchleben und Ausdrücken der damit verbundenen Gefühle für das Gelingen der Trauerbewältigung entscheidende Bedeutung hat, ist nicht nur von PsychoanalytikerInnen behauptet worden, sondern kann nach dem offiziellen Nationalen Report des Washingtoner US-Institute

30 Die Formulierung »pained through« benutzt *E. Lindemann*, Symptomatology and management of acute grief, in: American Journal of Psychiatry 10 (1944), 141–148.

31 *Elisabeth Kübler-Ross*, Interviews mit Sterbenden, Gütersloh [16]1992 (Erstauflage Stuttgart 1969; am. Originalausgabe: On Death and Dying, New York 1969), 16–93. Kübler-Ross behandelt hier den Trauerprozess *Sterbender* angesichts ihres eigenen bevorstehenden Todes, übertrug die hier gemachten Aussagen aber in ihren späteren Veröffentlichungen auch auf den Trauerprozess der Hinterbliebenen.

of Medicine auch in der klinischen Psychologie allgemein als Konsens gelten (vgl. unten das letzte Zitat):

»Ist eine volle Expression nicht möglich, so kommt es zu verschobenen, umgeformten oder zwanghaften Trauerreaktionen«, meinte schon 1937 Helene Deutsch.[32] Nach Yorick Spiegel (1973) gehört die »Auslösung der Trauer«, während derer die Trauernden sich nicht »kontrolliert« verhalten, sondern sich »gehen lassen« und ihrem »Schmerz ... freien Raum ... geben« sollen, ebenso zu den Aufgaben eines gelingenden Trauerprozesses wie die »Expression« der Gefühle, insbesondere »unakzeptabler« Gefühle und Wünsche gegenüber den Verstorbenen.[33] In gleicher Weise bewertet auch V. Kast (1982) das »Aufbrechen der Emotionen«, auch »negativer« Emotionen wie Zorn, als unverzichtbar.[34] »... die Fähigkeit, eigene Gefühle mitzuteilen, gehört zu den besten Abwehrmechanismen [mit denen die Trauer bewältigt werden kann]« – zu diesem Schluss kommt der Sozialmediziner Bojanovsky, der 1986 die gründlichste deutsche Untersuchung über Trauerreaktionen bei Verwitweten vorgelegt hat.[35] Jerneizig und Langenmayr (1992) raten sogar professionellen TrauerbegleiterInnen an: »Es gilt den Schmerz der Trauererfahrung zu teilen, nicht Trost zu spenden.«[36] In jüngerer Zeit (1995) ist dies in Deutschland von Margarete Mitscherlich unter dem programmatischen Titel *»Trauer ist der halbe Trost«* vertreten worden.[37]
Marris, Parkes und Bowlby, im angelsächsischen Raum die Autoren mit den umfänglichsten Bibliographien zum Thema Trauer, sind sich einig: »... if the bereaved cannot work through this process of grieving they may suffer lasting emotional damage«, schreibt Marris (1958).[38] Dies unterstützt Parkes (1972): »If it is necessary for the bereaved person to go through the pain of grief in order to get the grief work done, then anything that continually allows the person to avoid or suppress this pain can be expected to prolong the course of mourning.«[39] Bowlby (1980) schließlich sieht »prolonged absence of conscious grieving« als eine von drei Formen gestörter Trauer.[40]

32 *Helene Deutsch*, Absence of Grief, in: Psychoanalytic Quarterly 6 (1937), 12–22, hier 21.
33 *Spiegel*, Prozeß, 86–88.
34 Vgl. *Kast*, Trauern, 62–67, 90–92.
35 *J. Bojanovsky*, Verwitwete: Ihre gesundheitlichen und sozialen Probleme, Weinheim/München 1986, 13.
36 *R. Jerneizig / A. Langenmayr*, Klientenzentrierte Trauertherapie, Göttingen 1992, 18.
37 Vgl. *Margarete Mitscherlich*, Trauer ist der halbe Trost: Gespräch mit Meinhard Schmidt-Degenhard, Zürich: pendo-Verlag 1995.
38 *P. Marris*, Widows and their families, London (Routledge and Kegan Paul) 1958, 29.
39 *C.M. Parkes*, Bereavement. Studies of grief in adult life, London 1972, 173 (deutsche Ausgabe: Vereinsamung. Die Lebenskrise bei Partnerverlust, Hamburg 1974).
40 *Bowlby*, Loss, 138f. Die weiteren von ihm beschriebene Fehlformen der Trauer sind erstens »*chronic mourning*« – dieses ist »unusually intense«, »prolonged ... and persistent« (vgl. a.a.O., 138) –, und zweitens »euphoria« (a.a.O., 139). Ähnlich hatte schon Erich Lindemann einerseits eine verzögerte Trauerreaktion (»delayed grief reaction«) als pathologisch angesehen (vgl. *E. Lindemann*, Symptomatology and Management of Acute Grief, in: American Journal of Psychiatry 10 [1944], 144), andererseits eine Intensivierung und Persistenz

In den USA vertritt Beverley Raphael (1983) die Ansicht, bei Hinterbliebenen, die keine sichtbaren Anzeichen emotionalen Trauerns an den Tag legen, sei zu vermuten, dass sie beziehungsgestört seien; die Beziehung zu der oder dem Verstorbenen sei vermutlich »... purely narcissistic with little recognition of the real person who was lost.«[41] Therese A. Rando (1984) hält es für letztlich unmöglich, emotionale Trauerreaktionen zu umgehen, und meint: »... for the griever who has not attended to his grief, the pain is as acute and fresh ten years later as it was the day after«.[42] Sie hält es, wie auch P. Doyle (1980), für schädlich, wenn Trauernden in frühen Phasen der Trauer Tranquilizer oder Antidepressiva gegeben werden, die die Trauergefühle unterdrücken, denn Trauer »... needs to be felt in all its ramifications«[43] In dem *Nationalen Report des Washingtoner US- Institute of Medicine* (1984) berichten Osterweis, Solomon und Green, die Mehrzahl der Klinischen Psychologen seien der Überzeugung, »... that the absence of grieving phenomena following bereavement represents some form of personality pathology«. Daraus sei zu schließen: »... professional help may be warrented for persons who show no evidence of having begun grieving«.[44]

Interventionsregeln

Für die Trauerbegleitung lassen sich aus den o.a., weithin in Geltung stehenden Erkenntnissen der psychoanalytischen Trauerforschung folgende Erfordernisse ableiten: Trauerbegleitung sollte

- die Realisierung des Verlustes (und das heißt in der akuten Sterbe-Situation zunächst: die Realisierung des *Todes*) fördern
- die Wahrnehmung und den Ausdruck der damit verbundenen Gefühle erlauben bzw. fördern
- den Einstieg in den Prozess der Rekonstruktion bzw. Klärung der Beziehung zum/zur Verstorbenen fördern
- die Wahrnehmung und den Ausdruck der Gefühle gegenüber dem/der Verstorbenen fördern und dabei insbesondere Ambivalenzen Raum geben.

Inwieweit und auf welche Weise dies im Rahmen der von mir hier vorgeschlagenen perimortalen Trauerbegleitung umsetzbar sein könnte, wird noch zu diskutieren sein.

»normaler« Trauersymptome als pathologisch angesehen (vgl. *E. Lindemann*, Die Bedeutung emotionaler Zustände für das Verständnis mancher innerer Krankheiten und ihre Behandlung, in: Die Medizinische 1 [1953], 515ff, zit. bei *Spiegel*, Prozeß, 52).

41 *Beverly Raphael*, The Anatomy of Bereavement, New York (Basic Books) 1983, 205f.

42 Therese *A. Rando*, Grief, dying and death. Clinical interventions for caregivers, Champain, Illinois (Research Press) 1984, 114.

43 *P. Doyle*, Grief counseling and sudden death. A manual and guide, Springfield, Illinois (Charles C. Thomas) 1980, 15.

44 *M. Osterweis / F. Solomon / M. Green* (Eds.), Bereavement: Reactions, consequences and care, Washington DC (National Academy Press) 1984, 18 und 65.

Nach-Freudianische Weiterentwicklungen: Melanie Klein, Yorick Spiegel, Verena Kast

Nach-Freudianische Weiterentwicklungen im psychoanalytischen Verständnis der Trauer sind z.T. bereits in den obigen Abschnitt eingearbeitet worden. Drei Beiträge sind aber noch gesondert zu erwähnen, und zwar die von Melanie Klein, Yorick Spiegel und Verena Kast; der erstere, weil er eine wesentliche inhaltliche Erweiterung des Freudschen Konzeptes enthält, die beiden letzteren, weil sie unter den neueren psychoanalytisch orientierten Veröffentlichungen zur Trauer im deutschen Sprachraum die bekanntesten und meistrezipierten sind. Zunächst zu den beiden neueren Beiträgen, auf die hier nur kurze Verweise gegeben werden müssen.

Yorick Spiegel erörtert in seiner umfassenden Monographie »Der Prozess des Trauerns: Analyse und Beratung« (1973)[45] »individuelle«[46] und »gesellschaftliche«[47] Aspekte der Trauer.
Im gesellschaftsbezogenen Teil des Buches rezipiert Spiegel das Konzept der »Rites de passage« (Statusübergänge), das zu Anfang unseres Jahrhunderts von dem zur soziologischen Schule *Durkheims* gehörenden *Arnold van Gennep* entwickelt und von Vertretern des »Symbolischen Interaktionismus« nach *George Herbert Mead* fortgeführt wurde.[48] Spiegel untersucht hier vorwiegend, welche Bedeutung der *Bestattungsritus* beim Vollzug des Statusübergangs, also beim Wechsel des sozialen Umfelds, des sozialen Status und der eigenen sozialen Identität hat. Da die Bestattung nicht Gegenstand meiner Untersuchung ist, muss dieser Komplex hier nicht entfaltet werden.
In den auf das Individuum bezogenen Kapiteln verarbeitet Spiegel vorwiegend Freudsche und Freudianische Beiträge zur Trauertheorie. Das Phasenmodell des Trauerprozesses, das Spiegel dann über die psychoanalytischen Quellen hinaus selbst entwirft, wird unten im Abschnitt über Symptomatologien noch diskutiert. Hier ist noch auf ein wenig gewürdigtes Verdienst Spiegels hinzuweisen: Er hat nämlich eine detaillierte, mit vielen Fallbeispielen illustrierte Beschreibung und Kategorisierung der verschiedenen psychodynamischen *Bewältigungsmechanismen* von Trauer vorgelegt.[49] Sie hier im einzelnen aufzuschlüsseln, wäre zu aufwendig und auch deshalb nicht sinnvoll, weil

45 A.a.O.

46 Vgl. a.a.O., die Teile I und III des Buches, 29–89, 163–314.

47 Vgl. a.a.O., Teil II, 93–159.

48 Vgl. *A. van Gennep*, Les Rites de Passage, Paris 1909, dt. Übersetzung in Auszügen in: *C.A. Schmitz* (Hg.), Religionsethnologie, Frankfurt 1964, 374–389. S.a. *A.L. Strauss*, Spiegel und Masken. Die Suche nach Identität, Bd. 2, Frankfurt 1969; darin insbes. Kap. 4: »Wandlungen der Identität«, 95–142.

49 Vgl. *Spiegel*, a.a.O., 163–314. Spiegel erweitert die bis dato ausführlichste Systematik der Bewältigungsmechanismen von *G.K. Krupp*.

sie im Rahmen der hier infrage stehenden perimortalen Trauerbegleitung selten diagnostizierbar oder gar differenziert »behandelbar« wären. Ich gebe deshalb nur eine kurze Übersicht:

1) Narzisstische Mechanismen:
- Abbau der Realitätskontrolle;
- Verleugnen und Verdrängen;
- Suchen;
- Manie.

Die narzisstischen Bewältigungsmechanismen dominieren nach Spiegel am Beginn des Trauerprozesses; eine starke Regression dient dabei dazu, die psychische Organisation auf niedrigerem Niveau überhaupt aufrechterhalten zu können – allerdings um den Preis der Isolation der Trauernden von der Umwelt.[50]

2) Aggressive Mechanismen:
- Protest;
- Suche nach dem Schuldigen;
- Identifikation mit dem Aggressor.

Aggressive Bewältigungsmechanismen stellen nach Spiegel bereits einen Fortschritt im Trauerprozess dar, weil sie die Beziehungsaufnahme der Trauernden mit den Verstorbenen und mit der sozialen Umwelt erfordern. *Spiegel* verortet sie im »Mittelbereich« des Trauerprozesses.[51]

3) Objekt-libidinöse Mechanismen:
- Hilflosigkeit;
- Erinnern;
- Inkorporation;
- Substitution.

Objekt-libidinöse Bewältigungsmechanismen zeigen nach Spiegel die beginnende Adaptation der Trauernden an, gehören also vorwiegend in die Endphase des Trauerprozesses, insofern die Trauernden dabei das verlorene Liebesobjekt und die soziale Umwelt zur Rekonstruktion ihrer inneren Welt instrumentalisieren.[52]
Spiegel betont, dass *jeder* der genannten Mechanismen in stärker regressiver oder stärker adaptiver Funktion eingesetzt werden könne. So stelle sich z.B. der Mechanismus des »Erinnerns« in regressiver Ausprägung als ein verzweifeltes Klammern an Erinnerungen zwecks Verleugnung des Todes dar; dabei komme es oft zu Verzerrungen, meist Glorifizierungen des Bildes von dem oder der Verstorbenen. Dagegen zeichne sich ein »Erinnern« in adaptiver Funktion durch die Rekonstruktion eines realistischen Bildes der Verstorbenen bzw. der Beziehungen der Trauernden zu ihnen aus, wobei die Trauernden auch von wiederholten Zwangsvorstellungen frei werden.

M.E. kann die Kenntnis der o.a. Bewältigungsmechanismen und ihrer Funktion u.U. das Verständnis und die Akzeptanz der entsprechenden Verhaltensweisen Trauernder verbessern, was insbesondere in bezug auf die aggressiven Mechanismen von Gewinn wäre. Die Hierarchisierung der verschiedenen Bewältigungsmechanismen und ihre Einord-

50 Vgl. a.a.O., 165f.
51 Vgl. a.a.O., 164f.
52 Vgl. ebd.

nung in ein zeitliches Abfolgeschema verdient jedoch dieselbe Kritik wie die Phasenmodelle des Trauerprozesses (vgl. u.).

Verena Kast ist eine Vertreterin der Jungianischen Tiefenpsychologie. Ihre Habilitationsschrift »Trauern: Phasen und Chancen des psychischen Prozesses« (1982)[53] zeichnet sich insbesondere durch faszinierende Fallstudien von Traumserien eines Sterbenden und einer Trauernden, bzw. durch Kasts Arbeit mit diesen Träumen aus. Die jungianische Psychoanalyse liefert ihr hierbei das methodische Handwerkszeug für die *Traum*deutung. Ihre *trauer*theoretische Grundlegung bezieht sie aber aus den Arbeiten von *Collin Parkes* und vor allem von *John Bowlby*, was hier nicht entfaltet werden muss, da ich beide Autoren im nächsten Teil dieses Kapitels behandle (vgl. u.). Das von Kast entwickelte Phasenmodell des Trauerprozesses greife ich, ebenso wie das Spiegelsche, im Abschnitt über Symptomatologien auf.

Eine etwas ausführlichere Würdigung verdient noch das von *Melanie Klein* in die Diskussion eingeführte *Theorem der »depressiven Position«*,[54] das eine bedeutende, wenn auch selten rezipierte[55] inhaltliche Ergänzung des psychoanalytischen Konzeptes von Trauer darstellt. Bei der »depressiven Position« handelt es sich nach Klein um eine frühkindliche Phase der psychischen Entwicklung, die im Fall der Trauer reaktiviert wird.[56] Die depressive Position wird durch Entwöhnung und zeitweilige Abwesenheit der Mutter ausgelöst.

Sie ist gekennzeichnet durch eine »... Mischung von paranoider Angst und jenen Angstinhalten, Unglücksgefühlen und Abwehrmechanismen, die mit dem drohenden Verlust des ... geliebten Objekts zusammenhängen«.[57] ...
»Das betrauerte Objekt ist die mütterliche Brust und alles das, was die Brust und die Milch in der kindlichen Seele repräsentieren, nämlich Liebe, das Gute und Sicherheit.«[58]

53 A.a.O.

54 Vgl. *Melanie Klein*, Die Trauer und ihre Beziehung zu manisch-depressiven Zuständen (1940), in: *dies*., Das Seelenleben des Kleinkindes und andere Beiträge zur Psychoanalyse, hg. von *H. Thorner*, Stuttgart ^{5}1994, 95–130, sowie *dies*., Zur Psychogenese der manisch-depressiven Zustände (1935), a.a.O., 44–71.

55 Entsprechende Verweise fehlen z.B. in neueren Forschungsüberblicken bei *Cleiren*, Bereavement and Adaptation; ebenso bei *Stroebe/Stroebe/Hansson*, Bereavement Research und bei Stroebe/Stroebe, Bereavement and Health. Anders *Spiegel*, Prozeß, 40–44, der *M. Kleins* Arbeit für »die bemerkenswerteste Studie, die bisher über Trauerarbeit geschrieben wurde« (44) hält.

56 Vgl. *Klein*, Trauer, 107ff. Dasselbe gilt für Fälle von manisch-depressiven Erkrankungen, als deren mildere und vorübergehende Form Klein die Trauer betrachtet.

57 Vgl. *Klein*, Psychogenese, 57.

58 Vgl. *Klein*, Trauer, 96.

M.a.W.: Der Verlust der Mutterbrust führt zu einer depressiven Verstimmung; er weitet sich in der Phantasie des Kindes zum Verlust *aller* »guten«, d.h. verfügbaren und liebevollen Objekte bzw. Introjekte aus und bedroht seine gesamte innere Welt mit Zerstörung und Desintegration. Analog dazu sieht Klein auch bei Trauernden durch den erlebten Verlust einer geliebten Person die innere Welt der »guten« Introjekte *insgesamt* bedroht, was erklären würde, warum Trauernde oft das Empfinden haben, dass für sie »die Welt zusammenbricht«: In der Perspektive Kleins müssen sie sich tatsächlich nicht nur von der verstorbenen Person lösen und deren Repräsentanzen in ihrem Inneren wieder aufbauen, sondern den Zerfall ihrer ganzen inneren Welt und deren Neuintegration bewältigen.[59] Damit erscheint der Trauerfall als umfassende Reifungskrise, die der Trauerarbeit eine enorme Integrationsleistung abverlangt, deren Bewältigung aber auch einen persönlichen Gewinn mit sich bringt, indem sie zur Stärkung der »inneren Welt« bzw. zum Wachstum der Persönlichkeit führt:

»Es scheint, dass jeder Fortschritt in dem Prozess der Trauer gewisse Erscheinungen zur Folge hat: eine Vertiefung der Beziehung des Individuums zu seinen inneren Objekten, Glückseligkeit, wenn sie wiedergewonnen sind, nachdem sie verloren geglaubt waren *(Paradise Lost and Regained)*, und schließlich ein gesteigertes Vertrauen auf sie und Liebe für sie, denn trotz allem haben sie sich als gut und hilfreich bewährt.«[60] »... der Leidtragende fühlt stärker, dass das Leben innen und außen trotz allem weitergehen wird und dass das verlorene Objekt innerlich erhalten werden kann. In diesem Stadium der Trauer kann das Leiden produktiv werden. Wir wissen, dass schmerzhafte Erlebnisse aller Art manchmal Sublimierungen anregen oder in manchen Menschen sogar neue Begabungen zu Tage bringen können; sie beginnen, unter dem Druck von Entbehrungen und Härten, zu malen, zu schreiben oder andere schöpferische Tätigkeiten auszuüben. Andere werden auf andere Weise produktiver – werden fähiger, Menschen und Dinge zu verstehen, toleranter in Beziehungen zu anderen –, sie werden weiser.«[61]

Ob die Trauerbewältigung gelingt, hängt nach Klein nicht unwesentlich von zwei Faktoren ab: Erstens von der Prädisposition der betroffenen Individuen, d.h. davon, wie ihnen in ihrer Kindheit die Überwindung der depressiven Position bzw. die feste Installation von »guten« Introjekten im Inneren gelungen ist. Zweitens, und das ist der Aspekt, den ich hier besonders hervorheben möchte, schreibt Klein aber auch der Einwirkung der Umwelt, bzw. der *Wechselwirkung zwischen äußerer und innerer Welt* eine ganz wesentliche Rolle zu.

»Die innere Unterstützung, die das Ich von seinem freundlichen Verhältnis zu einem realen guten Objekt erfährt, erhöht wieder das Vertrauen zu den verinnerlich-

59 Vgl. a.a.O., 108 u.ö.
60 Vgl. a.a.O., 118.
61 Vgl. a.a.O., 117.

ten Objekten.«[62] So »... wird beim Trauernden die Harmonie in seiner inneren Welt gefördert und seine Ängste und sein Leid werden schneller gelindert, wenn er Menschen hat, die er liebt und die seinen Gram teilen, und wenn er ihr Mitleid annehmen kann.«[63]

Während Trauernde die Desintegration ihrer inneren Welt erleben, sind sie stark auf »gute« *äußere* Objekte angewiesen, die stützend wirken und dadurch beim Wiederaufbau der gestörten inneren Welt helfen. Und zwar dürfte diese stützende Zuwendung eine über die reale, momentane Präsenz der »Sorgeperson« hinausgehende symbolische Bedeutung haben. Denn so wie der reale Verlust des *einen* Liebesobjektes (resp. der verstorbenen Person) sich psychisch zur vermeintlichen Bedrohung *aller* inneren und äußeren Objekte auswachsen kann, ist möglicherweise *ein* »gutes« äußeres Objekt in der Lage, die Welt der »guten« Objekte *insgesamt* zu repräsentieren. Aus religionspsychologischer Perspektive lässt sich hier der Gedanke anschließen, dass Gott das geeignetste aller Objekte für die symbolische Repräsentanz der »guten« inneren und äußeren Welt ist (ähnlich hat es *R. Preul* im Rahmen der Narzissmus-Diskussion vorgeschlagen[64]), und dass die Präsenz eines oder einer Geistlichen als TrauerbegleiterIn wiederum die Zuwendung Gottes symbolisch repräsentieren kann.
Die erhöhte Angewiesenheit Trauernder auf »gute« äußere Objekte ist insofern problematisch, als die Trauer zugleich auch gegenläufige Tendenzen auslöst, die die Beziehungen zu Menschen, die hilfreich sein könnten, stören – etwa Rückzugsbedürfnisse, verstärkte Ambivalenzen, erhöhtes Misstrauen, Aggressionen etc., die sich, ohne eigentlich gegen sie gerichtet zu sein, durchaus auch an professionellen oder privaten TrauerbegleiterInnen entladen können. So wenden sich andere oft hilflos oder verständnislos von Trauernden ab und verstärken dadurch deren Eindruck, von aller Welt verlassen zu sein und nicht nur den Zerfall ihrer inneren, sondern auch den ihrer sozialen Welt zu erleiden.

Interventionsregeln
Daraus ergeben sich folgende Interventionsregeln: TrauerbegleiterInnen sollten
- Rückzugsbedürfnisse, Ambivalenzen, Misstrauen und Aggressionen der Trauernden akzeptieren und trotzdem präsent bleiben;
- die Welt der »guten« Objekte, d.h.: Verfügbarkeit, Verlässlichkeit, Zugewandtheit, Freundlichkeit, Liebe, repräsentieren und verstärken.

62 Vgl. a.a.O., 103.
63 Vgl. a.a.O., 119.
64 Vgl. *R. Preul*, Gottesbezug und Elternimago, in: *ders*., Religion – Bildung – Sozialisation. Studien zur Grundlegung einer religionspädagogischen Bildungstheorie, Gütersloh 1980, 215–238, hier bes. 226ff, 231f.

Kritische Würdigung psychoanalytischer Entwürfe

Insgesamt dürften *die psychoanalytischen Entwürfe* von allen Beiträgen zur Theorie der Trauer die größte Wirkung entfaltet haben und am häufigsten rezipiert worden sein. *In kritischer Würdigung* läßt sich über sie sagen:

Es handelt sich um psychodynamische Modelle, die die Bedeutung und die Funktionsweise innerpsychischer Verarbeitungsprozesse beim Verlust eines psychisch signifikanten (Liebes-)Objekts aufzeigen. Die Theoriebildung der Psychoanalyse beruht zwar auf Einzelfallstudien und ist schwerlich empirisch-quantifizierend überprüfbar; jedoch werden die als paradigmatisch geltenden Fälle in einem fortwährenden Diskurs mit hunderten und tausenden weiteren Fallstudien verglichen und die Theorie daran überprüft, bestätigt oder revidiert und weiterentwickelt. Es scheint durchaus nicht ausgemacht, ob das Verfahren statistischer Untersuchungen, in der Mehrzahl punktuelle und grob schematisierte Querschnittstudien, dem der psychoanalytischen Theoriebildung per se überlegen ist.[65] Über die intrapersonalen Aspekte des Trauerprozesses liegt uns jedenfalls kein besseres Modell als das psychoanalytische vor. Es ist zwar wegen mangelnder empirisch-quantifizierender Überprüfbarkeit, wegen veralteter und mit der übrigen Psychologie nicht kompatibler Begrifflichkeit und wegen der o.a. revisionsbedürftigen Theorieelemente vielfach angegriffen worden. Die oben zusammengestellten psychoanalytisch gewonnenen Erkenntnisse über Funktion und Aufgaben des Trauerprozesses und über die Bedeutung von Trauerarbeit und Trauerexpression sind aber inhaltlich allgemein anerkannt und unhintergehbar.[66] Aus strukturellen Gründen bleibt es auch weiterhin wichtig, sie zu vertreten, weil die soziokulturellen Bedingungen in modernen westlichen Gesellschaften Trauerprozesse tendenziell noch immer erschweren.

Die Stärke des psychoanalytischen Konzeptes ist auch seine Grenze: Wo Trauer vorwiegend als innerpsychisches Phänomen verstanden wird, kommen andere, wie z.B. interaktive und soziale Aspekte leicht zu kurz, auf die sich dann die neuere Forschung mehr und mehr konzentriert hat – leider oft in vergleichbarer Einseitigkeit.

Seiner Zeit weit voraus, weist Melanie Kleins Beitrag hier in zweierlei Hinsicht in die Zukunft: Erstens hat Klein den Trauerprozess nicht mehr nur als innerpsychischen Prozess beschrieben, den Trauernde vorwiegend einsam und zurückgezogen durchmachen müssen, sondern in die psychoanalytische Theorie der Trauer ein interaktives Moment

65 Zur Methodenkritik von Trauerstudien vgl. *Stroebe/Stroebe*, Bereavement and Health, 121–133. Vgl. auch u. zu verschiedenen empirischen Studien.

66 Als Ausnahmen vgl. u.a. *C.B. Wortman / R.C. Silver*, The Myths of Coping with Loss, in: Journal of Consulting and Clinical Psychology 57 (1989), 349–357, sowie *C.H. Shackleton*, The Psychology of Grief. A Review in: Advances of Behavioral Research and Theory 6 (1984), 153–205.

eingebunden. Zweitens sind viele neuere AutorInnen wieder auf Kleins Annahme zurückgekommen, dass die Bewältigung lebensgeschichtlich früherer, insbesondere frühkindlicher (Trennungs-)Krisen Einfluss auf die Fähigkeit zur Trauerbewältigung hat.[67] Kleins Forschungsbeitrag bildet damit ein Scharnier zwischen klassischen psychoanalyischen und moderneren Trauertheorien.

Fazit: »Was du heute kannst besorgen ...«
Es sind vor allem die oben als »Kernthesen« der psychoanalytischen Trauertheorie zusammengestellten Grundannahmen (vgl. o. die 5 Punkte auf S. 74), die für unseren Zusammenhang der perimortalen Trauerbegleitung wesentlich sind. Davon sind die drei erstgenannten Punkte geeignet, die Relevanz eines therapeutischen, besser aber eines *präventiven* Begleitangebots für Trauernde zu begründen; aus dem dritten und den nachfolgenden Punkten lassen sich Hinweise darauf ableiten, welche Qualitäten eine solche Trauerbegleitung haben sollte.
Zwar hat sich Freud nur ganz allgemein zu Phänomenen der Trauer und deren Hintergründen geäußert. Die hier in Frage stehende Initialphase des Trauerprozesses, bzw. ein Begleitangebot in dieser Phase, haben meines Wissens weder er noch seine SchülerInnen im Blick gehabt.[68] Dennoch lassen sich die o.a. Ergebnisse auf unseren Zusammenhang beziehen, insbesondere dann, wenn man sie mit der psychoanalytischen Grundeinsicht verbindet, dass alles einmal Verdrängte später um so schwieriger und langwieriger zu bearbeiten ist. So sind viele Fälle bekannt, in denen sich ein Jahre und Jahrzehnte zurückliegender Trauerfall als Ursache schwerer psychischer und/oder physischer Störungen entpuppt. Sind Betroffene erst einmal zum »Fall« geworden, d.h., haben sie manifeste Symptome eines verdrängten Konfliktes oder Traumas ausgebildet, ist oft monatelange Therapie nötig, um die Auslösesituation wieder ins Bewusstsein zurückzuholen und die damit verbundenen Affekte wiederzubeleben, um sie bearbeitbar zu machen. Dies soll durch drei frappierende Fallbeispiele illustriert werden:

E. Lindemann[69] teilt den Fall eines 42-jährigen Patienten mit, der in seine psychiatrische Klinik kommt, weil er ohne jeden erkennbaren Anlass plötzlich schwere Trauersymptome zeigt. Die Therapie ergibt, dass sich die Mutter des Patienten im Alter von 42 Jahren das Leben genommen hat; er selbst war zu dieser Zeit 22 Jahre alt. Die damals unbearbeitet gebliebene Trauer über den Tod der Mutter bricht 20 Jahre später in Form eines psychiatrischen Krankheitsbildes wieder auf, als der Patient selbst das Sterbealter der Mutter erreicht. (Vgl. u., 100f, zur *»anniversary-reaction«*.)

67 Vgl. unten, insbesondere Bowlby sowie Stress- und Krisentheorien.
68 Eine Ausnahme stellt der im Abschnitt über »Symptomatologien« ausführlich behandelte *E. Lindemann* dar; vgl. dort.
69 Vgl. *E. Lindemann*, Symptomatology and Management Acute Grief, in: American Journal of Psychiatry 10 (1944), 141–148, hier 144.

J. Scharfenberg[70] berichtet den etwas skurril anmutenden Fall eines Theologiestudenten, den er wegen zwangsneurotischer Symptome psychoanalytisch behandelte. Der junge Mann, dessen Befindlichkeit als ängstlich, gehetzt und unterwürfig, aber auch als zornig beschrieben wird, ist von hochambivalenten Zwangsgedanken über Gott geplagt, die sein Studium erheblich behindern. Vor allem leidet er unter einem Zwangsritual, das er allabendlich im Bett wiederholen muss: Er kann stundenlang nicht einschlafen, wenn er nicht zuvor eine Rolle vorwärts und eine Rolle rückwärts ausgeführt und dazu einen geistlichen Liedvers abgesungen hat. Erst nach über 100 Analysestunden lässt sich als Ursprung ein Problem von schuldbeladener Trauer ausmachen, mit folgender, ca. 20 Jahre zurückliegender Schlüsselsituation: Im Alter von fünf Jahren tobte der Patient im Garten seines Elternhauses herum und überschlug sich dabei kopfüber. Er stieß sich den Kopf an einem Briefkasten wund und verursachte, blutüberströmt ins Haus kommend, einige Aufregung – im Hause war aber wegen seines kranken, bettlägerigen Vaters jede Unruhe verboten. Als der Vater einige Tage später starb, machte die Mutter den Jungen und seinen Unfall für den Tod verantwortlich. In seinem Zwangssymptom versucht der Patient nun, sich zu »entschuldigen«, indem er den damaligen Vorfall symbolisch wiederholt und rückgängig macht (Rolle vorwärts – Rolle rückwärts). Dieses »Umkehr-Ritual« wird später in ein religiös untermauertes »Bußritual« transformiert.

Eine befreundete Physiotherapeutin erzählt mir von ca. 60-jährigen Eheleuten, die sie postoperativ behandelt: Beide hatten gleichzeitig eine Hüftgelenksoperation, bei beiden hat das Hüftleiden vor 17 Jahren begonnen. Während der heilgymnastischen Behandlungen erfährt die Therapeutin »zufällig« von der Frau, dass der einzige Sohn des Paares vor 17 Jahren nach einem Autounfall gestorben ist.

Man hat aufwändige therapeutische Verfahren entwickeln müssen, um lange verschüttete Trauerproblematiken freizulegen, sie noch einmal nacherlebbar und bearbeitbar zu machen. (Ohne dass sie hier alle im einzelnen entfaltet werden könnten, seien als Belege neben der klassischen Psychoanalyse nur die »*Re-grief* work therapy« nach Volkan,[71] die »Cathartic therapy« nach Hodgkinson[72] und das Konzept des »Reliving-Revising-Revisiting« nach Melges/DeMaso[73] genannt.

Um so erstaunlicher scheint es, dass bisher kaum Ansätze in Richtung der von mir vorgeschlagenen präventiven Trauerbegleitung vorliegen, die bereits in der Auslösesituation der Trauer die Initiation des Trauerprozesses bzw. der Trauerarbeit fördert, anstatt die Spätfolgen nicht bearbeiteter Trauer abzuwarten und diese mit erheblichem Mehraufwand zu therapieren. Die o.a. Erkenntnisse der Psychoanalyse sprechen m.E. klar für eine solche Initial- bzw. perimortale Trauerbeglei-

70 Vgl. *J. Scharfenberg*, Einführung in die Pastoralpsychologie, Göttingen ^{2}1990, 60–67.

71 Vgl. *V. Volkan*, A Study of a Patient's »Re-Grief Work«, in: Psychiatric Quarterly 45 (1971), 255–273

72 *P.E. Hodgkinson*, Abnormal grief – the problem of therapy, in: British Medical Psychology 55 (1982), 29–34; in Anlehnung an die in behavioristischen Therapieansätzen verwendete Methode des »Emotional flooding«; vgl. hierzu unten im Abschnitt über Behaviorismus; dort sind auch Fallbeispiele aufgeführt.

73 *F.T. Melges / D.R. DeMaso*, Grief-Resolution Therapy. Reliving, Revising, Revisiting, in: American Journal of Psychotherapy 34 (1) (1980), 51–61.

tung. Dass sie von PsychoanalytikerInnen (noch) nicht in den Blick genommen worden ist, dürfte m.E. zumindest teilweise in dem »setting« der klassischen Psychoanalysepraxis begründet liegen: Wie in der Praxis anderer Berufsgruppen ist auch hier der Blick auf und die Zuständigkeit für die Eingangsphase des Trauerprozesses strukturell ausgeschlossen (vgl. o. i.d. Bucheinleitung).

2.2 Personenverlust als Bindungsverlust: John Bowlby (Ethologie)

Trauerforschung am Londoner Tavistock Institute of Human Relations: John Bowlby und Collin M. Parkes

John Bowlby hat von den fünfziger Jahren bis in die achtziger Jahre unseres Jahrhunderts ein umfangreiches Schriftgut zur Trauertheorie erstellt. Die wichtigsten seiner kleineren Publikationen sind in dem Sammelband »The Making and Breaking of Affectional Bonds« (1979), deutsch »Das Glück und die Trauer: Herstellung und Lösung affektiver Bindungen« (1982), zusammengefasst. Ein monumentales Gesamtwerk stellt Bowlby's Trilogie »Attachment and Loss« dar, die in den drei Teilbänden »Attachment« (I, 1969), »Separation: Anxiety and Anger« (II, 1973) und »Loss: Sadness and Depression« (III, 1980) erschienen ist.[74] Von den Paradigmen der Psychoanalyse unbefriedigt, entwickelte Bowlby eine eigene *Bindungstheorie*, in deren Rahmen er Trennungs- und Trauerreaktionen deuten kann. Die besten Zusammenfassungen seines bindungstheoretischen Ansatzes gibt Bowlby m.E. selbst in den Beiträgen 2–4 der genannten Aufsatzsammlung (1957/1961/1968),[75] sowie im ersten Teil des dritten Bandes seiner Trauer-Trilogie (1980).[76] Vor allem diese Quellen werden im Folgenden verarbeitet.

Bowlby hat am Londoner Tavistock Institute of Human Relations eng mit seinem Kollegen *Collin Parkes* zusammengearbeitet, der ebenfalls

74 Vgl. *J. Bowlby*, Attachment and Loss, Vol. I, Attachment, New York 1969; Vol. II, Separation: Anxiety and Anger, New York 1973; Vol. III, Loss: Sadness and Depression, New York 1980; ebenso *ders*. The Making and Breaking of Affectional Bonds, London 1979; deutsch: Das Glück und die Trauer. Herstellung und Lösung affektiver Bindungen, Stuttgart 1979/80.

75 Vgl. *Bowlby*, Ein ethologischer Ansatz zur Erforschung der kindlichen Entwicklung (1957), in: *ders*., Glück und Trauer, 40–61, Erstveröffentl. unter dem Titel: The Contribution of Current Theories to an Understanding of Child Development, in: British Journal of Medical Psychology 30 (1957), 230–240; weiterhin *ders*., Das Trauern in der Kindheit und seine Implikationen für die Psychiatrie (1961), a.a.O., 62–88, Erstveröffentl. unter dem Titel: Childhood Morning and its Implikations for Psychiatry, in: American Journal of Psychiatry 118 (1961), 481–498; ebenso *ders*., Die Auswirkungen des Abbruchs einer affektiven Bindung auf das Verhalten (1968), a.a.O., 89–104, Erstveröffentl. unter dem Titel: Effects on Behaviour of Disruption of an Affectional Bond, in: *J.M. Thoday / A.S. Parkes* (Eds.), Genetic and Environmental Influences on Behaviour, Edinburgh (Oliver/Boyd) 1968.

76 Vgl. *ders*., Loss, 7–102.

eine größere Anzahl von bedeutenden Arbeiten zu Themen der Trauer veröffentlicht hat. Parkes' Leistung liegt vor allem in den von ihm durchgeführten *empirischen Studien*, die teils noch im Abschnitt über deskriptive Modelle vorkommen, teils bereits hier mitbehandelt werden, da Bowlby immer wieder auf das von Parkes zusammengetragene empirische Material zurückgreift, um seine Theorie zu untermauern. Umgekehrt hat Parkes sich in seinem trauer*theoretischen* Denken so weitgehend an Bowlby orientiert, dass seine bekannte Monographie: »Bereavement. Studies of grief in adult life« (1972), deutsche Ausgabe: »Vereinsamung. Die Lebenskrise bei Partnerverlust« (1974), hier nicht als eigener explikatorischer Ansatz gewürdigt wird.[77] Das Hauptunterscheidungsmerkmal zwischen den trauertheoretischen Beiträgen beider Autoren ist, dass Parkes stärker als Bowlby kognitive Aspekte der Verlustverarbeitung berücksichtigt hat.[78] Das muss hier aber nicht vertieft werden, da noch andere kognitionspsychologisch orientierte Ansätze vorgestellt werden (vgl. u.).

Bowlby's Bindungstheorie: Bindungs- und Sorgeverhalten sind überlebensnotwendig

John Bowlby versteht Trauer auf dem Hintergrund der von ihm entwickelten *Bindungstheorie*, in die er Elemente von Psychoanalyse, Lerntheorie und vorrangig Ethologie (Verhaltensforschung) integriert hat.[79] Trauer beruht nach Bowlby im Wesentlichen auf der Trennungsangst (*separation anxiety*),[80] die durch den Verlust einer Bindungsfigur (*attachment figure*) hervorgerufen wird. Es wird zunächst notwendig sein, Bowlby's Bindungstheorie zu erläutern, da sie den Theorierahmen bildet, innerhalb dessen er seine Überlegungen zur Explikation der Trauer anstellt.

Bowlby's Bindungstheorie liegt die Annahme zugrunde, dass es neben dem Ernährungs- und dem Fortpflanzungsverhalten beim Menschen und bei anderen hochentwickelten Spezies noch ein weiteres instinktgeleitetes Verhalten gibt, das von gleich großem Überlebenswert ist, nämlich das *Bindungsverhalten* (*attachment behaviour*).[81] Darunter versteht er alle Formen von Verhalten, die darauf abzielen, zu be-

77 Über die u.a. empirischen Studien hinaus vgl. neben der genannten Monographie (Parkes, Bereavement, deutsche Ausgabe: Vereinsamung. ...), auch I. *Glick / R.S. Weiss / C.M. Parkes*, The First Year of Bereavement (»Harvard-Studie«), New York (Wiley and Sons) 1974, sowie *Parkes/Weiss*, Recovery from Bereavement, New York (Basic Books) 1983

78 Vgl. dazu auch *C.H. Shackleton*, The Psychology of Grief. A Review, in: Advances of Behavioral Research and Theory 6 (1984), 153–205, hier 171f.

79 Vgl. *Bowlby*, Loss, 38; *ders.*, Ein ethologischer Ansatz, 40–42.59.

80 Vgl. *Bowlby's* gleichnamigen, programmatischen Titel: Separation Anxiety, in: International Journal of Psycho-Analysis 41 (1960), 89–113; ebenso den o.a. II. Band seiner Trilogie: Separation: Anxiety and Anger.

81 Vgl. *Bowlby*, Abbruch einer affektiven Bindung, 93, sowie *ders.*, Loss, 39–41.

stimmten bevorzugten Individuen – den Bindungsfiguren (*attachment figures*) – Nähe herzustellen, zu erhalten oder wiederherzustellen.

»Attachment behaviour is conceived as any form of behaviour that results in a person attaining or retaining proximity to some other differentiated and preferred individual.« »Attachment behaviour has become a characteristic of many species during the course of their evolution because it contributes to the individual's survival by keeping him in touch with his caregiver(s) ...«[82]

Die Nähe zu Bindungsfiguren wird gesucht, weil sie überlebensnotwendig ist, sei es, um das dem Bindungsverhalten komplementäre Sorgeverhalten (*caregiving*)[83] der Bindungsfigur hervorzurufen und z.B. gefüttert zu werden, sei es, um eine in der Wildnis lebensgefährliche Absonderung von der Gruppe zu vermeiden und z.B. nicht gefressen zu werden. Im Laufe der Evolution wurde das Bindungsverhalten deshalb nach Bowlby im Instinkt verankert. Zu den angeborenen Mustern des Bindungsverhaltens gehören z.B. das Lächeln des Babys, durch das es die Sorgeperson(en) an sich bindet (– Babys, die »besser« lächeln, erhalten mehr Zuwendung),[84] oder das Armeausstrecken des Kleinkindes, sowie die dazu komplementären Reaktionen der Sorgepersonen. Ebenso sind das Herstellen von Augenkontakt, Gruß- und Begrüßungsverhalten etc. dem Bindungsverhalten zuzurechnen, aber auch Weinen und Klammern, Schreien und Suchen, wenn die Bindungsfigur verlorengegangen ist oder wegzugehen droht.[85] Paradoxerweise schließt das Bindungsverhalten auch aggressive Reaktionen ein, und gerade die genannten aggressiven Mechanismen haben nach Bowlby eine wesentliche Funktion für die Aufrechterhaltung der Bindung:[86] Etwa das Angreifen und Verscheuchen von Eindringlingen, die den Bestand der bestehenden Bindung bedrohen könnten, oder wütender Protest und Vorwürfe, wenn eine Bindungsfigur abwesend ist, sowie deren Bestrafung, wenn sie nach längerer Abwesenheit wiederkehrt. Man kann dieses Verhalten z.B. bei Kleinkindern beobachten, die die wiederkehrende Mutter oft beleidigt mit Nichtbeachtung strafen, obwohl sie sich zuvor nach ihr gesehnt und nach ihr geschrieen

82 *Bowlby*, Loss, 39. 40.

83 Vgl. *Bowlby*, Loss, 40f.

84 *Bowlby* rezipiert in: *ders.*, Ein ethologischer Ansatz, 55–59, die Untersuchungen von Dennis (1935) und Ahrens (1954) zum Lächeln des Babys. Vgl. *W. Dennis*, An Experimental Test of Two Theories of Social Smiling in Infants, in: Journal of Social Psychology 6 (1935), 214–223; sowie *R. Ahrens*, Beitrag zur Entwicklung des Physiognomie- und Mimikerkennens, in: Zeitschrift für Experimentelle und Angewandte Psychologie 11 (3) (1954), 412–454.

85 Vgl. *Bowlby*, Ein ethologischer Ansatz, 57; sowie *ders.*, Trauern in der Kindheit, 72; ebenso *ders.*, Loss, 39–41.

86 Vgl. *Bowlby*, Abbruch einer affektiven Bindung, 91 u.ö.

haben – die Bestrafung soll, so Bowlby, die Mutter daran hindern, das Kind erneut zu verlassen.[87]

Herstellen einer »affektiven Bindung«
Bei Menschen entwickeln sich aus dem instinktgeleiteten Austausch von Bindungs- und Sorgeverhalten nach Bowlby die sogenannten »affektiven Bindungen« (*affectional bonds*), z.B. zwischen Kind und Elternteil oder zwischen erwachsenen LiebespartnerInnen, die lebenslang eine wichtige Rolle spielen: Sichern sie dem allein noch nicht überlebensfähigen Säugling das physische Überleben, so geben sie für Kleinkinder die sichere Basis ab, von der aus sie – die Mutter immer in Sicht- oder Hörweite – die Umwelt erforschen können; Erwachsenen vermitteln sie Sicherheit im psychischen und sozialen Sinne (etwa Geborgenheit, soziale Identität, wirtschaftliche Stabilität etc.). Bowlby nimmt dabei offenbar an, dass das Entstehen von Bindungen zunächst durch biologische Automatismen gesteuert ist und dann in der weiteren Entwicklung auf die Ebenen von Affekten und Bewusstsein gehoben wird.[88] So wäre zu erklären, dass aus purem Instinktverhalten mit der Zeit *affektive* Bindungen entstehen, und dass diese intensive Gefühlszustände hervorrufen: So wird etwa die Entstehung einer affektiven Bindung subjektiv als Sich-verlieben erlebt, ihre Aufrechterhaltung als Jemanden-lieben und ihr Verlust als Um-jemanden-trauern.[89]

87 Vgl. *Bowlby*, Trauern in der Kindheit, 73. S. auch *Stroebe/Stroebe*, Bereavement and Health, 61.
88 Vgl. *Bowlby*, Loss, 39f; *ders.*, Abbruch einer affektiven Bindung, 90f.
89 Vgl. *Bowlby*, Abbruch einer affektiven Bindung, 91, sowie *ders.*, Loss, 39f.

Abb. 7:
Entstehung affektiver Bindungen nach J. Bowlby (Grafik K.L.):

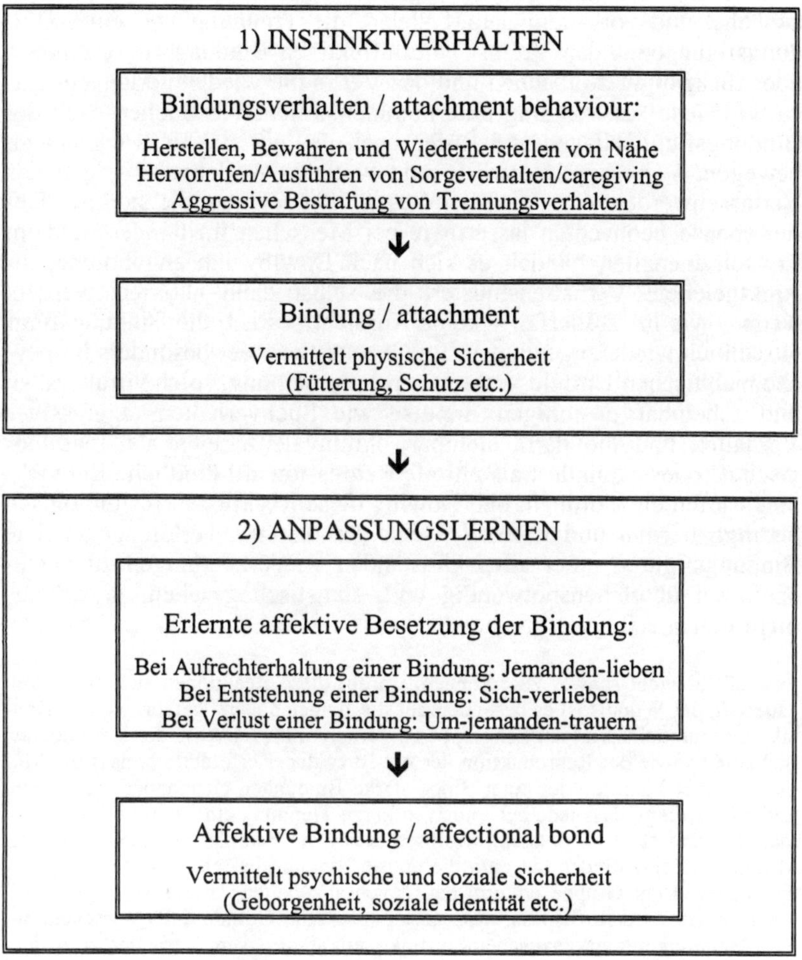

Lösen einer »affektiven Bindung« – Trennungs- und Trauerreaktionen

Trennungs- und Trauereaktionen sind, das deutet sich in dem zuletzt Gesagten bereits an, in Bowlbys Modell die Kehrseite des Bindungsverhaltens.[90] Sie erfüllen eine vitale biologische Funktion, indem sie zunächst und vor allem darauf zielen, die Trennung von einer Bindungsfigur, bzw. den Verlust einer affektiven Bindung zu verhindern oder rückgängig zu machen und das Verlorene wiederzuerlangen. Dazu wird jede Anstrengung unternommen: Intensives Suchen nach der Bindungsfigur, Klagen und Rufen nach ihr, um sie zur Rückkehr zu bewegen, aggressive Vorwürfe und wütende Auflehnung gegen das Verlassenwerden, etc. Auch bei diesen Phänomenen, die sich bei Tieren ebenso beobachten lassen wie bei Menschen im Kindes- und im Erwachsenenalter, handelt es sich nach Bowlby um angeborene, instinktgeleitete Verhaltensmuster, die selbst dann aktiviert werden, wenn – wie im Trauerfall – keine Aussicht besteht, die Bindungsfigur tatsächlich wiederzugewinnen. Im Gegensatz zu der besonders im psychoanalytischen Umfeld verbreiteten Lehrmeinung, solche irrationalen und scheinbar unsinnigen Impulse wie Suchverhalten, aggressives Verhalten und die darin sichtbare Ambivalenz seien als »pathologisch«[91] oder zumindest als unreife Regression auf kindliche Entwicklungsstufen einzuordnen, hält Bowlby diese Reaktionen für biologisch bedingt, normal und *sinnvoll.* Denn der Instinkt, verlorengegangene Bindungsfiguren unter allen Umständen wiederzuerlangen zu versuchen, sei überlebensnotwendig und, statistisch gesehen, in weitaus mehr Fällen erfolgversprechend als aussichtslos.

> Es »fällt ... nicht schwer zu erkennen, warum diese Reaktionen sich entwickelt haben. In der Wildnis ist es besonders für die Jungen äußerst gefährlich, den Kontakt zur unmittelbaren Familiengruppe zu verlieren. Im Interesse der individuellen Sicherheit sowie der Reproduktion der Art ist es daher erforderlich, dass die Mitglieder einer Familie oder einer Sippe starke Bindungen aneinander entwickeln; und dies bedingt, dass jede auch noch so kurze Trennung eine unmittelbare, automatische und starke Bemühung auslösen muss, die Familie, besonders aber das Mitglied wiederzufinden, zu dem die engste Bindung besteht, und das Mitglied, das sich von der Gruppe entfernt hat, davon abzuhalten, erneut wegzugehen.«[92]
> »Wir kamen zu dem Schluss, dass gute biologische Gründe dafür sprechen, auf jede Trennung mit automatischem, instinktivem aggressivem Verhalten zu reagieren; unwiederbringlicher Verlust ist statistisch so unbedeutend, dass er nicht berücksichtigt wird.«[93]

90 Vgl. zum folgenden Abschnitt *Bowlby*, Loss, 39–41, sowie *ders.*, Trauern in der Kindheit, 70–73.

91 Zur Kritik am Begriff »pathologische Trauer« vgl. meinen Exkurs unter II.3.

92 Vgl. *Bowlby*, Trauern in der Kindheit, 72.

93 Vgl. *Bowlby*, Trennung und Verlust innerhalb der Familie, in: *ders.*, Glück und Trauer, 105–129, hier 111.

Erst wenn sich alle unternehmbaren Wiedervereinigungsversuche als vergeblich erwiesen haben und die Zurückgebliebenen sich von der Unwiederbringlichkeit der verlorenen Bindungsfigur überzeugt haben, geben sie auf. Hier endet das instinktgeleitete Verhalten, und ein *Lernvorgang* setzt ein, der die Anpassung an den Verlust ermöglicht (*adaptive learning*). Bowlby meint also offenbar, dass ähnlich wie bei der Entstehung einer affektiven Bindung auch bei deren Lösung zunächst eine biologisch bedingte Reaktion erfolgt – nämlich das automatisch ausgelöste Abwehrverhalten –, ehe die Ebenen des Bewusstseins und der Affekte erreicht werden und ein Anpassungsprozeß einsetzt. Entsprechend strukturiert Bowlby sein Verlaufsmodell des Trauerprozesses, in dem die von ihm als instinktgeleitet angesehenen Verhaltensweisen den Anfang bilden, dem dann die durch Anpassungslernen geprägten Phasen folgen (vgl. u.).

Abb. 8:
»Lösen« einer affektiven Bindung nach J. Bowlby (Grafik K.L.):

1) INSTINKTVERHALTEN

Abwehrverhalten, Versuche zur Wiedervereinigung mit der verlorenen Bindungsfigur:

- Suchverhalten
- Wut, Aggression, Protest

↓

2) ANPASSUNGSLERNEN

Adaptive Lösung von der verlorenen Bindungsfigur:

- Realisation des Verlustes
- Affektive Trauerreaktion

Seinem deskriptiven Verlaufsmodell der Trauer legt Bowlby folgendes Material zugrunde:
(1) Empirisch-statistische Studien über Trauerreaktionen bei Verwitweten, insbesondere die »London-Studie« von Parkes (1970) und die von Glick, Weiss und Parkes in Boston durchgeführte sog. »Harvard-Studie« (1974);[94]
(2) ethologische Studien über Trennungsreaktionen von Tieren (vorzugsweise an Rhesusaffen, also an Primaten);[95]
(3) von ihm selbst durchgeführte Studien über das Trennungsverhalten 3–4-jähriger Kinder, die durch Hospitalisierungen von der Mutter getrennt waren.[96]
Aufgrund der in diesen Studien belegten Beobachtungen hat Bowlby ein *Phasenmodell des Trauerprozesses* entwickelt, das er im Entstehungsprozess seines Werkes mehrfach verändert und ergänzt hat. Wird in den frühen, ethologisch orientierten Arbeiten noch die zweistufige Sequenz *Auflehnung – Verzweiflung* beschrieben, kommt Bowlby später zu einem dreistufigen Modell von *Auflehnung – Verzweiflung – Ablehnung* oder, in revidierter Fassung: *Auflehnung – Verzweiflung – Loslösung* (*protest – despair – detachment*).[97] Die vorläufig letzte Version seines Phasenmodells, die sich im Abschlussband seiner Trilogie findet, ist vierstufig und lautet wie folgt:[98]
– Betäubung (*numbing*), u.U. unterbrochen von Ausbrüchen intensiver Gefühle wie Schmerz und Wut (*distress and anger*);
– Sehnsucht und Suche nach der verlorenen Figur (*yearning and searching*);
– Desorganisation und Verzweiflung (*disorganization and despair*);
– Reorganisation (*reorganization*).

94 Vgl. *C.M. Parkes*, The First Year of Bereavement (»London-Studie«), in: Psychiatry 33 (1970), 444–467, sowie *Glick/Weiss/Parkes*, »Harvard-Studie«; vgl. zu deren bevorzugter Benutzung bei Bowlby: *ders.*, Loss, 83f; dort auch die Übersicht der weiteren berücksichtigten Studien.

95 Vgl. *H.F. Harlow / M.R. Harlow*, The Affectional Systems, in: *A.M. Schrier / H.F. Harlow / F. Stollnitz* (Eds.), Behaviour of Non-Human Primates, Vol. 2. New York / London (Academic Press) 1965; ebenso *H.F. Harlow / R.R. Zimmermann*, Affectional Responses in the Infant Monkey, in: Science 130 (1959), 421–432.

96 Vgl. *J. Bowlby*, Grief and mourning in infancy and early childhood, in: Psychoanalytic Study of the Child 15 (1960), 9–52; *ders. / J. Robertson*, Responses of young children to separation from their mothers, in: Courrier de la Centre Internationale de l'Enfance 2 (1952), 131–142.

97 Durch die verschiedenen Selbstrevisionen und Varianten zwei-, drei- oder vierstufiger Phasenmodelle Bowlby's tritt in der Rezeption gelegentlich eine Verwirrung ein. Zur Umbenennung der dritten Phase innerhalb des dreistufigen Modells in »Loslösung« statt »Ablehnung« vgl. *Bowlby*, Trauern in der Kindheit, 67.

98 Vgl. *Bowlby*, Loss, 85, Übersetzung K.L. Zum folgenden Abschnitt vgl., wo nicht anders angemerkt, a.a.O., 85–93.

Über die Dauer der beiden letztgenannten Phasen macht Bowlby keine Angaben; für die erste setzt er einen Zeitraum von wenigen Stunden bis hin zu einer Woche an, die zweite soll einige Monate bis hin zu Jahren andauern.
Die Problematik einer Phaseneinteilung des Trauerprozesses wird im Kapitel über Phasenmodelle noch auszuführen sein – hier deutet sie sich schon dadurch an, dass Bowlby sein Phasenschema permanent verändert, was den Eindruck einer gewissen Beliebigkeit hinterlässt; zudem auch durch seine Bemerkung, die Phasen seien »zugegebenermaßen nicht klar voneinander abzugrenzen«.[99] Unabhängig davon sind für unseren Zusammenhang der akuten Trauer aber die *Phänomene,* bzw. die *Explikation* der Phänomene interessant, die Bowlby im Kontext der beiden erstgenannten »Phasen« diskutiert.[100]

Phänomene: Schwanken zwischen Realisation und Derealisation, Suchverhalten, Aggressionsverhalten
Während er soziale und ökonomische Faktoren des Trauerfalls explizit vernachlässigt, berücksichtigt Bowlby vorrangig psychologische Aspekte der Trauerreaktion.[101] Dabei stützt er sich überwiegend auf die erwähnte Londoner Untersuchung von Collin Parkes, der 22 Londoner Witwen über ihre Trauerreaktionen nach dem Tod ihrer Männer befragte.[102] Nach Parkes kann die unmittelbare Reaktion individuell sehr unterschiedlich ausfallen; am häufigsten beschrieben die Betroffenen rückblickend ihre anfängliche Unfähigkeit, die Nachricht vom Tod zu glauben und zu akzeptieren: ›*I just couldn't take it all in*‹, ›*I couldn't believe it*‹, ›*I was in a dream*‹, ›*It didn't seem real*‹, gehörten zu den häufigsten Aussagen. Manche der Witwen bezeichneten sich als ange-

99 »Admittedly these phases are not clear cut, and any one individual may oscillate for a time back and forth between any two of them.« *Bowlby*, Loss, 85.

100 Nach *Bowlby's* Beschreibung unterscheiden sich die Phänomene der ersten beiden Phasen nur unwesentlich voneinander, da die emotionalen Durchbrüche der zweiten Phase bereits in der ersten vorweggenommen werden und Rückfälle auf eine mangelnde Realisierung des Verlustes auch in der zweiten Phase vorkommen; vgl. a.a.O., 86f.

101 Vgl. *Bowlby*, Loss, 85, Anm. 2.

102 Zum folgenden Abschnitt vgl. a.a.O., 86–93. Bei Parkes' »London-Studie« von 1970 (a.a.O.) handelt es sich um eine retrospektive Untersuchung, d.h. die Daten wurden nicht durch direkte, klinische *Beobachtung* von Trauernden bzw. deren Trauerreaktionen gewonnen, sondern indem Betroffene in Interviews ihre Trauerreaktion rückblickend nach ihrer eigenen Erinnerung beschrieben (die Witwen wurden jeweils 1, 3, 6, 9 und 12 Monate nach dem Tod ihres Mannes befragt). Diese Untersuchungsmethode hat den Vorteil, dass Betroffene die subjektive Erlebnisseite der Trauererfahrung selbst darstellen, gleichzeitig aber den Nachteil, dass aufgrund verschiedener Filterprozesse des Bewusstseins und der Wahrnehmung mit einem gewissen Grad an Lückenhaftigkeit der Selbstbeobachtung und der Angaben darüber zu rechnen sein dürfte. Ich komme darauf noch zurück.

spannt, andere als wie betäubt, viele hatten intensive Gefühlsdurchbrüche, insbesondere Wutausbrüche und Panikattacken. Gelegentlich traten auch episodische Glücksgefühle auf, und zwar dann, wenn die Hinterbliebenen plötzlich die Nähe des Verstorbenen zu empfinden glaubten, die die Gemeinschaft mit ihm wieder herzustellen schien (z.B. indem sie ihn zu hören, zu sehen oder zu fühlen meinten, indem sie intensiv von ihm träumten etc.). Insgesamt stellten die befragten Witwen die Realisierung des Verlustes als langsamen, Stunden oder Tage dauernden Prozess dar, begleitet von Phasen intensiven, stechenden Schmerzes und Sich-Sehnens, von Weinkrämpfen, Unruhe, Schlaflosigkeit und ständiger Präokkupation mit Gedanken, Bildern und Vorstellungen, die in Verbindung mit dem Verstorbenen stehen. Typisch für frühe Stadien des Trauerprozesses ist offenbar ein *Schwanken zwischen Realisation und Derealisation*, zwischen Verzweiflung angesichts des erlittenen Verlustes und der Hoffnung, er möge doch nicht endgültig sein. Parkes' Untersuchung bestätigt auch die Verbreitung der beiden o.a. Phänomene, die Bowlby als die typischen Elemente der frühen Trauerreaktionen besonders hervorhebt:[103]

- Suchverhalten *(searching)*
- Wut- bzw. Aggressionsausbrüche *(anger)*

Das *Suchverhalten* findet sich nach Parkes bei Männern und Frauen gleichermaßen, nimmt u.U. zwanghafte Züge an und ist den Betroffenen z.T. auch bewusst. Sie sind in rastloser Bewegung und begeben sich immer wieder mit erhöhter Aufmerksamkeit an Orte, an denen sie Spuren von den Verstorbenen, bzw. die Verstorbenen selber zu finden hoffen, z.B. in das Krankenhaus, wo sie gestorben sind oder auf den Friedhof, wo sie begraben liegen, an Lieblingsplätze der Verstorbenen oder zu ehemaligen Stätten gemeinsamen Glücks (etwa an frühere Urlaubsorte). In Einzelfällen treibt das Bedürfnis nach Verbindung mit dem oder der Verstorbenen Hinterbliebene sogar zur Teilnahme an spiritistischen Sitzungen etc. Bei all diesen dem Suchverhalten zuzurechnenden Phänomenen operieren die Betroffenen auf der Basis einer selektiven Wahrnehmungseinstellung (*perceptual set*): Ihre Sinne sind gleichsam darauf programmiert, die verlorene Person wiederzufinden, weshalb sie ständig alle aktuellen Sinneseindrücke erwartungsvoll mit den gespeicherten sensorischen Daten der verstorbenen Person abgleichen. So kommt es dazu, dass sie die Verstorbenen oft überall zu entdecken glauben, z.B. auf der Straße in einem Fremden den verstorbenen Mann zu sehen meinen, ein sich dem Haus näherndes Auto für den heimkehrenden Partner halten, nächtliche »Erscheinungen« der Verstorbenen erleben, etc. – oft, obwohl sie rational »wissen«, dass die gesuchte Person tot ist und nicht wiederkehren kann.

103 Vgl. die o.a. Studie selbst sowie deren Aufarbeitung bei *Bowlby*, Loss, 82–92.

Als Beispiel beschreibt Bowlby eine Mutter, die nach dem Verlust ihres kleinen Sohnes im Haus ruhelos von Raum zu Raum läuft und dabei intensiv an den Jungen denkt. Sie hört ein Knarren und missinterpretiert es sofort als den Schritt ihres Sohnes auf der Treppe; sie fährt herum und ruft: »John, bist du es?«[104]

Zum Suchverhalten zählen Parkes und Bowlby auch abgewandelte, fragmentierte und depersonalisierte Erscheinungsbilder wie ein scheinbar rastloses Schweifen des Blicks, ein scheinbar zielloses Umhergehen und tastendes Berühren von Gegenständen, Aufziehen von Schubladen und andere häufig sogenannte *»vacuum activities«*. Ordnet man diese Phänomene als Derivate des Suchverhaltens ein, erscheinen sie im Gegensatz zur üblichen Lehrmeinung[105] keineswegs mehr als sinn- und ziellos.[106]
Für *Wut und Aggression*, nach Parkes beim Erstinterview bei ca. zwei Dritteln der Trauernden anzutreffen (auch in Form von Feindseligkeit, allgemeiner Bitterkeit oder Reizbarkeit),[107] bietet Bowlby in verschiedenen Veröffentlichungen viererlei plausible Explikationen an:
- Die Wut verleiht den Anstrengungen, die verlorene Bindungsfigur wiederzugewinnen, zusätzliche Kraft.[108]
- Die Wut wird durch Frustrationserlebnisse bei der fruchtlosen Suche ausgelöst.[109]
- Die Wut resultiert aus einem Konflikt zwischen den im Suchverhalten ausgedrückten Bestrebungen nach Wiedervereinigung mit der verlorenen Bindungsfigur einerseits und der Realisation des unwiederbringlichen Verlustes andererseits. Dieser Konflikt besteht sowohl zwischen der Umwelt, die die Realität des Todes bekräftigt, und den Hinterbliebenen, die sich noch an die Verstorbenen klammern, als auch im Inneren der Hinterbliebenen selber, die ja einerseits wissen, dass der Tod eingetreten ist, sich andererseits aber dagegen sträuben und noch auf eine Wiedervereinigung mit den Verstorbenen hoffen. In diesem Konflikt erwarten die Hinterbliebenen von denen, die sich ihnen tröstend zuwenden, Unterstützung für die hoffnungsvolle Seite des Konflikts; die HelferInnen schlagen sich aber in der Regel auf die deprimierende, hoffnungslose Seite der Realität und ernten deshalb Feindseligkeit.[110]
- Die Wut richtet sich gegen diejenigen, die für den Verlust verantwortlich gemacht werden, weil sie ihn vermeintlich verschuldet oder nicht verhindert haben oder weil sie der Wiedergewinnung der

104 Vgl. *Bowlby*, Loss, 88.
105 Diese wird von vielen AutorInnen in Anlehnung an *Freud* (vgl. o.) und *Lindemann* (vgl. u.) vertreten.
106 Vgl. *Bowlby*, Loss, 88.
107 Zit. nach *Bowlby*, Loss, 90.
108 Vgl. *Bowlby*, Trauern in der Kindheit, 71
109 Vgl. *Bowlby*, Loss, 87.
110 Vgl. *Bowlby*, Loss, 92.

verlorenen Person im Wege stehen – z.B. ÄrztInnen, Verwandte, Geistliche, die Verstorbenen selbst, die Trauernden selbst (dann in Form von Selbstanklagen).[111]

Eine etwa 45-jährigen Patientin Bowlby's berichtete z.B. von ihrer immensen Wut auf die Oberschwester, die ihr den Tod ihres Vaters mitgeteilt hatte: Am liebsten, so sagte sie, hätte sie sie auf den Betonfußboden geworfen und ihr das Gehirn zerschmettert. Die Frau richtete ihre Wut später auch gegen ihren Analytiker, dem sie vehement vorwarf, er hätte Einfluss auf die Ärzte im Krankenhaus ausüben müssen, um ihren Vater am Leben zu erhalten.[112] Derartige Reaktionen werden oft als »extrem« oder »verrückt« abgetan; ich kann aber aus eigener Beobachtung bestätigen, dass sie in der Praxis der perimortalen Trauerbegleitung tatsächlich sehr häufig vorkommen, wobei sie nicht immer öffentlich ausagiert, sondern oft im vertraulich geschützten Raum geäußert werden.

Wut und aggressives Verhalten stehen nach Bowlby ebenso wie das Suchverhalten Trauernder letztlich im Dienste der vitalen Bemühungen um die Wiedergewinnung der verlorenen Bindungsfigur. In diesen Zusammenhang ordnet Bowlby auch noch weitere Verhaltensweisen ein: So überlegt er, ob auch Schluchzen und Weinen im Trauerfall demselben Zweck dienen wie bei Kindern, die weinen und schreien, damit die fehlende Bindungsfigur wieder herbeikommt. Auch suizidale Tendenzen können nach Bowlby Ausdruck des Wunsches nach einer Wiedervereinigung mit dem oder der Verstorbenen sein: Kommen die Verstorbenen nicht zu ihnen zurück, so wollen die Trauernden ihnen oft nachfolgen.
Unter den genannten Phänomenen sieht Bowlby speziell Wut und Feindseligkeit als Indikatoren für den Fortschritt des Trauerprozesses an: Solange der aggressive Impuls noch besteht, haben die Hinterbliebenen die Verstorbenen noch nicht aufgegeben.

»So long as anger continues, loss is not being accepted as permanent and hope is still lingering on.«[113]

Daher ist es als Anzeichen für eine misslingende Realisation bzw. Akzeptanz des Todes zu werten, wenn die o.a., am *Beginn* des Trauerprozesses *normalen* Verhaltensweisen über Wochen oder Monate unvermindert anhalten. Im Unterschied zu anderen Konzepten, in denen zwischen normalen und sog. »pathologischen« Trauersymptomen *qualitativ* unterschieden wird, wendet Bowlby hier das Kriterium der *Persistenz* von Symptomen an.

Zur Illustration seien die Fallbeispiele zweier Witwen genannt, die Parkes mit den Worten zitiert: »Er [d.h. der verstorbene Ehemann] fehlt mir in jeder Minute, den

111 Vgl. *Bowlby*, Trennung und Verlust innerhalb der Familie, in: *ders.*, Glück und Trauer, 105–129, hier 110; *ders.*, Loss, 87.
112 Vgl. *Bowlby*, Trennung und Verlust; hier120f.
113 Vgl. *Bowlby*, Loss, 91.

ganzen Tag«; »Ich sehne mich den ganzen Tag in jedem Augenblick nach meinem Mann, aber weder Sie noch sonst wer können ihn mir zurückgeben.«[114] Tage oder Wochen nach dem Verlust wären solche Aussagen völlig normal; da sie aber anderthalb, bzw. neuneinhalb Jahre nach dem Tod des Mannes getroffen wurden, zeigen sie eine pathogene Entwicklung an.
Diese Fälle sind übrigens von anderen bei Parkes zitierten Fällen zu unterscheiden, in denen Trauernde explizit sagen: »Man kommt nie darüber hinweg« o.ä., und dennoch zugleich »ein erfolgreiches und einigermaßen befriedigendes Leben führen.«[115] M.E. drückt sich in solchen Äußerungen die in der Regel ganz realistische Meinung der Hinterbliebenen aus, dass der oder die Verstorbene eine unersetzbare und unwiederbringliche Rolle in ihrem Leben gespielt hat; dennoch kann ihnen die Trauerbewältigung durchaus gelingen; es spricht sogar vieles dafür, dass gerade die realistische Einschätzung der Schwere des Verlustes zur gelingenden Trauerverarbeitung beiträgt (vgl. u.).

Gestörte Trauerbewältigung als Ergebnis von gestörtem Bindungsverhalten

Nach dem Kriterium der Persistenz der Symptome bestimmt Bowlby zwei Entwicklungsformen des Trauerprozesses als »*pathologisch*«, nämlich:[116]

- chronische Trauer (*chronic grief*) und
- vermiedene, bzw. verleugnete oder verzögerte Trauer (*denied or delayed grief*),

bei denen jeweils der Zeitfaktor eine charakteristische Rolle spielt: Dauern die Trauersymptome im ersten Fall zu lange an, so werden sie im zweiten Fall zu spät ausgelöst oder verschleppt. Die zweite Variante tritt dabei wesentlich häufiger auf als die erste.
Die *chronische Trauer* wurde oben bereits illustriert; zu dieser Entwicklung können Hinterbliebene neigen, die eine extreme Abhängigkeitsbeziehung mit dem oder der Verstorbenen verbunden hat und die keinerlei andere Bindungen haben.
Die *vermiedene oder verspätete Trauer* zeichnet sich dadurch aus, dass keine sichtbare Kummer-Reaktion eintritt. Der Verlust wird entweder geleugnet bzw. ignoriert oder scheinbar emotional unbeteiligt und ohne Verhaltensänderungen hingenommen; oft werden aber ersatzweise physische oder psychische Krankheitssymptome entwickelt.

114 *Parkes*, Vereinsamung, 126.

115 *Parkes*, Vereinsamung, 126 unter Rückgriff auf *G. Gorer*, Death, Grief and Mourning in Contemporary Britain, London (Cresset) 1965.

116 Vgl. hierzu sowie zum folgenden Abschnitt über die Fehlformen des Bindungsverhaltens: *Bowlby*, Trennung und Verlust, 118–129; S. auch *Stroebe/Stroebe*, Bereavement and Health, 62–64. M.E. ist es wahrscheinlich, dass Bowlby die Begriffe *chronic* und *delayed grief* von E. Lindemann übernommen hat, der sie schon 1944 verwandte (vgl. u. im Abschnitt über Lindemann), und den Bowlby an anderen Stellen mehrfach rezipiert. Zur Kritik am Begriff »pathologische Trauer« vgl. meinen Exkurs unter II.3.

Parkes zitiert eine Witwe, die ihm sagte: »Ich werde es nie glauben, dass er tot ist, und Sie können mich nicht dazu zwingen.«[117] In solchen Fällen neigen die Betroffenen dazu, den Todesfall auch in ihrem Verhalten zu ignorieren: Die Witwe deckt dann etwa über Jahre hinweg stets den Tisch für ihren verstorbenen Mann mit, etc. Ein eindrucksvolles Beispiel für eine somatisierte Trauervermeidung berichtete *William Lammers* 1995 auf dem Trauersymposium in Bad Segeberg:[118] Er behandelte eine Patientin, die, aus dem Küchenfenster ihres Hauses blickend, gesehen hatte, wie ihr Ehemann die Straße überquerte und ein Wagen auf ihn zugerast kam. Im Augenblick des tödlichen Unfalls war die Frau erblindet. Sie lernte wieder sehen, als sie in der Therapie begann, den Tod ihres Mannes, vor dem sie zuvor die Augen verschlossen hatte, zu realisieren und ihre damit verbundenen Gefühle zu spüren.

Wird die verspätete Trauerreaktion schließlich – manchmal nach Jahren und Jahrzehnten – durch ein erinnerungsträchtiges Ereignis ausgelöst (etwa am Todestag der Verstorbenen, an dem Geburtstag, an dem eine Hinterbliebene selbst das Sterbealter der Verstorbenen erreicht, oder durch den Tod einer weiteren Zugehörigen etc.), spricht man von einer *anniversary-reaction* (»Jahrestagsreaktion«, vgl. das Fallbeispiel auf S.85), die dann oft unverständlich erscheint, da für die auftretenden Trauersymptome oder für deren Heftigkeit kein erkennbarer Anlass besteht und der Zusammenhang mit der Ursprungssituation auch den Betroffenen selbst unbewusst sein kann.
Beide o.a. Formen fehlgeleiteter Trauerprozesse versucht Bowlby auf bestimmte Fehlformen eines Bindungsverhalten zurückzuführen, das die Betroffenen in ihrer Kindheit entwickelt haben, weil ihre primäre Bindungsfigur entweder ein übersteigertes oder ein zu gering ausgeprägtes und nicht verlässliches Sorgeverhalten an den Tag legte – die früh erlebten Bindungsstrukturen waren dann entweder bedrohlich oder bedroht. Darauf reagieren die Betroffenen mit abweichenden Formen von Bindungsverhalten, die sie in der Regel bei der Entstehung späterer Bindungen reproduzieren und im Trauerfall reaktivieren, als da sind:
- Angstbindung (*anxious attachment*)
- Zwanghaftes Sorgeverhalten (*compulsive caregiving*)
- Zwanghafte Unabhängigkeit bzw. zwanghafte Bindungsvermeidung (*compulsive self-reliance*).

Diese Varianten eines gestörten Bindungsverhaltens müssen nach Bowlby als *Risikofaktoren* für eine Fehlleitung des Trauerprozesses gelten.
Bezeichnet Bowlby innerhalb seines Theorierahmens die Qualität der »Bindung« an die verstorbene Person als einen der Faktoren, die den Verlauf des Trauerprozesses bestimmen, so benennt die Psychoanalyse als entsprechenden Faktor die Qualität der »Objektbeziehung« zu dem

117 *Parkes*, Vereinsamung, 52.
118 Symposium »Leitlinien zur Trauerbegleitung« in der Akademie für Medizinische Fortbildung der Ärztekammer Schleswig Holstein vom 19.–23. Juni 1995 in Bad Segeberg; ich habe an diesem Symposium teilgenommen.

oder der Verstorbenen. In verschiedener Begrifflichkeit deuten beide Theorien darauf hin, dass die Beziehungsklärung ein wichtiger Bestandteil gelingender Trauerarbeit ist.
Beziehungs*klärung* ist aber keineswegs mit dem oft für nötig gehaltenen Beziehungs*abbruch* gleichzusetzen. Vielmehr stützen Bowlby und Parkes meine o.a. Kritik am radikalen psychoanalytischen »Ablösungsideal«.[119]

An dieser Stelle lässt sich der obige Exkurs über die Frage einer postum fortgesetzten Beziehung zu den Verstorbenen fortschreiben. Parkes und Bowlby halten nämlich die Fortsetzung einer modifizierten Beziehung zu dem oder der Verstorbenen bzw. die Vorstellung einer wie immer gearteten fortgesetzten Präsenz der Bindungsfigur für eine von vielen Trauernden bevorzugte und durchaus gesunde Lösung des Trauerproblems.[120] Dabei konstruieren die Hinterbliebenen die fortgesetzte Präsenz der Verstorbenen auf verschiedene Weise, etwa in Form einer geistigen Begleitung durch die Verstorbenen, mit denen sie dann innere Zwiesprache halten, oder indem sie die Verstorbenen an einem neuen Ort lokalisieren (etwa im Grab, »im Himmel« o.ä.); oft auch, indem sie sich selbst mit den Verstorbenen identifizieren, sich ihnen anverwandeln (ein Sohn entdeckt dann etwa die Züge des verstorbenen Vaters an sich selbst), sie in sich aufnehmen oder zum ›container‹ der Verstorbenen werden.
Parkes zitiert im letzteren Zusammenhang eine Londoner Witwe: »It's not a sense of his presence, he's inside me. That's why I'm happy all the time. It's as if two people are one ... although I'm alone, we're sort of together if you see what I mean ... I don't think I've got the will power to carry on on my own, so he must be.«[121]
Die weitverbreitete Pathologisierung derartiger Phänomene (z.B. die Pathologisierung der Identifikation mit dem oder der Verstorbenen durch die Psychoanalyse) weist Bowlby klar zurück: »Failure to recognize that a continuing sense of the dead person's presence ... is a common feature of healthy mourning has led to much confused theorizing.«[122]
Er selbst hält die genannten Formen der Trauerverarbeitung nur dann für problematisch,
– wenn die Verstorbenen nicht an einem angemessenen anderen Ort (Himmel, Grab etc.) lokalisiert werden, sondern in Gegenständen, Tieren oder anderen Menschen, die ihren Platz einnehmen sollen;

119 Vgl. o. im Abschnitt zur Psychoanalyse, 73f., 85.f.
120 Vgl. *Bowlby*, Loss, 98. Neuerdings scheint sich diese Erkenntnis in der Trauerforschung durchzusetzen, vgl. *S. Shuchter / S. Zisook*, The course of normal grief (1993), in: *Stroebe/Stroebe/Hansson*, Handbook, 23–43, unter Bezug auf *M. Goin / R. Burgoyne / J. Goin*, Timeless attachment to a dead relative, in: American Journal of Psychiatry 136 (1979), 988–989.
121 *Parkes*, Bereavement, 104, zit. nach *Bowlby*, Loss, 99. Die von Dennis Klass vertretene Auffassung, Bowlby schließe im Gegensatz zur Psychoanalyse die Möglichkeit der Trauerbewältigung durch Identifikation aus, ist mir nicht nachvollziehbar; die Verhältnisse scheinen mir eher umgekehrt zu liegen. Vgl. *D. Klass*, John Bowlby's Model of Grief and the Problem of Identification, in: Omega 18 (1987–1988), 13–32.
122 *Bowlby*, Loss, 100.

- wenn Hinterbliebe unter dem Zwang stehen, Verhaltensweisen der Verstorbenen nachzuahmen bzw. zu übernehmen, ohne den Wunsch oder die Befähigung dazu zu haben;
- wenn Hinterbliebene sich derart mit Verstorbenen identifizieren, dass sie die Symptome bzw. die Krankheiten entwickeln, an denen diese gestorben sind.[123]

Ablösung darf nicht zu schnell forciert werden

In Bezug auf das Eingangsstadium der Trauer meint Bowlby, eine verfrühte bzw. vorzeitige Ablösung von dem oder der Verstorbenen sei schädlich.[124] Er illustriert das am Beispiel von Kleinkindern, die bei zeitweiliger Abwesenheit der Mutter nach einer kurzen Auflehnungsphase sehr schnell zu normalen Beschäftigungen übergehen und die Mutter vergessen zu haben scheinen. Kehrt die Mutter dann zurück, verhalten sie sich oft zunächst zurückhaltend und distanziert wie gegenüber einer Fremden, was z.B. *Anna Freud* zu der Annahme geführt hat, die Mutterbindung der Kinder habe in der Zeit der Trennung sehr schnell nachgelassen.[125] Bowlby konstatiert jedoch, bald nach der Rückkehr der Mutter werde das distanzierte Verhalten wieder durch Bindungsverhalten abgelöst, das nun nicht einfach den alten Zustand rekonstituiere, sondern viel stärker als vor der Trennung sei. Keineswegs sei also während der Trennung die Bindung schwächer oder die Mutter vergessen worden; vielmehr habe ein *Abwehrprozess* die vorzeitige Loslösung eingeleitet und »die Sehnsucht nach der verlorenen Person«, den »Vorwurf, verlassen zu werden« und das »Streben, sie wiederzugewinnen« ins Unbewusste abgedrängt. Dort bleiben sie aber latent wirksam und können jederzeit wieder mit gesteigerter Intensität aktiv werden.[126]

In verschiedenen Veröffentlichungen zitiert Bowlby immer wieder das Fallbeispiel des drei Jahre und zwei Monate alten Patrick, den seine Mutter zeitweilig in einem Kinderheim abgab.[127] Patrick wurde ermahnt, ein braver Junge zu sein und nicht zu weinen, sonst werde seine Mutter ihn nicht besuchen kommen. Daran versuchte er sich zu halten; ersatzweise erzählte er nacheinander allen Anwesenden, dass seine Mutter kommen, ihm seinen Mantel und sein Käppchen anziehen und ihn mit nach Hause nehmen werde; dazu nickte er stets bestätigend mit dem Kopf. Dieses wiederholte er wieder und wieder, wobei die Liste der anzuziehenden Kleidungs-

123 Vgl. *Bowlby*, Loss, 99.

124 Vgl. zum folgenden Abschnitt: *Bowlby*, Trauern in der Kindheit, 68–75.

125 Vgl. die Auseinandersetzung mit *Anna Freud*, a.a.O., 75. Bowlby bezieht sich auf folgende Veröffentlichungen: A. Freud, Discussion of ›Grief and Mourning in Infancy and Early Childhood‹ by John Bowlby, in: Psychoanalytic Study of the Child 15 (1960), 53–62, sowie *dies. / D. Burlingham*, War and Children, New York (International Universities Press) 1943.

126 Vgl. a.a.O.

127 Vgl. *Bowlby*, Trennung und Verlust innerhalb der Familie, 115, 124f; *ders.*, Loss, 12f, 403ff. Die Fallbeschreibung hat er übernommen von *Anna Freud* und *Dorothee Burlingham*, War and Children, New York (International University Press) 1943, 89.

stücke ständig wuchs. Schließlich wurde das Personal der aufgesagten Formeln überdrüssig und ermahnte ihn, damit aufzuhören. Wieder gehorchte Patrick und bewegte von da an stumm seine Lippen, indem er die Beschwörung nur noch still für sich selber wiederholte; dazu begann er, die gesprochenen Worte durch Gesten zu ersetzen, die das Anziehen des Mantels und das Aufsetzen des Käppchens symbolisierten. Nach weiteren Unterlassungsermahnungen reduzierten sich Patricks Symptome mit der Zeit auf ein beständiges stummes Bewegen der Lippen und ein Zucken seiner Finger. Mit solchen unwillkürlichen Zuckungen und tragischem Gesichtsausdruck blieb Patrick stets unbeteiligt in der Ecke stehen, während die anderen Kinder spielten.
Bowlby betrachtet diesen Fall als paradigmatisch für den Verlauf von Trauerprozessen, in denen die frühen Trauerreaktionen unterdrückt werden: Die Trauerreaktionen nehmen zunehmend verkümmernde und immer unverständlichere Formen an, werden schließlich von jedem erkennbaren Ursprung und Ziel abgekoppelt und können sich zum neurotischen Zwangsritual entwickeln.[128]

Nach Bowlby ist die rasche Abdrängung der Trauerreaktion und die verfrühte Loslösung, zu der Kinder offenbar neigen, bei Erwachsenen als pathogen zu erachten, d.h. sie führt zu vielen Formen von Persönlichkeitsstörungen und neurotischen Erkrankungen.[129] Diese sind, so Bowlby, später nur durch komplizierte therapeutische Verfahren heilbar, die den Betroffenen dazu verhelfen, »*zur ersten Phase der Trauer mit all ihrer Gefühlsambivalenz zurückzukehren, die zur Zeit des Verlustes übergangen oder verpfuscht worden war*«[130] – eine Entwicklung, zu deren Vermeidung m.E. die von mir hier vorgeschlagene präventive perimortale Trauerbegleitung am Beginn des Trauerprozesses beitragen kann.

Es kann »eine sehr langwierige und technisch schwierige Aufgabe sein, ihnen zu helfen, ihre verlorenen Gefühle, ihre verlorene Hoffnung auf Wiedervereinigung und ihre Wut darüber, im Stich gelassen worden zu sein, wiederzufinden. Aber das Ziel bleibt letztlich das gleiche. Sehnsucht nach dem Unmöglichen, maßlose Wut, ohnmächtige Trauer, Ekel bei der Aussicht auf Einsamkeit, Bedürfnis nach Mitgefühl und Unterstützung – das sind die Gefühle, die ein Hinterbliebener ausdrücken und manchmal erst entdecken muss, wenn er Fortschritte machen soll.«[131] »Die ... Erfahrung vieler Analytiker deutet darauf hin, dass einer Person tatsächlich nur auf diese Weise verholfen werden kann, wieder Gefühle zu empfinden und Bindungen einzugehen.«[132] »Doch werden alle diese Gefühle leicht als unwürdig und unmännlich angesehen. Sie auszudrücken, mag bestenfalls demütigend erscheinen; schlimmstenfalls fordert es Kritik und Verachtung heraus. Kein Wunder, dass derartige Gefühle so oft nicht ausgedrückt werden und schließlich im Unterbewusstsein weiterwirken.«[133]

128 Vgl. *Loss*, 13, u.ö.
129 Vgl. *Bowlby*, Trauern in der Kindheit, 73.
130 A.a.O., 74, Hervorhebung von mir.
131 Vgl. *Bowlby*, Trennung und Verlust innerhalb der Familie, in: *ders.*, Glück und Trauer, 105–129, hier 122f.
132 *Bowlby*, Trauern in der Kindheit, 74.
133 *Bowlby*, Trennung und Verlust innerhalb der Familie, 123. Der Ausdruck »Unterbewusstsein« dürfte m.E. ein popularistischer Übersetzungsfehler sein

Kritische Würdigung Bowlby's
Bowlby dürfte nach Freud und Lindemann die Trauertheoriebildung am stärksten geprägt haben. Seinem Ansatz folgen von den neueren namhaften Autoren u.a. die hier mehrfach zitierten Collin Murray Parkes, Beverly Raphael, William Worden und Verena Kast; auch Yorick Spiegel rezipierte Bowlby's Frühschriften schon lange vor Erscheinen seiner bekannten größeren Werke.[134]
Bowlby's Leistung besteht, auf der metatheoretischen Ebene betrachtet, vor allem darin, dass er mit seiner Bindungstheorie ein neues Paradigma in die Trauertheorie (und auch in die allgemeine psychologische Diskussion) eingebracht hat, das über die Grenzen verschiedener, in sich abgeschlossener Theoriesysteme hinausgeht und Erkenntnisse aus Psychoanalyse, Lernforschung und Ethologie miteinander verbindet. Sein Ansatz ist daher mit diversen anderen Theorien kompatibel. Auf der Inhaltsebene ist Bowlby's Ansatz selbst in der Lage, verschiedene Aspekte des Themas zu integrieren, nämlich:

- *soziale Aspekte*: Der Bindungsverlust wird hier als Störung des Gleichgewichts des sozialen Beziehungsnetzes der Betroffenen betrachtet, die u.a. auch ihre persönliche Sicherheit und ihre soziale Identität gefährdet;
- *innerpsychische bzw. psychodynamische Aspekte:* Ähnlich wie bei *M. Klein* werden frühkindliche Trennungserfahrungen als Paradigma für spätere Verlusterfahrungen angesehen; die Qualität der individuell verschieden ausgeprägten frühkindlichen Bindungserfahrungen gelten als Determinanten der Fähigkeit zur Verlustbearbeitung; der Ablösungsprozess von einer Bindungsfigur bzw. deren inneren Re-präsentanzen wird mit psychodynamischen Kategorien wie Abwehr, Ambivalenz und Ambivalenzbearbeitung etc. beschrieben; dabei wird die neurotisierende Wirkung einer zu schnellen Abdrängung der psychischen Verarbeitungsprozesse hervorgehoben;
- *verhaltensorientierte Aspekte:* Durch empirische ethologische Beobachtungen werden Aggressions- und Suchverhalten Trauernder, die in anderen Trauertheorien als »pathologisch« galten, als normale und sinnvolle Verhaltensweisen erkennbar;
- *lernpsychologische Aspekte:* Der Weg von der Derealisierung zur Realisierung des Verlustes und vom Wiedervereinigungsstreben zur Adaptation an den Verlust wird als Lernprozess beschrieben.

Die Integration ganz verschiedener Theorieelemente bereitet trotz ihrer Vorzüge naturgemäß Probleme hinsichtlich der Geschlossenheit der Theorie. Die Kritik richtet sich insbesondere gegen die Übertragung von Verhaltens- und Instinktforschung an Tieren auf den Menschen.

und ist durch den korrekten psychoanalytischen Begriff »das Unbewusste« zu ersetzen.

134 Vgl. *Spiegel*, Prozeß, 44, sowie ebd., Anmerkungsband, Exkurs I, 16–19.

Vorreiter der *Kritik* ist C.H. Shackleton.[135] Während er Bowlby's Überwindung der psychoanalytischen Engführung der Trauertheorie begrüßt,[136] prangert er u.a. an, dass Bowlby Trauerreaktionen einerseits als instinktgeleitet und erlernt einordnet, andererseits aber aus arbeitsrechtlichen und forschungspolitischen Gründen vorschlägt, Trauer als Krankheit zu definieren. Hier besteht tatsächlich ein Widerspruch, der jedoch nicht die Architektur der Theorie insgesamt betrifft, sondern durch Streichung der »Krankheitsthese« leicht tilgbar ist.[137] Grundlegender ist Shackletons Kritik am methodischen Ansatz und an zwei Grundannahmen Bowlby's: Bowlby betrachtet ja, wie wir gesehen haben, das Trauerverhalten erwachsener Menschen als analog zum Trennungsverhalten von Tieren und von Kleinkindern, die von ihren Müttern getrennt werden. Dabei geht er davon aus,

1)... dass die Erscheinungsformen und der Verlauf der Trennungs- bzw. Trauerreaktion in allen drei Fallgruppen gleich sind und

2)... dass sie daher in allen drei Fallgruppen dieselbe Ursache und dieselbe, überlebensnotwendige Funktion haben.

Beide Thesen sowie deren kausale Verknüpfung bestreitet Shackleton:[138]

ad 1): Schon die empirischen Belege für gleiche Verhaltensformen in allen drei Fallgruppen seien unzureichend, insbesondere gebe es für das Auftreten von Angst (*anxiety*) und Suchverhalten (*searching behavior*) bei erwachsenen Trauernden keine Belege. Diese Kritik ist widerlegbar: Angst ist als häufige Trauerreaktion nachgewiesen, u.a. schon in der Bethlehem-Studie von C.M. Parkes (1965) und in diversen jüngeren Untersuchungen, und auch für »Suchverhalten« inklusive der erwähnten *vacuum activities* gibt es reichlich Belege (vgl. nur die o.a. Fallbeispiele).[139]

ad 2): Shackleton hält die Annahme, dass gleiches Verhalten bei Tieren, Kindern und Erwachsenen auch auf gleiche Ursachen und Funktionen dieses Verhaltens schließen lassen, nicht für plausibel. Trauer bei Erwachsenen könne schon deshalb nicht auf Trennungsangst und Wiedervereinigungsstreben zurückzuführen sein, weil erwachsene Trauernde sich der Tatsache bewusst seien, dass der oder die Verstorbene nicht zurückkehren könne. Die von Bowlby und anderen vorgenommene Unterscheidung zwischen intellektuellem (kognitivem) Wissen einerseits und dazu im Widerspruch stehenden Fühlen und Handeln andererseits sei ein nicht befriedigender Kunstgriff zur Lösung dieses Dilemmas. Der zweite Teil dieser Argumentation ist m.E. hinfällig. Dass menschliche Reaktionen komplex und voller Widersprüche sein können und dass dabei mindestens eine kognitive, eine emo-

135 Vgl. *C.H. Shakleton*, The Psychology of Grief. A Review, in: Advances of Behavioral Research and Theory 6 (1984), 153–205.

136 Vgl. a.a.O., 169 u.ö.

137 Vgl. a.a.O., 166. Den Vorschlag, der Trauer den Status einer Krankheit zu verleihen, haben auch G. Engel und Y. Spiegel gemacht; ich komme darauf im Exkurs zur Frage der Pathologie noch zurück.

138 Vgl. a.a.O., 165–169.

139 Vgl. *C.M. Parkes*, Bereavement and Mental Illness, in: British Journal of Medical Psychology 38 (1965), 1–26, sowie *ders.*, Vereinsamung, 42, 129. Aus der Studie geht hervor, dass 6 von 21 Befragten nach einem Trauerfall intensive Panikattacken erlitten. Weitere Belege für Angst und Panik finden sich in Parkes' London-Studie (vgl. o., a.a.O.), sowie in der Harvard-Studie (*Glick/Weiss/Parkes*, a.a.O.) und bei *Maddison/Viola*, Health of Widows, sowie in jüngerer Zeit wieder bei *S. Jacobs / K. Kim*, Psychiatric complications of bereavement, in: Psychiatric Annals 20 (1990), 314–317, rezipiert bei *W. Middleton / B. Raphael* et al., Pathological grief reactions, in: *Stroebe/Stroebe/Hansson*, Handbook, 44–61, hier 53f.

tionale und eine behaviorale Prozessebene voneinander zu unterscheiden sind, dürfte unstrittig sein, und es ist m.E. gerade die *Stärke* des Bowlby'schen Ansatzes, dass er paradox erscheinende und schwer verständliche Trauerreaktionen wie Aggressions- und Suchverhalten nachvollziehbar macht. Mit dem ersten Teil seiner Argumentation legt Shackleton hier aber m.E., wenn bei ihm auch eine konsequente metatheoretische Zuspitzung des Gedankens fehlt, den Finger in die Wunde: Denn indem Bowlby menschliches Verhalten mit tierischem *Instinkt*verhalten parallelisiert, macht er sich ein biologistisches Theoriemodell zu eigen, das mit dem von ihm ebenfalls verarbeiteten psychodynamischen Modell nicht ohne weiteres vereinbar ist, wenn auch lerntheoretische Elemente Konvergenzpunkte zwischen den beiden genannten Konzepten darstellen. Es stellt sich aber die Frage, ob Bowlby's Theorie nicht sogar ohne die Instinktleitungsthese auskäme. Die Theorie steht und fällt m.E. nicht damit, ob man die Verhaltensweisen, die Bowlby als erste Trauerreaktionen beschreibt, beim Menschen für *instinkt*geleitet hält, oder ob man sie alternativ etwa als bei früheren Trennungserfahrungen erlernt oder als psychologisch in der affektiven Komponente der verlorenen Bindungsbeziehung begründet ansieht.

Auch dann, wenn man Bowlby's instinkttheoretischen Annahmen über die *Ursache* der anfänglichen, verlustabwehrenden Trauerreaktionen wie Aggressions- und Suchverhalten nicht teilt, bleibt es aber sein Verdienst, das regelmäßige Auftreten dieser Phänomene empirisch belegt und dargestellt und ihre *Funktionen* im Rahmen seiner Bindungstheorie plausibel gemacht zu haben.

Erkenntnisgewinn für die Trauerbegleitung: Begreifen des Todes als Lernprozess

Unverändert wertvoll bleiben Bowlby's Erkenntnisse über den positiven Sinn von Verhaltensweisen, die bis dato unter Stichworten wie »Nicht-Wahrhaben-Wollen« als irrational, bzw. als Anzeichen von Unreife oder von Unfähigkeit zur Trauerbewältigung abgetan wurden – was in der Praxis oft zu abschätzigen Beurteilungen der Betroffenen führt. Gemeint sind: Schwanken zwischen Derealisation und Realisation des Todes, Wiedervereinigungsstreben, Suchverhalten einschließlich seiner Derivate (*vaccuum-activities* etc.) und Aggressionsverhalten. Diesen Phänomenen des Trauerverhaltens weist Bowlby plausible Funktionen zu, nämlich:

1) ... für den statistisch wesentlich wahrscheinlicheren Fall, dass die Bindungsfigur bzw. die Bindungsbeziehung noch gerettet werden kann, werden alle Anstrengungen unternommen, um sie wiederzuerlangen. Die Erinnerung an die Vergeblichkeit dieser Versuche kann später die Realisation des Todes unterstützen. M.E. kann darüber hinaus das Bewusstsein, alles, was ihnen möglich war, zur Rettung des verstorbenen Menschen getan und so lange wie möglich an ihm festgehalten zu haben, Trauernde später u.U. auch von Schuldgefühlen entlasten.

2) ... im Fall der Unausweichlichkeit des Verlustes wird der *Lernprozess* ermöglicht, der notwendig ist, um von der Derealisation zur Realisation des Todes zu kommen.
Das »Übergehen oder Verpfuschen« dieser ersten Prozesse »zur Zeit des Verlustes« ist nach Bowlby die häufigste Ursache einer Fixierung bzw. Fehlleitung des Trauerprozesses, Bowlby zieht daraus jedoch selbst keine Konsequenzen für die Trauerbegleitung. Dies soll aber hier geschehen. Von den o.a. Erkenntnissen über die Funktion erster Trauerreaktionen hat dabei die erste (1) vorwiegend heuristischen Wert; dagegen ist die zweite (2) speziell für den Zusammenhang der perimortalen Trauerbegleitung von begründendem und instruktivem Wert. Sie münden in die folgenden Interventionsregeln.

Interventionsregeln
Berufsgruppen, die mit Trauernden arbeiten, sollten
- über den positiven Sinn von Wiedervereinigungsstreben, Aggression- und Suchverhalten informiert sein, um die Betroffenen mit dem nötigen Verständnis begleiten zu können und ihren Reaktionen Raum zu geben, anstatt sie ihrerseits abzuwehren, zu meiden oder zu hemmen;
- Trauernden Gelegenheit und Zeit geben, am Totenbett den Lernprozess von der Derealisation zur Realisation des Todes zu vollziehen, bzw. den Verlust des verstorbenen Menschen sinnenhaft zu begreifen.

Fazit: Trauer am Totenbett fördern
Den zweitgenannten Punkt möchte ich abschließend vertiefen:
Die Realisation des Todes bzw. des Verlustes der Bindungsfigur ist der erste und unverzichtbare Schritt auf dem Weg des Trauerprozesses, ohne den eine Adaptation an den Verlust nicht möglich wird. Wie Bowlby herausgearbeitet hat, handelt es sich aber schon dabei um einen *Lernprozess*, der Zeit und Gelegenheit braucht, sich auf dem Wege von *trial and error* von der Tatsache des Todes zu überzeugen. Akut Trauernde rebellieren oft gegen den Tod, suchen die Verstorbenen und suchen an ihren Leichnamen nach Lebenszeichen, sie schauen sie an und halten bei ihnen Wache, sie berühren, betasten und untersuchen sie, streicheln, rütteln und schlagen sie, sprechen und schreien sie an – alles, um sie ins Leben zurückzuholen (nach Bowlby handelt es sich bei all diesen Verhaltensweisen um Formen der Verlustabwehr in den Variationen von Aggressions- und Suchverhalten). Die Realisation des Verlustes wird durch solche Versuche und die Erfahrung ihrer Vergeblichkeit gefördert. Indem sie erleben, dass die Toten ihnen nicht antworten, sich nicht rühren, starr und kalt sind oder werden, lernen die Trauernden, die Realität des Todes sinnenhaft wahrzunehmen. So wird das Unfassbare fassbar, und oft sind Trauernde nach dem Abebben ihres

Protestes und nachdem sie den Tod des verlorenen Menschen buchstäblich be-griffen haben, dann auch in der Lage, den Toten ihren Frieden zu lassen und sich von ihnen zu verabschieden.
Solche Prozesse sind einem gesunden Trauerprozess zuträglich und tragen zur Prävention von Fehlleitungen bei. Sie am Totenbett zu ermöglichen, zu fördern und zu begleiten, ist Aufgabe der perimortalen Trauerbegleitung.

2.3 Personenverlust als Verlust von Verstärkung: Behaviorismus

These: Trauerverhalten ist fremdgesteuert
Behavioristische Autoren – zu nennen sind für unseren Zusammenhang vorrangig J.R. Averill, J. Gauthier, P.M. Lewinsohn und R.W. Ramsay[140] – schließen aus ihren Beiträgen zur Trauertheorie Annahmen über psychodynamische und andere innere Verarbeitungsprozesse des Individuums weitgehend aus, weil sie nicht empirisch beobachtbar und quantifizierbar sind.[141] Ihr zentraler Gegenstand ist das äußerlich beobachtbare *Verhalten* der Hinterbliebenen im Trauerfall; ihr zentrales Theorem ist die These, dieses Verhalten sei durch äußere Stimuli determiniert, die zusammengefasst als *Verstärkung* (*reinforcement*) bezeichnet werden.

Der Begriff »Verstärkung« *(reinforcement)* stammt aus der behavioristischen Lerntheorie und ist von dem Harvard-Professor Frederic B. Skinner in Anlehnung an das Thorndike'sche *»law of effect«* geprägt worden. Dieses besagt, »daß die Wahrscheinlichkeit einer Reaktion auf einen Reiz verstärkt wird, wenn diese Reaktion zu einer Befriedigung *(satisfaction, reward)* des Organismus führt; daß sie jedoch verringert wird, wenn sie einen Zustand der Imbalance *(annoying state*

140 Vgl. *J.R. Averill*, Grief: Its Nature and Significance, in: Psychological Bulletin 70 (1968), 721–748; *ders. / E.P. Nunley*, Grief as an emotion and as a disease: a social-constructionist perspective, in: *Stroebe/Stroebe/Hansson*, Handbook, 77–90; *J. Gauthier / W.L. Marshall*, Grief: A Cognitive-Behavioral Analysis, in: Cognitive Therapy and Research 1 (1977), 39–44; *ders. / C. Pye*, Graduated Self-Exposure in the Management of Grief, in: Behav. Anal. Modif. 3 (1979), 202–208; *P.M. Lewinsohn* et al., Reinforcement and depression, in: *R.A. Depue* (Ed.), The Psychobiology of Depressive Disorders, New York (Academic Press) 1979, 291–316; *R.W. Ramsay*, Behavioral approaches to bereavement, in: Behavioural Research Therapy 5 (1977), 131–135; ebenso *ders.*, Bereavement: a behavioral treatment of pathological grief, in *P.O. Sjoden / S. Bates / W.S. Dorkens* (Eds.), Trends in Behavior Therapy, New York (Academic Press) 1979, 217–248.

141 Allenfalls kognitive Prozesse der Informationsverarbeitung werden von den Autoren, die sich im Grenzgebiet von Behaviorismus und Kognitionspsychologie bewegen, in ihr Konzept mit einbezogen. So greift etwa Ramsay die der Kognitionspsychologie entstammende *»learned-helplessness-theory«* nach *M.E.P. Seligman* auf; vgl. *Ramsay*, a.a.O., ebenso *Cleiren*, Bereavement and Adaptation, 19f, sowie *Stroebe/Stroebe*, Bereavement and Health, 69–74.76.

of affairs, punishment) zur Folge hat.«[142] Die behavioristische Theorie geht also davon aus, dass eine Verhaltensweise erst durch ihre *Folgen* verhaltenspsychologisch bestimmt wird. D.h., man kann Verhaltensweisen künstlich herbeiführen bzw. von außen intentional steuern, daß sie erlernt werden. Skinner nennt solche durch ihre Folgen bestimmte, bzw. erlernte Verhaltensweisen »operatives Verhalten«. »Wir *verstärken* operatives Verhalten in dem Sinn, dass wir eine Verhaltensform wahrscheinlicher oder – genauer – häufiger auftreten lassen.« Dieser Vorgang der Verhaltensprägung durch Verstärkung wird auch »operatives Konditionieren« genannt.[143] Berühmte Beispiele dafür sind Skinner's Ratten- und Taubenversuche, bei denen die Tiere z.B. immer dann eine Ration Futter erhalten (Verstärkung), wenn sie zufällig auf eine grüne Taste treten, und dadurch den Tastendruck als »operatives Verhalten« erlernen. Dabei wird das Thorndike'sche Effekt-Gesetz »... endlich ernsthaft angewandt. Wir sorgen dafür, dass Wirkungen im Sinne von positiven Nacheffekten tatsächlich eintreten, die besonders günstig sind für Verhaltensänderungen, die wir ›lernen‹ nennen. ... Natürlich bleiben Verstärkungen weiterhin wichtig, auch wenn ein Organismus schon lange gelernt hat, wie etwas zu tun ist, also eine bestimmte Verhaltensform entwickelt hat. Sie sind nötig, um die Intensität des Verhaltens zu bewahren.«[144] Verstärkung führt also zum Erlernen *und* auch zum *Aufrechterhalten* von Verhaltensweisen, indem diese belohnt, bekräftigt oder bestätigt werden.

Auf welcher Ebene Verstärkung im Trauerfall eine Rolle spielt, wird in zwei verschiedenen behavioristischen Modellen unterschiedlich bestimmt: Einige Autoren halten den *Verstärkungsverlust* bzw. das *Verstärkungsdefizit* für maßgeblich, das *durch den Todesfall* selber eintritt, andere jedoch die nach dem Todesfall erst einsetzende *soziale Verstärkung des Trauerverhaltens*. Beide Modelle stelle ich unten am Beispiel je eines ihrer Vertreter dar, um die behavioristischen Beiträge zur Trauertheorie gemeinsam abzuhandeln. Strenggenommen gehört allerdings nur das erste von beiden in die Reihe der explikatorischen Modelle, die die Verlusterfahrung im Trauerfall näher qualifizieren,[145] während das zweite auf der Grenze zwischen explikatorischen und deskriptiven Modellen liegt.[146]

142 Vgl. *Fritz Stemme*, Pädagogische Psychologie. Sozialpsychologische und therapeutische Aspekte, Bad Heilbrunn 1970, 40; Hervorhebung von mir. Vgl. als Hauptwerk von *Edward L. Thorndike*, Animal Intelligence. An Experimental Study of the Associative Processes in Animals, in: Psychological Review, Monograph Supplement No. 8, New York 1898.

143 *B.F. Skinner*, Science and human behavior, New York 1953, 65, in deutscher Übersetzung zitiert nach: *W. Correll* (Hg.), Programmiertes Lernen und Lehrmaschinen, Braunschweig [4]1965, 10.

144 *B.F. Skinner*, Die Wissenschaft vom Lernen und die Kunst des Lehrens, zit. nach Stemme, a.a.O., 41. Das Original ist erschienen unter dem Titel »The Science of learning and the Art of teaching«, in: Harvard Educational Review 24 (1954), 86–97.

145 Vgl. die Systematisierung dieses Kapitels und die Überschrift dieses Abschnitts.

146 Zwar findet darin eine Art von »Explikation« statt, aber nicht im hier üblichen Sinne der Qualifizierung der *Verlust*erfahrung, sondern in Form einer quasi mechanistischen Begründung der Trauer*reaktion*.

R.W. Ramsay: Gestorbene Streicheleinheiten

Der in den Niederlanden und in den USA publizierende Verhaltenspsychologe R.W. Ramsay wendet in seinem Beitrag »Behavioral approaches to bereavement« (1977)[147] auf den Trauerfall die Theorie des *»low reinforcement«* oder *»reinforcer-deficit«* an, derzufolge ein massives Defizit an positiver Verstärkung depressives Verhalten hervorruft.[148] Ein solches Defizit tritt im Trauerfall dadurch ein, dass die Betroffenen die früher von den Verstorbenen erhaltene Verstärkung mit deren Tod vollständig verlieren. Gewohntes Verhalten wird nicht mehr wie gewohnt beantwortet, bisher gewährleistete *»strokes«* (»Streicheleinheiten«) entfallen, Bestätigung und Bestärkung für das eigene Verhalten bleiben aus – und das gilt nicht nur für Einzeltätigkeiten der Hinterbliebenen, sondern ebenso für komplexere, habituelle Verhaltens- und Interaktionsmuster, die sie mit den Verstorbenen auszutauschen gewohnt waren, und letztlich auch für ihre soziale Rolle im Ganzen.[149]

Ist nun dieser Verlust von Verstärkung der Auslöser der Trauerreaktion, dann sind es vor allem drei *Variablen, die die Schwere des Trauerfalls bestimmen:*

1) Der *Umfang der zu Lebzeiten von dem oder der Verstorbenen gewährleisteten und nun verlorenen Verstärkung*, der von der Signifikanz der betreffenden Beziehung abhängt, bzw. von der Interaktionsdichte, die in dieser Beziehung bestanden hat.

2) Die *Verfügbarkeit alternativer Quellen von Verstärkung*, z.B. im Familien- und Freundeskreis, am Arbeitsplatz etc.

3) Die *Geschwindigkeit, mit der der Verstärkungsverlust eintrat* – so ist die Adaptation etwa im Falle eines plötzlichen Todes oft schwieriger als im Falle eines langwierigen Krankheits- und Sterbeprozesses, und zwar nach Ramsay aus dem Grund, dass die früher von den Ver-

147 Bibliographische Angabe vgl. o.; die niederländische Erstveröffentlichung ist erschienen unter dem Titel: Rouwtherapie. De gedragstherapeutische behandling van pathologische rouwproblemen, in: Handboek gedragstherapie 5, 1979. Die Darstellung erfolgt nach *Cleiren*, Bereavement and Adaptation, 19–21, und *Stroebe/Stroebe*, Bereavement and Health, 65–69, 73–76.

148 Vgl. *F.C. Seitz*, Behavior modification techniques for treating depression, in: Psychotherapy, Theory, Research and Practice 8 (1971), 181–184; ebenso *Averill*, a.a.O. S. auch *Cleiren*, a.a.O., sowie *Stroebe/Stroebe*, a.a.O.

149 Sicherlich kann auch der Verlust gewohnter und verhaltensdeterminierender *negativer* Verstärkung (Bestrafung, Entwertung, Geringschätzung etc.), signifikant sein und eine Trauerreaktion auslösen. Im Rahmen der Begriffsbestimmung der Trauer wurde auch schon darauf hingewiesen, dass Trauer nicht nur durch den Tod einer »geliebten« sondern auch durch den Tod einer »gehassten« Person ausgelöst werden kann (vgl. o.) – also mehr aufgrund der *Signifikanz* als aufgrund der Qualität der Beziehung zu der oder dem Verstorbenen. Aus Gründen der Einfachheit der Darstellung gehe ich hier aber nicht weiter darauf ein.

storbenen ausgegangene Verstärkung im einen Fall abrupt vollständig verlorengeht, während sie im anderen Fall oft schon vor dem Tod langsam und graduell abgenommen hat.
Dieses Modell, dargestellt in der u.a. Grafik, eignet sich vorwiegend zu prognostischen bzw. evaluativen Zwecken, insofern es die Identifikation einiger Risikofaktoren erlaubt (vgl. die drei oben aufgelisteten Punkte, bzw. das rechte äußere Feld der Grafik).

Abb. 9:
Trauerdeterminanten nach Ramsay (Grafik K.L.):

Schweregrad der Trauerreaktion	=	Schweregrad des eintretenden Defizits an Verstärkung (reinforcer-deficit)	<=>	– Menge der verlorenen Verstärkung – Plötzlichkeit des Verstärkungsverlustes – Verfügbarkeit alternativer Quellen von Verstärkung

Interventionsregeln
Interventionsmöglichkeiten scheinen sich mir dabei nur aus dem letztgenannten Punkt zu ergeben. TrauerbegleiterInnen sollten demnach:
– Trauernden selbst möglichst viel positive Verstärkung geben;
– Trauernden helfen, andere Quellen von Verstärkung zu identifizieren und für sich zu nutzen.

J. Gauthier et al.: Streicheleinheiten für Trauerverhalten
Im Unterschied zu Ramsay rücken der kognitivistisch-behavioristisch orientierte Kanadier Janel Gauthier und seine Mitarbeiter[150] die soziale Verstärkung *nach* einem Todesfall ins Zentrum ihrer Betrachtung. Stärker als von den drei o.g. oder anderen individuell prädisponierenden Faktoren (ergänzbar wären hier etwa die physische und psychische Konstitution oder die Vorerfahrungen der Trauernden, etc.) hängt der Verlauf des Trauerprozesses nach dieser Theorie von der postum einsetzenden sozialen *Verstärkung des Trauerverhaltens selber* ab.

150 Bibliographische Angaben vgl. o.

»Some of the more obvious factors to the variations in grief may have to do with the historical and constitutional peculiarities of the grieving person, the abruptness and significance of the loss, and the availability of a replacement for the loss ... However, closer analysis suggests that a more important source of variability may be the environmental events which follow the grief reaction.«[151]

Gauthier/Marshall beschreiben in ihrer Studie »Grief: A Cognitive-Behavioral Analysis« (1977) *zwei Grundtypen sozialer Verstärkung von Trauerverhalten*:[152]

1) In den meisten Fällen wird das Trauerverhalten zunächst positiv verstärkt, indem andere es mit Zuwendung, Mitgefühl, sozialer Aufmerksamkeit und Unterstützung etc. beantworten. Diese anfängliche Verstärkung ist es nach Gauthier/Marshall, die bei den Hinterbliebenen am Beginn des Trauerprozesses ein intensiviertes Trauerverhalten bewirkt. Nach einiger Zeit nimmt aber die soziale Verstärkung des Trauerverhaltens sukzessive wieder ab, bis die soziale Umwelt Trauerreaktionen schließlich mehr und mehr ignoriert und statt dessen adaptive Verhaltensweisen verstärkt. Diese Veränderung im Verstärkungsmuster der Umwelt ist laut Gauthier/Marshall die Ursache dafür, dass die Hinterbliebenen ihr Trauerverhalten allmählich reduzieren und alternativ dazu das sozial erwünschte Anpassungsverhalten aufnehmen.

2) Abweichend vom o.a., nach Gauthier/Marshall »normalen« und adäquaten Verstärkungsmuster kommt es in anderen Fällen zur sozialen Verstärkung eines Flucht- oder Vermeidungsverhaltens (*escape behavior / avoidance behavior*): In einer Art stiller Übereinkunft einigen sich Familie, Freunde und ggf. auch das erweiterte soziale Umfeld der Trauernden darauf, jede Kommunikation über den Todesfall und die Trauer zu tabuisieren (»*conspiracy of silence*«). Die Trauernden werden dann etwa von Informationen über die Todesumstände, von den Bestattungsvorkehrungen oder auch von der Bestattung selber ferngehalten, die Erwähnung der Verstorbenen wird in ihrer Gegenwart vermieden und Gegenstände, die an die Verstorbenen erinnern, werden aus ihrer Umgebung entfernt, Tränen und andere Trauersymptome übergeht man oder lenkt schnell von ihnen ab, kurz, man verstärkt ein Verhalten, das das Problem durch Ignorieren abzuschaffen versucht. Die Verstärkung von Trauervermeidung führt aber, da Kontrolle über das Verhalten nicht auch zugleich die Kontrolle von Gedanken und Gefühlen ermöglicht, zu einer »Inkubation« der Trauer, d.h., dass dadurch eine spätere pathogene Trauerentwicklung mit gesteigerten Symptomen, insbesondere mit einer Neigung zu exzessiven Schuldgefühlen in Gang gesetzt wird – eine These, die Gauthier/Marshall durch Heranziehung der Studien von A.V. Napalkov und H.J. Eysenck empi-

151 *Gauthier/Marshall*, Grief, 40.

152 Vgl. zum folgenden Abschnitt a.a.O., 40–42.

untermauern.[153] Ein gesunder Trauerprozess wird also nach Gauthier/Marshall durch eine adäquate soziale Verstärkung bewirkt, die zunächst das Erleben und Ausdrücken der Trauerreaktion, anschließend aber eine graduelle Anpassung an den Verlust sozial erlaubt bzw. fordert und fördert.

Abb. 10:
Adäquate Steuerung des Trauerprozesses nach Gauthier/Marshall (Grafik K.L.):

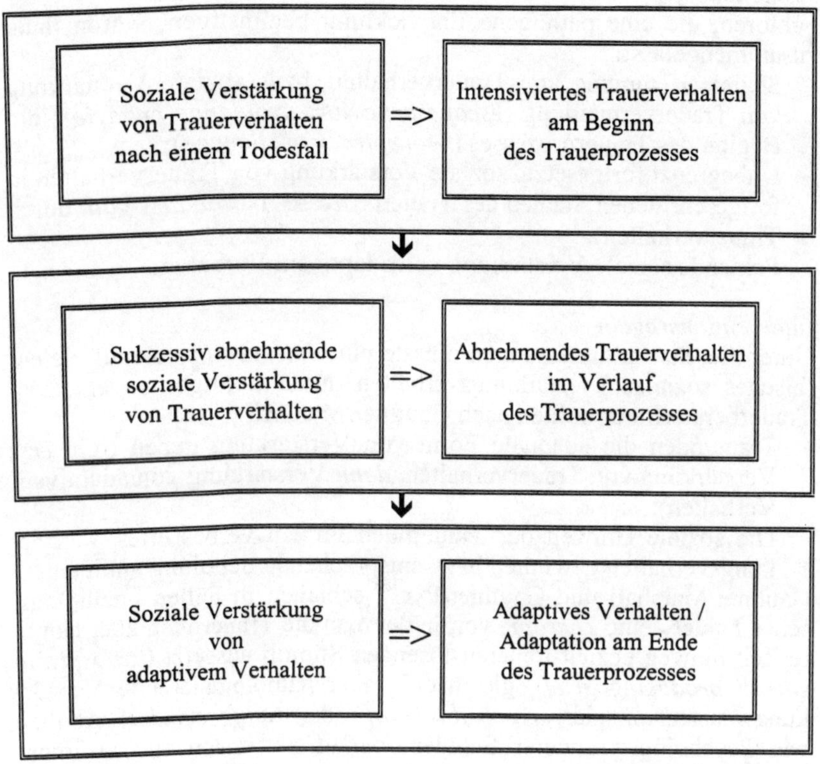

153 *Cleiren* unterschlägt in seiner Rezeption von *Gauthier/Marshall* deren Ausführungen über die pathologischen Folgen der Trauervermeidung (vgl. a.a.O., 20f) – sie widersprechen Cleirens eigenen Ergebnissen, vgl. a.a.O., 24f u.ö. Zur »Inkubation« von Trauer vgl. *A.V. Napalkov*, Information process in the brain, in: *N. Weiner / J.C. Schade* (Eds.), Progress in brain research: Nerve, brain and memory models, Amsterdam 1963; *H.J. Eysenck*, Single-trial conditioning, neurosis and the Napalkov phenomenon, in: Behavior research and Therapy 5 (1967), 63–65.

»Pathologische«[154] *Entwicklungen* resultieren dagegen nach Gauthier/Marshall aus einem falschen Verstärkungsverhalten im sozialen Umfeld der Trauernden: Entweder wird die Trauerreaktion zu früh sozial gehemmt (vgl. o. unter [2]) oder die Trauerreaktionen werden zu stark und zu lange verstärkt, adaptives Verhalten dagegen zu spät und zu wenig gefördert (vgl. o. unter [1]). In diesem Fall setzen die Trauernden ihr Trauerverhalten nach Gauthier/Marshall deshalb immer weiter fort, weil sie durch die Verstärkung einen sekundären Gewinn (*secondary gain*) davon haben (Aufmerksamkeit, Zuwendung, Mitgefühl etc.).

Risikofaktoren

Faktoren, die eine pathogene Entwicklung begünstigen, wären dann zusammengefasst:

- Soziale Hemmung von Trauerverhalten, bzw. soziale Verstärkung von Trauervermeidung (*escape behavior; avoidance behavior*) am Beginn des Trauerprozesses (*»conspiracy of silence«*);
- Unbegrenzt fortgesetzte soziale Verstärkung von Trauerverhalten in fortgeschrittenen Stadien des Trauerprozesses (*secondary gain* durch Trauerverhalten);
- Fehlende soziale Verstärkung von adaptivem Verhalten.

Interventionsregeln

Unter diesen Voraussetzungen müsste eine *Intervention* darauf zielen, falsches soziales Verstärkungsverhalten durch richtiges zu ersetzen. TrauerberaterInnen sollten nach Gauthier/Marshall:

- Trauernden die adäquate Form von Verstärkung geben (d.h. *erst* Verstärkung von Trauerverhalten, *dann* Verstärkung von adaptivem Verhalten);
- Die soziale Umwelt der Trauernden für ein verbessertes Verstärkungsverhalten gewinnen bzw. entsprechende Schulung anbieten.

Gauthier/Marshall und Gauthier/Pye[155] schlagen in Fällen »pathologischer Trauer« eine *Therapie* vor, in der man die Trauernden über längere Zeit hinweg gezielt trauerauslösenden Stimuli aussetzt (*exposure to stimuli producing grief*), gleichzeitig aber pathologisierende Verstärkungsmuster korrigiert (*rescheduling of social reinforcement*). Ähnlich wie Psychologen anderer Schulen, darauf verweisen sie ausdrücklich,[156] halten auch Gauthier und Mitarbeiter ein Durchleben der Trauer in einer Art emotionaler »Katharsis« für notwendig; diesen Vorgang versuchen sie durch sogenannte *»flooding sessions«* auszulösen (vgl. u.). Verstärkung erhalten die PatientInnen in der Therapie aber nicht für ihre Trauerreaktionen, sondern ausschließlich für Fortschritte in der Adaptation – TherapeutInnen sollten nach Gauthier z.B. niemals Mitge-

154 Zur Kritik am Begriff »pathologische Trauer« vgl. meinen Exkurs unter II.3.

155 Bibliographische Angabe vgl. o.

156 Vgl. *Gauthier/Marshall*, a.a.O., 43.

fühl mit dem Schmerz der Trauernden zeigen, sie jedoch loben, wenn sie sich z.B. länger als beim vorigen Versuch einer schmerzlichen Erinnerung aussetzen können, ohne zu weinen oder andere Trauersymptome zu zeigen.[157] Entsprechend wird auch die Familie der Betroffenen instruiert. Die PatientInnen selbst werden zur Einübung affirmativer Sätze (*coping self-statements*) angehalten, die ihnen helfen sollen, die Begegnung mit trauerauslösenden Stimuli zu bewältigen.

Beispiele für solche *coping self-statements* sind: »My son's years were good years. I am glad to have good memories.« »I've had a loss, but this happens to others and I can go on. I can cope. Once I've gotten over grieving, I'll be able to think comfortably about my son.«[158]

Die Therapie durch Neustrukturierung sozialer Verstärkung halten Gauthier/Marshall für vielversprechend; nach eigenen Angaben haben sie sie selbst an vier PatientInnen sehr erfolgreich durchgeführt;[159] einen weiteren Fall beschreiben Gauthier/Pye ausführlich und mit minutiösen Diagrammen über den Therapieerfolg. Neben dem pathogenen Vermeidungsverhalten bzw. der Unfähigkeit zur Konfrontation mit Gedanken oder Erinnerungen an die Verstorbenen seien auch Depressionen und psychosomatische Symptome wie Herz- und Magenkrankheiten, Stress-Inkontinenz oder Schlaf- und Appetitstörungen abgeklungen, unter denen die PatientInnen seit dem z.T. schon viele Jahre zurückliegenden Trauerfall gelitten hatten. Dabei heben sie hervor, dass nach ihrer Therapiemethode der Aufwand an professioneller Intervention gering gehalten werden kann, weil Patient und Familie die Therapie nach entsprechenden Instruktionen auch selbst fortsetzen können (*self-exposure*).[160]

Gauthiers therapeutisch begleitete »*flooding sessions*« muss man sich so vorstellen, dass die Trauernden immer wieder bis zur Schmerzgrenze und darüber hinaus Erinnerungen an die Sterbesituation, Eindrücke beim Betrachten und Berühren der Verstorbenen am Totenbett, Szenen des Begräbnisses etc. in sich wachrufen, dem

157 Vgl. *Gauthier/Marshall*, a.a.O., 43: »The patient was encouraged to imagine the details as vividly as possible, and to experience the emotions realistically. *At no time was sympathy shown by the therapist for the display of distress on the part of the patient.*« (Hervorhebung K.L.) Vgl. *Gauthier/Pye*, a.a.O., 204, über einen Patienten, dessen Angina Pectoris als Symptom pathologischer Trauer angesehen wurde: »During treatment, he [i.e. the patient] was advised to try to overcome these distressing emotions and only to cease exposure when physical chest pains were noticeable. Any improvements the patient showed during treatment were praised by the therapist and the patient was encouraged to continually extend his efforts.« Vgl. zu diesem Fall auch weiter unten im Text.

158 Vgl. *Gauthier/Pye*, a.a.O., 204.

159 Vgl. *Gauthier/Marshall*, a.a.O., 43f.

160 Vgl. *Gauthier/Pye*, a.a.O., 203–207; *Gauthier/Marshall*, a.a.O., 42 u.ö.

Therapeuten möglichst detailliert beschreiben und die damit verbundenen Gefühle »realistisch« nacherleben sollen. Die erwünschten und mit Verstärkung geförderten Therapiefortschritte wurden daran gemessen, wieviele Sekunden lang die Betroffenen jeweils von solchen Erfahrungen sprechen können, ohne Kummer zu empfinden, zu weinen etc.
Als Beispiel für die häusliche Selbsttherapie (*self-exposure*) beschreiben Gauthier/ Pye den Fall eines 50-jährigen Mannes, der eine Herzinsuffizienz und Angina Pectoris entwickelt hatte, nachdem sein Sohn 17-jährig an den Folgen eines Verkehrsunfalls gestorben war. Der Patient erhielt eine nach Schwierigkeitsgraden hierarchisch gestaffelte Liste mit Aufgaben, die vom Vorbeigehen an der Zimmertür des verstorbenen Sohnes über das Öffnen seines Schrankes und das Sitzen auf seinem Bett bis hin zum Abhören einer Tonkassette mit der Stimme des Jungen etc. reichten. Seine Fortschritte wurden daran gemessen, welche dieser Tätigkeiten er ausführen und wie lange er sie durchhalten konnte, bis seine Herzschmerzen einsetzten.[161]

Kritische Würdigung

Die vorgestellten behavioristischen Beiträge sind in mehrfacher Hinsicht zu kritisieren. Sie beschreiben einen einzelnen Faktor (»soziale Verstärkung«, resp. ein Defizit daran) als ausschlaggebend sowohl für die Auslösung als auch für den Verlauf und die Steuerung des Trauerprozesses; damit ist ihre Perspektive stark eingeschränkt, ihre Argumentation ist monokausal und schon deshalb unterkomplex. Darüber hinaus wird man anthropologische, insbesondere *theologisch*-anthropologische Vorbehalte gegen ein Modell geltend machen müssen, das menschliches Verhalten als durch äußere Stimuli determiniert darstellt und dabei von individuellen, intrapersonalen und subjektiven Vorgängen weitgehend absieht. Im Kontext der Trauerbegleitung dürfte es nach den bisherigen Erkenntnissen über die Bedeutung der Trauerarbeit, bzw. über die von Trauernden aktiv zu erbringenden Bewältigungsleistungen (vgl. o.), besonders kontraproduktiv sein, wenn Behavioristen den Trauerprozess nur als passiven Reflex auf die Impulse der sozialen Umwelt beschreiben. Ihr Postulat, das soziale Umfeld Trauernder möge zur jeweils angemessenen Zeit Trauerverhalten bzw. adaptives Verhalten verstärken, bleibt nicht nur unpraktikabel, weil weder geklärt ist, was unter adaptivem Verhalten zu verstehen ist, noch, wann der richtige Zeitpunkt dafür gekommen sein soll und wie dieses sozial kommuniziert werden kann. Es ist auch prinzipiell fraglich, ob eine soziale Normierung der Geschwindigkeit von Trauerprozessen sinnvoll ist. Für den Nutzen einer zeitlichen Limitierung bringen Gauthier et al. auch – anders als im Fall der pathogenen Folgen einer frühen *Unterdrückung* von Trauerreaktionen! – keine repräsentativen empirischen Belege. Eine Studie von de Boer / van der Wal (1987) kommt dagegen zu dem Ergebnis, dass viele Trauernde *gerade* den sozialen Druck, die Trauer möglichst bald zu überwinden, als Behinderung ihres Trauerprozesses erleben; sie suchen oft lieber in

161 Vgl. *Gauthier/Marshall* und *Gauthier/Pye*, an den angegebenen Orten.

Selbsthilfegruppen als bei Familie und Freunden Unterstützung, weil sie dort gemäß ihren individuellen Bewältigungsmöglichkeiten und in dem ihnen entsprechenden Tempo trauern können.

»Preexisting personal style factors may well play an equal or more important role than social reinforcement. There is some evidence that this is the case, and that it may interact with environmental reinforcement. De Boer / van der Wal (1988) found that one of the important reasons for seeking the support of self-help groups rather than friends, was the pressure their friends exerted on getting well. Bereaved often felt they had problems in adjustment *because* the accent, in contact with significant others, was placed on recovery. They felt they could not work things through at their own pace.«[162]

Schließlich, das ist mein letzter Kritikpunkt, erheben sich sachliche und ethische Einwände gegen ein Therapiemodell, das unter systematischem Ausschluss von Empathie mit Methoden gezielter Schmerzauslösung arbeitet.
Trotz der genannten Vorbehalte sind die behavioristischen Ansätze jedoch m.E. nicht von der Hand zu weisen. Ist ihre Perspektive auch zu eng, um das Ganze der Trauerproblematik zu erfassen, so arbeiten sie doch zweifelsohne *eine* wesentliche Dimension des Trauerprozesses heraus, die in anderen Modellen fehlt.
Im Blick auf das zuerst dargestellte Modell von Ramsay mag man einwenden, dass ein Personenverlust nicht in dem *Verlust von »Verstärkung«* aufgehen kann, weil die Essenz menschlicher Beziehungen durch den Austausch von »Verstärkung« nicht zureichend beschrieben ist; gleichwohl wird man aber einräumen müssen, dass Beziehungen zumindest *auch* diese funktionale Komponente haben und dass der Verlust gewohnter Bestätigung für gewohntes Verhalten eine plausible Erklärung für manche Phänomene der Trauerreaktion ist, etwa für das bei Trauernden häufig vorkommende Absinken des Selbstwertgefühls oder für Motivations- und Antriebsschwächen. Wenn das Modell auch keine Alternative zu den bereits dargestellten ist, weil seine Perspektive und sein Geltungsbereich beschränkter sind, so trägt es doch zumindest eine weitere Facette zur näheren Qualifizierung der Verlusterfahrung im Trauerfall bei.
Bedeutender scheint mir der Ansatz von Gauthier et. al. zu sein, der sich mit der Rolle und den Folgen sozialer *Einflüsse auf das Trauerverhalten selbst* befasst. Auch für diesen Gegenstandsbereich gilt, was oben schon gesagt wurde: Mit dem, was als »soziale Verstärkung« bezeichnet wird, dürfte nicht das Ganze, aber ein nicht unbedeutender Aspekt des Problems erfasst sein.

162 *Cleiren*, a.a.O., 21, in Aufnahme von *O.F. de Boer / J. van der Wal*, Geholpen worden door te helpen. Een onderzoek naar het functioneren van rouwgroepen, Leiden University 1988.

Auswertung im Hinblick auf perimortale Trauerbegleitung
Sehr bemerkenswert ist, dass Gauthier und Mitarbeiter als Vertreter gerade derjenigen psychologischen Schule, die am weitesten von den psychoanalytischen und psychoanalytisch beeinflussten Trauertheorien entfernt ist, deren Modell einer kathartischen Trauerarbeit bestätigen. Die These, dass eine Förderung des Trauererlebens *in der Frühphase* des Trauerprozesses von entscheidender Bedeutung ist, untermauern sie – und das ist für unseren Zusammenhang von besonderem Interesse – nicht nur durch eine weitere theoretische Explikation, sondern auch durch empirische Belege aus eigenen und anderen behavioristischen Studien (Napalkov und Eysenck). Mit ganz anderen theoretischen Paradigmen und ganz anderem methodischem Werkzeug als etwa die Psychoanalyse kommen sie zu einem in dieselbe Richtung weisenden Ergebnis: Wo am Beginn des Trauerprozesses die Trauerexpression gehemmt bzw. Trauervermeidung (*avoidance behavior*) sozial verstärkt wird, treten pathogene Folgen ein. Die Behavioristen ziehen daraus den direkteren Schluss: Gerade am Beginn des Trauerprozesses sei soziale Verstärkung von Trauerverhalten adäquat und erforderlich, um einen gesunden Trauerverlauf zu ermöglichen. Das stützt m.E. meinen Vorschlag, so früh wie möglich mit Maßnahmen anzusetzen, die Trauerreaktionen Raum und Förderung verschaffen, und antagonistische Strukturen (insbesondere in Krankenhäusern) abzubauen.
Gauthiers normative Vorstellungen hinsichtlich einer sozialen Steuerung *in fortgeschritteneren Stadien* des Trauerprozesses sind kritischer zu sehen (vgl. o.), was hier aber nicht vertiefend diskutiert werden muss, weil es nicht in den engeren Kontext der hier bearbeiteten Fragestellung gehört.
Interessant ist für unseren Zusammenhang aber noch eine Auswertung der von Gauthier et al. angewandten *Therapie*. Dass die dafür angeführten Beispiele mechanistisch und unmenschlich wirken und zur Kritik herausfordern (vgl. o.), ist m.E. auf einzelne methodische Elemente zurückzuführen, die durchaus tilgbar sind. Und zwar zum einen auf die Quantifizierung von Therapiefortschritten in Sekunden von Schmerzresistenz, vor allem aber auf den methodischen Ausschluss von Empathie, der mir abgesehen von den o.a. ethischen Bedenken auch sachlich unnötig und selbst innerhalb des Konzepts von Gauthier et al. durchaus nicht zwingend erscheint.[163]

163 Selbst wenn es zutrifft, dass soziale Verstärkung für Trauerverhalten in einem fortgeschrittenen Stadium des Trauerprozesses ausgesetzt und durch Verstärkung von adaptivem Verhalten abgelöst werden sollte, so ist der besagte Fortschritt doch wohl *qualitativ* und nicht *zeitlich* zu bestimmen. Da Gauthiers PatientInnen aber gerade deshalb therapiert werden, weil sie über lange Zeit hinweg keinen qualitativen Fortschritt im Trauerprozess gemacht haben, ist m.E. gar nicht einzusehen, wieso sie nicht behandelt werden sollten, als stün-

Der wesentliche und sinnvolle Teil des Therapieansatzes von Gauthier et al. scheint mir dagegen zu sein, dass durch das »*flooding*« mit trauerauslösenden Eindrücken und den dazugehörigen Gefühlen ein *fehlendes* Stück Trauerprozess, resp. ein noch nicht geleistetes, aber notwendiges Stück Trauerarbeit quasi *nachgeholt* werden kann. Dabei ist die Operationalisierung der Therapie in methodisch einfach handzuhabende Verhaltensschritte im Vergleich etwa zu anderen, etwa psychoanalytischen Behandlungsmethoden von Vorteil. Qualitativ geschieht hier aber im Grunde nichts anderes als das, was auch in psychoanalytischer Behandlung geschieht: PatientInnen, die an den pathogenen Folgen von Trauervermeidung leiden, werden mit Hilfe der Methode des »*flooding*« wieder an die Ursprünge bzw. in die Ursprungsszenen ihres Trauerprozesses zurückversetzt, wobei das pathologisierend wirkende »*escape-*« oder »*avoidance behavior*« durch das notwendige »*approach behavior*« ersetzt werden soll – ein Prinzip, das übrigens in dem ebenfalls behavioristischen Therapiekonzept des »*reliving, revising, revisiting*« von Melges/DeMaso (1980) mit der Methode der »*present-time guided imagery*« noch konsequenter umgesetzt wird.

In dieser Therapie treffen die PatientInnen zunächst eine Entscheidung für ein Nachholen der bisher nicht geleisteten Trauerarbeit (»*decision to re-grieve*«). In therapeutisch gelenkten Imaginationsübungen vollziehen sie dann das »*reliving, revising and revisiting*« von Szenen des Verlusterlebnisses: Vor ihrem inneren Auge lassen sie etwa die Sterbesituation erscheinen und erleben sie, als ereigne sie sich in der Gegenwart (*reliving*). Sie identifizieren dann, was sie in dieser Situation am Trauern hindert und arrangieren anschließend die Szene neu (*revising*). In einer weiteren Imaginationsübung durchleben sie die Situation erneut, als finde sie im Hier und Jetzt statt, und zwar in einer Weise, die sie die Endgültigkeit des Verlustes realisieren und die ganze Bandbreite der Trauerreaktionen erleben lässt (*revisiting*). Oft hilft dabei ein imaginärer Dialog mit dem oder der Verstorbenen, »... in order to acknowledge the finality of the loss, differentiate himself from the deceased, express tears and rage, deal with the ambivalence and misdirected anger, tear apart interlocking grief reactions, emancipate himself from unspoken binds, reveal secrets and deal with unfinished business, express love and forgiveness, and get permission from the ›presence‹ of the deceased to look for new relationships and options, especially those that seem to flow naturally from what the deceased would have wanted for the bereaved.«[164] Besonderen Wert legen Melges/DeMaso darauf, die Imaginationsarbeit präsentisch zu gestalten, da dadurch die kritischen Punkte schneller sichtbar und direkter bearbeitbar werden als in einer rückblickenden und distanzierteren Erzählung. »It serves to highlight the obstacles and binds which are often only dimly perceived when the patient talks about the loss in the past tense.«[165]

den sie am Beginn des Trauerprozesses – inklusive sozialer Verstärkung ihres Trauerverhaltens, bzw. Empathie von therapeutischer Seite.

164 Vgl. *F.T. Melges / D.R. DeMaso*, Grief-Resolution Therapy: Reliving, Revising, Revisiting, in: American Journal of Psychotherapy 34 (1) (1980), 51–61, hier 56f.

165 A.a.O., 59.

Fazit: Prävention statt Revision
Die o.a. Maßnahmen sind mit Erfolg angewandt worden und haben sich als geeignete Therapiemethoden erwiesen. Sie versuchen aber nichts anderes, als durch Rückprojektion bzw. durch ein Wiederaufsuchen der Ursprungssituation nachzuholen, was bereits am Beginn des Trauerprozesses hätte stattfinden sollen. Daraus ergibt sich für mich erneut die Frage, ob es nicht sinnvoller wäre, präventiv tätig zu werden, indem man bereits *in* der Ursprungssituation bzw. am Beginn des Trauerprozesses eine Begleitung anbietet, die Trauererleben ermöglicht und Trauerverhalten i.S. des *approach behavior* fördert.
Dabei scheint mir übrigens Gauthiers Ansatz instruktiv, die Familie bzw. das soziale Umfeld der Trauernden in die Förderung des Trauerprozesses einzubeziehen und zu diesem Zweck entsprechend zu schulen. Im Hinblick auf Sterbefälle im Krankenhaus sollte dies m.E. über die von mir vorgeschlagene perimortale Akut-Trauerbegleitung hinaus in zweierlei Weise umgesetzt werden: Erstens, indem man auch ärztliches Personal und Pflegepersonal im adäquaten Umgang mit trauernden Zugehörigen und auch mit eigenen Trauerprozessen angesichts des Todes ihrer PatientInnen schult, und zweitens, indem man für Zugehörige der im Krankenhaus verstorbenen PatientInnen periodisch trauerpädagogische Veranstaltungen anbietet.[166]

2.4 Personenverlust als Verlust genetischer Überlebenschancen: Soziobiologismus

Littlefield und Rushton (1986) gehen in ihrem Beitrag »When a child dies: the sociobiology of bereavement«[167] der Frage nach, warum der Verlust eines leiblichen Kindes von den Eltern oft schwerer verkraftet wird als andere Personenverluste. Ihre These lautet, der Grund sei darin zu suchen, dass durch den Tod eines Kindes das genetische Überleben (›*survival of the genes*‹) der Eltern am meisten gefährdet sei. Diese Annahme erweitern sie zu der allgemeinen soziobiologischen Theorie, die Schwere eines Verlustes bzw. der Verlauf des Trauerprozesses sei von der Qualität der Verwandtschaftsbeziehung abhängig, die die Hinterbliebenen zu dem oder der Verstorbenen hatten. Die Theorie lässt sich auf die Formel bringen: Je wichtiger der oder die Verstorbene für das Überleben der eigenen Gene, desto stärker die Trauerreaktion.

166 Hierfür eignen sich Selbsthilfe- und Gesprächsgruppen, Trauerseminare etc., aber auch gottesdienstliche Angebote: Z.B. kann das Modell des »*reliving, revising, revisiting*« hervorragend in die ritualisierte Form von Gedenkgottesdiensten umgesetzt werden. M.E. bietet sich das Krankenhaus u.a. deshalb als Ort dieser Veranstaltungen an, weil allein die Rückkehr an den Ort des Sterbens schon einen Schritt auf dem Weg des Trauerprozesses bedeutet.
167 Vgl. in: Journal of Personality and Social Psychology 51 (1986), 797–802.

Abb. 11:
Trauerdetermination nach Littlefield/Rushton (Grafik K.L.):

Schweregrad der Trauerreaktion	=	Schweregrad des Verlustes an genetischen Überlebenschancen

Unter den Personenverlusten müsste demnach der Verlust eines Kindes am schwersten wiegen, der Verlust eines Sexualpartners in jüngeren Jahren (d.h. während der Gebär- bzw. Zeugungsfähigkeit) schwerer als im Alter, der Verlust von Geschwistern schwerer als der der Eltern, die die Weitergabe der Familiengene bereits hinter sich haben etc. Abgesehen davon, dass schon auf der Ebene allgemeiner Lebenserfahrung und Beobachtung Zweifel am Zutreffen dieser Gesetzmäßigkeiten aufkommen, springt das grob Reduktionistische dieser Theorie sofort ins Auge: Ähnlich wie in den behavioristischen Ansätzen wird hier monokausal und unterkomplex argumentiert, und die biologistische Verengung ist der Vielschichtigkeit menschlicher Erfahrungen und Reaktionen unangemessen. Wie John Archer bereits 1988 nachgewiesen hat, ist darüber hinaus die empirische Studie, die die Theorie stützen soll, methodisch unzureichend und die Interpretation der vorgeführten Daten keineswegs zwingend.[168] Schlagend ist vor allem Archers Hinweis auf logische Widersprüche der Theorie: Die Autoren übersehen nämlich, dass das Trauerverhalten selber dem angeblichen soziobiologischen Interesse der Trauernden zuwiderläuft, weil es ihre genetischen Überlebenschancen reduziert – wer sich sozial zurückzieht, ein reduziertes Interesse an der Außenwelt und eine reduzierte Liebesfähigkeit hat, u.U. krank wird etc., verringert seine Möglichkeiten, sich weiter fortzupflanzen, andere Nachkommen aufzuziehen oder auch nur selbst zu überleben.
Das soziobiologistische Modell führt sich damit selber ad absurdum und braucht hier nicht weiter berücksichtigt zu werden.

168 Vgl. *J. Archer*, The sociology of bereavement: a reply to Littlefield & Rushton, in: Journal of Personality and Social Psychcology 55 (1) (1988), 272–278.

2.5 Personenverlust als Verlust von Sinn- und Bedeutungsstrukturen: Peter Marris (Kognitionspsychologie)

Trauerbewältigung als Paradigma für die Bewältigung von Verlust- und Umbrucherfahrungen aller Art

In seiner Monographie »Loss and Change« (1974)[169] profiliert Peter Marris Trauerbewältigung im Todesfall als Paradigma für die Bewältigung von Verlust- und Umbrucherfahrungen verschiedenster Art. Marris verarbeitet Beobachtungen aus diversen sozialpsychologischen Projekten und Studien, die er begleitet hat: Ein Witwenprojekt in London, Slum-Umsiedlungen und andere sozial-reformerische Projekte in Amerika und Afrika, westliche Elite-Ausbildung afrikanischer Geschäftsleute etc.[170] In allen genannten Fällen waren die Betroffenen nach Marris vor die Aufgabe der Adaptation an einschneidende Veränderungen ihrer sozialen und persönlichen Lebensumstände gestellt, ob diese Veränderungen erwünscht und gewollt waren oder schicksalhaft erlitten wurden. Derartige Umbrucherfahrungen sind, so Marris, immer mit dem Verlust der Kontinuität von erlernten und bisher tragenden »Sinn- und Bedeutungsstrukturen« (*structures of meaning*) verbunden, ohne die die Betroffenen Probleme haben, sich in der Wirklichkeit zu orientieren und zu verorten, und ohne die ihnen Motivation und Leitlinien für ihr Handeln fehlen.

Trauer ist nun nach Marris der Gegenstandsbereich, in dem am besten erforscht ist, wie lebensverändernde Umbrüche, bzw. die damit einhergehenden Sinn- und Bedeutungsverluste verarbeitet werden. Und Erkenntnisse über die Trauerbewältigung sind von weitreichender Bedeutung, weil sie auch Aufschluss über die Bewältigung anderer Verlust- und Umbrucherfahrungen geben, die in modernen westlichen Gesellschaften ständig zunehmen.[171]

»... an understanding of bereavement can help to explain a crucial aspect of many processes of change, which are experienced as a threat to the adaptive resilience of our interpretive structures. ... the reaction to bereavement is perhaps the most general and best described of all examples of how we assimilate disruptive change. If

169 *P. Marris*, Loss and Change, London (Routledge/Kegan Paul) 1974.

170 Vgl. a.a.O., 1f. Darstellung und Ergebnisse der erstgenannten Studie finden sich in Marris' erster Buchveröffentlichung: Widows and their families, London (Routledge/Kegan Paul) 1958.

171 Vgl. dazu u.a. *Ulrich Beck*, Risikogesellschaft. Auf dem Weg in eine andere Moderne, Frankfurt a.M. 1986, insbes. Kap. V, 205–219. Beck analysiert die Individualisierung von Lebenslagen und -verläufen bei gleichzeitig wachsender Krisenanfälligkeit der entstehenden Individuallagen, etwa durch Herauslösung aus historisch vorgegebenen Sozialformen und Bindungen, Herrschafts- und Versorgungszusammenhängen wie Klassen und Geschlechtsrollen oder Veränderungen von Arbeitsbiographien durch neuartige Formen flexibler, pluraler Unterbeschäftigung, etc.

we can understand grief and mourning, we may be able to see more clearly the process of adjustment in other situations of change, where the discontinuity is less clear-cut.«[172]

Wirklichkeitskonstruktion: Aufbau von Sinn- und Bedeutungsstrukturen

Marris' umgreifendes Theoriekonzept ist, ohne dass er dafür Literaturhinweise gibt, offenbar die Kognitionspsychologie.[173] Er geht von der Annahme aus, dass wir die o.a. *structures of meaning* von Kindheit an in einem kumulativen Lernprozess entwickeln, um unsere Erfahrungen zu interpretieren und ihnen Sinn und Wert zu verleihen, bzw. um die Wirklichkeit in unserem Bewusstsein so zu strukturieren, dass sie uns verstehbar, berechenbar und von verlässlichen Regeln bestimmt erscheint. *Meaning* ist dabei sowohl i.S. der kognitiven Interpretation als auch im Sinne der emotionalen Signifikanz von Erfahrungen und Beziehungen zu verstehen.[174] Unsere Lern- und Anpassungsfähigkeit und auch unser psychisches Überleben hängen nach Marris davon ab, dass wir alte und neue Erfahrungen in den *selben* Referenzrahmen einer tragfähigen kognitiven Wirklichkeitskonstruktion integrieren können, die Ereignisse für uns voraussehbar und interpretierbar macht und eine verlässliche Orientierung unseres Handelns ermöglicht. Dabei geht es nicht nur um die *Berechenbarkeit* der Wirklichkeit bzw. eintretender Ereignisse, sondern auch um die Kontinuität ihrer *Bedeutung*: Ohne dass wir sie in einen vertrauten Sinn- und Bedeutungszusammenhang einordnen können, können wir neue Erfahrungen nicht verstehen und verarbeiten.

»... the ability to learn from experience relies on the stability of the interpretation by which we predict the pattern of events. We assimilate new experiences by placing them in the context of a familiar, reliable construction of reality. This structure in turn rests not only on the regularity of events themselves, but on the continuity of their meaning.« »... without continuity, we cannot interpret what events mean to us, nor explore new kinds of experience with confidence.«[175]

Anpassung von Sinnstrukturen bei einschneidenden Erlebnissen

Tritt der Fall ein, dass ein Ereignis nicht in verfügbare Sinn- und Bedeutungsstrukturen integrierbar ist, drohen die handlungsorientierende Wirklichkeitskonstruktion und das psychische Gleichgewicht der Betroffenen aus den Fugen zu geraten. Es entstehen dann nach Marris zwei miteinander konfligierende Impulse, nämlich

172 A.a.O., 22f.

173 Vgl. zum folgenden Abschnitt, soweit nicht anders vermerkt, a.a.O., 4–22.

174 Vgl. a.a.O., 4: »I am concerned in this book with the organized structures of understanding and emotional attachments, by which grown people interpret and assimilate their environment. I have called these ›structures of meaning‹, because in everyday language ›meaning‹ can include a sense of attachment as well as of understanding.«

175 A.a.O., 6, 2.

- der »Wille zur Anpassung« an die Veränderung (*the will to adapt to change*);
- der »Bewahrungsimpuls« (*the conservative impulse*).

Jeder der beiden Impulse für sich kann neurotisierend wirken. Dominiert der »Wille zur Anpassung« zu stark, werden neue Erfahrungen zu schnell und zu vordergründig assimiliert, indem die Vergangenheit bzw. die erlernten Sinnstrukturen, die das Wirklichkeitsverständnis der Betroffenen in der Vergangenheit geprägt haben, abgespalten werden; dieses gefährdet ihre kognitive und psychische Stabilität und ihre Identität.[176] Der »Bewahrungsimpuls«[177] dagegen dient dazu, bisher tragende Sinn- und Bedeutungsstrukturen vor dem Zerfall zu retten, indem unintegrierbare Ereignisse vermieden, ignoriert oder verleugnet werden. Es handelt sich mit anderen Worten um einen Abwehrprozess, der, wenn er zu dominant wird, zu einem starren, illusionären Wirklichkeitsverständnis und zum Verlust der Lern- und Anpassungsfähigkeit führen kann. Umbrucherfahrungen können nach Marris nur dann angemessen kognitiv bewältigt werden, wenn eine *Interdependenz* zwischen beiden o.a. Impulsen besteht;[178] es ist demnach *angemessen*, wenn die Betroffenen eine ambivalente Reaktion zeigen und beide Impulse miteinander in einen Konflikt bzw. einen ausgleichenden Dialog miteinander eintreten lassen. Ziel ist es, eine Kontinuität der Interpretation von Vergangenheit, Gegenwart und Zukunft bzw. eine *Kontinuität von Lebenssinn* wiederherzustellen.

»Thus the impulses of conservatism – to ignore or avoid events which do not match our understanding, to control deviation from expected behaviour, to isolate innovation and sustain the segregation of different aspects of life – are all means to defend our ability to make sense of life. Even if we are wise enough to give up these defences when they become untenable, we still depend on the continuity of conceptions and purposes whose stability as organising structures bring novelty within the grasp of our understanding. ... The continuity of this context represents for an individual his identity; for a society its cultures; ... it can only change by reformulation. Whatever happens, the continuity of past and present must be preserved.«[179] »I believe the conflicts inherent in these processes ... can be seen as variations of the same fundamental effort to reconstruct a viable sense of meaning.«[180]

Dazu müssen in einem schwierigen und schmerzhaften Lernprozess alte *structures of meaning* so revidiert und transformiert werden, dass die Umbrucherfahrung in sie integrierbar wird. Möglich wird das z.B. durch Herausfiltern und Ergänzen derjenigen Elemente der alten *struc-*

176 Vgl. a.a.O., 5, 11, 29, 31.

177 So der Titel des gesamten ersten Kapitels (a.a.O., 5–22); vgl. insbesondere ebd., 6–11.

178 Vgl. a.a.O., 12.

179 Vgl. a.a.O., 11f.

180 A.a.O., 22.

tures of meaning, die auch angesichts der veränderten Lage weiterhin als tragfähig und gültig angesehen werden können, oder dadurch, dass alte *structures of meaning* auf ein höheres Abstraktionsniveau gehoben werden.[181]

Weiterführung des Marrisschen Ansatzes: Dekonstruktion und Rekonstruktion von Sinnstrukturen im Trauerfall

Wenn einschneidende, lebensverändernde Erlebnisse eingetreten sind, hängt die Wiederherstellung des psychischen Gleichgewichtes und der Identität der Betroffenen nach Marris zu einem wesentlichen Teil davon ab, ob es ihnen gelingt, ihre Erfahrungen vor und nach dem Umbrucherlebnis in einer einheitlichen Lebensdeutung zusammenzubinden. Ohne dass Marris es auf den Begriff bringt, soll dieses offenbar auf dem Wege der *Dekonstruktion und Rekonstruktion von Sinnstrukturen* geschehen. So lässt sich jedenfalls m.E. der Prozess präziser beschreiben, der zum von Marris angestrebten Ziel (»Kontinuität von Lebenssinn«) führt. Dabei muss »Rekonstruktion« m.E. in beiderlei Sinn des Wortes verstanden werden: Zum einen ist *retrospektiv* zu rekonstruieren (d.h. auseinanderzudividieren), welche Sinn- und Bedeutungsstrukturen das eigene Leben bisher getragen haben und auf welchen Lebens- und Beziehungserfahrungen sie beruht haben; Rekonstruktion von Sinnstrukturen deckt sich hier weitgehend mit der *Rekonstruktion von Lebensgeschichte* und deren Deutung.[182] Zum anderen sind zusammengebrochene Sinnstrukturen so zu re-konstruieren (d.h. wieder neu zusammenzusetzen), dass sie *prospektiv* für das zukünftige Leben tragfähig werden; Rekonstruktion von Sinnstrukturen deckt sich hier weitgehend mit der *Rekonstruktion von Lebensperspektive*.
Ich möchte diesen Prozess in der folgenden Grafik verdeutlichen:

181 Vgl. a.a.O., 17, 34, 41.

182 »Rekonstruktion von Lebensgeschichte«, bzw. Arbeit an der Biographie i.S. einer Verschränkung von Lebens- und Glaubensgeschichte ist in der Praktischen Theologie schon vielfach, insbesondere im Zusammenhang der Amtshandlungstheorie, thematisiert worden. Vgl. u.a. *A. Grötzinger / H. Luther* (Hg.), Religion und Biographie. Perspektiven zur gelebten Religion, München 1987; *J. Matthes*, Volkskirchliche Amtshandlungen, Lebenszyklus und Lebensgeschichte, in: *ders.* (Hg.), Erneuerung der Kirche – Stabilität als Chance?, Gelnhausen/Berlin 1975, 83–112; *P. Alheit*, Religion, Kirche und Lebenslauf: Überlegungen zur »Biographisierung« des Religiösen, in: ThPr 21 (1986), 130–143; *W. Gräb*, Rechtfertigung von Lebensgeschichten. Erwägungen zu einer theologischen Theorie der kirchlichen Amtshandlungen, in: PTh 76 (1987), 21–38; *F. Schweitzer*, Lebensgeschichte als Thema von Religionspädagogik und Praktischer Theologie, in: PTh 83 (1994), 402–414. Vgl. auch *W. Schelling*, Erinnern und Erzählen. Psychotherapeutische und autobiographische Deutungen der Lebensgeschichte, in: WzM 35 (1983), 416–422.

Abb. 12:
Verarbeitung lebensverändernder Umbrucherfahrungen nach Peter Marris (Grafik K.L.):

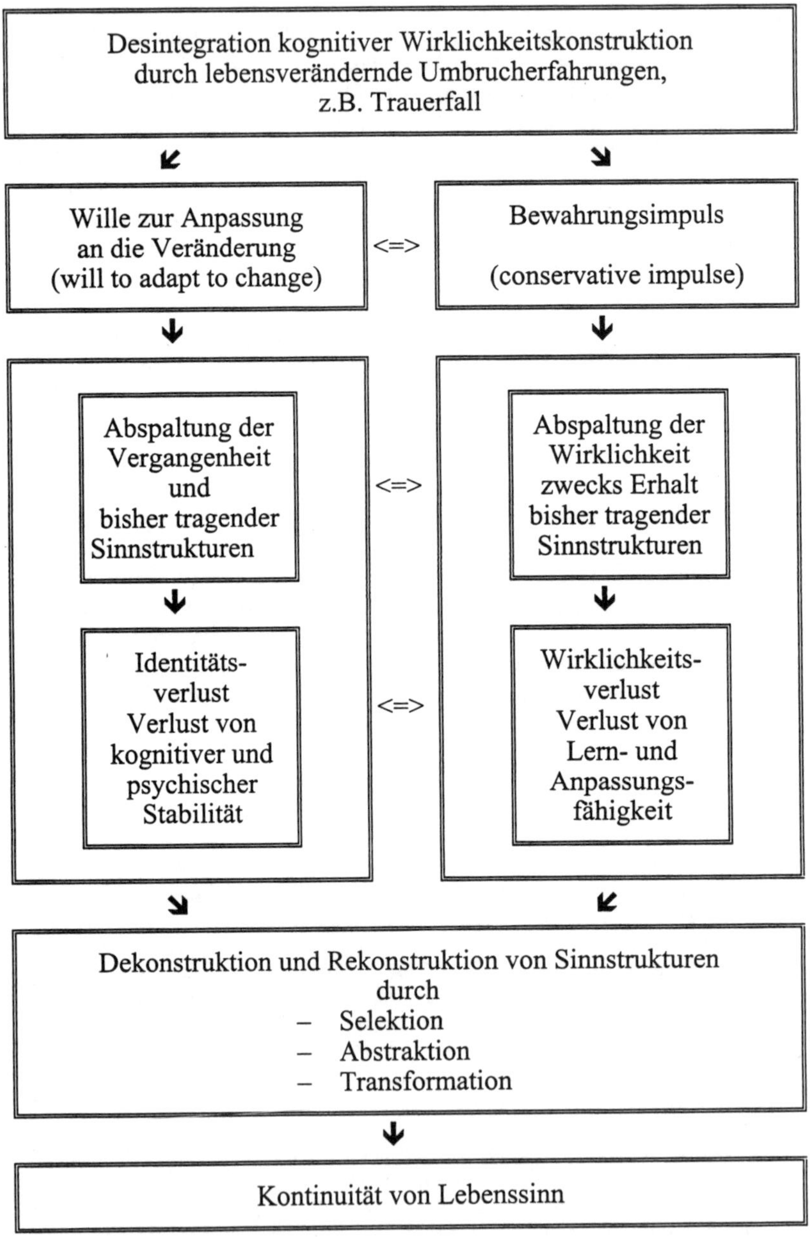

Anwendung auf den Trauerfall

Im Trauerfall stehen diejenigen Sinn- und Bedeutungsstrukturen zur Disposition, die an die verstorbene Person gebunden waren. Die Schwere des Verlusts ist deshalb auch nach Marris nicht ausschließlich von der Liebe zu dem oder der Verstorbenen abhängig, sondern allgemeiner von der Intensität bzw. von der Signifikanz der Beziehung zu ihm oder ihr.[183] So kann auch der Tod eines verhassten Menschen einschneidend sein, wenn etwa der äußerliche oder innerliche Konflikt mit ihm ein prägendes Element der eigenen Identitätsbildung und Lebensgestaltung war. Signifikante Beziehungen bilden jedenfalls von Kindheit an, ob sie überwiegend positiv, überwiegend negativ oder ambivalent erlebt werden, die wichtigste Basis der Bildung von Sinnstrukturen: Kindschaft, Partnerschaft, Elternschaft, Freundschaft, Zugehörigkeit zu Familien, Gemeinschaften und Gruppen, Vorbilder, Feindbilder etc.[184] – all diese Verhältnisse bzw. die Bedeutung, mit der wir sie füllen, konstituieren Lebenssinn; sie haben teil an der Konstruktion unseres Selbst- und Weltverständnisses. Daher geht ihr Verlust auch mit einem (zumindest partiellen) Selbst- und Weltverlust einher.[185]

Wenn Trauernde oft sagen, ihr Leben habe keinen Sinn mehr, ist das also nach Marris nicht einfach ein Ausdruck von Apathie oder Depression, sondern vielmehr eine angemessene Beschreibung der Tatsache, dass man nach dem Verlust eines für das eigene Leben bedeutsamen und sinntragenden Menschen sich selbst und die Welt nicht mehr versteht. Gewohnte Handlungen, die auf die verlorene Person gerichtet waren, sind ziellos geworden; Lebensperspektiven, die aus der Gemeinschaft mit ihr erwachsen sind, werden grundlos; den Alltag strukturierende, vorhersagbare und verlässliche Abläufe finden nicht mehr statt. Das Bild, das man sich davon gemacht hat, wie die Welt um die eigene Person geordnet sei und welchen Platz man selbst darin einnehme, stimmt nicht mehr. Die Welt ist fremder, bedeutungsleerer, unberechenbarer geworden, und man weiß nicht mehr, was man in ihr soll.

Wie bei Melanie Klein findet sich auch bei Peter Marris das Motiv, dass für Trauernde »eine Welt zusammenbricht« – war es bei Klein aus tiefenpsychologischer Perspektive die innere Welt der »guten« Objektrepräsentanzen,[186] so ist es, komplementär dazu, bei Marris die äußere Welt, genauer: die je persönliche kognitive *Konstruktion* der Welt, man könnte auch sagen: das eigene Weltbild oder Wirklichkeitsverständnis.

183 Die von Marris benutzte Vokabel ist *involvement*: »The intensity of grief is related to the intensity of involvement, rather than love.«, vgl. a.a.O., 33.

184 Die Aufzählung ist natürlich erweiterbar.

185 Vgl. hierzu und zum Folgenden a.a.O., 29–41.

186 Vgl. unter B.1.

»Life becomes unmanagable, because it has become meaningless. The context of purposes and attachments, to which events are referred to for their interpretation, has been so badly disrupted by the loss that it at first seems irrepairable. ... They [i.e. the bereaved][187] go through the motions of living, but they cannot see why it matters to them any more to do this or that.«[188]
»Death must be acknowledged, so that life may continue. ... The continuity of life cannot be re-established until the nature of disruption has first been made clear. ... If the process is aborted, from too hasty a readjustment or too unchecked a clinging to the dead, the bereaved may never recover.«[189]

Die beiden oben beschriebenen, miteinander konfligierenden Strategien der Verlustbewältigung nehmen sich im Trauerfall folgendermaßen aus: Dominiert der Bewahrungsimpuls, besteht die Tendenz, den Tod bzw. die damit eingetretenen Veränderungen und Verluste zu leugnen und in jeder möglichen Weise am status quo ante festzuhalten, als sei nichts *geschehen*. Dann treten etwa die Phänomene der »Mumifizierung«[190] auf: Hinterbliebene belassen z.B. die Räumlichkeiten der Verstorbenen in unverändertem Zustand, decken weiter den Tisch für sie mit etc. Dominiert dagegen der Wille zur Anpassung, wird u.U. eine vorschnelle Assimilation an die veränderte Lebenssituation gesucht, indem der verstorbene Mensch samt der Bedeutung, die er für das eigene Leben gehabt hat, »vergessen« und die Vergangenheit abgespalten wird, als sei nichts *gewesen*. Hinterbliebene erwähnen dann etwa die Namen der Verstorbenen nicht mehr und meiden jeden Anlass der Erinnerung an sie.
Dagegen besteht eine gelingende Verlustbewältigung nach Marris in der Vermittlung beider Impulse miteinander, d.h. darin, zunächst den Tod anzuerkennen, dann zu klären, inwieweit die eigene Wirklichkeitskonstruktion bzw. die Sinndeutung des eigenen Lebens durch den Verlust hinfällig geworden ist, und schließlich revisionsbedürftige Sinnstrukturen nicht einfach aufzugeben und durch neue zu ersetzen, sondern auf dem Wege von Selektion, Abstraktion und Transformation schrittweise so zu reformulieren, dass eine Kontinuität von Lebenssinn entstehen kann.

»... life will be unmanagable until the continuity of meaning can be restored through a process of abstraction and redefinition.« »A sense of continuity can,

187 Anm. der Autorin.
188 Vgl. a.a.O., 38.
189 Vgl. *Marris*, a.a.O., 31f.
190 *Y. Spiegel* versteht unter »Mumifizierung« eine Spielart des psychologischen Abwehrmechanismus der »Verleugnung«, bei der selbst dann, wenn der Tod intellektuell anerkannt wird, negiert wird, dass damit auch Veränderungen der Umgebung eintreten. Weitere bei Spiegel genannte Verleugnungs- oder Verdrängungsarten sind: Meidung, Kognitive Verleugnung, Emotionale Repression; Verschiebung, Leugnung in der Phantasie und Ichspaltung. Vgl. *ders.*, Prozeß, 182f.

then, only be restored by detaching the familiar meanings of life from the relationship in which they were embodied, and re-establishing them independently of it. This is what happens in the working through of grief. ... Thus grief is mastered, not by ceasing to care for the dead, but by abstracting what was fundamentally important in the relationship and rehabilitating it.«[191]

Rekonstruktion von Sinnstrukturen im oben von mir präzisierten Sinne einer *Rekonstruktion von Lebensgeschichte* und *Lebensperspektive* heißt im Trauerfall m.E., *mehrere* Biographien in den Blick zu nehmen, nämlich die der Verstorbenen und die der Hinterbliebenen, und sich sowohl mit deren *Ver*flechtung als auch mit deren *Ent*flechtung zu befassen:
Welchen Stellenwert hat die Beziehung zu dem oder der Verstorbenen innerhalb der eigenen Wirklichkeits- und Sinnkonstruktion gehabt, und was *außer* dieser Beziehung war und bleibt für das eigene Leben noch sinntragend? Was war *innerhalb* der Beziehung bedeutsam, und was davon kann über die Beziehung hinaus Fortbestand haben oder in andere Lebensvollzüge hinein übertragen werden? Die Arbeit an solchen Fragen bringt den Prozess der Trauerbewältigung voran. M.E. lassen sich dadurch die Beziehung zu dem oder der Verstorbenen und auch der eigene Selbst- und Wirklichkeitsbezug sowohl klären als auch zugleich schon erweitern bzw. transzendieren.

Die o.a. Prozesse müssen nicht immer kognitiv ablaufen. Oft agieren Trauernde auf der Verhaltensebene, und der Sinn ihres Tuns wird ihnen erst im Nachhinein bewusst. Z.B. erzählt mir eine ca. 40-jährige Frau, wie sie nach der Beerdigung ihres etwa gleichaltrigen Bruders erst gemeinsam mit anderen Familienmitgliedern *seine* Hinterlassenschaft geordnet, dann aber ihre *eigene* Wohnung auf- und umgeräumt, manche Dinge wieder hervorgeholt und Andenken an den Bruder neu hinzugefügt, vor allem aber viele Dinge weggeworfen hat. Sie hatte einen starken Drang zu diesem Verhalten, wusste es aber nicht zu deuten. Im Gespräch darüber klärt sich, dass sie symbolisch umgesetzt hat, was nach dem Verlust des Bruders ansteht: Im Akt des Wegwerfens von Dingen hat sie Trennung und Abschied vollzogen, soweit sie dazu bereit war; andererseits hat sie Dinge bewahrt, die eine bleibende oder eine neu gewonnene Bedeutung haben, und sie hat über die Andenken Elemente aus dem Leben des Bruders in ihr eigenes Leben übernommen. Sie hat »aufgeräumt«, also sortiert und geordnet, was in ihrem Leben nach dem Tod des Bruders wichtig und unwichtig ist, was bleibt und wovon sie sich trennt. Nachdem ihr das klar geworden ist, beginnt sie, den symbolisch-behavioral begonnenen Prozess explizit reflektierend weiterzuführen.

Nachdem ich mit den o.a. Überlegungen über Marris hinausgegangen bin bzw. sein Konzept weitergeführt habe, kehre ich nun wieder zu ihm selbst zurück.

191 Vgl. *Marris*, a.a.O., 35.

Interventionsregeln
Hinsichtlich *Trauerbegleitung und Intervention* gibt Marris nur wenige Hinweise: Stützend ist für Trauernde nach Marris die Kontinuität von Beziehungen bzw. die Verlässlichkeit von Beziehungsangeboten und Zuwendung, da der Trauerfall mit mannigfachen und bedrohlichen Erfahrungen von Diskontinuität einhergeht.[192] Generell sollten TrauerbegleiterInnen ein geschultes Verständnis für die Situation Trauernder mitbringen und – ohne ihnen Mitleidsäußerungen oder Ratschläge aufzudrängen – schlicht die Gewissheit vermitteln, dass die Krise eine natürliche Erfahrung sei, die nach einiger Zeit auch zuende durchlebt und bewältigt sein werde.[193] Für die Aufgabe der Trauerbegleitung sind nach Marris außenstehende Professionelle am besten geeignet, weil die »Unpersönlichkeit« der Beziehung die Betroffenen vor Vereinnahmung und vor einer von persönlicher Beteiligung gefärbten Beeinflussung ihres Trauerprozesses schützt.
Eine gemeinschaftliche Trauerfeier i.S. einer »Feier des verstorbenen Menschen« (*celebration of the dead person*) schätzt Marris insofern als hilfreich ein, als in ihrem Rahmen erkannt und anerkannt bzw. validiert werden könne (*recognition*), welche Bedeutung er für die Zugehörigen und den Freundeskreis zu Lebzeiten gehabt habe und über den Tod hinaus behalte.[194] Führt man Marris hier i.S. des zentralen Gedankens seines Konzepts weiter, kann man sagen, dass im Kontext der »Feier der Verstorbenen« ein Teil der für die Trauerbewältigung erforderlichen Arbeit an der *Rekonstuktion von Sinnstrukturen* vollzogen werden kann.
Zusammenfassend lassen sich aus der Rezeption von Marris für die Trauerbegleitung folgende Regeln ableiten: TrauerbegleiterInnen sollten
- Kontinuität von Beziehung und Zuwendung anbieten;
- die Bedeutung des oder der Verstorbenen für die Hinterbliebenen erkennen und anerkennen helfen;
- die Rekonstruktion von Lebensgeschichte und die Formulierung und Reformulierung von Sinnstrukturen unterstützen.

Würdigung
Marris' Bedeutung liegt m.E. vor allem darin, dass er zum einen die paradigmatische Bedeutung der Trauerbewältigung für die Bewältigung jeglicher Art von Verlust- und Umbrucherfahrungen hervorgehoben und zum anderen die gründliche Bearbeitung jener Erfahrungen als deshalb unverzichtbar aufgezeigt hat, weil sie das Selbst- und Wirklichkeitsverständnis der Betroffenen, bzw. die Sinndeutung ihres Lebens insgesamt erschüttern.

192 Vgl. ebd., 152.
193 Vgl. ebd.
194 Vgl. a.a.O., 153.

There is, I think, a universal temptation to seek ... ultimate invulnerability; to define the meaning of life in such detachment from mortality that nothing can ever touch the core of being. But the search is self-defeating ...« »Above all, if we deny grief, we deny the importance of the meaning each of us has struggled to make of life. Loss is painful because we are committed to the significance of our personal experience. However it is disrupted, we cannot then escape the inner conflicts of bereavement, unless we cultivate a deadening indifference ...«[195]

Marris' Konzept ist durch den Rekurs auf die Sinndimension der Trauererfahrung dasjenige unter den trauertheoretischen Modellen, das theologischem Denken am nächsten steht und für TheologInnen von daher sofort Plausibilität gewinnt.
Umgekehrt kann von Marris' Ansatz her – hier führe ich ihn wiederum weiter – auch für Nicht-TheologInnen plausibel gemacht werden, warum SeelsorgerInnen bzw. Geistliche als »AnbieterInnen« von Trauerbegleitung besonders geeignet sind: Sie sind m.E. nämlich zugleich RepräsentantInnen des letzten Sinngrundes des Lebens, Gott, und ExpertInnen für Sinnkonstruktion. Nicht nur verdeutlicht die bloße Anwesenheit von Geistlichen die Sinndimension des Geschehens, nicht nur symbolisieren sie für Gläubige die Präsenz des Sinngrundes und werfen für Nicht-Gläubige und Zweifelnde zumindest die Sinnfrage auf.[196] Ihre Funktion ist auch damit noch nicht erschöpft, dass sie das christliche Wirklichkeitsverständnis als eigenes »Sinnangebot«, bzw. als tragfähigen Komplex von Sinnstrukturen bereitstellen können. Sie bringen vielmehr darüber hinaus von ihrer theologischen Ausbildung her auch die hermeneutische Kompetenz mit, zu erkennen, welchen »Sitz im (Er-)Leben« bestimmte Glaubens- bzw. Sinnaussagen haben, bzw. wie Menschen von ihrer Lebenserfahrung her Sinn konstruieren (vgl. II.2.2) Diese hermeneutische Kompetenz ermöglicht SeelsorgerInnen, Menschen bei der Rekonstruktion von Sinnstrukturen zu verstehen und zu unterstützen, und zwar auch dann, wenn deren Referenzrahmen sich von ihrem eigenen Wirklichkeitsverständnis unterscheidet. Ich komme darauf in Kapitel III.2 zurück.
Strittig mag sein, ob man theologisch davon sprechen mag, dass Sinn »konstruiert« wird, oder ob man angemessener formulieren müsste, dass bereits existierender Sinn »gefunden«, »erkannt« oder »angeeignet« wird; diese Diskussion muss hier aber nicht geführt werden, zumal der Begriff »*Re*konstruktion von Sinnstrukturen« beide Betrachtungsweisen zulässt.

195 Vgl. a.a.O., 88, 154.

196 Dieser Gedanke lässt sich in pastoralpsychologischer Perspektive dahingehend vertiefen, dass in der Schwellensituation zwischen Leben und Tod die Anwesenheit und die Haltung – mehr noch als das *Tun* – von Geistlichen im Sinne D.W. Winnicotts die »haltende Funktion« in einem »Übergangsraum« erfüllt. Vgl. Teil III.

2.6 Personenverlust als Auslöser multipler Verluste: Stroebe/Stroebe (Kognitive Stress-Theorie)

Der Trauerfall als Stress-Situation

Margaret und Wolfgang Stroebe, beide erst an der Universität Tübingen, dann an der Universität in Utrecht (NL) im Fachgebiet Sozialpsychologie tätig, haben eine Reihe von meist englischsprachigen Beiträgen zur Trauerforschung veröffentlicht, darunter empirische Studien, Forschungsüberblicke und Sammelwerke.[197] In ihrer hier mehrfach zitierten, hervorragenden Monographie »Bereavement and Health. The Psychological and Physical Consequences of Partner Loss« (1987)[198] wenden sie auf die Trauer, speziell auf Fälle von Verwitwung, eine allgemeinpsychologische Theorie an, nämlich die kognitive Stress-Theorie von R.S. Lazarus et al.[199] Die kognitive Stress-Theorie hat auch M.J. Horowitz, der hier nicht gesondert dargestellt wird, in seinen Beiträgen zur Trauerliteratur rezipiert.[200] Stroebe/Stroebe entwickeln das Konzept aber zu einem eigenen, explikatorischen Modell der Trauer

197 Neben den drei Haupttiteln: *M.* u. *W. Stroebe*, Bereavement and Health. The Psychological and Physical Consequences of Partner Loss, Cambridge / New York 1987 (Nachdruck 1989); *M.* u. *W. Stroebe / R. Hansson* (Eds.), Bereavement and Widowhood, Themenband des Journal of Social Issues 44 (3), (1988); *dies.*, Handbook of Bereavement: Theory, Research and Intervention, Cambridge / New York 1993, nenne ich hier aus ihrer umfangreichen Bibliographie nur: *M. u. W. Stroebe*, Who suffers more? Sex differences in health risks of the widowed, in: Psychological Bulletin 93 (1983), 279–301; *dies.*, When love dies. An integration of attraction and bereavement research, in: *H. Tajfel* (Ed.), The Social Dimension (Vol. 1), Cambridge (Cambridge University Press) 1984; *dies. / K.* u. *M. Gergen*, Der Kummer-Effekt. Psycholgische Aspekte der Sterblichkeit bei Verwitweten, in: Psychologische Beiträge 22 (1980), 1–26; *dies. / G. Domittner*, The impact of recent bereavement on the mental and physical health of young widows and widowers. Reports from the Psychological Institute of Tübingen University 17 (1985), 11–42.

198 A.a.O.

199 Als Quelle dient vorwiegend *R.S. Lazarus / S. Folkman*, Stress, Appraisal, and Coping, New York 1984. Vgl. auch *R.S. Lazarus*, Psychological Stress and the Coping Process, New York 1966, sowie *R.S. Lazarus / R. Launier*, Stress-related transactions between person and environment, in: *L.A. Pervin / M. Lewis* (Eds.), Perspectives in Interactional Psychology, New York 1978. Der Ursprung der Stress-Theorien liegt auf medizinischem Gebiet; vgl. den klassischen Titel von *H. Selye*, The Stress of Life, New York ^{2}1976 (^{1}1936).

200 Vgl. *M.J. Horowitz*, Psychological response to serious life events, in: *H.J. Parad / H.L. Resnik / L.G. Parad* (Eds.), Emergency and disaster management: a mental health sourceback, Bowie (Maryland) 1979, 259–269; sowie spezieller: *M.J. Horowitz*, A model of mourning: change in schemas of self and other, in: Journal of the American Psychoanalytic Association 38 (2) (1989), 297–324.

fort, das sie »das Defizit-Modell von Partnerverlust« (*the deficit model of partner loss*) nennen.[201]
Der Trauerfall ist aus der Sicht von Stroebe/Stroebe ein Spezialfall der in Stress-Theorien sog. »*stressful life events*«, also ein belastendes Lebensereignis, auch Belastungs-, Stress- oder Krisensituation genannt.[202]

Wie Stress entsteht
Nach der kognitiven Stress-Theorie von Lazarus und Folkman entsteht der in Belastungssituationen erlebte psychische Stress nicht durch das belastende Ereignis an sich, sondern durch die Relation zwischen der Situation und der ihr ausgesetzten Person. Auf der einen Seite dieser Relation stehen die *objektiven Umweltbedingungen,* die die Belastungssituation ausmachen (»Stressoren«), bzw. die *Anforderungen*, die diese Umweltbedingungen an die Anpassungs- bzw. Bewältigungsleistung des Individuums stellen. Auf der anderen Seite steht der Belastungssituation eine Person gegenüber, die der Situation sowohl mit einer individuell verschiedenen *Bewertung oder Einschätzung (appraisal)*, als auch mit individuell verschiedenen *Ressourcen* begegnet.
Stress entsteht dann, wenn die Anforderungen einer Belastungssituation nach Einschätzung der betroffenen Person die ihr verfügbaren Anpassungs- oder Bewältigungsressourcen überfordern, so dass ihr Wohlergehen gefährdet ist. M.a.W., wenn die wahrgenommenen Situationsanforderungen mindestens so groß oder größer sind als die wahrgenommenen Bewältigungsressourcen, folgt daraus Stress.

»Psychological stress is a particular relationship between the person and the environment that is appraised by the individual as taxing or exceeding his or her resources and endangering his or her well-being.«[203]
Stroebe/Stroebe illustrieren dies mit einem einfachen Beispiel: Eine erfahrene und eine unerfahrene Autofahrerin müssen einmal bei Sonne, einmal bei Eis und Nebel eine Fahrtstrecke bewältigen. Objektiv betrachtet, sind die *Situationsanforderungen* (»Stressoren«) in beiden Fällen verschieden: Die Fahrt unter winterlichen Umweltbedingungen weist mehr Belastungsfaktoren bzw. höhere Anforderungen auf als die Fahrt bei Sonnenschein. Der entstehende Stress hängt aber nicht nur von diesen objektiven Bedingungen ab, sondern auch davon, wie die Betroffenen die Situation *wahrnehmen* (*Situationsbewertung / appraisal*) und welche *individu-*

201 *Stroebe/Stroebe*, Bereavement and Health, 77–100, insbes. 91ff.
202 Die Begriffe können quasi synonym gebraucht werden, da »Krisentheorien« bzw. Modelle der »Krisenintervention« eine sachliche Fortsetzung der Stress-Theorien darstellen. Vgl. *Spiegel*, Prozeß, a.a.O. Zu Krise und Krisenintervention vgl. grundlegend *G. Caplan*, Principles of Preventive Psychiatry, New York 1964. S. auch *G.F. Jacobson*, Crisis Intervention from the viewpoint of the Mental Health Professional, in: Pastoral Psychology 21 (1970), Nr. 203, 21–28, und aus pastoralpsychologischer Sicht *H. Clinebell*, Modelle beratender Seelsorge, München [5]1985 (am. Originalausgabe 1966), 154–174, insbes. 166ff.
203 *Lazarus/Folkman*, Stress, 19; zit. nach *Stroebe/Stroebe*, Bereavement and Health, 88.

ellen Ressourcen ihnen zur Situationsbewältigung zur Verfügung stehen. So wird bei gleichen objektiven Anforderungen auf eisiger Fahrbahn der Stress der routinierten Fahrerin geringer sein als bei der Anfängerin, weil sie erstens die Schwierigkeiten und das Gefahrenpotential der Strecke als weniger dramatisch einschätzt (Situationsbewertung) und zweitens mehr fahrerisches Können, Erfahrung, Gelassenheit etc. mitbringt (individuelle Ressourcen). Dagegen wird die Anfängerin u.U. schon unter sonnigen Wetterbedingungen Stress erleben, wenn sie die Fahrt als schwierig bzw. ihr fahrerisches Können als gering bewertet.[204]

Abb. 13:
»Stress« nach der kognitiven Stress-Theorie von Lazarus et al. (1978/ 1984)
(Grafik K.L.; ≥ heißt »größer oder gleich«):

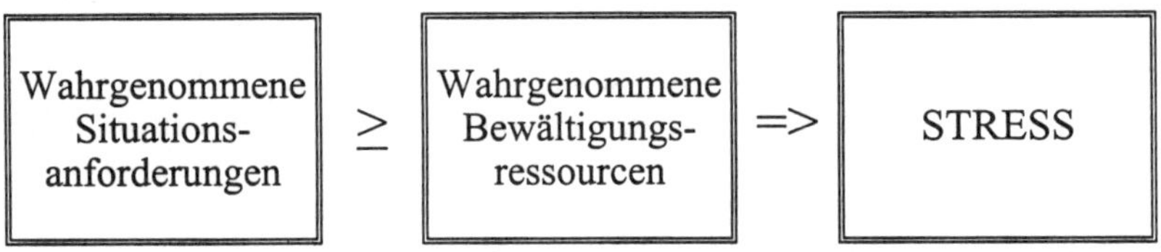

Wie Stress bewältigt wird
Bei der *Stress-Bewältigung (coping)* wirken nach Lazarus/Folkman die beiden bereits genannten Faktoren zusammen, die nun noch näher zu qualifizieren sind:[205]

- die kognitive Situationsbewertung (*appraisal*) wird von Lazarus/ Folkman als determinierender Faktor der Entstehung und der Bewältigung von Stress so hoch eingeschätzt, dass sie in die Benennung der »kognitiven Stress-Theorie« Eingang fand.[206] Zwei Typen von *appraisal* sind zu unterscheiden: Die Situationsbewertung bzw. die daraufhin ausgewählten Bewältigungsstrategien können *problemorientiert* oder *emotionsorientiert* sein, d.h., Individuen versuchen in Stress-Situationen im ersten Fall, die durch die situativen Anforderungen entstehenden Probleme selbst zu kontrollieren, im zweiten Fall üben sie eine Kontrolle über ihre eigenen gefühlsmäßigen Reaktionen auf die auftretenden Probleme aus, wobei sich beides auch kombinieren lässt;

204 Vgl. *Sroebe/Stroebe*, a.a.O., 88f.

205 Vgl. *Stroebe/Stroebe*, Bereavement and Health, 77f, 88ff. Zur Darstellung der kognitiven Stress-Theorie ziehe ich darüber hinaus *Cleiren*, Bereavement and Adaptation, 26ff, sowie *Spiegel*, Prozess, Exkurs II: Die Trauersituation als Stress und Krise, Anm.-Bd., 27ff, heran.

206 Zur Ausdifferenzierung fortlaufender kognitiver Bewertungsprozesse in »primary appraisal«, »secondary appraisal« und »reappraisal« bei *Lazarus/Folkman*, Stress, 141ff, vgl. auch *Strobe/Stroebe*, a.a.O., 88f.

- Hilfsquellen bzw. Bewältigungsressourcen (*resources*) lassen sich in *äußere* und *innere Ressourcen* aufteilen. Die Stress-Bewältigung hängt aber nicht allein vom Vorhandensein verfügbarer Ressourcen ab, sondern vielmehr davon, ob sie auch *aktiviert* werden. Die Aktivierung von verfügbaren Ressourcen ist die entscheidende behaviorale Bewältigungsleistung in Stress-Situationen.

Lazarus/Folkman definieren coping »as constantly changing cognitive and behavioral efforts to manage specific external and/or internal demands that are appraised as taxing or exceeding the resources of the person«.[207]
Im o.a. Beispiel dürfte das heißen: Eine problemorientierte Bewältigungsstrategie bei einer Autofahrt bei Eis und Nebel wäre etwa, einen Parkplatz anzufahren und auf bessere Wetterverhältnisse zu warten; eine emotionsorientierte wäre, sich zu beruhigen, indem man sich z.B. an früher schon bewältigte schwierige Fahrtbedingungen und die eigene Fahrroutine erinnert – wenn es hier zu Fehleinschätzungen kommt, kann die Situationsbewältigung allerdings misslingen. Als mögliche »innere« Ressourcen wären in diesem Beispiel etwa Fahrpraxis, Nervenstärke, gutes Sehvermögen etc. zu nennen; als »äußere« z.B. Straßenlage, Reifenprofil, Nebelleuchten des Wagens, evtl. eine kompetentere Begleitperson, die das Steuer übernehmen oder eine Bahnlinie, in die man umsteigen könnte, etc. – wobei diese Ressourcen auch in vernünftiger Weise genutzt werden müssen, um einer erfolgreichen Bewältigung zu dienen.

Abb. 14:
Stress-Bewältigung nach der kognitiven Stress-Theorie von Lazarus et al. (1978/1984) (Grafik K.L.):

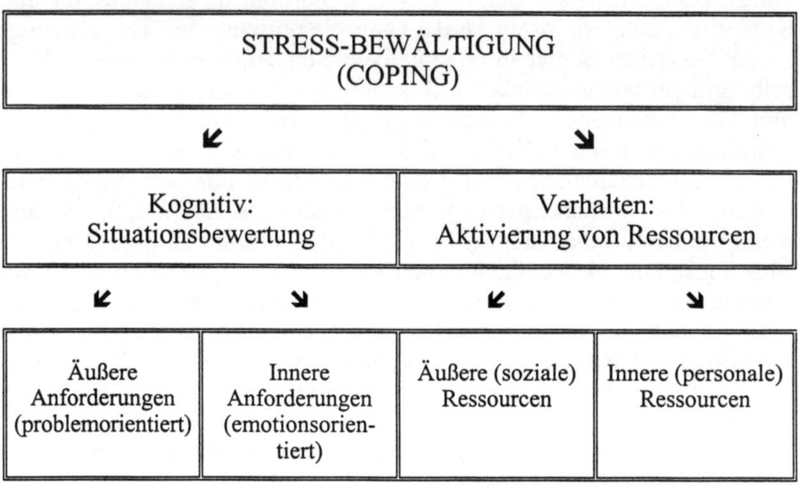

207 *Lazarus/Folkman*, Stress, 141, zit. nach *Stroebe/Stroebe*, Bereavement and Health, 89.

Stress im Trauerfall

Dasselbe Modell ist nun nach Stroebe/Stroebe auf den Trauerfall als Spezialfall einer Stress- oder Krisensituation anzuwenden.

Die Trauerbewältigung hinge demnach von zwei Faktoren ab; zum einen davon, wie die Trauernden die *Situation bewerten*, d.h. etwa, wie sie den erlittenen Verlust qualitativ und quantitativ einschätzen, ob sie entstehende Probleme verharmlosen oder dramatisieren, ob sie den Verlust einseitig problemorientiert betrachten und emotionale Aspekte ausklammern oder umgekehrt etc. M.E. kann bei der Situationsbewertung auch eine adäquate Todesdeutung eine wichtige Rolle spielen; damit ist eine Funktion von Religion und Theologie angesprochen. Der Faktor »Situationsbewertung« ist in der kognitiven Stresstheorie von zentraler Bedeutung, wird aber von Stroebe/Stroebe in der Anwendung auf den Trauerfall wenig berücksichtigt und m.E. unterbewertet.

Zum zweiten, und auf diesen Aspekt konzentrieren sich Stroebe/Stroebe, hängt nach der kognitiven Stress-Theorie die Trauerbewältigung davon ab, welche *Bewältigungsressourcen* die Betroffenen *aktivieren* können. Hier kommt es also nicht nur darauf an, ob Hinterbliebene ein tragfähiges persönliches soziales Netz *haben*, sondern vor allem darauf, ob sie es *nutzen*, z.B. indem sie verfügbaren Bezugspersonen ihre Bedürfnisse mitteilen und sich so mögliche Hilfestellungen erschließen – etwa, indem sie jemanden bitten, in den ersten Stunden und Tagen bei ihnen zu bleiben, der ihnen zuhört und dem sie vielleicht Erinnerungen an den verstorbenen Menschen und die dabei aufbrechenden Gefühle mitteilen mögen (»emotionsorientierte« Bewältigung), oder indem sie sich z.B. von Behördengängen, Haushalt und Kinderbetreuung entlasten lassen (»problemorientierte« Bewältigung) – oder was auch immer ihren situativen Bedürfnissen entspricht. Dasselbe gilt für weitere »äußere« Ressourcen wie bestehende Beratungs- und Therapieangebote, Selbsthilfegruppen, mögliche ärztliche Krankschreibungen in der Frühphase des Trauerprozesses etc., und auch für »innere« Ressourcen wie z.B. psychische Stärke oder soziale Kompetenzen: Das Vorhandensein solcher Ressourcen allein nützt wenig, wenn die Betroffenen sie nicht auch in einer Weise aktivieren, die den Einstieg in eine aktive Trauerarbeit oder die Reorganisation und Wiedereingliederung in die veränderte soziale Umwelt fördert. Der sinnvolle Einsatz von verfügbaren Ressourcen ist eine aktiv zu erbringende Bewältigungsleistung, die auch unterlassen oder fehlgeleitet werden kann (z.B. durch Rückgriff auf ungeeignete Ressourcen wie Drogen etc.; vgl. u.).

So weit zu ersten Anwendungsmöglichkeiten, die für den Zusammenhang der Trauerbegleitung noch zu wenig austragen. Die allgemeine kognitive Stresstheorie schlüsselt generelle Prinzipien und wesentliche Faktoren der Entstehung und Bewältigung von psychischem Stress auf. Die Generalität des Modells sichert ihm einen weiten Geltungsbereich.

Zugleich erschweren seine Generalität und Multikausalität aber die evaluative und prognostische Anwendung auf spezifische Belastungssituationen und auf einzelne Betroffene.
Will man die kognitive Stress-Theorie so auf den Trauerfall beziehen, dass sich geeignete und ungeeignete Bewältigungsstrategien sowie »Risiko-Faktoren« bzw. »Risiko – Gruppen« unter den Betroffenen identifizieren lassen, müssen die einzelnen Elemente des Stress-Modells bzw. des Stress-Bewältigungsmodells noch genauer spezifiziert werden.

Das »Defizit-Modell von Partnerverlust« nach Stroebe/Stroebe
Stroebe/Stroebe versuchen deshalb, in ihrem »Defizit-Modell von Partnerverlust« drei wesentliche Elemente/Faktoren der Stress-Theorie für den Trauerfall näher zu bestimmen und sie aufeinander zu beziehen:[208]

- Spezifische Situationsanforderungen oder »Stressoren« im Trauerfall
- Geeignete Bewältigungsressourcen im Trauerfall und
- Formen von Bewältigungsstrategien im Trauerfall (Situationsbewertung und Aktivierung von Ressourcen).

In ihren Ausführungen zum ersten Punkt, den *Situationsanforderungen bzw. Stressoren*, präsentieren Stroebe/Stroebe den Kern ihres explikatorischen Modells der Verlusterfahrung im Trauerfall. Als paradigmatischen Verlust betrachten sie dabei speziell den Partnerverlust; ihre Beobachtungen lassen sich aber weitgehend auf Personenverluste im Allgemeinen übertragen. Die Verlusterfahrung konstituiert sich nach Stroebe/Stroebe dadurch, dass für die Hinterbliebenen mit dem Tod des Partners (resp. einer anderen signifikanten Bezugsperson) Defizite in vier elementaren Bedürfnisbereichen entstehen, die zuvor durch die Verstorbenen abgedeckt wurden. Es handelt sich um Defizite durch:

- Verlust von instrumenteller Unterstützung (instrumental support)
- Verlust von validierender Unterstützung (validational support)
- Verlust von emotionaler Unterstützung (emotional support) und
- Verlust von sozialer Identität *(social identity).*

Deren Bedeutung wird nachstehend erläutert.

Verlust von instrumenteller Unterstützung (instrumental support)
Unter *instrumental support* oder instrumenteller Unterstützung ist die gegenseitige Hilfe bei der Lebensbewältigung zu verstehen, vor allem im Sinne von sozialer Arbeits- und Rollenteilung. Je größer die Bedeutung der betreffenden Rolle für die Lebensgestaltung der Hinterbliebenen war und je polarer die Rollenteilung ausgefallen ist, desto signifikanter wird das Defizit an instrumenteller Unterstützung im Trauerfall sein. Das mag insbesondere auf Lebenspartnerschaften mit einer traditionellen Geschlechtsrollenverteilung zutreffen: Je ausschließlicher

208 Vgl. hierzu und zum folgenden Abschnitt: *Stroebe/Stroebe*, a.a.O., 90–100.

der Mann für die sog. »produktiven« Aufgaben wie Erwerbsarbeit bzw. ökonomische Versorgung, Finanz- und Versicherungsverwaltung etc. zuständig war und die Frau für die sog. »reproduktiven« Tätigkeiten wie Haushaltsführung, Kindererziehung und emotionale Versorgung der Familie, desto schwerer wird es im Todesfall dem hinterbliebenen Partner fallen, die jeweils delegierten Aufgaben selbst zu übernehmen.

Die durch den Verlust an instrumenteller Unterstützung konkret entstehenden sozialen Probleme und Handlungsanforderungen können den emotional erlebten Verlust in nicht zu unterschätzender Weise noch zusätzlich erschweren. Gefühle von *Hilflosigkeit*, die eine typische Komponente der Trauererfahrung sind, mögen illusionäre Anteile haben, sind aber sicher zu einem wesentlichen Teil auf reale Verluste im Bereich der instrumentellen Unterstützung zurückzuführen.

Allerdings reduziert sich durch einen Todesfall für die Hinterbliebenen nicht nur die bisher empfangene, sondern auch die bisher selbst geleistete instrumentelle Unterstützung. War die Aufgabenteilung zuvor einseitig, hat z.B. eine Zugehörige einen Verstorbenen jahrelang gepflegt, tritt durch seinen Tod für sie u.U. auch eine große Entlastung von instrumentellen Aufgaben ein. Dies mag dazu führen, dass die Reaktion u.a. von einem Gefühl der Leere oder auch der Erleichterung geprägt ist; damit ist aber noch nicht gesagt, dass nicht noch andere Aspekte der Verlusterfahrung (innerhalb des Stroebeschen Modells etwa der Verlust von sozialer Identität, vgl. u.) als zusätzliche Auslöser einer komplexeren Trauerreaktion wirken. Außerdem mag das Gefühl der Erleichterung unter den o.a. Umständen zwar ganz realitätsgerecht sein, ist aber in der Regel sozial wenig anerkannt und wird daher häufig schnell von Schuldgefühlen überlagert.

Verlust von validierender Unterstützung (validational support)

Validational support oder validierende Unterstützung ist in etwa mit »Bestätigung« zu übersetzen und vor allem im kognitiven Sinne zu verstehen. Ausgehend von der Erkenntnis, dass wir unsere Auffassung von dem, was wir für »Realität« halten, aufgrund sozialer Vergleichsprozesse konstruieren, hat L. Festinger herausgearbeitet, in wie hohem Maße wir davon abhängig sind, dass sozial signifikante Personen unsere Sicht der Wirklichkeit, der Umweltanforderungen an uns selbst und unserer Fähigkeiten, diese zu bewältigen, als angemessen bestätigen.[209]

In den Bereich der kognitiven Konstruktion von Wirklichkeit gehört auch, was wir glauben und wie wir »Sinn« definieren – auch hierfür bedarf es der sozialen Validierung. Insbesondere LebenspartnerInnen, m.E. aber auch andere unsere Urteilskraft prägende Personen (in patri-

209 Vgl. L. *Festinger*, A theory of social comparison processes, in: Human Relations 7 (1954), 117–140; rezipiert bei *Stroebe/Stroebe*, a.a.O., 93.

archal geprägten Gesellschaften z.B. nicht selten der Vater) sind häufig eine der Hauptquellen dieser Art von Bestätigung bzw. Validierung, und ihr Tod kann eine entsprechend große Verunsicherung über das eigene Welt- und Selbstbild bzw. über den Sinn des Lebens hervorrufen – »Eine Welt bricht zusammen«.[210]

Hinzu kommt, dass Menschen besonders in stark emotional aufgeladenen Situationen wie im Trauerfall auch nach Bestätigung für die Angemessenheit und Normalität ihrer *emotionalen* Reaktion suchen,[211] Trauernde mit dem oder der Verstorbenen oft aber gerade eine Hauptquelle dieser Art von Bestätigung verloren haben.

Auf dem Hintergrund dieser Erkenntnisse überrascht es nicht, dass Trauernde sehr häufig unter der Angst leiden, nicht mehr »normal« zu sein oder den Verstand zu verlieren. Glick et al. geben an, dass annähernd 40 % der Verwitweten im Verlauf des ersten Trauerjahres phasenweise befürchten, verrückt zu werden.[212] Diese Phänomene sind nach Stroebe/Stroebe auf den Verlust von *validational support* zurückzuführen.

Verlust von emotionaler Unterstützung (emotional support)

Mit *emotional support* sind allgemein emotionale Zuwendung und menschliche Wärme, aber auch in speziellerem psychologischen Sinne die positive Verstärkung durch physische und psychische »Streicheleinheiten« (*strokes*) gemeint, die für Menschen überlebenswichtig und konstitutiv für ihre psychische Gesundheit und ihr Selbstwertgefühl sind.[213]

Insbesondere die bei Trauernden häufig vorkommende Herabsetzung des Selbstwertgefühls ist also auf die eingetretenen Defizite an emotionaler Zuwendung und positiver Verstärkung zurückzuführen (vgl. o. im Abschnitt über Behaviorismus). Aber auch für die vielfältigen Gefährdungen der psychischen und physischen Gesundheit Trauernder sucht man die Ursachen vorrangig im emotionalen Bereich, der in Trauerforschung und Trauerbegleitung generell als der kritischste Bereich der Verlusterfahrung gilt.

Je signifikanter der oder die Verstorbene für die Hinterbliebenen als Quelle von *emotional support* war, desto größer ist nach Stroebe/ Stroebes Defizit-Modell der Verlust. Demnach wären auch im emotio-

210 Vgl. oben im Abschnitt über Peter Marris.

211 Vgl. *S. Schachter*, The Psychology of Affiliation, Stanford 1959, rezipiert bei *Stroebe/Stroebe* a.a.O.

212 Vgl. *Glick/Weiss/Parkes*, »Harvard-Studie«, zit. nach *Stroebe/Stroebe*, a.a.O. Vgl. ähnliche Ergebnisse auch unten im Abschnitt über empirische Untersuchungen.

213 Vgl. zur therapeutischen Funktion von Partnerschaften in diesem Sinne *J. Bernhard*, The Sex Game, Ebglewood Cliffs 1968, rezipiert bei *Stroebe/ Stroebe*, a.a.O.

nalen Bereich die unterschiedlichen »Schweregrade« verschiedener Trauerfälle *funktional* zu erklären. Z.B. könnte man die Tatsache, dass der Verlust der Mutter oft als besonders schwer erlebt wird, darauf zurückführen, dass die Mutter meist lebensgeschichtlich die erste und die in den prägenden Jahren signifikanteste Quelle von emotionaler Zuwendung und positiver Verstärkung ist und in diesem Bereich nicht selten lebenslang – sei es als reale Bezugsperson (Objekt) oder als Introjekt – eine bevorzugte Rolle spielt.

Verlust von sozialer Identität (social identity)

Social identity ist das letztgenannte Element in der Stroebeschen Verlustanalyse. Der Begriff »soziale Identität« beruht auf der Annahme, dass sowohl unser eigenes Selbstverständnis als auch die Identität, die die soziale Umwelt uns zuschreibt bzw. wahrnimmt, zu einem nicht geringen Teil von den sozialen Gruppen abhängen, denen wir angehören (z.B. Familie, Berufsgruppe, soziales Milieu, Partei, Verein etc.). Aus unserer sozialen Identität leiten sich unser Sozialstatus und ein Teil unseres Selbstbewusstseins ab.

»Social identity will be understood as that part of an individuals' self-concept which derives from his knowledge of his membership to a social group (or groups) together with the value and emotional significance attached to that membership.«[214]

Trauernde Zugehörige haben häufig gemeinsam mit den Verstorbenen soziale Mini-Gruppen gebildet, die ihre soziale Identität und ihren Sozialstatus zumindest z.T. bestimmt haben. Durch den Tod treten dann ein Verlust dieser sozialen Identität und ein Statuswechsel ein: Verheiratete werden zu Witwen oder Witwern, Kinder zu Waisen etc.[215]

Die Schwere des eintretenden Defizits an sozialer Identität hängt nach Stroebe/Stroebe von der eigenen und von der sozialen *Bewertung* des Rollen- oder Statuswechsels ab: Wird die neue soziale Rolle von der Umwelt geringer geachtet als die alte (wie z.B. im Fall des Statuswechsels von der verheirateten Frau zur Witwe), kann die Neudefinition der eigenen sozialen Identität in einem verminderten Selbstbewusstsein resultieren.[216]

214 *H. Tajfel*, Social categorization, social identity, and social comparison, in: *ders*. (Ed.), Differentiation between social groups, London 1978, zit. *nach Stroebe/Stroebe*, a.a.O., 94.

215 Vgl. dazu auch das hervorragende Kapitel »Trauer als Statusübergang« in: *Spiegel*, Prozeß, 93–123. Spiegel beschreibt darin im Anschluss an A. van Gennep und die Durkheimsche Schule Bestattungsrituale als »Rites de passage« (Schwellen- oder Übergangsriten), die die Funktion haben, sowohl den Statusübergang der Verstorbenen als auch den Statusübergang der Hinterbliebenen zu inszenieren und dadurch die Bewältigung symbolisch vorwegzunehmen.

216 Vgl. a.a.O., 94.

M.E. dürften darüber hinaus aber noch mindestens zwei weitere Faktoren eine wichtige Rolle spielen: Erstens, ob sich mit dem Verlust des oder der Verstorbenen die status gebende Gruppe ganz auflöst, und zweitens, ob die Hinterbliebenen noch weiteren identitätsgebenden sozialen Gruppen angehören. Hinsichtlich des ersten Faktors denke man etwa daran, dass eine Mutter, die ihr einziges Kind verliert (anders als eine Mutter von mehreren Kindern) zusätzlich auch den Verlust ihrer eigenen sozialen Identität als Mutter erleidet; oder daran, dass Menschen beim Tod ihres zweiten Elternteils (anders als beim Tod des ersten) auch ihre soziale Identität als Tochter oder Sohn verlieren und selbst in der Generationenfolge an die letzte Stelle rücken. Beispiele für den zweitgenannten Faktor sind etwa, dass ein berufstätiger Mann nach dem Tod seiner Frau immer noch seine statusgebende soziale Identität als Zugehöriger seiner Berufsgruppe oder Firma hat, eine »Nur«-Hausfrau nach dem Tod ihres Mannes aber nicht.

Mit dieser Ausdifferenzierung der Verlusterfahrung in die vier verschiedenen funktionale Bereiche instrumentelle, validierende und emotionale Unterstützung sowie soziale Identität ist Stroebe/Stroebes Explikation von Trauer abgeschlossen. Die in diesen vier Bereichen auftretenden Defizite verstehen sie im Rahmen der kognitiven Stress-Theorie als Stressoren, denen nun noch die übrigen Größen zuzuordnen sind, die im oben dargestellten Stress-Bewältigungsmodell vorkommen (vgl. Abb. 14), nämlich

- innere und äußere Bewältigungsressourcen;
- emotionsorientierte und problemorientierte Bewältigungsstrategien.

Verlustbewältigung im Trauerfall

Als *innere oder (intra-)personale Bewältigungsressourcen* nennen Stroebe/Stroebe Persönlichkeitszüge wie psychische Stabilität, Ich-Stärke und – da das Erschließen sozialer Unterstützung als wesentlicher Faktor der Trauerbewältigung zu gelten hat – insbesondere solche Persönlichkeitsanteile, die die Kommunikations- und Beziehungsfähigkeit erhöhen (Extrovertiertheit, Selbstbewusstsein etc.). Dazu kommen Wissen, Fähigkeiten und Fertigkeiten, die den Hinterbliebenen die Kompetenz verleihen, Aufgaben und Funktionen selbst zu übernehmen, die zuvor von dem oder der Verstorbenen wahrgenommen wurden (vgl. o. unter *instrumental support*).

Diese Aufzählung ist sicher um andere intrapersonale Faktoren erweiterbar; inwieweit z.B. Glaubensvorstellungen oder Vorerfahrungen mit Stress- bzw. Trauerbewältigung, Leidensfähigkeit, bzw. die Fähigkeit, Bedürfnisspannungen auszuhalten, etc. eine Rolle spielen, kann an dieser Stelle nicht eingehend diskutiert werden.[217]

217 *Stroebe/Stroebe* bieten zu einigen eventuell ergänzbaren Faktoren selbst einen ausführlichen Forschungsüberblick; vgl. a.a.O., 168–223.

Unter *äußere oder interpersonale Bewältigungsressourcen* fallen finanzielle Mittel, die der Existenzsicherung und z.B. der Inanspruchnahme instrumenteller Dienstleistungen dienen, und vor allem soziale Unterstützung (durch Familie, Freunde, Nachbarn, evtl. auch institutionalisierte soziale Dienste etc.). Im Sinne des Stroebeschen Defizit-Modells handelt es sich bei diesen Ressourcen um alternative Quellen zur Abdeckung derjenigen Bedürfnisbereiche, die früher durch die verstorbene Bezugsperson abgedeckt wurden und in denen nun durch deren Tod Defizite entstanden sind.
Welche äußeren Ressourcen Trauernde am meisten brauchen (auch hier ist die Aufzählung ergänzbar), wird sich je nach ihrer spezifischen Problemlage unterscheiden und sich u.U. auch im Verlauf ihres Trauerprozesses von Zeit zu Zeit ändern.
Unter den *Bewältigungsstrategien* sind in Theorie und Praxis der Trauerbegleitung die *emotionsorientierten* vorrangig vor den *problemorientierten* behandelt worden, wie Stroebe/Stroebe zu Recht feststellen.[218] Dieses gilt mit Ausnahme der Erforschung von »Risikofaktoren« und dürfte sinnvollerweise aufgrund der klinischen Erkenntnis geschehen sein, dass äußere Problemlösungen (wie z.B. ein funktionaler Ersatz für verlorengegangene instrumentelle Unterstützung) allein zur Trauerbewältigung nicht ausreichen und dass die Defizite der Verlustbearbeitung häufig im emotionalen Bereich liegen.[219]
Allgemein wird in der Trauerforschung angenommen, dass unter den emotions-orientierten Bewältigungsstrategien die der »Trauerarbeit« die einzig erfolgversprechende sei. Dagegen werden andere emotionsorientierte Strategien als dysfunktional angesehen, die auf die Kontrolle von Emotionen durch Unterdrückung abzielen. Dazu gehören Verhaltensstrategien unter Einsatz ungeeigneter Bewältigungsressourcen wie Alkohol-, Drogen- oder Medikamentenkonsum, ein fortgesetztes Aufsuchen von Ablenkungen sowie kognitive Strategien wie anhaltende Verleugnung oder Verdrängung des Todes.

Damit ist nicht in Abrede gestellt, dass Ablenkung und Verdrängung zeitweilig in Trauerprozessen vorkommen und eine entlastende Funktion haben können. Niemand wird sich permanent mit intensiver Trauerarbeit beschäftigen können; Pausen

218 Vgl. a.a.O., 96.
219 Dieses dürfte m.E. auch heute noch zutreffen, auch wenn die »Verdrängung« von Tod und Trauer heute nicht mehr nur als individuelles psychologisches, sondern zunehmend auch als soziologisches Phänomen anzusehen ist. Durch die soziale Verdrängung und Vernischung wachsen für die rückbetroffenen Individuen zwar u.U. auch die äußeren sozialen Problemlagen an (z.B. Vereinsamung), gleichzeitig wird aber auch die emotionale und psychische Trauerbewältigung weiter erschwert, weil sie mit abnehmender sozialer Unterstützung geleistet werden muss, und weil auch zusätzliche äußere Problemlagen wiederum psychische und emotionale Rückwirkungen haben, die mitverarbeitet werden müssen.

und Erholungsphasen sind nötig, auch die Erfahrung, dass es neben dem erlittenen Verlust und den damit verbundenen einschneidenden Veränderungen noch Anteile von »Normalität« in der eigenen Wirklichkeit gibt, und dass »das Leben weitergeht«. Als dysfunktional werden die genannten Bewältigungsstrategien dann angesehen, wenn sie dauerhaft als *Ersatz* für die notwendige Trauerarbeit, d.h. im Sinne eines Flucht- und Vermeidungsverhaltens eingesetzt werden. Problematisch ist »Ablenkung« m.E. als Bewältigungs- bzw. Interventionsstrategie insbesondere dann, wenn sie von (professionellen oder nicht-professionellen) Trauer*begleiterInnen* eingesetzt wird, weil sie selbst die Trauerreaktionen nicht ertragen können, denen sie im Kontakt mit den Betroffenen ausgesetzt sind.

Aufgaben der Trauerarbeit

Stroebe/Stroebe kritisieren im Blick auf den allgemeinen Forschungskonsens, dass erstens nicht klar genug sei, was unter »Trauerarbeit« genau verstanden werde und wie ihre Funktionsweise zu erklären sei, und dass deren Wirksamkeit zweitens nicht genügend empirisch belegt sei. Etwas karikierend zitieren sie Freud (vgl. o.) und Lindemann (vgl. u.), deren Konzept der Trauerarbeit sie als eine Art Modell schrittweiser »Desensibilisierung« interpretieren, die erreicht werden solle, indem Trauernde sich so lange immer wieder den emotionserregenden Stimuli (d.h. den Erinnerungen an die Verstorbenen) aussetzen, bis die dabei empfundenen Schmerzen nachlassen.[220] Dabei handele es sich um einen *»passiven«* Prozess bloßen Verweilens bei Gedanken über den Tod bzw. über die Verstorbenen (*»ruminating about the death«*), den einige empirische Untersuchungen als eher kontraproduktiv zu erweisen scheinen. So sei z.B. von Pennebaker/O'Heeron (1984) gefunden worden, dass Hinterbliebene häufiger krank werden, die ständig ihren Gedanken über den Tod des oder der Verstorbenen nachhängen und sich nicht davon lösen können.[221] Dagegen scheine das reflektierende Sprechen über den erlittenen Verlust (Pennebaker/O'Heeron, 1984)[222] bzw. das reflektierende Schreiben über die mit dem traumatischen Erlebnis verbundenen Umstände und Gefühle (Pennebaker/Beall, 1986)[223] sich positiv auszuwirken. In Anlehnung an S.E. Taylor's Theorie kognitiver Anpassung an bedrohliche Situationen[224] ver-

220 Vgl. a.a.O., 97. Man fühlt sich eher an das Konzept von Gauthier/Marshall erinnert, vgl. o.

221 Genannt werden *J.H. Remondet* et al., Rehearsal for Widowhood, Journal of Social and Clinical Psychology (1986); *J.W. Pennebaker / R.C. O'Heron*, Confiding in others and illness rate among spouses of suicide and accidental death victims, in: Journal of Abnormal Psychology 93 (1984), 473–476; vgl. a.a.O., 97f.

222 Vgl. a.a.O.

223 Vgl. *J.W. Pennebaker / S. Beall*, Cognitive, emotional, and physiological components of confiding: Behavioral inhibition and disease (1986). Unveröffentlichtes Manuskript, rezipiert bei *Stroebe/Stroebe*, a.a.O., 99.

224 Vgl. *S.E. Taylor*, Adjustment to threatening events. A theory of cognitive adaptation, in: American Psychologist, 38 (1) (1983), 161–173, zit. bei *Stroebe/Stroebe*, a.a.O., 98.

treten Stroebe/ Stroebe daher ein Konzept von Trauerarbeit als *aktiver* Bewältigungsstrategie, die folgende Leistungen einschließt:

- *search for meaning in the experience*: Sinn in der Verlusterfahrung suchen,
  d.i. nach Stroebe/Stroebe der Versuch, das traumatische Ereignis zu begreifen, einschließlich der Gründe, die dazu führten und der Folgen, die es für das eigene Leben zukünftig haben wird;
- *regaining of mastery*: Das eigene Leben wieder meistern lernen,
  d.h. die eigene Hilflosigkeit überwinden und ohne die Verstorbene oder den Verstorbenen im Alltag zurechtzukommen;
- *self-enhancement*: Neues Selbstbewusstsein entwickeln,
  d.h. das eigene Selbstwertgefühl stärken.

Diese drei Aufgaben entsprechen m.E. dreien der vier von Stroebe/ Stroebe aufgeschlüsselten Defizite, die im Trauerfall eintreten. Um allen genannten Defiziten eine entsprechende Aufgabe gegenüberzustellen, ergänze ich als vierten Punkt:

- *social networking*: Neuordnung und Neubewertung sozialer Bezüge,
  d.h. Aktivierung und Ausbau des persönlichen sozialen Umfelds, eventuell Aufgabe einiger alter und Anknüpfen neuer Beziehungen.

Das so vervollständigte Entsprechungsverhältnis von im Trauerfall entstehenden Defiziten einerseits und von Aufgaben zu deren Bewältigung andererseits lässt sich nun schematisch darstellen:

Abb. 15:
Das Defizit-Modell von Partner- bzw. Personenverlust nach Stroebe/ Stroebe (1987) (Grafik und inhaltliche Ergänzungen: K.L.):

DEFIZITE IM TRAUERFALL:	AUFGABEN:
Verlust von instrumenteller Unterstützung / loss of instrumental support	Das eigene Leben wieder meistern lernen / regaining of mastery
Verlust von validierender Unterstützung / loss of validational support	Sinn in der Verlusterfahrung suchen / search for meaning in the experience
Verlust von emotionaler Unterstützung / loss of emotional support	Neues Selbstbewusstsein entwickeln / self – enhancement
Verlust von sozialer Identität / loss of social identity	Soziale Bezüge neu ordnen und neu bewerten / social networking

Auswertung und Weiterführung
Dass Stroebe/Stroebe Anforderungen an die aktive Leistung der Trauerarbeit hervorheben, ist sinnvoll, obwohl der Hintergrund, von dem sie sich abheben wollen, allenfalls ein populistisches Missverständnis und Zerrbild früherer Konzepte von Trauerarbeit ist. Schon die Psychoanalyse hat niemals eine Art von Dauer-Regression propagiert, in der Trauernde sich unreflektiert dem Sog schmerzlich-schöner Erinnerungen oder einer Fixierung an die Toten hingeben. Vielmehr hat sie eine aktive Auseinandersetzung mit dem Verlust gefördert, durch die die Bedeutung der eigenen Beziehung zu der oder dem Verstorbenen bewusst gemacht und ein schrittweiser Abbau psychischer Abhängigkeit ermöglicht wird.[225] Möglicherweise mag das in der Praxis helfender Berufe hier und da in Vergessenheit geraten sein;[226] es handelt sich dabei aber nicht um neue, sondern um von Beginn an intendierte Implikationen des Konzeptes von Trauerarbeit.
Stroebe/Stroebes o.a. Bewältigungsstrategien weisen gleichwohl in die richtige Richtung. Mit ihrem Konzept aktiver Trauerbewältigung kommen sie – das wird aus der obigen Grafik ersichtlich – einem Aufgaben-Modell wie dem von W. Worden (vgl. u.) sehr nahe, ohne es selbst so zu benennen. Neu und aufschlussreich, wenn auch etwas schematisch, ist ihre Analyse verschiedener *funktionaler* Ebenen der Verlusterfahrung, der sie die verschiedenen Bewältigungsstrategien zuordnen. Auf der Theorieebene integrieren sie dabei verschiedene Elemente aus mehreren der bisher hier behandelten explikatorischen Ansätze; auf der Praxisebene erleichtern sie damit die Analyse und die Strukturierung der Verlusterfahrung. Ohne dass Stroebe/Stroebe dies selber tun, lassen sich aus den von ihnen analysierten Defizitbereichen Rückschlüsse auf die Bedürfnislagen Trauernder und entsprechende Hinweise für die Trauerbegleitung ableiten:[227] TrauerbegleiterInnen werden die im Trauerfall entstehenden Defizite nicht decken können; in zweien der vier Defizitbereiche können sie sie aber auf direkte Weise lindern, indem sie Trauernden *selber* emotionale und validierende Unterstützung geben; und in den beiden verbleibenden Bereichen der instrumentellen Unterstützung und der sozialen Identität können sie eine Art »Hilfe zur Selbsthilfe« leisten, indem sie bei der *Identifikation* sowohl der Defizite als auch der zu ihrem Ausgleich vorhandenen Res-

225 Schmerz und Tränen können dabei als »Wegweiser« zu den noch am wenigsten bewältigten, bzw. am meisten bearbeitungsdürftigen Aspekten des Verlusts dienen.

226 Auch W. Worden scheint eine entsprechende Differenzierung für nötig zu halten; vgl. *W. Worden*, Grief Counseling, 10, 13 und insbes. 15.

227 *Stroebe/Stroebe* selbst greifen in ihren Ausführungen zur Praxis der Trauerbegleitung auf andere AutorInnen, allen voran William Worden, zurück. Vgl. *Stroebe/Stroebe*, a.a.O., 237f und das anschließende Kapitel. Neben Worden werden u.a. genannt: *B. Raphael, T. Rando, B. Schoenberg, Y. Spiegel.*

sourcen helfen. Letzteres dürfte nicht nur von praktisch-funktionalem Wert für die Reorganisation der desintegrierten Lebenswelt Trauernder sein, sondern sich mittelbar auch wiederum als validierende und emotionale Unterstützung auswirken: Denn es ist für Trauernde entlastend, wenn ihre Verlusterfahrung von anderen verstanden und bestätigt und wenn auch ihnen selbst deutlich wird, dass ihre Reaktionen nicht »verrückt«, sondern situationsentsprechend sind: beispielsweise, dass irritierende Gefühle von Hilflosigkeit und Überforderung nicht unbegründet, sondern eine angemessene Reaktion auf tatsächlich eingetretene Verluste instrumenteller Unterstützung sind; oder dass etwa Verunsicherungen über die eigene Identität nicht aus plötzlicher persönlicher Inkompetenz, sondern aus einer realen Veränderung bisheriger sozialer Rollen und Funktionen resultieren.

Interventionsregeln

M.E. ergeben sich aus Stroebe/Stroebe's Defizit-Modell für TrauerbegleiterInnen folgende Aufgaben:

- Die Verlusterfahrung analysieren und strukturieren helfen
- Entstandene Defizite in den Bereichen sozialer Identität und instrumenteller, validierender und emotionaler Unterstützung identifizieren helfen und validieren
- Vorhandene personale und soziale Ressourcen zur Deckung der entstandenen Defizite identifizieren helfen
- Emotionale und validierende Unterstützung geben

Inwieweit diese Aufgaben schon im Rahmen einer perimortalen Trauerbegleitung wahrgenommen werden können, wird noch zu behandeln sein.

Kritik

Kritisch ist noch anzumerken, dass die Stärke des Defizitmodells mit seiner Aufschlüsselung konkreter, funktionaler Aufgaben zugleich auch relativiert werden muss. Hier sind ähnliche Einwände geltend zu machen wie schon gegenüber den behavioristischen Modellen der Trauer: Erstens geht die Verlusterfahrung beim Tod eines Menschen nicht im Verlust der Summe seiner Funktionen, bzw. in den entstehenden funktionalen Defiziten auf.

Betrachten wir z.B. die Frage, warum der Verlust der Mutter oft besonders heftige Trauerreaktionen hervorruft. Verschiedene explikatorische Modelle der Trauer bieten hier unterschiedliche Begründungen an, z.B. erklärt die Bindungstheorie die starke Verlustreaktion aus der lebenswichtigen Schutzfunktion der Mutter als biologische Notwendigkeit und als instinktgeleitet. Die Besonderheit des Stroebe/ Stroebe'schen Defizitmodells ist der funktionale Erklärungsmodus: Die Mutter habe eine besonders signifikante Funktion im Bereich der emotionalen Unterstützung, und die emotionale Reaktion auf ihren Verlust sei deshalb besonders heftig, weil ein starkes Defizit im emotionalen Bereich eintrete (vgl. o.). Beide Modelle haben Plausibilität, beide erklären aber z.B. nicht, wieso die Trauerreaktion auch dann sehr heftig sein kann, wenn die Mutter die ihr zugeschriebenen Funktionen von Schutz und emotionaler Unterstützung real gar nicht ausgeübt hat, wenn sie z.B. eine »Rabenmutter« war oder von ihren Kindern getrennt lebte etc. Hier bietet die Psychoanalyse die weiterführenden Theoreme: Verloren und betrauert werden im Todesfall nicht nur die reale verstorbene Person und die Funktionen, die sie in der Beziehung zu den Hinterbliebenen tatsächlich ausgeübt hat, sondern auch psychische Repräsentanzen und Introjekte – mag es sich dabei auch z.B. um ganz unrealistische Projektionen handeln. Es kann auch betrauert werden, was in einer Beziehung *nicht* verwirklicht war, aber *gewünscht* wurde; oder auch, was *war*, aber nicht *gewollt* war. Dabei gilt es immer, den Ambivalenzkonflikt zu beachten, zu dessen Verständnis die Psychoanalyse im Gegensatz zu funktional orientierten Konzepten der Trauer ein analytisches Instrumentarium bietet.

Zweitens kann die Trauerbewältigung sich weder einseitig darauf *beschränken*, entstandene funktionale Defizite anderweitig abzudecken (vgl. o.), noch könnte sie es *leisten*, die verlorene Person und alles mit ihr Verlorene funktional zu ersetzen. Auch die Unersetzbarkeit des Verlorenen und die »Unlösbarkeit« mancher entstehender Probleme gehören m.E. zur Realität des Verlustes, und die Auseinandersetzung damit ist notwendiger Bestandteil der Verlustbewältigung. Die von Stroebe/Stroebe genannten inneren Bewältigungsressourcen muss man deshalb m.E. ergänzen, und zwar um die Fähigkeit, Bedürfnisspannungen auszuhalten. Dass jeder Verlust vollständig ausgleichbar bzw. restlos bewältigbar sei, ist m.E. eine Illusion, die sich psychologisch als Allmachtsphantasie einstufen lässt (komplementär zu Ohnmachtsphantasien bei Trauernden). Aus theologischer Perspektive sind dieser Vorstellung Kategorien wie Leidensfähigkeit und Annahme der geschöpflichen Begrenztheiten entgegenzusetzen.

Mit den genannten Einschränkungen halte ich das Defizitmodell von Stroebe/Stroebe aufgrund der dargestellten analytischen und praktischen Qualitäten für sehr brauchbar. Ich möchte es abschließend noch einmal insgesamt in einer Überblicks-Grafik darstellen:

Abb. 16: Trauerbewältigung nach Stroebe/Stroebe (1987)
(Grafik und inhaltliche Ergänzungen: K.L.):

TRAUERBEWÄLTIGUNG	
↙	↘
Kognitiv: Situationsbewertung	Verhalten: Aktivierung von Ressourcen

↓	↙	↘
Äußere Anforderungen (problemorientiert):	Äußere (soziale) Ressourcen	Innere (personale) Ressourcen
1. Verlust von instrumenteller Unterstützung Folgen: Hilflosigkeit, Ohnmacht, Überforderung	Finanzielle Mittel zur Existenzsicherung und Inanspruchnahme instrumenteller Dienstleistungen	Wissen, Fähigkeiten und Fertigkeiten zur Übernahme der zuvor an die Verstorbenen delegierten instrumentellen Funktionen
Aufgabe: regaining mastery: Das eigene Leben wieder meistern lernen, Hilflosigkeit überwinden, im Alltag zurechtkommen, in dem der/die Verstorbene fehlt	Instrumentelle Unterstützung durch Familie, Freunde, Nachbarn etc.; evtl. durch professionelle Hilfe (soziale Dienste)	Kommunikative und relationale Kompetenzen zur Erschließung alternativer Quellen von instrumenteller Unterstützung (Kontakte aktivieren, Bedürfnisse äußern, um Hilfe bitten etc.)
2. Verlust von sozialer Identität	Restbestand der identitätsgebenden Gruppe;	Ich-Stärke, persönliche Identität
Folgen: soziale Vereinsamung und Verunsicherung, evtl. sinkender Sozialstatus, reduziertes Selbstwertgefühl	Zugehörigkeit zu weiteren identitätsgebenden sozialen Gruppen;	Kommunikative und relationale Kompetenzen zur Erschließung alternativer sozialer Beziehungen
Aufgabe: social networking Neuordnung und Neubewertung sozialer Bezüge, Aktivierung und Ausbau des persönlichen sozialen Umfelds, evtl. Anknüpfen neuer Beziehungen	Soziale Unterstützung durch Familie, Freunde, Nachbarn etc.	

TRAUERBEWÄLTIGUNG	
Kognitiv: Situationsbewertung	Verhalten: Aktivierung von Ressourcen

Innere Anforderungen (emotionsorientiert):	Äußere (soziale) Ressourcen	Innere (personale) Ressourcen
3. Verlust von validierender Unterstützung Folgen: Verunsicherung über Selbst- und Weltbild, Sinnverlust (»Eine Welt bricht zusammen«); Angst, verrückt zu werden *Aufgabe: search for meaning in the experience* Klärung der Gründe, die zum traumatischen Erlebnis führten und der Folgen für das eigene zukünftige Leben; Suche nach Sinn in der Verlusterfahrung; Neukonstruktion des eigenen Selbst- und Weltbildes	Validierende Unterstützung durch Familie, Freunde, Glaubensgemeinschaft etc.; evtl. durch professionelle Hilfe (Seelsorge, Therapie)	Psychische Stabilität, Selbstbewusstsein, weltanschauliches Sinnsystem Kommunikative und relationale Kompetenzen zur Erschließung alternativer Quellen von validierender Unterstützung (Kontakte aktivieren, Ängste, Fragen, Gedanken mitteilen und Rückmeldung zur Selbstvergewisserung einholen etc.)
4. Verlust von emotionaler Unterstützung Folgen: Deprivation von menschlicher Zuwendung und positiver Verstärkung (strokes/Streicheleinheiten) Herabsetzung des Selbstwertgefühls, Gefährdung psychischer und physischer Gesundheit. *Aufgabe: self-enhancement* Stärkung des Selbstbewusstseins; Suche nach menschlicher Wärme oder Kompensation der Bedürfnisspannung	Emotionale Unterstützung durch Familie, Freunde, etc.; evtl. durch professionelle Hilfe (Seelsorge, Therapie; bei Erkrankungen ärztliche Behandlung)	Ich-Stärke, Fähigkeit zur Verarbeitung starker, auch negativer Gefühle; evtl. Vorerfahrungen mit Trauerbewältigung, Leidensfähigkeit, Fähigkeit, Bedürfnisspannungen zu ertragen. Kommunikative und relationale Kompetenzen zur Erschließung alternativer Quellen von emotionaler Unterstützung; Fähigkeit zur Sublimierung/Kompensation von Bedürfnisspannungen

3. Deskriptive Modelle: Phänomenologie der Trauerreaktion

»Deskriptiv« nenne ich diejenigen Beiträge zur Trauerforschung, deren Anliegen weniger die Qualifizierung der Verlusterfahrungen, bzw. die Erklärung der Mechanismen ist, die Trauerreaktionen auslösen als vielmehr die phänomenologische Erfassung und Beschreibung der Trauerreaktionen selbst. Darunter zähle ich *Symptomatologien* im engeren Sinne, dann *Phasen- oder Verlaufsmodelle*, die erweiterte (in eine zeitliche Reihenfolge gebrachte) Symptomatologien darstellen, und schließlich *Aufgabenmodelle*, weil sie offenbar durch Rückprojektion von beobachteten Trauerverläufen gewonnen werden.

3.1 Symptomatologien

Der »Klassiker« der Trauersymptomatologie: Erich Lindemann

Die erste systematische Beschreibung symptomatischer Trauerreaktionen, die nicht auf Einzelbeobachtungen,[228] sondern auf einer größer angelegten Studie fußt, hat im Kriegsjahr 1944 der damals in Boston praktizierende, psychoanalytisch vorgebildete Mediziner und Psychiater Erich Lindemann vorgelegt, und zwar in seinem Artikel »Symptomatology and Management of Acute Grief«.[229] Es handelt sich dabei um den zweiten »Klassiker« der Trauertheorie, auf den sich (neben dem o.a. Beitrag von S. Freud) in der Trauerforschung fast alle einschlägigen AutorInnen beziehen. Lindemanns Beitrag wird viel zitiert

228 Aufgrund von Einzelbeobachtungen hatte *K. Landauer* schon 1925 eine umfassende Liste psychosomatischer Trauersymptome zusammengestellt. Sie enthält (1) Weinen, incl. krampfartiges Zusammenziehen des Zwerchfells, Atemnot, bei neurotischen Patienten Asthma; (2) Veränderungen im Speichelfluss, die zu Völlegefühl, Aufstoßen, Erbrechen und Koliken führen können; (3) Achylie (mangelhafte Magensaftbildung) mit den Folgen Völlegefühl, Appetitlosigkeit; (4) Verdauungsstörungen: Obstipation und Diarrhoe, auch in raschem Wechsel; (5) Pseudo-Parkinson, d.h. Ausdrucksarmut und -verlangsamung, ebenso Hypotonie (Niedrigblutdruck), die zu Schlafstörungen führt, sowie Bewegungsarmut oder Überaktivität (= Hypo- oder Hypermobilität); (6) (Herz-)Schmerzen, Druck, Brennen, Krampfen, Wundgefühl; (7) Assoziationshemmung und Affektlosigkeit (als Ausdruck trauriger Verstimmung). Vgl. *K. Landauer*, Äquivalente der Trauer, in: Internationale Zeitschrift für Psychoanalyse 11 (1925), 194–205.

229 *E. Lindemann*, Symptomatology and Management of Acute Grief, in: American Journal of Psychiatry 10 (1944), 141–148. Vgl. auch Lindemanns spätere Veröffentlichungen: Modifications in the course of ulcerative colitis in relationship to changes in life situations and reaction patterns, in: Life Stress and Bodily Disease, Association for Research in Nervous and Mental Disorders 29 (1950), 706–723; ebenso die Monographie: Beyond Grief. Studies in Crisis Intervention, New York (Aronson) 1979, deutsche Ausgabe: Jenseits von Trauer, Göttingen 1985.

und offenbar wenig gelesen.[230] Als Vorreiter der Trauerforschung verdient er, hier eingehend dargestellt zu werden.
Sein Forschungsinteresse an einer symptomatologischen Erfassung von Trauerreaktionen begründet Lindemann zunächst zeitgeschichtlich: Angesichts des aktuellen Anstiegs von Trauerfällen durch Kriegsverluste sei eine Untersuchung der potentiellen Auswirkungen auf die physische und psychische Gesundheit der Bevölkerung notwendig.[231] Darüber hinaus sei eine Trauersymptomatologie aber auch allgemein-psychiatrisch von hoher Relevanz, weil Trauer – obwohl an sich nicht pathologisch, sondern »normal« – zu den Hauptauslösern psychosomatischer Störungen und Erkrankungen gezählt werde.[232]
Im genannten Beitrag präsentiert Lindemann die Ergebnisse von Beobachtungen aus psychiatrischen Gesprächsreihen mit 101 trauernden Personen, die er und seine MitarbeiterInnen klinisch untersucht und behandelt haben. Diese teilen sich in drei Fallgruppen: psychiatrische PatientInnen, die im Laufe ihrer Therapie einen Trauerfall hatten; Zugehörige von PatientInnen, die in der Klinik verstarben; schließlich Überlebende des Bostoner Cocoanut Grove Fire Desasters von 1942, die selbst aus dem Feuer gerettet wurden, in dem ihre Zugehörigen umkamen, und anschließend in der Klinik behandelt wurden.[233] Seine aus dieser Arbeit gewonnenen Erkenntnisse bündelt Lindemann in vier *Thesen*:[234]

230 Unter den neueren Monographien vgl. zur Rezeption Lindemanns z.B. *Cleiren*, Bereavement and Adaptation, 14, und *Jerneizig/Langenmayr*, Trauertherapie, 47. Beide behaupten fälschlicherweise, zu den von Lindemann genannten Symptomen gehöre *Schlaflosigkeit;* beide stellen auch falsch dar, welche Fallgruppen von PatientInnen (auch *Sample* oder *Stichprobe* genannt) Gegenstand von Lindemanns Studie waren. Auch die umfassendste unter den älteren Monographien verrät Unkenntnis, speziell über Lindemanns Sample; vgl. *Spiegel*, Prozeß, 45. Den Autoren lagen offenbar z.T. spätere Veröffentlichungen Lindemanns von 1950 und 1979 vor, aber nicht die klassische und häufig falsch zitierte Studie aus dem Kriegsjahrgang 1944, die in vielen Bibliotheken fehlt und schwer zu beschaffen ist. Eine korrekte Darstellung findet sich unter den neueren Veröffentlichungen bei *Stroebe/Stroebe*, Bereavement and Health (8f, 17f u.ö.), nach meiner Kenntnis und Einschätzung auch insgesamt die bestrecherchierte und gründlichste derzeit vorliegende wissenschaftliche Arbeit zum Thema Trauer.

231 Vgl. a.a.O., 141.

232 Vgl. ebd.

233 A.a.O., 141. Im Cocoanut Grove Nightclub wurde im Herbst 1942 ein großer Sieg der Football-Mannschaft des Katholischen Bostoner Colleges »Holy Cross« gefeiert, als in den Räumen ein Feuer ausbrach, in dem fast 500 Menschen umkamen. Überlebende, die Zugehörige im Feuer oder an seinen Folgen verloren hatten und selbst verletzt waren, wurden in Lindemanns Klinik somatisch und psychologisch behandelt.

234 Vgl. ebd.

1. Akute Trauer ist ein klar definierbares *Syndrom* mit einem bestimmten psychischen und physischen Erscheinungsbild. (Seinen Begriff von »akuter Trauer« definiert Lindemann nicht, bezieht sich aber offenbar auf Phänomene, die sich sofort, aber auch noch mindestens sechs Monate nach einem Todesfall einstellen.[235])
2. Dieses Syndrom tritt im Normalfall unmittelbar nach einer Krise auf, abweichend aber auch verzögert, mit scheinbar abwesenden oder auch mit übersteigerten Symptomen.
3. Anstelle des üblichen Syndroms sind auch »verzerrte« (*distorted*) bzw. gestörte Erscheinungsbilder zu beobachten, die jeweils einen besonderen Aspekt des Syndroms überzeichnen.
4. Diese »verzerrten« Erscheinungsbilder sind – und hier benennt Lindemann sein eigentliches, therapeutisches Interesse – durch angemessene Behandlungstechniken in eine »normale« Trauerreaktion transformierbar, die dann schließlich »aufgelöst« (*resolved*) werden kann.

Trauersymptome nach Lindemann
Lindemanns Aufzählung »normaler« Trauersymptome weist, wie der Vergleich mit anderen hier dargestellten Untersuchungen zeigt, bereits eine bemerkenswerte Übereinstimmung mit späteren Forschungsergebnissen auf. Sie umfasst:[236]

- Somatische Störungen wie Atembeschwerden, insbesondere röchelndes und seufzendes Atmen (*choking and sighing respiration*), Kraftlosigkeit und Erschöpfung sowie Verdauungsstörungen (einschließlich Störungen des Speichelflusses und des Appetits), etc., wobei körperliches Unbehagen oder Schmerzempfinden typischerweise in Wellen über die Trauernden hereinbrechen und oft von intensiver emotionaler Anspannung (*subjective distress described as tension*) und psychischem Schmerz (*mental pain*) begleitet sind;
- Präokkupation mit der oder dem Verstorbenen bei gleichzeitiger Störung der sonstigen Wahrnehmung: Man ist ständig mit inneren Bildern und Erinnerungen an die Verstorbenen beschäftigt, während andere Dinge und Personen unwirklich und entfernt scheinen (heute nennt man diese Formen der Wahrnehmungsstörung Derealisation und Depersonalisation);
- Schuldgefühle;
- Aggressivität, Reizbarkeit oder Feindseligkeit;
- Verhaltensänderungen wie Überaktivität und Rastlosigkeit oder Aktivitätshemmung und Verlangsamung;
- Auf der Grenze zwischen Normalität und Pathologie liegt nach Lindemann die in der Psychoanalyse sog. »Symptombildung durch

235 Vgl. u.a. die Zeitangabe im Fallbeispiel des Luftwaffensoldaten, a.a.O., 142.
236 Vgl. a.a.O., 141f.

Identifikation«, d.h., dass die Trauernden selbst Züge, Verhaltensweisen oder Krankheitssymptome der Verstorbenen annehmen.

»... shown by patients who border on pathological reactions, ... is the appearance of traits of the deceased in the behavior of the bereaved, especially symptoms shown during the last illness, or behavior which may have been shown at the time of tragedy.«[237]

Gängige Beispiele aus dem Verhaltensbereich sind etwa, dass Trauernde Körperhaltung oder Gang eines Verstorbenen annehmen oder im eigenen Spiegelbild die Gesichtszüge des Verstorbenen zu erkennen glauben. Lindemann nennt aber auch ausgeprägtere Varianten wie den Fall der Witwe eines Versicherungsvertreters, die nach dem Tod ihres Mannes (ohne qualifiziert zu sein) selbst zahlreiche Versicherungsgesellschaften anschrieb, um ihnen ihre Dienste anzubieten.[238] Im psychosomatischen Bereich beschreibt er u.a. den Fall einer trauernden Tochter, deren EGK drei Wochen lang krankhafte Veränderungen aufwies, nachdem ihr Vater an einer Herzkrankheit verstorben war.[239] W. Lammers berichtete auf dem o.a. Bad Segeberger Symposium im Juni 1995 von einer Patientin, die nach dem Tod ihres Ehemannes im ganzen Gesicht massiven Bartwuchs entwickelte.

Prognostik und Therapie nach Lindemann

Über *Dauer und Verlauf* des »normalen« Trauerprozesses macht Lindemann in dem entsprechend überschriebenen Abschnitt seines Beitrags keine detaillierten Angaben.[240] Als gewünschte *Ziele* des Trauerprozesses, die durch Trauerarbeit (*grief work*) zu erreichen seien, nennt er die Lösung der Bindung an die Verstorbenen (*emancipation from the bondage [!] to the deceased*), die Wiederanpassung (*readjustment*) an eine Umwelt, in der der oder die Verstorbene fehlt, und die Etablierung neuer Beziehungen.[241] Zu *Prognostik und Risikofaktoren* führt Lindemann aus:[242] Die Schwere der zu erwartenden Trauerreaktionen hängt generell davon ab, wie groß die Interaktionsdichte zwischen den Hinterbliebenen und den Verstorbenen vor dem Tod war, bzw. welche soziale Signifikanz die Beziehung für die Hinterbliebenen hatte. Hat der oder die Verstorbene eine Schlüsselrolle im sozialen Bezugssystem

237 A.a.O., 142.
238 Vgl. a.a.O.,143.
239 Vgl. a.a.O., 144.
240 Vgl. a.a.O., 143f: »Course of Normal Grief Reactions«.
241 A.a.O., 143, Hervorhebung von mir. Es scheint mir bemerkenswert, dass Lindemann hier einen so starken Ausdruck benutzt. Das Wort *bondage* hat die Konnotation »Gefangenschaft, Knechtschaft« (es wird z.B. biblisch für die Knechtschaft Israels in Ägypten gebraucht) und legt nahe, dass Lindemann die Trauerarbeit bzw. Trauerbegleitung geradezu als eine Art »Befreiungskampf« erlebt. Man kann fragen, ob Lindemann mit diesem starken Impetus (vgl. auch a.a.O., 147, unter »Management«) womöglich über das Ziel hinausschießt. Zur Kritik an ambitionierten Formen der Trauerbegleitung, bei denen Trauernde z.T. beinahe gewaltsam in ein konflikthaftes Gefühlstief hineingedrängt werden, vgl. *Wortman/Silver*, Myths, 354f.
242 Vgl. a.a.O., 146f.

des oder der Hinterbliebenen gespielt, ist mit starken Trauerreaktionen zu rechnen, und zwar unabhängig davon, ob die Qualität der Beziehung positiv oder negativ war. Auch der Tod eines verhassten Menschen kann intensive und komplizierte Trauerreaktionen hervorrufen, gerade dann, wenn negative und ambivalente Affekte nicht ausgedrückt werden konnten. Speziell gefährdet sind Mütter, die ein kleines Kind verlieren, und Hinterbliebene mit einem obsessiven Persönlichkeitsprofil, die früher bereits unter Depressionen gelitten haben; in diesen Fällen ist nach Lindemann mit besonders schweren oder fehlgeleiteten Trauerreaktionen zu rechnen.
Zwei Typen von Trauerreaktionen stuft Lindemann als *»pathologisch« bzw. pathogen* (*morbid*) ein, nämlich:[243]

- Verzögerung oder Verschleppung der Trauerreaktionen (*delay or postponement*);
- »Verzerrte« oder »gestörte« Trauerreaktionen (*distortet reactions*)

Die *Verzögerung oder Verschleppung* kann über Jahre andauern und nicht nur, wie seit Freud bekannt, zu Depressionen oder anderen psychischen und psychosomatischen Erkrankungen führen (darunter auch einige der unter den »verzerrten« oder »gestörten« Trauerreaktionen genannten), sondern auch zu verspäteten Durchbrüchen starker und schwer zuzuordnender Trauerreaktionen.

Als Beispiel vgl. den schon oben erwähnten Fall eines 42-jährigen Patienten Lindemanns, der ohne erkennbaren Anlass starkes Trauerverhalten zeigt. Psychiatrische Gespräche ergeben, dass die Mutter des Mannes 20 Jahre zuvor im Alter von 42 Jahren Suizid begangen hat. Die verspätete Trauerreaktion wird hier dadurch ausgelöst, dass der Hinterbliebene selbst das Sterbealter der Verstorbenen erreicht.[244]
In der Krankenhausseelsorge habe ich sehr häufig angetroffen, dass der aktuelle Sterbefall heftige Trauerreaktionen auf länger zurückliegende Sterbefälle auslöst, die bisher ganz oder teilweise verdrängt wurden. Z.B. erinnert dann das aktuelle Sterben des Vaters einen Zugehörigen an den Jahre zurückliegenden Tod seiner Mutter und löst plötzlich die ungelebte Trauer um die Mutter aus, die die Gefühle gegenüber dem sterbenden Vater stark überlagern.

»Verzerrt« oder »gestört« nennt Lindemann solche Trauerreaktionen, bei denen einzelne Symptome in übersteigerter Form hervortreten. Der Unterschied zwischen »normal« und »pathologisch« dürfte hier – wie auch überhaupt – ein gradueller und die Grenze schwer zu ziehen sein.[245]
Wesentlicher als die Klassifizierung in krankhafte und nicht krankhafte Erscheinungsformen ist, dass Lindemann Trauersymptome für *therapierbar* hält:[246] Nach seiner klinischen Erfahrung seien unkomplizierte

243 Vgl. a.a.O., 144–146.
244 A.a.O., 144.
245 Vgl. unter II.3 meinen Exkurs zum Thema »Trauer und Pathologie«.
246 Vgl. zum Folgenden, a.a.O., 144, 141, 147.

Trauerreaktionen innerhalb von vier bis sechs Wochen durch acht bis zehn Beratungsgespräche so weit bearbeitbar (*resolvable*), dass Gefahren wie eine Verzögerung oder Verschleppung bzw. eine chronische Verlängerung des Trauerprozesses oder spätere pathogene Entwicklungen (etwa eine misslingende soziale Wiederanpassung oder eine manifeste medizinische Erkrankung) auszuschließen seien. Komplizierte Trauerverläufe mit schweren (»pathologischen«) Symptomen sind nach Lindemann durch entsprechende Intervention meist in einen normalen Trauerprozess transformierbar und dann entsprechend bearbeitbar. Besonders ist hier Lindemanns wichtiger Hinweis zu unterstreichen, dass nicht nur »Über-Reaktionen«, sondern vor allem die häufig übersehenen »*Unter*-Reaktionen« therapeutische Aufmerksamkeit verlangen, weil gerade unterdrückte bzw. verzögerte Trauer destruktive Potentiale freisetzt.[247] Häufig ziehen ja diejenigen Hinterbliebenen mit den stärksten und expressivsten Trauerreaktionen die meiste Aufmerksamkeit auf sich, während gefasst und kontrolliert reagierende unproblematisch erscheinen und sich selbst überlassen bleiben. Gerade bei ihnen kann aber die fehlende Auslösung der Trauer kritisch sein (vgl. u. die Fallgeschichten).
Die von Lindemann empfohlene *therapeutische Intervention* besteht generell darin, Trauernde bei der Trauerarbeit zu unterstützen, d.h. bei folgenden, um Erinnerungsarbeit und Beziehungsklärung kreisenden Aufgaben behilflich zu sein:

»He [i.e. der/die Trauernde] has to accept the pain of the bereavement. He has to review his relationships with the deceased, and has to become acquainted with the alterations in his own modes of emotional reaction. His fear of insanity, his fear of accepting the surprising changes in his feelings, especially the overflow of hostility, have to be worked through. He will have to express his sorrow and sense of loss. He will have to find an acceptable formulation of his future relationship to the deceased. He will have to verbalize his feelings of guilt, and he will have to find persons around him whom he can use as ›primers‹ for the acquisition of new patterns of conduct. All this can be done in eight to ten interviews.«[248]

Lindemann illustriert dies mit verschiedenen *Fallgeschichten,* von denen ich zwei in gekürzter Übersetzung wiedergebe, und zwar einen tragischen Fall einer verschleppten Trauerreaktion, die bei ihrem verspäteten Durchbruch nicht mehr auffangbar war, gegenüber einem Fall gelungener Initiation von Trauerarbeit mithilfe präventiver Intervention:
Ein 32-jähriger Mann ist nach dem Cocoanut-Grove-Feuer mit leichten Verbrennungen ins Krankenhaus eingeliefert worden, deren operative Versorgung und Heilung gut verlaufen sind. Am fünften Tag nach der Einlieferung wird ihm mitge-

247 Vgl. a.a.O., 147.
248 A.a.O., 147. Leider sind bis heute weder Lindemanns Empfehlung, in Fällen von schwerer Depression Elektroschockbehandlung anzuwenden, noch seine Befürwortung phsychopharmakologischer Medikamentierung von depressiven Trauerreaktionen trotz ihrer Problematik noch keineswegs obsolet. Vgl. dazu u. in der Auswertung der Symptomatologie.

teilt, dass seine Frau im Feuer umgekommen ist. Er erscheint erleichtert, nun Gewissheit über das von ihm schon Befürchtete erhalten zu haben. Die Ärzte sind beeindruckt von seiner ungewöhnlich gut kontrollierten Haltung, die er während seines gesamten Klinikaufenthaltes beibehält. Eine Trauerbegleitung findet nicht statt. Nach kurzer Zeit wird er, noch im Herbst, nach Hause entlassen, jedoch am Neujahrstag überraschend von seiner Familie wieder in die Klinik gebracht. Nach seiner Heimkehr hat er eine ständige Rastlosigkeit entwickelt, verschiedene Reisen begonnen und abgebrochen und leidet seither unter starker Agitiertheit, Geistesabwesenheit, Angstzuständen und einer Unfähigkeit, sich auf irgendeine gezielte Tätigkeit zu konzentrieren. In der Klinik setzen sich diese Symptome fort, auch mühsam in Gang gebrachte Gespräche bricht der Patient immer wieder abrupt ab und murmelt, niemand könne ihm helfen, er sei verloren bzw. verdammt (*doomed*). Er klagt über extreme innere Anspannung, Schwächezustände und Erschöpfung und darüber, dass er nicht atmen könne. Er müsse entweder wahnsinnig werden, oder etwas Schreckliches werde geschehen. Fragmentarische, vom Patienten meist abgebrochene therapeutische Sitzungen ergeben, dass der Mann bei dem Versuch, seine Frau aus dem Feuer zu retten, ohnmächtig geworden und von der fliehenden Menge mit hinaus ins Freie gezogen worden ist, während seine Frau zurückblieb und verbrannte. Von Schuldgefühlen und Gewaltphantasien verfolgt, springt der Mann am sechsten Tag seines Klinikaufenthaltes durch ein geschlossenes Fenster in den Tod.[249]

Eine 40-jährige Frau mit einem 10-jährigen Kind verlor ihren Mann ebenfalls durch das Cocoanut-Grove-Feuer. Während der ersten drei Tage nach seinem Tod reagiert sie mit extremer Depressivität und Verzweiflung, weint heftig und will nicht mehr leben. Dem behandelnden Psychiater beschreibt sie ihre schmerzvolle Präokkupation mit Erinnerungen an ihren Mann: Sie sieht ihn lebhaft vor sich, wie er zur Arbeit geht und wie er abends heimkehrt, mit dem Hund spielt, sein Kind begrüßt, etc. Sie kann den Gedanken nicht ertragen, dass er nicht mehr wiederkommt, und hat Angst, verrückt zu werden. Sie rekapituliert alle Qualitäten ihres Mannes, seine Hingabe an sie, die Tragik seines Todes auf dem Höhepunkt seines Erfolges. Nach zehn Tagen der intensiven Beschäftigung mit ihrer Trauer beginnt sie den Verlust ihres Mannes zu akzeptieren. Sie entwickelt eine Bindung an den Psychiater und wartet täglich sehnsüchtig auf die nächste Sitzung mit ihm [man erkennt hier das vorübergehende Eintreten des Beraters in die Rolle des Verstorbenen, bzw. in die entstandene Lücke, Anm. der Autorin]. Dabei empfindet sie zugleich Schuldgefühle gegenüber ihrem verstorbenen Mann und Erleichterung, weil sich darin ihre Fähigkeit abzeichnet, evtl. zukünftig wieder neue Beziehungen einzugehen. Darauf setzt ein Aktivitätsschub ein: Die Frau bedenkt, wie sie zukünftig für sich und ihre Tochter die Existenz sichern will; sie plant erste Schritte, um ihre frühere Berufstätigkeit als Sekretärin wieder aufzunehmen, ihre Französischkenntnisse aufzufrischen etc. Ihre körperliche und psychische Genesung verläuft von da an gut; nach ihrer Entlassung gelingt ihr die Wiederanpassung an das häusliche Leben schnell.[250]

Würdigung Lindemanns

Es ist unschwer zu erkennen, dass Lindemanns Papier eine deutliche *Nähe zu Freud* aufweist. Das gilt für seine Beschreibung der Symptomatik der Trauer mit Ausnahme des psycho*somatischen* Bereichs, für

249 Vgl. a.a.O., 146.
250 Vgl. a.a.O., 143.

den sich Freud nicht interessierte. Und es gilt ebenso weitgehend für seine Auffassung von der Notwendigkeit und den Zielen der Trauerarbeit. Während er, wie noch näher auszuführen sein wird, hinsichtlich therapeutischer Ansatzpunkte weit über Freud hinausgeht, teilt Lindemann u.a. die folgenden Kernthesen mit ihm, die, wie wir gesehen haben, in der Trauerforschung heute weithin anerkannt sind:[251]

- Bewusste Trauerarbeit, einschließlich des Ausdrückens und des Durcharbeitens der dabei aufbrechenden Gefühle, ist zur Trauerbewältigung notwendig;
- Deren Vermeidung oder Behinderung kann pathogene Folgen haben;
- Trauerarbeit kann und muss u.U. therapeutisch unterstützt werden.

Lindemann unterscheidet sich aber darin von Freud und anderen, dass er diese Aussagen nicht explikatorisch, also durch ein begründendes Theoriemodell zu untermauern, sondern phänomenologisch durch klinische Beobachtungen und Versuche in statistisch repräsentativer Zahl zu gewinnen, bzw. empirisch zu bestätigen sucht.

Heutigen Ansprüchen an eine empirisch-operationalisierte wissenschaftliche Untersuchung kann Lindemanns Studie allerdings nicht genügen. Das gilt schon wegen der ungewöhnlichen Diversität der Fallgruppen seines Samples, das mit dem Anteil an psychiatrischen PatientInnen auch nicht als repräsentativ für den Bevölkerungsdurchschnitt gelten kann. Darüber hinaus sind die Mängel an methodischer Kontrolliertheit der Studie eklatant: Angaben über Operationalisierung und Messbarkeit fehlen, es gab keine Kontrollgruppe, und die Studie und ihre Ergebnisse sind aufgrund der fehlenden Angaben nicht replizierbar. Darin ist die Studie ein Beispiel dafür, dass Forschungsergebnisse nicht schon deshalb gesichert und zuverlässig sind, weil sie als »empirisch« gelten. Neben methodischen Mängeln, wie sie auch in anderen empirisch-quantifizierenden Studien der Tauerforschung teilweise vorkommen,[252] ist jeweils zu prüfen, wie repräsentativ eine Studie ist (eine Reihe von Untersuchungen beruhen auf Samples von nur ca. 30 und weniger untersuchten Personen![253]) und welche Reichweite

251 Vgl. o. im Abschnitt über psychoanalytische Trauermodelle.

252 Vgl. z.B. als einen weiteren vielzitierten »Klassiker« die 1959er Studie von *Marris*, deren Ergebnisse ebenfalls nicht anhand einer Kontrollgruppe überprüft wurden.

253 Ein Sample von nur 27 Trauernden (n = 27) untersuchten – als Grundlage für eine ganze Monographie! *Jerbeizig/Langenmayr*, Trauertherapie. Das Sample beträgt n = 20 bei *J. Cameron / C.M. Parkes*, Terminal care: evaluation of the effects on surviving family of care before and after bereavement, in: Postgraduate Medical Journal 59 (1983), 73–78. Bei n = 31 liegt *B. Raphael*, Preventive Intervention with the Recently Bereaved, in: Archives of General Psychiatry 34 (1977), 1450–1454. *T. Lundin*, Morbidity following Sudden and Unexpected Bereavement, in: British Journal of Psychiatry 144 (1984), 84–88, beruht auf n = 32. Der häufig zitierten Untersuchung von *P. Clayton* et al., A Study of Normal Bereavement, in: American Journal of Psychiatry 125

sie aufgrund ihrer Fragestellung und ihrer Versuchsanordnung hat.[254] Die angedeuteten Schwierigkeiten lassen es als fraglich erscheinen, ob empirisch-quantifizierende Studien anderen Forschungsmethoden generell überlegen sind. Grundsätzliche methodologische Probleme der empirischen Trauerforschung können hier jedoch nicht ausführlich diskutiert werden.[255]

Ungeachtet der genannten Probleme sind Lindemanns Forschungsergebnisse bis heute immer wieder zustimmend rezipiert worden.[256] Darüber hinaus haben neuere Untersuchungen zur Trauer-Symptomatologie seine Ergebnisse bestätigt und erweitert (vgl. die übrigen hier vorgestellten Studien).

Vor allem aber hat Lindemanns Beitrag – und auch deshalb lohnt sich hier die gründliche Darstellung – *über die reine Symptomatologie hinaus noch weitere Bedeutung*: Für unseren Zusammenhang ist besonders seine *präventiv-therapeutische Zielrichtung* von Interesse. Für Lindemann gewinnt nämlich die Symptomatologie ihre Relevanz erst dadurch, dass die gesundheitlichen Risiken von Trauer, insbesondere von fehlgeleiteten Trauerprozessen, erkannt und auch reduziert werden. Lindemann hat im Bemühen um professionelle Hilfen zur Trauerbewältigung eine Vorreiterrolle eingenommen: Er hat nicht nur bereits 1948 eine der ersten Trauerberatungsstellen eingerichtet,[257] sondern vor allem eine *präventive Intervention schon in der Frühphase des Trauerprozesses* vorgeschlagen und praktiziert – mit der Intention, dass Trauernde nicht erst dann beraten oder therapiert werden sollen, wenn die Trauerbewältigung misslingt und Störungen der physischen oder psychischen Gesundheit auftreten. Vielmehr soll einer pathogenen

(1968), 168–178, liegt ebenfalls ein geringes Sample von n = 40 zugrunde. Dagegen vgl. *D. Maddison / A. Viola*, The Health of Widows in the year following Bereavement, in: Journal of Psychosomatic research 12 (1968), 223–233, die mit n = 375 arbeiten, und *Cleiren*, Bereavement and Adaptation, mit n = 309.

254 *Cleiren*, Bereavement and Adaptation, 260f u.ö., reflektiert die Grenzen seiner Untersuchung, wenn er die Aussagekräftigkeit seiner Ergebnisse selbst relativiert. Meines Wissens handelt es sich dabei um die neueste großangelegte Studie (veröffentlicht 1993, Sample n = 309), jedoch nicht zur Symptomatik, sondern zur Adaptation Trauernder.

255 Vgl. dazu ausführlich *O. Hansson* et al., Measurement issues in bereavement, in: *Stroebe/Stroebe/Hansson*, Handbook, 62–74, sowie *Stroebe/Stroebe*, Bereavement and Health, 121–133, wo u.a. Reihenuntersuchungen (*large-scale surveys*) vs. Tiefenuntersuchungen (*in-depth interviews bzw. studies*), Längsschnitt- vs. Querschnittuntersuchungen und retrospektive vs. prospektive Studien erörtert werden.

256 Die Rezeption geschieht z.T. offenbar ohne gründliche Kenntnis der Studie.

257 Die Gründung der Trauerberatungsstelle erfolgte gemeinsam mit Gerald Caplan in Wellesley bei Boston; zu der z.T. dort entwickelten und angewandten Theorie und Praxis der Krisenintervention vgl. die schon genannte Monographie von *Caplan*, Principles 1.

Entwicklung vorgebeugt werden, und zwar vor allem, indem *am Beginn* des Trauerprozesses die Verzögerung oder Unterdrückung von Trauerreaktionen vermieden wird.

»It is of the greatest importance to notice that not only over-reaction but under-reaction of the bereaved must be given attention, because delayed responses may occur at unpredictable moments and dangerous distortions of the grief reaction, not conspicious at first, be quite destructive later and these may be prevented.«[258]

Positiv ausgedrückt heißt das, dass die frühestmögliche Auslösung von Trauerreaktionen und Trauerarbeit unterstützt werden sollte. Wo möglich,[259] hat Lindemann offenbar mit seiner Trauerbegleitung – und das ist in der Rezeption und Fortschreibung seines Beitrags nicht aufgenommen worden! – bereits unmittelbar nach der Einlieferung von Opfern und Zugehörigen im Krankenhaus angesetzt. Damit, und auch, weil er bereits Phänomene der antizipatorischen (d.h. bereits vor Eintritt des Todes beginnenden oder vorweggenommenen) Trauer beachtet hat,[260] liegt er genau auf der Linie meines Anliegens.
Die *gesellschaftliche und* insbesondere die *gesundheitspolitische Relevanz einer präventiven Trauerbegleitung* liegt auf der Hand, wenn Trauer nach Lindemann einer der häufigsten Auslöser psychosomatischer Störungen ist.[261] Lindemann hat zu seiner Zeit (d.h. in den vierziger Jahren) darauf hingewiesen, dass in der Wahrnehmung des gesamtgesellschaftlichen Interesses an der Begleitung Trauernder die *religiösen Institutionen* führend, aber nicht kompetent genug seien. Ihre Leistung bestehe vorwiegend darin, den Trauernden Trost (*comfort*) anzubieten, und zwar durch Jenseitsvorstellungen, die dem Wunsch nach einer Fortsetzung der Beziehung mit den Verstorbenen entgegenkommen und die Gelegenheit in Aussicht stellen, Versäumtes nachzuholen; durch Rituale, die die soziale Interaktion Trauernder mit anderen unterstützen; und schließlich durch die Vorstellung eines gnädigen Gottes, die von überzogenen Schuldgefühlen entlasten könne. Trost allein sei aber nicht genug und biete keine adäquate Unterstützung der nötigen Trauerarbeit.

»While these measures have helped countless mourners, comfort alone does not provide adequate assistence in the patient's grief work.«[262]

Seit Lindemann ist daraus die Konsequenz gezogen worden, die Begleitung Trauernder aus der Zuständigkeit der Kirchen heraus in andere Hände zu verlagern. Längst haben Medizin, Psychologie und neuer-

258 A.a.O., 147
259 D.h. vor allem bei Hinterbliebenen der Coconut-Grove-Opfer.
260 Vgl. a.a.O., 147f.
261 *Lindemann*, a.a.O., 141; vgl. o.
262 Vgl. a.a.O., 147.

dings das Bestattungswesen weite Bereiche der Trauerbegleitung übernommen, während sich die Kirchen vorwiegend auf das Bestattungsritual beschränken. Das Zurücktreten der kirchlichen Verantwortung für die Trauerbegleitung scheint mir aber nicht sinnvoll zu sein, einerseits, weil den Kirchen damit ein gesellschaftlich relevanter Zuständigkeitsbereich verloren geht, der zu ihrem Auftrag und zu ihrem traditionellen Profil gehört, andererseits, weil den Trauernden damit ureigene kirchliche Kompetenzen verloren gehen, die über die von Lindemann genannten hinausgehen. Beides wird noch eingehender zu diskutieren sein.

Weitere Beiträge zur Symptomatologie der Trauer: Clayton et al. (1968/ 1974); Maddison/Viola (1968); Glick/Weiss/Parkes (1974; »Harvard-Studie«); Parkes (1964/1965/1970/1972); Zisook/Shuchter (1986/1993); Bojanovsky/Bojanovsky (D, 1983); Jerneizig/Langenmayr (D, 1992)

Nach dieser ausführlichen Auswertung Lindemanns sind noch weitere Beiträge zur Symptomatologie der Trauer in den Blick zu nehmen. Die meisten davon sind, wie die Mehrzahl aller empirisch-quantifizierenden Untersuchungen über Trauer, ausschließlich oder überwiegend mit Witwen durchgeführt worden. Verwitwung gehört nämlich in westlichen Gesellschaften mit hoher Lebenserwartung zu den häufigsten Arten von Trauerfällen, und Partnerverlust gilt als besonders signifikant. Frauen sind davon wesentlich häufiger betroffen als Männer, weil sie einen prozentual höheren Anteil an der Gesamtbevölkerung und eine durchschnittlich höhere Lebenserwartung als Männer haben, und weil in der Mehrzahl der Ehen die Frauen jünger als die Männer sind. (In Deutschland liegt der Frauenanteil der rund sechs Millionen Verwitweten bei circa 85 Prozent!)[263]
Wie erwähnt, hat die neuere Forschung überwiegend Lindemanns Ergebnisse bestätigt und etwas weiter ausdifferenziert. Eine detaillierte Darstellung jeder einzelnen Studie ist daher unnötig. Sinnvoller erscheint es, die wichtigsten kurz zu skizzieren und dann diejenigen Ergebnisse zusammenzufassen, die, weil sie durch vorausgegangene oder nachfolgende Studien repliziert wurden, als Allgemeingut der Trauersymptomatologie gelten können. Die so gewonnenen Ergebnissen stelle ich in einer Übersicht über die allgemeine Symptomatologie dar (vgl. Abb. 17). Abschließend wird noch über den Nutzen einer Symptomatologie zu reflektieren sein.
Einige der wichtigsten Untersuchungen zur allgemeinen Symptomatik der Trauer nach[264] Lindemann sind die folgenden:

263 So nach Angaben des Deutschen Zentrums für Altersfragen, in: Altenhilfe 15 (1988), Heft 7, 26, zit. nach *H. Geuß*, Morbidität und Mortalität bei Verwitwung, in: *Howe*, Sterben – Tod – Trauer, 111–119, hier 111.

264 Als Vorläufer vgl. den oben in diesem Abschnitt bereits erwähnten *K. Landauer*.

Paula Clayton et al. (1968)[265] befragten in St. Louis, USA, 40 Trauernde (davon 19 Verwitwete) in Interviews nach ihren Symptomen und fanden überwiegend depressive Verstimmung, Weinen, Schlaf-, Appetit- und Konzentrationsstörungen und Verlust am Interesse für die Außenwelt.[266] Die Studie wird viel zitiert, ist aber wegen des kleinen Samples und weil sie keine Kontrollgruppe verwendete wesentlich unbedeutender als Claytons spätere Studie von 1974,[267] mit einem Sample von 109 Verwitweten und einer gleichgroßen Kontrollgruppe. Die Betroffenen wurden einen Monat und 13 Monate nach dem Partnerverlust interviewt. Neben den bereits in der ersten Studie gefundenen Erscheinungsbildern von Depression bzw. den übrigen o.g., meist damit in Zusammenhang stehenden Symptomen zeigten sich im ersten Trauerjahr signifikante Häufungen von Sehstörungen, Kopf-, Gelenk- und Rückenschmerzen, Rastlosigkeit, Kurzatmigkeit und Herzrasen, Medikamenteneinnahme (inbes. Schlaf- und Beruhigungsmittel) und *Halluzinationen.*[268]

Unter visuellen, auditiven und haptischen »Halluzinationen« ist zu verstehen, dass die Verstorbenen den Trauernden präsent zu sein scheinen und diese sie zu sehen oder zu hören oder von ihnen berührt zu werden glauben. Clayton stellte dieses bei insgesamt 12 % der Verwitweten fest; W.D. Rees[269] fand unter 293 Verwitweten bei 14 % visuelle Erscheinungen, dazu auditive bei 13,3 % und haptische bei 2,7 % (beide ohne Unterschiede bei Frauen und Männern); C.M. Parkes stellte solche Phänomene bei annähernd 50 % aller von ihm behandelten Witwen fest.[270] Zusätzlich haben ca. 40 % der Trauernden häufige und intensive Träume über die Verstorbenen.[271] Verena Kasts Monographie liefert eindrucksvolle Beispiele der Arbeit mit solchen Träumen.[272]

In einer großangelegten Untersuchung befragten Maddison/Viola (1968)[273] durch Fragebogen 375 Witwen in Boston, USA, und Sidney, Australien, 13 Monate nach dem Partnerverlust. Ihre umfangreiche und genaue Symptomliste bildet den Grundstock der u.a. Tabelle (s. Abb. 17).

265 *P. Clayton* et al., A Study of Normal Bereavement, in: American Journal of Psychiatry 125 (1968), 168–178.
266 Vgl. a.a.O., 176.
267 *P. Clayton*, Mortality and Morbidity in the First Year of Bereavement, in: Archives of General Psychiatry 30 (1974), 747–750.
268 Vgl. a.a.O., 748.
269 *W.D. Rees*, The hallucinations of widowhood, in: British Medical Journal 4 (1971), 37–41.
270 In einem von Spiegel angebenen, nicht datierten maschinenschriftlichen Skript: *C.M. Parkes*, The Search of a Lost Object. Evidence from Recent Studies of the Reaction to Bereavement, zit. nach *Spiegel*, Prozeß, 171 und a.a.O., Anm.-Bd. 76, 228.
271 Vgl. *G. Gorer*, Death, Grief, and Mourning in Contemporary Britain, London 1965, 54f, zit. nach *Spiegel*, a.a.O. 173 und Anm.-Bd. 76, 174.
272 Vgl. *Kast*, Trauern.
273 A.a.O. (*Maddison/Viola*, Health of Widows).

Neben den bereits mehrfach genannten Symptomen waren Abgeschlagenheit und Arbeitsunfähigkeit, aber auch nervöse Erregtheit, Panik und anhaltende Angstzustände einschließlich der Angst vor dem Verrücktwerden oder vor einem Nervenzusammenbruch besonders erhöht.[274] Im ersten Trauerjahr erlitten in Boston 21,2 % der Witwen eine deutliche Verschlechterung ihres Gesundheitszustandes (gegenüber 7,2 % in der nichtbetroffenen, gleichaltrigen Kontrollgruppe), in Sydney sogar 32,1 % (gegenüber 2,0 % in der Kontrollgruppe).[275]
Glick, Weiss/Parkes (1974; »Harvard-Studie«)[276] nahmen zu 349 Witwen und Witwern in Boston Kontakt auf, die sie während des ersten Trauerjahres dreimal interviewen wollten; in nur 25 % der Fälle (bei 49 Witwen und 91 Witwern unter 45 Jahren) gelang das. Gegenüber einer gleichgroßen Kontrollgruppe Nichtverwitweter zeigten sich die in früheren Studien schon festgestellten psychischen und physischen Symptome, die auf Depression und Störungen des vegetativen Nervensystems zurückzuführen sind (vgl. o.), sowie ein gesteigerter Alkohol-, Tabak- und Tablettenkonsum; Frauen reagierten im Schnitt stärker mit emotionalen, Männer stärker mit somatischen Symptomen. Akute Reaktionen hielten bei denjenigen Befragten noch lange an, deren PartnerIn plötzlich und unerwartet verstorben war, die eine komplizierte Beziehung zu dem oder der Verstorbenen hatten und Gefühle von Schuld und Zorn zurückbehielten, oder die aufgrund von geringem ökonomischem und sozialem Status Existenzängste hatten; diese Befunde lassen Rückschlüsse auf Risikofaktoren zu. Unabhängig von ihrer oft noch schlechten Befindlichkeit bemühten sich die Befragten in der Zeit nach der Bestattung in der Öffentlichkeit verstärkt um Selbstkontrolle, was den arbeitenden Männern leichter fiel als anderen Betroffenen. Nach Ablauf eines Jahres zeigten 89 % der Witwen und 95 % der Witwer eine deutliche Verminderung der Symptome und waren auf dem Weg zur Reorganisation ihres Lebens.
Für unseren Zusammenhang ist besonders der in dieser Studie geführte Nachweis interessant, dass *bei 92 % der Interviewten die Trauerreaktionen in der Zeit vom Eintritt des Todes bis zur Beerdigung besonders heftig* waren: z.T. Empfindungen von Kälte, Leere und Verwirrung; vor allem aber Weinen; Schreien; Panik; Angst, das Leben allein nicht bewältigen zu können – ein Befund, der im übrigen auch gegen die in vielen Theorien vertretene und oft rezipierte Annahme spricht, generell trete bei Trauernden zunächst eine »Phase« von »Schock« oder »Betäubung« ein, nach Y. Spiegel gefolgt von einer »kontrollierten Phase« (vgl. u.).

274 Vgl. a.a.O., 301.
275 Vgl. a.a.O., 305.
276 *Glick/Weiss/Parkes*, a.a.O.; dargestellt nach *Parkes*, Vereinsamung, 222–224; 230–236 und nach *Bojanovsky*, Verwitwete, 98f.

C.M. Parkes hat neben seiner Monographie[277] diverse empirische Studien zur Trauerforschung beigetragen, z.T. mit Co-AutorInnen. Die bedeutendste von ihnen ist die o.a. »Harvard-Studie«; ihr gegenüber sind Parkes' »Bethlehem-Studie« (1965) und seine »London-Studie« (1970) mit Samples von nur 21, bzw. 22 Befragten zu vernachlässigen.[278] Drei weitere erwähnenswerte Studien von Parkes (1964 a/b) bzw. von Parkes/Brown (1972) beziehen sich speziell auf die Gesundheitsfolgen von Trauer; sie werden deshalb unten im Abschnitt zur Pathologie verarbeitet.

Überraschende, z.T. von den sonst üblichen Befunden abweichende Ergebnisse präsentieren Zisook/Shuchter (1986; 1993),[279] beide Psychiater an der University of California in San Diego. Dort führten sie über vier Jahre hinweg eine Langzeit-Studie (veröffentlicht 1986) mit 70 Verwitweten durch, davon 40 Frauen und 30 Männer zwischen 24 und 66 Jahren, mit einem Durchschnittsalter von 50 Jahren.[280]

Im affektiven Bereich decken sich ihre Ergebnisse im Wesentlichen mit denen anderer Studien, etwa hinsichtlich Depression, Ärger und Wut und Schuldgefühlen; nur eine Einzelheit ist hervorzuheben: Trauernde überwinden ihre Gefühle von Einsamkeit, bzw. ihre Angst davor, offenbar schneller als ihre *Bindung* an die Verstorbenen und ihre *Depression* über deren Verlust. Während schon 13 Monate nach dem Todesfall 93 % der Befragten angaben, ein erfülltes Leben zu führen, und 79 % Selbstzufriedenheit und eine optimistische Zukunftserwartung äußerten, erlebten 33 % gleichzeitig noch eine starke Präokkupation mit Gedanken an die Verstorbenen, und noch nach 4 Jahren gaben nur 44 % der Befragten an, ihre Trauer völlig überwunden zu haben.[281]

Die Autoren führen als Fallbeispiel einen Mann an, dem es möglich ist, nach dem Verlust seiner Frau wieder normal zu arbeiten, ein gutes Selbstwertgefühl zu ha-

277 A.a.O. Vgl. auch die deutsche Ausgabe: Vereinsamung: Die Lebenskrise bei Partnerverlust. Psychologisch-soziologische Untersuchung des Trauerverhaltens, Hamburg 1974.

278 Vgl. *C.M. Parkes*, Bereavement and Mental Illness, in: British Journal of Medical Psychology 38 (1965), 1–26; sowie *ders.*, The First Year of Bereavement, in: Psychiatry 33 (1970), 444–467; beide wurden bereits oben zitiert.

279 Vgl. *S. Zisook / S. Shuchter*, The First Four Years of Widowhood, in: Psychiatric Annals 16 (1986), 288–294, sowie *S. Shuchter / S. Zisook*, The course of normal grief, in: *Stroebe/Stroebe/Hansson*, Handbook, 1993, 23–43.

280 Die an der Studie Beteiligten sollten 4, 7, 10, 13, 16, 19, 22, 25, 37 und 49 Monate nach dem Tod ihrer EhepartnerInnen über affektive, kognitive, soziale und behaviorale Aspekte ihrer Trauererfahrung befragt werden; bei manchen gelang die Erstbefragung bereits nach 1 Monat. Nur 60 % der Beteiligten füllten jedoch die Fragebogen über drei Jahre hinweg aus, im vierten Jahr nur noch 39 %. Vgl. *Zisook/Shuchter*, 1986, 291.

281 Vgl. a.a.O., 290, 292. Die Prozentangaben beziehen sich auf die jeweils zum Befragungszeitpunkt noch vorhandene Anzahl der Befragten, so dass sich keine Wertverzerrungen durch die Drop-out-Rate ergeben.

ben und sich neu zu verlieben, der aber zugleich unfähig ist, mit seinen Kindern über ihre Mutter zu sprechen oder an seine verstorbene Frau zu denken, ohne schwer krank zu werden.[282]

Im sozialen und behavioralen Bereich erhielten Zisook und Shuchter ein ungewöhnliches Bild: Weniger als 20 % der Befragten stuften sich als sozial zurückgezogen ein, die meisten waren schon nach wenigen Monaten wieder sozial aktiv und konstatierten im Bereich der Beziehungen zu Familie und Freunden sogar Verbesserungen; auch ein persönliches Wachstum durch das Aufnehmen neuer Aufgaben und Verhaltensweisen, sowie eine zunehmende Kreativität ist nach Zisook/Shuchter nicht ungewöhnlich – hierfür fehlen allerdings Zahlenangaben.
Im Bereich von *Partnerschaftsbeziehungen und Sexualverhalten* zeigten sich starke Differenzen zwischen verschiedenen Gruppen: Während einerseits 20 % der Witwen schon innerhalb der ersten vier Wochen nach dem Tod des Partners wieder Rendezvous hatten und etwa die Hälfte der Befragten bereits daran interessiert war, wollten andererseits von den nach vier Jahren noch allein Lebenden etwa 40 % immer noch nicht an romantische Verabredungen denken. Ein Jahr nach der Verwitwung lebten 22 % der Befragten bereits mit neuen PartnerInnen zusammen, 9 % waren wiederverheiratet; nach vier Jahren beliefen sich die Zahlen auf 40 % und 23 %. Durchgängig gaben mindestens die Hälfte der Befragten an, Sex weiterhin zu genießen (z.B. 49 % nach einem Monat, 70 % nach vier Jahren).
Im *Gesundheitsbereich* liegen die von Zisook/Shuchter angegebenen Werte erstaunlicherweise weit unter den Ergebnissen anderer Untersuchungen: Die Erkrankungsraten liegen hier nur bei 8–12 %, bzw. bei einer durchschnittlich bei etwa 20 % der Befragten erhöhten Besorgnis über die eigene Gesundheit. Im Bereich des Arbeitslebens fühlten sich ca. 70 % der Befragten nach einem Jahr wieder so leistungsfähig wie vor dem Trauerfall.
Einige dieser Ergebnisse werden von der 1993er Studie relativiert. Hier wurden 350 Verwitwete befragt, davon 250 Frauen und 100 Männer. Die Studie ist als Langzeitstudie konzipiert und dauerte bei Abfassung dieser Arbeit noch an; die bereits veröffentlichten Ergebnisse beziehen sich auf die ersten 13 Monate nach der Verwitwung.[283]
Im Gesundheitsbereich fanden sich innerhalb des ersten Jahres seit dem Trauerfall z.B. Schlafstörungen bei bis zu über 40 % der Befragten, Konzentrationsstörungen bei bis zu über 20 %, erhöhte Reizbarkeit bei bis zu 45 %, gesteigerter Alkohol-, Zigaretten- und Beruhigungsmittelkonsum bei ca. 20–40 %, eingeschränkte Arbeitsfähigkeit und -zufriedenheit bei 10–30 %; 18–20 % der Befragten waren in psy-

282 Vgl. hierzu und zum folgenden Abschnitt a.a.O., 288–293.
283 Vgl. *Shuchter/Zisook*, 1993, 26f.

chotherapeutischer Behandlung.[284] *Im sozialen Bereich* gaben 57 % der Befragten noch nach 13 Monaten Schwierigkeiten beim Anknüpfen neuer Beziehungen an. *Im sexuellen Bereich* hatten im ersten Jahr durchschnittlich 40 % ein vermindertes Interesse; die Mehrzahl der Befragten äußerte sich im Blick auf Rendezvous interessiert, aber auch unsicher. Nach Ablauf eines Jahres waren 77 % der Befragten der Überzeugung, niemand könne jemals den Platz des verstorbenen Partners bzw. der verstorbenen Partnerin einnehmen, gleichzeitig glaubten aber 59 %, dass sie in Zukunft wieder in der Lage sein würden, jemand anderen zu lieben – ein Befund, der dafür spricht, dass die fortgesetzt bedeutsame Beziehung zu dem oder der Verstorbenen das Leben der Hinterbliebenen durchaus nicht einschränken muss.

Hervorzuheben ist das zutreffende Resümee der Autoren, dass Trauer normal, die Frage, was normale Trauer sei, jedoch schwer zu beantworten ist,[285] da sich eine enorme kulturelle und individuelle Diversität von Trauerreaktionen vorfinde.[286]

Von den in Deutschland durchgeführten neueren Studien nenne ich nur zwei der bekanntesten;[287] zunächst die bereits zitierte der Psychologen Jerneizig/Langenmayr (1992) aus der Essener Trauerberatungsstelle. Die Autoren füllen unter großem Aufwand an statistischen Verfahren und Tabellen eine ganze Monographie mit den Ergebnissen ihrer Beobachtungen an nur 27 trauernden Personen (sieben Männer, 20 Frauen im Alter zwischen 31 und 69 Jahren).[288] Es handelt sich um eine Pilotstudie, die nicht nur die Symptomatik der Trauer, sondern auch die Wirkung einer Trauertherapie untersuchen will. Die Autoren fanden bei ihren KlientInnen die folgenden Symptome (ich ordne jeweils in absteigender Reihenfolge nach Häufigkeit): im physischen Bereich Schlafstörungen, Kopfschmerzen, Herz-Kreislaufstörungen, Magen-Darm- und Appetitstörungen, Infektionserkrankungen, Atembeschwerden und Rückenschmerzen; im psychischen Bereich: Depression, »nervöse« Symptome wie Herzrasen, Schweißausbrüche, Gliedertremor, innere Unruhe und Getriebenheit, Schuldgefühle, Gefühle von Hilflosigkeit, Sinnesstörungen, Aggressivität und Agitiertheit; an »sonstigen« Symptomen: Alkohol- und Medikamentenabusus und Suizidalität (bei 40,7 % der Klientel Suizidabsichten, bei 7,4 % tatsächlich durch-

284 Vgl. a.a.O., 37.

285 Vgl. *dies.*, 1993, 23.

286 Vgl. ebd., sowie *dies.*, 1986, 288.

287 Vgl. an älteren Arbeiten außerdem: *E. Sies*, Trauer und Depression. Eine empirische Untersuchung unter gesundheitlichen, psychologischen und sozialen Aspekten, Hamburg 1971. *S.H. Holl*, Witwen und ihre Probleme, Köln 1975. *F. Lösel / N. Ott-Engelmann*, Zur Typik und Spezifität im Trauerverhalten – eine empirische Untersuchung an Witwen, in: *Howe/Ochsmann*, 1. Tagung (1982/1985), 338–348.

288 Vgl. zu Methoden und Sample *Jerneizig/Langenmayr*, Trauertherapie, 30f.

geführte Suizidversuche!).[289] Sämtliche genannten Symptome haben nach Jerneizig/Langenmayr durch die von ihnen angewandte klientenzentrierte Therapie bereits etwa ein halbes Jahr nach dem Todesfall eine deutliche Besserung erfahren, was sie als klaren Erfolg werten, da viele empirisch-quantifizierende Untersuchungen zu dem Ergebnis kommen, »... dass im ersten Jahr nach dem Verlust kein regelmäßiges deutliches Absinken der Trauersymptomatik zu erwarten sei.«[290]
Die Studie bringt keine wesentlich neuen Erkenntnisse zur Trauersymptomatik, außer der hohen Suizidalitätsrate der Betroffenen; hier ist allerdings fraglich, ob die Klientel, die die Hilfe einer Beratungsstelle in Anspruch nimmt, repräsentativ für die Gesamtheit der Trauernden ist, und ob das kleine Sample der Untersuchung eine statistisch relevante Basis für verallgemeinerbare Ergebnisse abgibt.
Bojanovsky/Bojanovsky (1983)[291] legten eine Studie aus Sicht der Medizinsoziologie vor. Sie interviewten in Mannheim 95 Verwitwete (52 Frauen, 43 Männer) ein Jahr nach dem Ehepartnerverlust und befragten sie retrospektiv nach ihrem Trauerprozess. Als am schwersten zu ertragendes Symptom nannten die Befragten Leiden unter Einsamkeit (73 %), gefolgt von Traurigkeit und Schlaflosigkeit und erhöhtem Medikamentenkonsum; etwas seltener kamen Appetitlosigkeit, Ratlosigkeit, Angst, Selbstvorwürfe und Unzufriedenheit mit dem Leben vor; ca. 20 % der Befragten gaben körperliche Beschwerden, vor allem im Herz-Kreislaufbereich, an.[292] Nach einem Jahr glaubten knapp drei Viertel der Befragten, die Trauer überwunden zu haben; 7,6 % gaben an, nur wenige Tage getrauert zu haben, ca. 53 % hatten über mehrere Monate unter dem Verlust gelitten, davon 60 % mit, 40 % ohne krisenhafte Beeinträchtigung ihrer Leistungsfähigkeit. Gut ein Viertel der Befragten gaben nach einem Jahr an, ihre Trauer »dauere bis jetzt voll an«, 9 % litten zu diesem Zeitpunkt an schwerer Depression.[293]
Für unseren Zusammenhang ist besonders interessant, dass die große Mehrheit der Interviewten *die Frühphase des Trauerprozesses als »am schlimmsten«*[294] erlebten: 18 % erlebten den Tiefpunkt des Traumas schon *vor* Eintritt des Todes, 21 % während der ersten drei Monate nach dem Tod und *58 % unmittelbar nach dem Tod*. Die von mir vorgeschlagene perimortale Trauerbegleitung im Krankenhaus in der Zeit vor und unmittelbar nach Eintritt des Todes trifft damit genau den

289 Vgl. die Darstellung der gefundenen Symptome a.a.O., 49–64.
290 Vgl. a.a.O., 94.
291 *A. Bojanovsky / J. Bojanovsky*, Verwitwung in Mannheim (1983), in: *Howe/Ochsmann*, 1. Tagung, 349–352; vgl. auch die Zusammenfassung in: *Bojanovsky*, Verwitwete, 104.
292 Vgl. *Bojanovsy/Bojanovsky*, Verwitwung, 350
293 Vgl. a.a.O., 351f.
294 Vgl. a.a.O., 350; sowie *Bojanovsky*, Verwitwete, 104.

Zeitrahmen, den (18 % + 58 % =) 78 % der Befragten als kritisch angaben (vgl. o. die Harvard-Studie mit 92 %).

Methodische Mängel der o.a. empirischen Studien
Hinsichtlich der Erfassung von Phänomenen der Trauer weist die Mehrzahl der hier aufgeführten symptomatologischen Untersuchungen mehrere der folgenden Nachteile auf:
1. Ihre Samples beruhen auf *Selbstselektion* der Betroffenen, d.h. nur auskunftswillige Trauernde werden erfasst, also solche, die bereit sind, sich (zumindest im Nachhinein) bewusst mit ihrem Trauerprozess zu befassen. Es ist zu vermuten, dass dadurch gerade problematische Fälle unterrepräsentiert werden. Demgegenüber überrascht es nicht, dass Untersuchungen an anders seligierten Teilgruppen von Betroffenen, etwa klinische Untersuchungen an psychisch Kranken, eine weit dramatischer ausgeprägte Trauersymptomatik ergeben.[295]
2. Die Daten beruhen auf den Angaben und *Selbsteinschätzungen* der Betroffenen, nicht auf Beobachtungen Dritter. Dadurch dürften solche Phänomene unberücksichtigt bleiben, die die Betroffenen entweder (a) verdrängt haben bzw. nicht angeben mögen, oder solche, die sie (b) selbst nicht wahrnehmen konnten, weil sie mit einer Einschränkung ihrer psychischen und mentalen Funktionen zusammenhingen. Ersteres (a) könnte z.B. Bereiche betreffen, über die man nicht gern spricht, z.B. aggressives Verhalten oder auch Sexualverhalten bzw. sexuelle Bedürfnisse – ein Thema, das in den mir bekannten Studien (mit Ausnahme von Zisook/Shuchter) in der Regel unerwähnt bleibt, obwohl deren große Mehrzahl gerade den Partnerverlust zum Gegenstand hat.[296] Letzteres (b) könnte z.B. für verschiedene Formen der Regression gelten. Trauernde fallen z.B. kurzfristig auf weniger komplexe, irrationale oder magisch-archaische Denkmuster zurück (»formale« Regression[297]), was sich bald wieder normalisiert und später nicht mehr erinnert wird.

295 Vgl. z.B. *B. Bron*, Pathologische Trauerreaktionen nach Verlust einer nahestehenden Person bei endogenen und neurotisch-reaktiven Depressionen im höheren Lebensalter, in: *Howe/Ochsmann*, 2. Tagung, 27–41; hier speziell 31. *Bron* stellte in seiner Untersuchung an 339 PatientInnen einer Göttinger psychiatrischen Klinik fest, dass ca. 46 % der an endogenen, neurotischen oder reaktiven Depressionen Erkrankten in der Vorgeschichte der Erkrankung Hinweise auf eine »pathologische Trauerreaktion« fanden.

296 Allenfalls die Frage nach Wiederverheiratung oder neuer Partnerschaft wird in manchen Untersuchungen gestellt. Dagegen nimmt sich die Notiz von Karl Abraham vereinzelt aus: Er nennt gesteigertes sexuelles und orales Begehren (bzw. in sublimierter Form: erhöhte Unternehmungslust) als Anzeichen für die beginnende Loslösung von dem oder der Verstorbenen; vgl. *Abraham*, Versuch, 158, zit. nach *Spiegel*, Prozeß, 39 (bzw. Anm.-Bd., 13).

297 Vgl. zu den Formen und Funktionen der Regression im Trauerfall: *Spiegel*, Prozeß, 66–75.

Eine weit verbreitete, milde Erscheinungsform sind die bekannten »Hätte ich doch nur ...«-, »Wäre ich doch nicht«-Beschwörungen, mit denen Hinterbliebene einen Zusammenhang zwischen ihrem eigenen Verhalten und dem Tod des Zugehörigen herstellen. Auch irrationale Schuldzuweisungen, etwa an Ärzte, oder primitive religiöse Vorstellungen (z.B. der Tod als Gottes Strafe für eigene Verfehlungen), die unter dem gewohnten Reflexionsniveau der Betroffenen liegen, habe ich in meiner klinischen Arbeit sehr häufig erlebt. Diese Phänomene normalisieren sich oft wieder, sobald die psychische Organisation der Betroffenen sich von der ersten Überwältigung durch den erlittenen Verlust zu erholen beginnt, manchmal schon nach wenigen Stunden.

3. Eine Kontrollgruppe fehlte in vielen Studien.
4. Die Befragungen wurden überwiegend *retrospektiv* durchgeführt, z.T. erst ein Jahr nach dem Todesfall. Bestimmte Phänomene dürften rückblickend nicht mehr im Gedächtnis sein. Die Tatsache, dass die Erlebnisse aus der Auslöse-Situation der Trauer (Erinnerungen an den Empfang der Todesnachricht, bildliche Eindrücke am Totenbett etc.) oft noch nach Jahren detailliert erinnert werden, spricht jedoch um so mehr für die Signifikanz dieser Phase.[298]
5. Durch die – wenn auch naheliegende – *Konzentration* der vorliegenden Studien auf Verwitwete, bzw. speziell *auf Witwen*, sind geschlechts- und altersspezifische Unterschiede von Trauererleben und Trauerbewältigung bisher noch viel zu wenig erforscht und in die Theoriebildung integrierbar.[299] Dasselbe gilt für andere personale Faktoren wie etwa verschiedene, persönlichkeitsgebundene »coping-styles«.

298 Vgl. auch oben, *Bojanovsky/Bojanovsky*, *Glick/Weiss/Parkes*.

299 Hinsichtlich des Altersfaktors wurde seit den frühen Studien von Parkes (1964) und Maddison/Walker (1967) angenommen, dass der Trauerprozess um so schwieriger verlaufe, je jünger die hinterbliebenen Verwitweten sind (vgl. *C. Parkes*, Effects of bereavement on physical and mental health: a study of the medical records of widows, in: British Medical Journal 2 (1964), 274–279; *D. Maddison / W. Walker*, Factors affecting the outcome of conjugal bereavement, in: British Journal of Psychiatry 113 (1967), 1057). Dafür spricht neben den Untersuchungsergebnissen, dass sich bei jüngeren Verwitweten die Aufgabe, Kinder allein zu versorgen und zu erziehen, und die Tatsache, dass die verstorbenen PartnerInnen im jüngeren Alter oft plötzlich und unerwartet gestorben sind, erschwerend auswirken können. Dagegen steht allerdings der Befund, dass die Suizidrate in der Gesamtbevölkerung im Alter am höchsten ist (in der Altersgruppe ab 65 Jahren deutlich erhöht, ab 75 Jahren sprunghaft ansteigend), und dass der Status des Alleinstehens offenbar Hauptgrund für Alterssuizide ist – nach den Geschiedenen weist die Gruppe der Verwitweten die höchsten Suizidraten auf. (Vgl. dazu *U. Schmidt-Furstoss*, Suizid alter Menschen, in: *Howe*, Sterben – Tod – Trauer, 129–152, insbes. 129, 131, 137.) Zur Erforschung der Geschlechterdifferenz finden sich Ansätze u.a. bei *M. Stroebe / W. Stroebe*, Who suffers more? Sex differences in health risks of the widowed, in: Psychological Bulletin 93 (1983), 279–301. Hier wie auch in anderen Studien scheinen die Befunde darauf hinzudeuten, dass tendenziell Frauen stärkere psychische Trauerreaktionen zeigen, während Männer stärker zur Somatisierung neigen. Eine Reihe von Untersuchungen beschäftigen sich

Hinsichtlich des *Altersfaktors* wurde seit den frühen Studien von Parkes (1964) und Maddison/Walker (1967) angenommen, dass der Trauerprozess um so schwieriger verlaufe, je jünger die hinterbliebenen Verwitweten sind.[300] Dafür spricht neben den Untersuchungsergebnissen, dass sich bei jüngeren Verwitweten die Aufgabe, Kinder allein zu versorgen und zu erziehen, und die Tatsache, dass die verstorbenen PartnerInnen im jüngeren Alter oft plötzlich und unerwartet gestorben sind, erschwerend auswirken können. Dagegen steht allerdings der Befund, dass die Suizidrate in der Gesamtbevölkerung im Alter am höchsten ist (in der Altersgruppe ab 65 Jahren deutlich erhöht, ab 75 Jahren sprunghaft ansteigend), und dass der Status des Alleinstehens offenbar Hauptgrund für Alterssuizide ist – nach den Geschiedenen weist die Gruppe der Verwitweten die höchsten Suizidraten auf.[301]

Zur Erforschung der *Geschlechterdifferenz* finden sich Ansätze u.a. bei *M. Stroebe / W. Stroebe*, Who suffers more? Sex differences in health risks of the widowed.[302] Hier wie auch in anderen Studien scheinen die Befunde darauf hinzudeuten, dass tendenziell Frauen stärkere psychische Trauerreaktionen zeigen, während Männer stärker zur Somatisierung neigen.

Eine Reihe von Untersuchungen beschäftigen sich mit Trauerreaktionen *nach bestimmten Arten von Todesfällen*, z.B. nach plötzlichem und unerwartetem Tod, nach Suizid, nach Tod eines Kindes, eines Neugeborenen oder eines Fötus, nach Tod eines Elternteils etc.; diese sagen aber mehr über spezifische situative Problematiken spezifischer Todesumstände bzw. Beziehungskonstellationen aus als über personale Faktoren bei den betroffenen Trauernden.

Erkenntnisgewinn durch die o.a. empirischen Studien

Hinsichtlich der *Dauer von Trauerprozessen* variieren die Studienergebnisse, bzw. die Angaben verschiedener AutorInnen erheblich. Von den meisten wird der Abschluss eines »normalen« Trauerprozesses nach ein bis zwei Jahren angenommen, wobei die intensivste Trauerphase mit starken Symptomen und Beeinträchtigungen in den ersten 3–6 Monaten angesetzt wird. Generell ist der Zeitraum, den die Forschung für die Dauer von Trauerprozessen veranschlagt, in den letzten Jahrzehnten stetig angestiegen:[303] Gaben frühe Autoren noch Perioden von

mit Trauerreaktionen nach bestimmten Arten von Todesfällen, z.B. nach plötzlichem und unerwartetem Tod, nach Suizid, nach Tod eines Kindes, eines Neugeborenen oder eines Fötus, nach Tod eines Elternteils etc.; diese sagen aber mehr über spezifische situative Problematiken spezifischer Todesumstände bzw. Beziehungskonstellationen aus als über personale Faktoren bei den betroffenen Trauernden.

300 Vgl. *C. Parkes*, Effects of bereavement on physical and mental health: a study of the medical records of widows, in: British Medical Journal 2 (1964), 274–279; *D. Maddison / W. Walker*, Factors affecting the outcome of conjugal bereavement, in: British Journal of Psychiatry 113 (1967), 1057.

301 Vgl. dazu *U. Schmidt-Furstoss*, Suizid alter Menschen, in: *Howe*, Sterben – Tod – Trauer, 129–152, insbes. 129, 131, 137.

302 In: Psychological Bulletin 93 (1983), 279–301.

303 Vgl. dazu auch *Shuchter/Zisook*, 1993, 24f. M.E. ist es sinnvoll, mindestens das in unserem Kulturkreis traditionell als soziale Schon- und Tabufrist verankerte »Trauerjahr« in Anschlag zu bringen, weil viele signifikante Ereignisse und Erlebnisse jahreszeitlich gebunden sind und binnen Jahresfrist alle

Wochen oder wenigen Monaten an (Lindemann 1944, Engel 1961), wurde in den siebziger Jahren bereits festgestellt, dass immerhin eine signifikante Minorität nach Abschluss eines Jahres noch trauert (Clayton, Parkes), und neuerdings werden zunehmend auch nach Jahren noch nicht abgeschlossene Trauerprozesse gefunden (Zisook/ Shuchter). Einige AutorInnen haben deshalb erneut in Zweifel gezogen, ob Trauerprozesse überhaupt abschließbar seien, andere geben anstelle einer zeitlichen Befristung lieber *qualitative* Kriterien an, anhand derer das Ende von Trauerprozessen erkennbar sein soll.

»Our own findings have been similar to those of Marcia Kraft Goin, who suggested that not only do many people maintain a ›timeless‹ emotional involvement with the deceased but this attachment often represents a healthy adaptation to the loss of a loved one ... We have found several features of grief, particularly those related to attachment behaviors, to continue several years after the loss ... Although much clinical data substantiate the clinical validity of unresolved grief, we have found it to be a somewhat overly simplistic concept. Most, if not all, bereaved individuals never totally resolve their grief, and significant aspects of the bereavement process may go on for years after the loss, even in otherwise normal patients.«[304] (Vgl. die o.a. Fallgeschichte bei Shuchter/Zisook!)
Qualitative Kriterien für den Abschluss eines Trauerprozesses werden von verschiedenen AutorInnen unterschiedlich bestimmt. So gilt der Trauerprozess u.a. dann als abgeschlossen, wenn alle »Phasen«, in die bestimmte AutorInnen ihn einteilen, durchlaufen oder alle »Aufgaben«, die sie an die Trauerarbeit gestellt sehen, erledigt sind, wenn Hinterbliebene wieder ohne akuten Schmerz oder ohne physische Symptome wie Weinen oder Atembeschwerden an den oder die Verstorbenen denken können, wenn sie ihre Energien wieder dem Leben und den Lebenden zu-

erstmals ohne die Verstorbenen bewältigt werden müssen: etwa das erste Weihnachts- und Neujahrsfest ohne den verlorenen Menschen, der erste Urlaub ohne sie oder ihn, der erste eigene Geburtstag und sein oder ihr Geburts- und Todesstag, etc. Solche Anlässe sind besonders geeignet, den Tod des oder der Verstorbenen und den eigenen Verlust zu vergegenwärtigen und zu bearbeiten; besonders hier sind auch die Anteilnahme der sozialen Umwelt, bzw. Angebote zur Trauerbegleitung angebracht. In der katholischen Pastoral sind etwa mit dem Sechs-Wochen-Amt oder Gedenkgottesdiensten ein Jahr nach dem Todesfall sinnvolle Angebote institutionalisiert. In evangelischen Gemeinden bestehen hier mit Abkündigung der Bestattungen und Gebet im Sonntagsgottesdienst und mit dem allgemein begangenen Totensonntag nur noch Rudimente einer in institutionalisierter Form fortgesetzten Trauerbegleitung. M.E. wäre es z.B. überlegenswert, Trauerkarteien zu führen und die Betroffenen zu für sie signifikanten Tagen anzuschreiben oder anzurufen – nicht mit evtl. unerwünschten Besuchen zu überfallen! Im Krankenhausbereich bewährt es sich, regelmäßig, etwa einmal im Monat, die Zugehörigen verstorbener PatientInnen zu einem besonderen Gottesdienst mit Gelegenheit zu Erinnerung, symbolischer Vergegenwärtigung und Verabschiedung, zu Gemeinschaftserfahrung und evtl. Erfahrungsaustausch einzuladen.

304 *Shuchter/Zisook*, 1993, 25. Die Autoren beziehen sich auf *M. Goin / R. Burgoyne / J. Goin*, Timeless attachment to a dead relative, in: American Journal of Psychiatry 136 (1979), 988–989.

wenden, wenn sie neue Beziehungen anknüpfen und neue Rollen übernehmen, wenn sie wieder Hoffnung und Befriedigung erleben, etc.[305]

Normative Angaben, nicht nur über die *Dauer*, sondern auch über den *Verlauf von Trauerprozessen* werden jedenfalls in der jüngeren Forschung allgemein immer mehr problematisiert, da durch die Diversität der Beobachtungen an Trauernden grundsätzlich in Frage steht, woran denn ein Trauerprozess als »abgeschlossen« (*resolved*) erkennbar und wie denn »normale« Trauer zu definieren sei. Hier ergeben sich Schwierigkeiten hinsichtlich Kriterien, Abgrenzbarkeit und Messbarkeit, die zunehmend nicht mehr nur als methodische Probleme eingeordnet werden, sondern als Hinweise darauf, dass Trauerreaktionen langanhaltender, differenzierter und komplexer sind, als gemeinhin angenommen. Selbst wenn man, wie es in den o.a. Untersuchungen (und aus Gründen der Bewältigbarkeit des Materials auch in dieser Arbeit) geschieht, kulturelle Unterschiede nicht berücksichtigt und sich auf Beobachtungen in modernen westlichen Gesellschaften beschränkt, ergibt sich der Befund einer enormen Diversität im Bild der Trauer: Offenbar trauern verschiedene Individuen auf individuell verschiedene Weise; darüber hinaus können auch (wie Überschneidungsmengen in den Prozentanteilen der o.a. Untersuchungen, insbesondere bei Zisook/ Shuchter, zeigen) die Trauerreaktionen eines einzelnen Individuums sehr facettenreich sein und ganz verschiedene, teilweise auch untereinander gegenläufige Tendenzen aufweisen. Lindemanns These, Trauer sei ein klar definierbares Syndrom, ist von daher zu differenzieren.

»Obwohl bereits Lindemann (1944) in seiner grundlegenden Untersuchung der Trauer zwischenmenschliche Unterschiede hervorhob, befasste sich die Mehrzahl späterer Arbeiten mit *allgemeinen* Trauermerkmalen. Differentialpsychologische Abweichungen wurden dabei eher als Abweichungen von typischen, »normalen« Reaktionen interpretiert. ... Die neuere empirische Forschung legt nahe, dass auch eine genuin differenzialpsychologische Sicht notwendig ist. ... Trauer ist als eine komplexe Person-Umwelt-Interaktion aufzufassen, deren Art und Verlauf von spezifischen und unspezifischen Vulnerabilitäten, Stressoren, Kompetenzen und förderlichen Bedingungen beeinflusst wird. ... Wir gehen davon aus, dass Trauer ein multidimensionaler, nur partiell homodynamischer psychischer Prozess ist, der sich in einer Vielzahl von Merkmalen (Symptomen, Variablen) manifestiert. ... Inter- und intra-individuelle Unterschiede der Trauerreaktion lassen sich unter zahlreichen Aspekten beschreiben, z.B. hinsichtlich Anzahl, Dauer, quantitativer Ausprägung, Frequenz, Abfolge, subjektiver Bewertung, Spezifität/Generalität, Zusammenhangstruktur der Merkmale.«[306]

305 Vgl. dazu *Worden*, Grief Counseling, 18f.

306 *F. Lösel / M. Ott-Engelmann*, Zur Typik und Spezifität im Trauerverhalten – eine empirische Untersuchung an Witwen, in: *Howe/Ochsmann*, 1. Tagung, 338–347, hier 338f (Hervorhebungen von mir).

Wichtigster Befund: Die Diversität und Individualität von Trauerreaktionen
Trotz der genannten Probleme sind die o.a. Studien geeignet, die Phänomenologie der Trauer auszudifferenzieren. Wie wir gesehen haben, ist dabei die enorme Diversität der bisher belegten Trauerreaktionen als *Problem* der Forschung diskutiert worden. M.E. ist die festgestellte Diversität zugleich aber gerade der wesentlichste *Befund* der symptomatologischen Forschung, denn daran wird einerseits die allgemeine *Reichweite* und damit die gesellschaftliche (insbesondere die gesundheitspolitische und psychosoziale) Relevanz von Trauer, andererseits aber auch die *Individualität* von Trauerreaktionen deutlich. Dies ist gegenüber simplizistischen Konzepten von Trauer und Trauerbegleitung hervorzuheben. Die häufigsten Trauersymptome habe ich unten in einer tabellarischen Übersicht zusammengefasst (vgl. Abb. 17); dabei sind neben den Ergebnissen der o.a. Untersuchungen auch die Forschungsberichte bei W. Worden[307] und Stroebe/Stroebe[308] eingeflossen, die z.T. noch weitere Studien verarbeiten. Einzelne oder mehrere der aufgelisteten Symptome können bei Trauernden in den verschiedensten Kombinationen gleichzeitig, nacheinander oder alternierend auftreten.[309]

Auswertung: Der Nutzen symptomatologischer Forschung
Der Wert einer Symptomatologie der Trauer ist für die hier vorliegende Untersuchung zunächst heuristischer Art in dem Sinne, dass sie zum Aufweis der Relevanz von Trauerbegleitung beiträgt. Darüber hinaus hat die Symptomatologie aber auch einen (wenn auch begrenzten) orientierenden Wert für die (berufliche) Praxis der Trauerbegleitung. Und schließlich können Informationen zur Trauersymptomatologie auch für Trauernde selbst eine entlastende Funktion haben.

Heuristischer Wert: Aufweis der Relevanz von Trauerbegleitung
Soweit es zutrifft, dass Trauer und Tod in modernen westlichen Gesellschaften sozial verdrängt werden,[310] haben Trauernde wenig soziale Rücksicht, Versorgung und Verständnis für ihre Lage zu erwarten und bringen z.T. auch wenig Geduld für sich selber auf. Die allgemeine Erwartung, die Trauer möge bald nach der Bestattung überwunden und

307 Vgl. a.a.O.: *Worden*, Grief Counseling, 22–30.
308 Vgl. *Stroebe/Stroebe*, Bereavement and Health, 8–12.
309 Unter den aufgeführten Symptomen finden sich auch schwere Krankheiten und Tod; speziell zur Thematik von Morbidität und Mortalität im Trauerfall verweise ich auf den Exkurs zu Fragen der Pathologie; dort finden sich auch Hinweise zu Risikofaktoren.
310 Vgl. zum soziologischen Befund *Nassehi/Weber*, Todesverdrängung, insbes. Kap. III. 3, 231–245; weiter *P. Becker*, Moderne Gesellschaft im Umgang mit Sterben und Tod – Hospize: Hospitalisierung des Todes?, in: *Nassehi/Pohlmann*, Sterben und Tod, 43–53, insbes. 45f.

der oder die Betroffene wieder sozial funktionsfähig sein, zeigt sich z.B. im Arbeitsrecht: So werden z.B. Angestellte im Trauerfall, sofern es sich bei den Verstorbenen um Verwandte ersten Grades handelt, für maximal 2 Tage vom Dienst freigestellt, im Falle des Todes des Ehegatten für maximal 4 Tage.

Vgl. BAT § 52 zur »Arbeitsbefreiung«. Nach § 52, Absatz (2) h) reduziert sich der Arbeitsbefreiungsanspruch beim Tod von Verwandten ersten Grades von zwei Tagen auf einen Tag, wenn die Verstorbenen nicht in häuslicher Gemeinschaft mit den Angestellten wohnten. Seit der Neufassung vom 1.1.1980 wird die bezahlte Freistellung im Trauerfall »bei Vorliegen bestimmter Voraussetzungen nur im verminderten Umfang« gewährt. »Beispiel: *Der Ehegatte eines Angestellten stirbt an einem Freitag. Da einer der dem Anlass der Freistellung folgenden drei Tage arbeitsfrei ist (hier: Samstag/Sonntag), vermindert sich der Freistellungsanspruch des Angestellten von vier Arbeitstagen nach Buchstabe f gemäß § 52 Abs. 2 Satz 3 BAT um einen Arbeitstag auf drei Arbeitstage*«; der Anspruch auf *einen* Tag bezahlter Freistellung (z.B. beim Tod eines Elternteils oder Kindes, die nicht in häuslicher Gemeinschaft mit den betroffenen Angestellten leben) entfällt, wenn der »Freistellungsanlass« auf einen arbeitsfreien Tag fällt (vgl. Erläuterung 19 zum § 52 BAT).

Überzogene Erwartungen an eine schnelle Trauerbewältigung überfordern die Betroffenen und belasten sie u.U. zusätzlich mit der Befürchtung, ihre anhaltenden Symptome seien Zeichen von Anormalität und persönlicher Inkompetenz. Dabei leistet der Druck, Trauerreaktionen zu früh und zu stark zu kontrollieren, gerade einer pathogenen Entwicklung des Trauerprozesses Vorschub (vgl. o.).
Gegenüber sozialen und individuellen Tendenzen zur Marginalisierung und Verdrängung von Trauer hat die Symptomatologie die wichtige Funktion, die umfassenden und langanhaltenden Auswirkungen von Trauer auf die physische und psychosoziale Befindlichkeit und Funktionsfähigkeit der Betroffenen aufzuzeigen. Dadurch wird die Notwendigkeit deutlich, Trauernde psychosozial stärker zu entlasten, wobei neben den heute vielfach abnehmenden privaten Ressourcen (Unterstützung durch Familie, Freundes- und KollegInnenkreis, Nachbarschaft etc.) vermehrt öffentliche bzw. professionelle Unterstützung gefordert sein wird. Die gewonnenen Erkenntnisse wären sinnvollerweise auch in sozial- und gesundheitspolitische Projekte umzusetzen, etwa eine angemessenere Regelung von Freistellungen und Leistungsanforderungen im Arbeitsbereich, vor allem aber wäre eine vermehrte Einrichtung von Angeboten der Trauerbegleitung sinnvoll. Wegen der besonderen Bedeutung einer frühzeitigen Auslösung der Trauer und wegen der Intensität der Symptome in der Auslöse-Phase – beide auch durch symptomatologische Studien hervorgehoben[311] – scheint dabei

311 Vgl. oben die Ausführungen zu Lindemann, *Glick/Weiss/Parkes* sowie *Bojanovsky/Bojanovsky*.

die von mir vorgeschlagene perimortale Trauerbegleitung in der Initialphase des Trauerprozesses von besonderer, auch präventiver Relevanz zu sein.

Berufspraktischer Wert: Orientierung der Trauerbegleitung
Die Ergebnisse der symptomatologischen Forschung sind für diejenigen unverzichtbar, die professionell mit Trauernden umgehen, sei es im seelsorglichen, psychologischen, ärztlichen und pflegerischen Bereich oder in den Bereichen von Rettungsdienst, Polizei und Bestattungswesen etc., denen zunehmend die Erstkontakte mit Trauernden zufallen. Eine verbesserte Kenntnis der Trauersymptomatik könnte hier vor allem den drei folgenden Problemen entgegenwirken:
1. Manche der vielfältigen Trauerreaktionen wirken auf Außenstehende überraschend und verunsichernd, manchmal befremdlich, abstoßend oder beängstigend. Die Kenntnis der Trauersymptomatik kann hier Überraschungseffekten und Fehlbewertungen bzw. Fehlreaktionen vorbeugen.

Z.B. kann eine Ärztin, die Hinterbliebenen eine Todesnachricht überbringt, dann plötzlich auf sie gerichtete Aggressionen und Beschuldigungen als normale Trauerreaktionen einordnen, anstatt sich persönlich angegriffen zu fühlen und sich gegen einen Kunstfehlerprozess zu wappnen.

2. Völlig *normale* Trauersymptome werden häufig stigmatisiert und pathologisiert – auch von ›Professionellen‹. Eine verbesserte Kenntnis der Trauersymptomatik sollte dazu beitragen, abwertende Äußerungen gegenüber bestimmten Trauerreaktionen, sowie die weit verbreitete ärztliche Verschreibung von Sedativa und Antidepressiva für Trauernde, besonders in der Akut-Phase der Trauer, abzubauen.

Von der in jedem Fernseh-Krimi zu sehenden Medikamentierung Trauernder raten Trauerexperten generell dringend ab, weil die Einnahme die gesunde und notwendige Auslösung bzw. Expression der Trauerreaktionen unterdrückt und den Trauerprozess somit verzögern bzw. fehlleiten kann. In der Praxis sollten Trauernden i.A. insbesondere keine Medikamente gegen emotionale Erregung und depressive Symptome gegeben werden, sondern allenfalls gegen andauernde Schlaflosigkeit (um Erschöpfungszustände zu vermeiden). Dies gilt mit Ausnahme von Fällen, in denen die Betroffenen durch physische und psychische Erregung besonders gefährdbar sind, z.B. aufgrund einer akuten Herzkrankheit, einer Psychose o.ä. Generell sollten die genannten Medikamente nur ärztlich verabreicht und keinesfalls in größeren Dosen in die Hände der Trauernden gegeben werden, weil (wenn auch nur bei einer geringen Zahl von Trauerfällen) mit potentieller Suizidgefahr zu rechnen ist.[312]

3. Populäre und populärwissenschaftliche Auffassungen von Trauer wie z.B. gängige, vereinfachende Phasenmodelle des Trauerprozesses

312 Vgl. exemplarisch *Doyle*, Grief Counseling, 15; *Rando*, Grief, 114; *Worden*, Grief Counseling, 54; *Stroebe/Stroebe*, Bereavement and Health, 245 u.ö.

können dazu verleiten, Trauernden mit stereotypisierten Wahrnehmungs- und Erwartungsmustern zu begegnen. Die Kenntnis der enormen Variationsbreite von Trauersymptomen kann professionell Helfenden demgegenüber verdeutlichen, daß Trauerreaktionen individuell sehr verschieden ausfallen und nach einer entsprechend individuellen Begleitung verlangen.

Psychohygienischer Wert: Entlastung betroffener Trauernder
Schließlich sind Informationen über die Symptomatik der Trauer nicht nur für professionelle HelferInnen, sondern auch für die Trauernden selbst hilfreich. Viele leiden nämlich zusätzlich zu ihrer Trauer noch darunter, dass sie sich unnötig über einige ihrer Symptome sorgen und ängstigen,[313] sei es über deren Art, deren Intensität oder deren Dauer. Gute Beispiele sind Wahrnehmungsstörungen, verlangsamtes Denken oder »Halluzinationen«, vor denen Trauernde oft erschrecken und Angst haben, verrückt zu werden. Oft wagen sie auch nicht, darüber zu sprechen, weil sie entsprechende Stigmatisierungen befürchten. Demgegenüber kann es Trauernde sehr entlasten, wenn man sie auf solche Symptome evtl. vorbereitet oder sie bei ihrem Auftreten versichert, dass ihre Erfahrungen »normal« sind. Sofern es sich nicht um vorschnelle Vertröstungen handelt, kann es evtl. auch hilfreich sein, Trauernde eines allmählichen Abklingens ihrer Symptome zu versichern, bzw. die Hoffnung zu bestätigen, dass nach dem Durcharbeiten der Trauer bessere Zeiten zu erwarten sind und die Bewältigung des Verlusts eventuell sogar mit einem Gewinn durch persönliches Wachstum und persönliche Reifung einhergehen kann.

Jerneizig/Langenmayr meinen dazu: »Einer der bedeutsamen Faktoren einer Trauerberatung oder Trauertherapie scheint die Vermittlung von Wissen über die Trauer, den Trauerverlauf und die mit der Trauer einhergehenden, für die Trauernden oftmals erschreckenden Symptome psychischer und physischer Natur, zu sein.« Sie zitieren dazu den rückblickenden Kommentar einer Betroffenen:
»I am convinced that if I had known the facts of grief before I had to experience them, it would not have made my grief less intense, not lessened my misery, minimized my loss or quietened my anger. No, none of these things. But it would have allowed me hope. It would have given me courage, I would have known that once my grief was worked through, I would be joyful again. Not my old self. I am another woman now. And I like this woman better.«[314]

313 Vgl. auch *Stroebe/Stroebe*, Bereavement and Health, 16; *Worden*, Grief Therapy 30.
314 Vgl. *Jerneizig/Langenmayr*, Trauertherapie, 16f.

Abb. 17: Die häufigsten Trauersymptome (1):

Psychische Verfassung / Gemütszustände:		
Wellen intensiver emotionaler Anspannung: Schmerz, Traurigkeit, Sehnsucht, Verzweiflung, Empfinden von Einsamkeit, Panik, Angst, Existenzängste Liebe/Hass gegenüber dem/der Verstorbenen Reizbarkeit, Nervosität, Wut, Zorn, Aggressivität, Schuldgefühle, Selbstvorwürfe Angst vor vs. Sehnen nach eigenem Tod Depressive Verstimmung, evtl. manifeste klinische Depression aber auch: Erleichterung, Befreiung	*vs.*	*Affektlosigkeit:* Schock, Betäubung, Taubheit, Empfinden von Leere, Kälte und Verwirrung Freudlosigkeit und Interesselosigkeit (Anhedonie) Empfinden von Hilflosigkeit und Ratlosigkeit

Physische Verfassung / Körperliche Beschwerden:
Nervöse Störungen: Kraftlosigkeit, Abgeschlagenheit, Arbeitsunfähigkeit Muskelschwäche, Rücken- und Gelenkschmerzen Kopfschmerzen, Sehstörungen, Frieren oder Schwitzen Schlafstörungen: Nervöse Schlaflosigkeit vs. bleierne Müdigkeit/Dauerschlafen Überempfindlichkeit (z.B. gegen Lärm) bei Frauen Ausbleiben vs. Verstärkung der Menstruation
Magen-Darm-Störungen: Appetitlosigkeit/Gewichtsverlust vs. (seltener) erhöhter Appetit/Gewichtszunahme Mundtrockenheit, Schluckbeschwerden Völlegefühl, krampfartige Zusammenziehungen des Zwerchfells, Erbrechen Obstipation vs. Diarrhoe evtl. Colitis ulcerosa (Darmentzündung)
Herz-Kreislauf-Störungen: Herzschmerzen, Druck, Brennen, Krampfen, Brustbeklemmung, Herzrhythmusstörungen, Herzrasen, Blutdruckveränderungen (Hyper- vs. Hypotonie) evtl. manifeste Herzerkrankung
Atem- und Atemwegsstörungen: Zugeschnürtsein der Kehle, Atemnot, röchelndes und seufzendes Atmen, Kurzatmigkeit, Hyperventilation, evtl. Asthma
Generell erhöhte Krankheitsanfälligkeit, bis hin zu Mortalität; evtl. Tumorbildungen; Wiederauftreten früherer Krankheiten oder Übernahme der Krankheit(ssymptome), an denen der/die Verstorbene zuletzt litt

Abb. 17, Fortsetzung: Die häufigsten Trauersymptome (2):

Mentale Verfassung / Wahrnehmung:
Außenweltbezug: Verlangsamung/Beeinträchtigung der Wahrnehmung, des Denkens und des Ausdrucks Derealisation und Depersonalisation; Zwangsvorstellungen Konzentrationsstörungen, Assoziationshemmung, Verwirrung, Geistesabwesenheit Unruhe, Ziellosigkeit; Halluzinationen (Visionen, Auditionen, haptische Sinnestäuschungen) Misstrauen gegenüber anderen Personen und der Außenwelt insgesamt Gefühl von Sinnlosigkeit; religiöse Zweifel *Selbstbezug:* Herabgesetztes Selbstwertgefühl/Ohnmachtsphantasien vs. (seltener) Triumph über den/die VerstorbeneN / Allmachtsphantasien Ichspaltung Angstzustände, insbes. Angst, das Leben nicht allein meistern zu können Furcht vor Nervenzusammenbrüchen, Gefühl, verrückt zu werden *Bezug zum/zur Verstorbenen:* Präokkupation mit dem/der Verstorbenen Intensive Tag- und Nachtträume von dem/der Verstorbenen (auch Halluzinationen) Idealisierung vs. Dämonisierung des/der Verstorbenen

Verhalten:		
Expressivität:	*vs.*	*Ausdrucksarmut und -verlangsamung:*
Weinen, Schreien, Seufzen, Klagen, Zittern, Suchverhalten Fortgesetzte Beschäftigung mit dem/der Verstorbenen: Sprechen über ihn/sie bzw. mit ihm/ihr; Rufen, Suchen; Aufsuchen von Erinnerungen, Gegenständen und Orten, die mit ihm/ihr in Verbindung standen; Imitation des/der Verstorbenen		Erstarrung, Versteinerung, Unbeweglichkeit Phobisches Meiden aller Beschäftigung mit dem/der Verstorbenen, Meiden jedes Erinnerungsanlasses
Hyperaktivität, Vakuum-Aktivitäten, Agitiertheit, Desorganisation		Hypoaktivität, Aktivitäts- und Leistungshemmung bis hin zur Verwahrlosung; oder mechanisches Funktionieren
Feindseligkeit, Aggressionsverhalten, Misstrauensäußerungen gegenüber nahestehenden Menschen und HelferInnen vs. Klammern, Suche nach Ersatzobjekten, vorschnelle neue Bindungsversuche		Sozialer Rückzug, Unfähigkeit zur Kontaktaufnahme oder zum Rückgriff auf Hilfsangebote
Selbstzerstörerische Aktionen, Suizidalität		Erhöhter Alkohol-, Nikotin- und Medikamentenkonsum (Schlaf- und Beruhigungsmittel, Stimmungsaufheller)

Trauer und Krankheit: Exkurs zu Fragen der Pathologie

Dass Trauer krank machen und sogar zum Tod führen kann, wird in der Volksweisheit vieler Kulturen und in der Weltliteratur tradiert; es findet seine symbolische Verdichtung im mythischen Motiv des Krankens oder des Sterbens an »gebrochenem Herzen«, das der Volksmund ebenso kennt[315] wie der Dichter.[316] Es ist auch die erkenntnisleitende Hypothese zahlreicher vorwissenschaftlicher und wissenschaftlicher Untersuchungen gewesen.[317] Sie führte in der Medizin des vorigen Jahrhunderts zu gezielten pathologischen Untersuchungen an den Herzen »nachgestorbener« Trauernder[318] und hat sich bis in die Titel neuerer wissenschaftlicher Untersuchungen hinein fortgesetzt.[319]

315 Vgl. auch die Rede vom »Nachsterben«.

316 Vgl. schon im 8. Jh. v.Chr. *Homer*, Odyssee, Elfter Gesang, Zeilen 84–212: Odysseus begegnet an der Schwelle zum Totenreich des Aides dem Geist seiner verstorbenen Mutter Antikleia und fragt sie nach der Ursache ihres Todes; sie antwortet ihm, sie sei nicht durch Krankheit oder den Willen der Göttin Artemis gestorben, sondern an Sehnsucht und Trauer um ihn, den verschollenen Sohn. Odysseus antwortet seinerseits mit der Sehnsucht, der Mutter ins Totenreich zu folgen: »Dreimal sprang ich herzu, an mein Herz die Geliebte zu drücken; Dreimal entschwebte sie leicht, wie ein Schatten oder ein Traumbild, Meinen umschlingenden Armen; und stärker ergriff mich die Wehmut. Und ich redete sie an und sprach die geflügelten Worte: Meine Mutter, warum entfliehst du meiner Umarmung? Wollen wir nicht in der Tiefe, mit liebenden Händen umschlungen, Unser trauriges Herz durch Tränen einander erleichtern?« (a.a.O., Zeilen 210–212, in der Übertragung von *J.H. Voss*). Die Textstelle ist ein anschauliches Beispiel für die von Trauernden oft erlebten, sog. »halluzinatorischen« Phänomene, sowie für die Interdependenz von Derealisation und Realisation bei Trauernden. Vgl. a.a.O., 146.

317 Vgl. *B. Benjamin / R. Fitzgerald*, Broken heart: a statistical study of increased mortality among widowers, in: British Medical Journal 1 (1969), 740.

318 Der amerikanische Arzt Benjamin Rush autopsierte im Jahr 1835 gezielt die Leichen solcher Personen, die mutmaßlich an Trauer gestorben waren, und fand bei ihnen Entzündungs- und Stauungsprozesse im Herzen, sowie Risse von Herzklappen und Herzkammern vor. Vgl. *B. Rush*, Medical Inquiries and Observations upon the Diseases of the Mind, Philadelphia, Griegg and Elliot, 1835, zit. bei *C.M. Parkes*, Bereavement. Studies of Grief in Adult Life, London (Penguin) 1986 (Erstausgabe 1972). Einen weiteren vorwissenschaftlichen Beitrag stellt die bereits 1621 von dem englischen Priester Robert Burton veröffentlichte Sammlung von Fallbeispielen für Erkrankungen aufgrund von Trauerfällen dar; vgl. *Burton*'s Monographie: The Anatomy of Melancholy (1621), Nachdruck New York (Random House) 1971. Erste wissenschaftliche Ergebnisse über Morbidität und Mortalität bei Trauernden liegen in den in Frankreich durchgeführten pathologischen und soziologischen Untersuchungen von *W. Farr* (1858) und *E. Durkheim* (1897) vor, die bei Verwitweten gegenüber nichtbetroffenen Kontrollgruppen weit höhere Gesundheitsrisiken und ein deutlich erhöhtes Suizidrisiko aufzeigen. Vgl. *W. Farr*, Influence of marriage on the mortality of the French People, in: *N. Humphreys*, Vital Statistics: A Memorial Volume of Selections from Reports and Writings of William Farr, New York (Scarecrow Press) 1975 (Erstveröffentlichung 1858),

Der Mythos ist, das haben die oben dargestellten und andere empirische Untersuchungen ergeben, inzwischen partiell bestätigt: Trauernde sind tatsächlich im Vergleich zu Nichttrauernden einem deutlich erhöhten Krankheits- und Sterblichkeitsrisiko ausgesetzt. *Dass* ein Zusammenhang zwischen Trauer und Krankheit besteht, ist heute also wissenschaftlich erwiesen; strittig bleibt aber, wie dieser Zusammenhang *qualitativ* näher zu bestimmen und wie die erhöhte Morbidität und Mortalität bei Trauernden *quantitativ* genau zu beziffern ist.
Zunächst zum zweiten, unten dann zum ersten Punkt:

1. Quantität: Wie hoch ist das Erkrankungs- und Sterblichkeitsrisiko?
Die *Quantifizierung* der Morbidität bei Trauernden ist außerordentlich kompliziert, da die Vielzahl der möglichen, einzeln oder kumulativ auftretenden Störungen und Erkrankungen kaum systematisch zu erfassen ist und auch die Erhebung von Vergleichszahlen aus nicht-betroffenen Kontrollgruppen Schwierigkeiten bereitet.
Man hat diese Schwierigkeiten zu reduzieren versucht, indem man etwa die Anzahl von Arztbesuchen und Aufnahmen in psychiatrische Kliniken oder die krankheitsbedingten Fehlzeiten am Arbeitsplatz oder die Selbstangaben Trauernder über ihren Gesundheitszustand zum Maßstab genommen hat. Auf die erste Weise stellte z.B. C.M. Parkes (1964 a/b)[320] eine Verdreifachung der Arztbesuche nach Verwitwung, bzw. sechsmal höhere Aufnahmezahlen von verwitweten gegenüber nicht-verwitweten PatientInnen in psychiatrischen Kliniken fest; Lundin (1984)[321] fand mit der zweitgenannten Methode bei Trauernden

sowie: *E. Durkheim*, Suicide: A Study in Sociology, Glencoe, Illinois (Free Press) 1951 (Erstveröffentlichung 1897); beide rezipiert bei *Stroebe/Stroebe*, Bereavement and Health, 4.

319 Vgl. *Benjamin/Fitzgerald*, a.a.O., sowie in neuerer Zeit noch »The broken heart: fact or folclore?«, in *Stroebe/Stroebe*, Bereavement and Health, 1–4.

320 Vgl. *C.M. Parkes*, Recent bereavement as a cause of mental illness, in: British Journal of Psychiatry 110 (1964), 198–204, sowie *ders.*, The effects of bereavement on physical and mental health: A study of the medical records of widows, in: British Medical Journal 2 (1964), 274–279. Gemeinsam mit *R.J. Brown* führte *Parkes* 1972 in Boston noch eine Morbiditätsstudie an jüngeren Verwitweten unter 45 Jahren durch, die die Annahme bestätigte, die die These unterstützt, dass das Erkrankungsrisiko bei jüngeren Verwitweten besonders hoch ist. Vgl. *C.M. Parkes / R.J. Brown*, Health after Bereavement, A Controlled Study of Young Boston Widows and Widowers, in: Psychosomatic medicine 34 (1972), 449–461.

321 Vgl. *T. Lundin*, Morbidity following Sudden and Unexpected bereavement, in: British Journal of Psychiatry 144 (1983), 84–89; insbes.86. Die Untersuchung wurde in Uppsala, Schweden, durchgeführt; das Sample betrug insgesamt 87 Trauernde, davon erlitten 32 den Verlust plötzlich und unerwartet, d.h. ihre Zugehörigen starben innerhalb von 2 Stunden nach dem Auftreten erster Krankheitsanzeichen. Die Studie versucht die Annahme zu substantiieren, dass das Morbiditätsrisiko nach einem plötzlichen und unerwarteten

gegenüber nicht-Trauernden in den ersten beiden Jahren nach dem Trauerfall einen Anstieg der Krankenfehlzeiten um jährlich durchschnittlich 6–10 Arbeitstage und darüber hinaus speziell bei Hinterbliebenen, deren Zugehörige plötzlich und unerwartet gestorben waren, eine weitere Steigerung um zusätzlich noch einmal 12,8 Tage (Arbeitsbefreiung und genommenen Urlaub nicht eingeschlossen); Maddison/Viola (1968)[322] ermittelten durch Selbstangaben von verwitweten Frauen in USA und Australien bei rund 21 % bzw. 32 % der Befragten nach dem Trauerfall eine signifikante Verschlechterung ihrer physischen Gesundheit.

Sowohl in der älteren wie in der neueren Forschung bleiben jedoch Probleme hinsichtlich der Methoden, der Geltungsbereiche und der Vergleichbarkeit der diversen Studien zur Pathologie der Trauer bestehen. Über die methodischen Probleme und die Ergebnisse einer Vielzahl neuerer Längs- und Querschnittstudien geben Stroebe/Stroebe[323] hervorragende Forschungsüberblicke.

Unter den *psychischen Störungen* sind, wie die Durchsicht von Stroebe/Stroebe zeigt, Depressionen am weitesten verbreitet und am besten erforscht. In den bei Stroebe/Stroebe berücksichtigten Untersuchungsergebnissen liegt die niedrigste angegebene Depressionsrate bei 17 %, die höchste bei 36 % der 13, bzw. 16–18 Monate nach dem Trauerfall untersuchten Witwen (gegenüber 2,8 % bei nicht-Trauernden).[324] Dazu kommen u.a. Panikattacken (*panic disorder*) bei ca. 13 % der Befragten, Angstzustände (*generalized anxiety disorder*) bei ca. 39 %, und vielfach auch Kombinationen verschiedener psychischer Störungen und Symptome.[325] In den meisten Studien lag die Depressionsquote – wie auch die Quote psychiatrischer Erkrankungen allgemein – bei Frauen höher als bei Männern; dabei wurde aber nicht berücksichtigt, dass bei Männern der Alkohol-, Drogen- und Psychopharmaka-Missbrauch erheblich stärker angestiegen war als bei Frauen, was psychische Symptombilder verdeckt haben könnte.[326]

Zur Erfassung *physischer Erkrankungen* müssen auch Stroebe/Stroebe auf die o.a., ca. 30 Jahre zurückliegende Studie von Maddison/Viola zurückgreifen, die den signifikanten Anstieg von ca. 40 verschiedenen Störungen bei Verwitweten prozentual aufschlüsselt; die

Trauerfall besonders erhöht ist, hat jedoch wegen des kleinen Samples von n = 32 nur die Geltung einer Pilotstudie.

322 Vgl. o.

323 Vgl. *Stroebe/Stroebe*, Bereavement and Health, 121–167, sowie *dies.*, The Mortality of Bereavement: A Review, in: *Stroebe/Stroebe/Hansson*, Handbook, 175–195.

324 Vgl. *Stroebe/Stroebe*, Bereavement and Health, 137f.; gemeint sind schwere Depressionen.

325 Vgl. *K. Kim / S. Jacobs*, Neuroendocrine changes following bereavement, in: *Stroebe/Stroebe/Hansson*, Handbook, 143–159, hier 144.

326 Vgl. a.a.O., 139, 142, 150.

meisten der dort genannten Symptome sind in der oben von mir zusammengestellten Übersicht (Abb. 17) aufgeführt.[327] Ebenfalls etwa 30 Jahre alt ist der Bericht eines Trauersymposions aus Großbritannien, in dem koronare Herzerkrankungen besonders hervortreten: Daran starben im Untersuchungszeitraum Witwer in den ersten sechs Monaten nach der Verwitwung um 50 % häufiger als nicht-Verwitwete. Den Befund des vermehrten Auftretens von Herzkomplikationen bei Trauernden hat die Forschung seither mehrfach, jedoch nicht in dieser Höhe, repliziert.[328]

Neuere Studien konzentrieren sich auf die *Sterblichkeitsraten* bei Verwitweten und anderen Trauernden und schließen von der Mortalität indirekt auf die Morbidität zurück. Das Sterblichkeitsrisiko bei Trauernden ist nach neueren Untersuchungsergebnissen in den ersten sechs Monaten, insbesondere im ersten Monat nach dem Todesfall generell stark erhöht, und zwar durchschnittlich um etwa 300 %,[329] dabei sind Männer stärker gefährdet als Frauen. Bei Verwitweten ist das Sterblichkeitsrisiko um so höher, je jünger sie beim Eintritt der Verwitwung sind. So zeigt eine Untersuchung in Deutschland aus dem Jahr 1976 unter Verwitweten im Alter von 25–34 Jahren eine bei Männern 6,5-mal, bei Frauen 3,1-mal höhere Sterblichkeitsrate als es in dieser Altersgruppe normal wäre.[330] Als Todesursachen treten häufig Erkrankungen des Herzens, der Leber und des Verdauungsapparates oder der Lunge und der Atemwege auf. Diese Befunde lassen Rückschlüsse auf die physische Morbidität bei Trauernden zu.

Besonders hoch liegen aber auch die *Suizid-Raten*. Während andere Studien von einer durchschnittlich etwa 5-fachen Erhöhung der Suizidalität bei Trauernden ausgehen,[331] fanden *J. Kaprio et al.* (1987)[332] bei Verwitweten in der ersten Woche nach dem Todesfall extreme Anstiege: Die Suizidraten waren in diesem Zeitraum bei Frauen um das

327 Vgl. a.a.O., 144f; s. auch die Tabelle aus *Maddison/Viola*, Health of Widows, 301.

328 Vgl. Symposion Report Bereavement, in: British Medical Journal 3 (1967), 232, rezipiert bei *Maddison/Viola*, a.a.O., 303.

329 Vgl. *Stroebe/Stroebe*, Mortality, 177f, insbesondere die Grafik auf S. 177.

330 Vgl. *Stroebe/Stroebe*, Bereavement and Health, 153. Trat die Verwitwung im Alter zwischen 35 und 44 Jahren ein, war die Sterblichkeitsrate um das 4,2-fache, bzw. (bei Frauen) um das 2,2-fache erhöht; im Alter von 45–54 Jahren um das 2,5-, bzw. um das 1,6-fache; im Alter von 55–64 Jahren um das 1,8- bzw. um das 1,3-fache.

331 Vgl. a.a.O., 166, insbesondere die dort abgebildete Tabelle.

332 *J. Kaprio* et al., Mortality after bereavement: A prospective study of 95647 widowed persons, in: American Journal of Public Health 77 (1987), 283–287, zitiert bei *Stroebe/Stroebe*, Mortality, 187. Andere Studien gehen von einer etwa 5-fachen Erhöhung der Suizidraten bei Trauernden aus. Über die Zuverlässigkeit der Angaben kann ich hier nicht urteilen; die Studie von *Kaprio* et al. zeichnet sich aber durch ein besonders großes Sample (über 95 000 Verwitwete) aus.

9,6-fache, bei Männern um das 66-fache (!) erhöht. Diese Befunde lassen Rückschlüsse auf die psychische Morbidität Trauernder zu.
Zusammenfassend kann man sagen: Im Mittel der o.a. Studien nehmen bei Trauernden psychische Erkrankungen (vorrangig Depressionen und Angstzustände) um ca. 25–30 % zu; die Zunahme physischer Erkrankungen (vorrangig Herzkomplikationen) nach einem Trauerfall wird u.a. daran gemessen, dass Trauernde jährlich durchschnittlich sechs bis zwölf Arbeitstage mehr krankgemeldet sind als Nichttrauernde und dass die Mortalität nach einem Trauerfall um etwa 300 % ansteigt. Generell scheinen trauernde Frauen stärker zu psychischen Symptomen und Störungen zu neigen, während trauernde Männer offenbar stärker somatisieren, anfälliger für physische Krankheiten und stärker suizidgefährdet sind.

2. Qualität: Wie hängen Trauer und Krankheit zusammen?
Die Frage nach der *qualitativen Verhältnisbestimmung* von Trauer und Krankheit lässt sich in mindestens dreifacher Weise variieren: Ist Trauer eine Krankheit? Gibt es krankhafte Trauer? Oder macht Trauer krank? Alle drei Varianten finden in der Literatur positive Beantwortung, teilweise auch in Kombination miteinander.

Variante 1: Trauer wird selber als Krankheit definiert
Diese Variante vertritt neben J. Bowlby (vgl. o.) auch Y. Spiegel, und zwar unter Rezeption von G. Engel.[333] Spiegel versteht Trauer als »Krankheitsentität mit klarer Ätiologie und einem spezifischen Krankheitsverlauf, der sich selbst begrenzt und mit einer Wiederherstellung des früheren Gesamtzustandes endet«, und ordnet sie dem manisch-depressiven Formenkreis psychischer Erkrankungen zu. Vorteile einer Definition der Trauer als Krankheit sieht er darin, dass Trauernden dadurch die sozial- und gesundheitspolitischen Vorteile des Krankenstatus (z.B. Arbeitsbefreiung, Therapiefinanzierung) zugute kommen und Forschung und Therapie im Bereich der Trauer stärker gefördert werden könnten. Eine gesellschaftliche Anerkennung der Trauer als *psychische* Krankheit könne zudem bewirken, dass Trauernde, wie in den USA üblich, stärker die qualifizierte Begleitung durch »den Pfarrer, die Beratungsstelle oder den Psychiater« in Anspruch nähmen, anstatt nur physische Symptome beim praktischen Arzt behandeln zu lassen. Diesen letztgenannten Aspekt haben G. Engel und W. Loch vertieft:[334]

333 Vgl. *Spiegel*, Prozeß, 51–56 (die u.a. Zitat 54, 55), sowie *G.L. Engel*, Is grief a disease?, in: Psychosomatic Medicine 23 (1961), 18–22. Spiegel vertritt gleichzeitig auch ein Konzept »pathologischer« Trauer, vgl. a.a.O.

334 Vgl. *W. Loch*, Regression – Über den Begriff und seine Bedeutung in einer allgemeinen psychoanalytischen Neurosentheorie, in: Psyche 17 (1963/64), 516–545, rezipiert bei *Spiegel*, a.a.O., 51; darin wird physische Krankheit als Abwehrmechanismus beschrieben. Vgl. auch *G. Engel*, Psychological

Vielfach werde die Somatisierung des psychischen Leidens sozial gefördert, da psychische Symptome im Gegensatz zu physischen negativ sanktioniert oder nicht beachtet werden. Als Mechanismen psychosomatischer Leidensumsetzung beschreibt Engel
(a) das Konversionssymptom: dabei wird eine psychische Erfahrung symbolisch in Körpersprache umgesetzt; im Trauerfall würde dann z.B. eine Obstipation symbolisieren, dass jemand den Verlust nicht »verdauen«, bzw. nicht »loslassen« kann, eine Diarrhoe würde dagegen den Versuch einer aggressiven Abstoßung bzw. einer beschleunigten Loslösung anzeigen;
(b) die Reproduktion einer früheren somatischen Krankheit, die vor dem Personenverlust die Zuwendung der betreffenden Person hervorgerufen hat: dahinter steht nach Engel der Wunsch nach Wiederherstellung der verlorenen Beziehung;
(c) die hier bereits mehrfach erwähnte Übernahme der Krankheit des oder der Verstorbenen: darin drückt sich nach Engel eine Über-Identifikation mit ihm bzw. ihr aus.
Zutreffenderweise räumt Spiegel jedoch ein, dass physische Trauersymptome auch anders als aus psychosomatischer Perspektive gedeutet werden können, nämlich z.B. im Kontext des von der Stressforschung untersuchten Phänomens, dass starke psychische und soziale Belastungen die generelle und die evtl. bereits vorhandene individuelle Krankheitsanfälligkeit erhöhen.[335]
Obwohl die von den Befürwortern intendierten Ziele positiv zu bewerten sind, ist m.E. eine Definition von Trauer als Krankheit nicht sinnvoll, und zwar v.a. aus zwei Gründen: Erstens lässt, wie wir gesehen haben, die *Diversität* symptomatologischer Befunde eine Beschreibung von Trauer als (Krankheits-) Syndrom mit einheitlichem Erscheinungsbild und einheitlichem Verlauf heute nicht mehr zu – im Gegenteil ist das wichtigste Ergebnis neuerer Forschung, wie extrem vielfältig Symptomatik und Verlauf der Trauer sind; auch konnte die Forschung bei Trauernden zwar eine allgemeine Vermehrung von Funktionsstörungen und Erkrankungen erheben, nicht aber trauer*spezifische*

Development in Health and Disease, Philadelphia 1962, 373, rezipiert bei *Spiegel*, 49. Als weiteren »Klassiker« zur Psychosomatik vgl. auch *A. Mitscherlich*, Krankheit als Konflikt, Studien zur psychosomatischen Medizin, 2 Bde., Frankfurt a.M. 1966/1967.

335 Vgl. a.a.O., 51. Neuerdings werden Trauerreaktionen auch mit der von der Stress-Forschung sog. »post-traumatic-stress-disorder« (PTSD) in Verbindung gebracht. Wenn auch die Forschung hier noch kaum gesicherte Erkenntnisse erzielen konnte, mehren sich doch die Hinweise darauf, dass im Trauerfall wie auch bei anderen traumatischen Erfahrungen neuroendokrine Veränderungen eintreten, die das Immunsystem der Betroffenen schwächen. Vgl. dazu *K. Kim / S. Jacobs*, Neuroendocrine changes following bereavement, in: *Stroebe/Stroebe/Hansson*, Handbook, 143–159, sowie *M. Irwin / J. Pike*, Bereavement, depressive symptoms, and immune function, a.a.O., 160–171.

Krankheitssymptome, die nicht auch in anderen Zusammenhängen vorkämen. Und zweitens würde durch eine Pathologisierung von Trauer deren *Normalität* in Abrede gestellt und einerseits der Stigmatisierung, andererseits der Dramatisierung bzw. dem Zweifel an der Bewältigbarkeit von Trauer Vorschub geleistet.
An Spiegels Verständnis der Trauer als Krankheit ist, nebenbei bemerkt, auch sein Heilungsideal fragwürdig: Seine Annahme, am Ende eines gelungenen Bewältigungsprozesses stehe eine »Wiederherstellung« des status quo ante, dürfte m.E. weder auf die Trauer zutreffen, noch auf das von ihm als Analogie betrachtete Durchleben schwerer Krankheiten. Zumindest Trauernde dürften jedenfalls nicht unverändert aus dem Trauerprozess hervorgehen, als habe dieser nicht stattgefunden; vielmehr dürften ein bleibendes Verlustempfinden und bleibende psychosoziale Defizite, aber auch persönliche Wachstums- und Reifungserfahrungen zu erwarten sein.[336]

Variante 2: Es gibt pathologische Formen von Trauer
Diese Variante, bei der man verschiedene Formen von Trauerreaktionen voneinander unterscheidet und einige als »normal«, andere als »krankhaft« diagnostiziert, ist in der Trauerliteratur am weitesten verbreitet. Middleton/Raphael et al.[337] sammeln in einem spezialisierten Forschungsüberblick diverse Konzeptionen »pathologischer« Trauer, die unter Begriffen wie *abnormal, complicated, distorted, morbid, maladaptive, truncated, atypical, intensified, prolonged, unresolved, chronic, neurotic* oder *dysfunctional grief*, bzw. unter *unexpected grief syndrome* oder *ambivalent grief syndrome*, etc. firmieren.[338] Gemeinsam ist all diesen unterschiedlichen und auf ganz verschiedenen Ebenen ansetzenden Konzeptionen, dass sie eine Art von Abweichung von der Norm implizieren, sei es hinsichtlich der zeitlichen Erstreckung, der Intensität, der Qualität, der Ursachen oder der Auswirkungen verschiedener Symptombilder.
Die Problematik liegt hier wie in vielen Bereichen der Psychopathologie darin, dass die Grenzen dessen, was »normal« sei, fließend und schwer zu bestimmen sind, und dass die Urteilsfindung hier weitestgehend von kulturellen und sozialen Konventionen abhängig ist; dieses gilt insbesondere für den Verhaltensbereich. Würde sich heute ein westlicher Staatsmann angesichts einer Todesnachricht vor laufenden Kameras entkleiden und unter Weinen und Klagen seinen Maßanzug zerreißen, würde er wohl in eine psychiatrische Klinik eingeliefert; für

336 Vgl. o. in den Abschnitten über *S. Freud*, *M. Klein* und *J. Bowlby*.
337 Vgl. *W. Middleton / B. Raphael* et al., Pathological grief reactions, in: *Stroebe/Stroebe/Hansson*, Handbook, 44–61.
338 Vgl. a.a.O., 44, 51. Weitere dort genannte Begriffe sind *absent, delayed* und *inhibited grief*; diese sind m.E. geeigneter, weil sie nicht die Trauerreaktion selber, sondern deren Ausbleiben problematisieren (vgl. u.).

den biblischen König David war es aber völlig normal, dies samt seinem ganzen Gefolge in aller Öffentlichkeit zu tun (2Sam 1,11f u.ö.). Schnitte sich in Deutschland jemand aus Trauer einen Finger oder Zeh ab, hielte man das für hochgradig »pathologisch«, während es beispielsweise in Papua-Neuguinea üblich und erwartet wäre. Diese Beispiele mögen weit hergeholt erscheinen; sie sind jedoch geeignet zu veranschaulichen, in wie hohem Maße unsere Definition von »Normalität«, bzw. unsere Reaktions- und Erwartungsmuster von soziokulturellen Prägungen abhängen. Differenzen dürften hier auch zwischen räumlich und zeitlich weniger weit voneinander entfernten Kulturen, bzw. Subkulturen und Milieus innerhalb einer Gesellschaft vorhanden sein; darüber hinaus dürfte die zunehmende interkulturelle Durchmischung moderner Gesellschaften solche Differenzen multiplizieren.

Auch ohne dass kulturelle Faktoren berücksichtigt werden, gilt aber schon für die in modernen westlichen Gesellschaften angestellte Mainstream-Forschung: Heute liegt keine adäquate und konsensfähige Definition dessen vor, was »normale« Trauer sei, bzw. welche Kriterien hier zur Unterscheidung von »normal« und »pathologisch« angelegt werden könnten.[339] Der Begriff »pathologische Trauer« und andere Begriffe, die bestimmte Trauerreaktionen pathologisieren, sind also schon deshalb problematisch, weil nach heutigem Forschungsstand sachlich ungeklärt bleibt, was mit ihnen bezeichnet werden kann. Ihr Gebrauch befördert darüber hinaus zwei verbreitete *Missverständnisse,* nämlich

a) die Auffassung, dass das Auftreten pathognomischer Funktionsstörungen und Erkrankungen bei Trauernden ein Anzeichen »pathologischer« Trauer sei – dagegen ist gerade die erhöhte Anfälligkeit Trauernder für Störungen ihrer psychischen und physischen Gesundheit *normal*; und

b) die Annahme, das Trauern selber, bzw. ein besonders intensives oder expressives Trauern sei »pathologisch« – dagegen haben die o.a. Untersuchungen immer wieder gezeigt, dass aktives Trauern psychohygienisch notwendig ist und dass gerade das *Nicht*-Trauern bzw. die Unterdrückung, Vermeidung oder Verzögerung von Trauerreaktionen die Risiken psychischer und physischer Störungen verstärken.

339 Vgl. a.a.O., 44, 49: »... research to date has not clearly identified areas of psychopathology that are grief-specific. This reflects in part a lack of operationalized criteria for pathological grief.« »A thourough review of contemporary literature shows that there are still no adequate definitions of what is normal or pathological ...« S. auch *Shuchter/Zisook*, 1993, 23: »If grief is normal, what than, is ›normal‹ grief? In our experience, grief is such an individual process – one that varies from person to person and moment to moment and encompasses so many facets of the bereaved's being – that attempts to limit its scope or demarcate its boundaries by arbitrarily defining normal grief are bound to fail.«

Variante 3: Trauer ist ein Gesundheitsrisiko – sie kann krank machen ohne krankhaft zu sein

Trauer kann pathologische bzw. pathognomische Begleiterscheinungen oder Folgen haben, ohne deshalb selber pathologisch zu sein. Diese Varianten der Verhältnisbestimmung von Trauer und Krankheit scheint mir nach den o.a. Überlegungen die sinnvollste zu sein; sie ist unter den drei genannten auch die einzige, die nicht über den gesicherten Forschungsstand hinausgeht. Trauer stellt demnach ein Krankheits- bzw. ein Gesundheits*risiko* dar; als Gründe dafür können etwa das Trauma des Verlusterlebnisses oder der Stress der eintretenden psychischen und sozialen Belastungen vermutet werden.

M.a.W.: Es ist sinnvoll, von einer Trauerpathologie zu sprechen, nicht aber von »pathologischer Trauer«. Trauer ist nicht pathologisch, sie kann aber pathogen sein. Zu den Risikofaktoren, die die Erkrankungswahrscheinlichkeit steigern, gehören:[340]

- Unterdrückung, Vermeidung oder Verzögerung der Trauer
- Fehlende Verifikation des Todes (z.B. bei Vermissten, Verschollenen, etc.)
- Plötzlicher und unerwarteter Tod
- Besonders traumatisierende Todesumstände
  (gewaltsamer Tod, stigmatisierter Tod (Bsp. Suizid, AIDS), sozial nicht wahrgenommener Tod (Bsp. perinataler Tod), etc.
- Besonders signifikante Beziehung zum/zur Verstorbenen
  (Partnerschaft, Elternschaft)
- Besonders komplizierte Beziehung zum/zur Verstorbenen
  (starke Abhängigkeit, starke Ambivalenz, starke Konflikthaftigkeit und Ungeklärtheit der Beziehung, etc.)
- Fehlende soziale Ressourcen
  (Mangel an Bezugspersonen, bzw. an instrumenteller, validierender und emotionaler Unterstützung[341])
- Fehlende personale Ressourcen
  (Mangel an kommunikativen und relationalen Kompetenzen der Hinterbliebenen, mangelnde Ich-Stärke, mangelnde Leidensfähigkeit, bzw. mangelnde Fähigkeit, Gefühle zu verarbeiten, etc.)

340 Vgl. dazu die bisher dargestellte Literatur, sowie *C.M. Sanders* (1993), Risk factors in bereavement outcome, in: *Stroebe/Stroebe/Hansson*, Handbook, 255–270, sowie *Stroebe/Stroebe*, Bereavement and Health, 168–223.

341 Neben Stroebe/Stroebe's Defizit-Modell ist hier auf eine Untersuchung von Maddison/Walker zu verweisen, derzufolge ein günstiger vs. ein ungünstiger Verlauf des Trauerprozesses entscheidend davon determiniert wird, ob die Trauernden ihre soziale Umwelt als unterstützend wahrnehmen. Vgl. *D. Maddison / W.L. Walker*, Factors Affecting the Outcome of Conjugal Bereavement, in: British Journal of Psychiatry 113 (1967), 1057–1067, hier insbes. 1065.

- Nachteilige persönliche Prädispositionen
  (komplizierte Vorerfahrungen mit Trauerfällen; morbide Persönlichkeitsstruktur, schlechter psychischer oder physischer Gesundheitszustand, etc.)
- Lebensumstände, die die Trauer behindern
  (Häufung von Stressoren, weitere zeitgleiche Krisen, multiple Verluste, mangelnde ökonomische Versorgung, Gefährdung des eigenen Lebens, etc.)

Fazit

Die obigen Ausführen lassen sich in vereinfachter Form wie folgt zusammenfassen: Trauer ist nicht krankhaft. Trauer (und zwar »normale« Trauer) kann krank machen – verhinderte Trauer aber um so mehr. Eine Begrifflichkeit, die den psychohygienisch notwendigen Akt des Trauerns selber pathologisiert, sollte deshalb vermieden werden. M.E. sollte man auf die Definition von Trauer als Krankheit und auf den Begriff »pathologische Trauer« verzichten und allenfalls von »komplizierten« oder »erschwerten« Trauerprozessen sprechen, für die die o.a. Risikofaktoren in Anschlag zu bringen wären.

3.2 Phasen- oder Verlaufsmodelle

Phasen- oder Verlaufsmodelle des Trauerprozesses sind erweiterte Symptomatologien. Sie ordnen einige der im obigen Abschnitt beschriebenen Trauersymptome, und zwar vorwiegend diejenigen aus dem psychischen Bereich bzw. aus dem Verhaltensbereich, zu Gruppen von Symptombildern und bringen diese in eine zeitliche Abfolge. Innerhalb des weiten Feldes der Trauertheorien nehmen die Phasenmodelle eine besondere Stellung ein, weil sie am weitesten verbreitet und am populärsten sind. Sie haben Eingang in die Aus- und Fortbildungs-Curricula mehrerer Berufsgruppen gefunden: Ob im ärztlichen, pflegerischen, seelsorglichen oder psychologischen Bereich – wer professionell mit Sterben und Trauer befasst ist, hat in der Regel die »Trauerphasen« nach Elisabeth Kübler-Ross (dies gilt v.a. für die USA) oder nach Yorick Spiegel (dies gilt v.a. für Deutschland) auswendig gelernt. Die kritische Auseinandersetzung mit diesen Modellen, bzw. mit der Problematik der vielen existierenden Phasenmodelle im allgemeinen, halte ich deshalb für unerlässlich. Der Akzent des folgenden Abschnitts liegt auf der *Kritik* der Phasenmodelle, während deren *Darstellung* kurz gefasst werden kann. Denn die Phasenmodelle tragen keine neuen Beobachtungen zur Symptomatologie der Trauer bei, sondern nehmen nur eine neue Anordnung von Phänomenen vor, die bereits im vorigen Abschnitt ausführlich erörtert wurden.

Elisabeth Kübler-Ross

Die Veröffentlichungen der vorwiegend in den USA arbeitenden Schweizer Psychiaterin Elisabeth Kübler-Ross werden gemeinhin nicht als wissenschaftlich anerkannt[342] und in der wissenschaftlichen Literatur vielfach nicht rezipiert. Ihre berühmte Monographie »On Death and Dying« (1969), deren deutsche Ausgabe »Interviews mit Sterbenden« allein schon über 20 Auflagen erlebt hat, ist für Theorie und Praxis der Sterbe- und Trauerbegleitung jedoch unleugbar von epochemachender Bedeutung gewesen.[343] Während Sterben, Tod und Trauer damals im Gesundheitssystem noch weitestgehend Tabuthemen waren, hob hier ausgerechnet eine Ärztin erstmals die Situation, die Probleme und die Bedürfnisse Sterbender und ihrer Zugehörigen ins Bewusstsein einer breiten Öffentlichkeit. Ihre Forschungen an den University of Chicago Hospitals wurden anfänglich erheblich behindert: Zwar hatte man ihr auf administrativer Ebene die formelle Erlaubnis gegeben, Sterbende und ihre Zugehörigen zu interviewen. Die Praxis nahm sich jedoch zunächst so aus, dass man ihr keine entsprechenden Fälle nannte – es »gab« keine Sterbenden in den Universitätskrankenhäusern; man gab Sterbefälle in der Regel erst dann zu, wenn der Tod bereits eingetreten war, und die Öffnung für Kübler-Ross' Arbeit setzte sich nur langsam durch.[344] Heute erfüllen die University of Chicago Hospitals wie auch viele andere Großkliniken in den USA landesweit hohe Standards einer regelmäßigen Begleitung von Sterbenden und deren Zugehörigen durch krankenhauseigene SeelsorgerInnen, PsychologInnen und SozialarbeiterInnen – eine Entwicklung, die nicht zuletzt auf die Pionierarbeit von Elisabeth Kübler-Ross zurückgeht.

Ihre berühmten fünf »Phasen«:[345]

- Nichtwahrhabenwollen (*denial*);
- Zorn (*anger*);
- Verhandeln (*bargaining*);
- Depression (*depression*);
- Zustimmung (*acceptance*);

342 Vgl. z.B. *R. Schulz / D. Aderman*, Clinical Research and the Stages of Dying, in: Omega 5 (2), 1974, 138: »The usefulness of Kübler-Ross's work is limited by its ambiguity, in large part the product of the highly subjective manner in which observations were obtained and interpreted. Kübler-Ross failed to explicitly specify assessment procedures for determining through which stages of dying a patient has passed. Judging from the interview protocols Kübler-Ross has presented as evidence in support of her stage model, it appears that she depended more on intuition to define a particular stage than any systematic pattern of responses from the patient.«

343 *E. Kübler-Ross*, On Death and Dying, New York 1969, dt. Ausgabe: Interviews mit Sterbenden, Gütersloh [16]1992 (Stuttgart [1]1969).

344 Dieses wurde mir während meiner eigenen Tätigkeit an den University of Chicago Hospitals (1989/90) immer wieder berichtet.

345 Vgl. *Kübler-Ross*, Interviews, 16–93.

hat E. Kübler-Ross ursprünglich als Phasen des psychischen Prozesses *Sterbender* angesichts ihres eigenen bevorstehenden Todes diagnostiziert;[346] sie wurden später aber von ihr selbst und anderen auch auf Trauerprozesse von Zugehörigen bzw. Hinterbliebenen übertragen.[347] Auf die Diagnose einer unheilbaren Krankheit resp. auf eine Todesnachricht reagieren die Betroffenen demnach zunächst mit Unglauben und Verleugnung;[348] dann mit wütender Ablehnung bzw. Anklagen an vermeintlich Schuldige oder an Gott oder das Schicksal,[349] dann, indem sie das Unvermeidliche durch persönliche Anstrengungen doch noch abwenden oder rückgängig machen wollen, etwa, indem sie ÄrztInnen für Sonderbehandlungen Geld anbieten oder indem sie religiöse Gelübde für den Fall der Heilung ablegen.[350] Haben sie schließlich die Unabwendbarkeit des Todes eingesehen, verfallen sie in Depression;[351] diese mündet im Idealfall am Ende in Akzeptanz, wenn die anfänglichen Kämpfe gekämpft, die aufkommenden Gefühle zugelassen und geäußert worden und noch unerledigte Angelegenheiten erledigt sind.[352] Aufgabe der *Begleitung*[353] ist es nach Kübler-Ross, selbst nicht vor dem Tod davonzulaufen, sondern sich für die Betroffenen Zeit zu nehmen, ohne Furcht und Vorbehalte auf sie zu hören und die Bedürfnisse, Ängste und Sorgen aufzunehmen, die sie an einer Akzeptanz des Todes hindern. Die Aussprache mit »TherapeutInnen« (als solche kommen nach Kübler-Ross ÄrztInnen und insbesondere SeelsorgerInnen infrage) soll den Betroffenen »die Tür« zur Akzeptanz des Todes »öffnen« und sie von hinderlichen Belastungen wie noch unerledigt gebliebenen Angelegenheiten, Schuldgefühlen, Sorgen um hilflose Zugehörige oder, in Einzelfällen, vor »einer ganz unrealistischen Furcht« im Hinblick auf den Tod befreien.[354]

»Immer wieder stellen wir erstaunt fest, dass schon eine einzige Sitzung einen Patienten von unerträglicher Last befreien kann, und immer wieder wundern wir uns, dass es der Umgebung im Krankenhaus und den Zugehörigen so schwerfällt, die Bedürfnisse des Kranken zu erraten, obwohl eine einzige offene Frage dazu genügen würde.« »Beschäftigung mit sterbenden Patienten erfordert freilich eine gewisse Reife, die sich nur mit der Erfahrung einstellt. Wir haben unsere eigene Auf-

346 Sie und ihre MitarbeiterInnen interviewten über 200 Betroffene; vgl. a.a.O., 16.

347 Schon in der ersten, hier behandelten Monographie nimmt die Autorin die Probleme trauernder Zugehöriger zum Ausgangspunkt ihrer Betrachtung, vgl. a.a.O., 9–12, und kommt in den abschließenden Betrachtungen wieder auf die Begleitung Zugehöriger zurück, vgl. a.a.O., 150, 156 u.ö.

348 Vgl. a.a.O., 16–25.

349 Vgl. a.a.O., 26–53.

350 Vgl. a.a.O., 54–56.

351 Vgl. a.a.O., 57–76

352 Vgl. a.a.O., 77–93.

353 Vgl. a.a.O., 150–157.

354 Vgl. a.a.O., 150f.

fassung von Sterben und Tod gründlich zu prüfen, bevor wir uns gelassen und ohne eigene Angst zum Patienten setzen können.«[355]

Kübler-Ross geht es um eine Humanisierung des Sterbens, bzw. der Behandlung Sterbender und ihrer Zugehörigen. Für deren Situation und für deren Bedürfnisse will sie im Gesundheitssystem, besonders aber auch bei »kirchlichen Seelsorgern und Fürsorgern«[356] Bewusstsein und Sensibilität wecken. Sie wendet sich gegen die wachsende Isolation der Betroffenen durch eine »immer mehr mechanische, unpersönliche Behandlung«, als deren Wurzel sie die »Abwehrhaltung« der Umwelt gegen den Tod vermutet.[357]

Yorick Spiegel
Yorick Spiegel leitet sein viel beachtetes Phasenmodell des Trauerprozesses[358] nicht aus eigenen klinischen Beobachtungen ab, sondern aus einer synoptischen Rezeption, bzw. einer Synthese von Angaben aus der Sekundärliteratur. Nachdem er unterschiedliche Phaseneinteilungen verschiedener älterer AutorInnen referiert hat, entschließt er sich dazu, sich eng an D. Fulcomer[359] anzulehnen und dessen Modell leicht zu modifizieren.
Im Bereich der modernen westlichen Gesellschaften verläuft der Trauerprozess nach Spiegel üblicherweise in folgenden Schritten:
– Phase des Schocks;
– Kontrollierte Phase;
– Phase der Regression;
– Phase der Adaptation.

Die Phase des Schocks wird nach Spiegel durch den Empfang der Todesnachricht ausgelöst und dauert in der Regel nur wenige Stunden, höchstens aber ein bis zwei Tage an. Spiegels Darstellung der Merkmale dieser Phase ist uneinheitlich: Einerseits beschreibt er eine Art Erstarrung und Bewusstseinstrübung, durch die die Betroffenen wie betäubt seien, benommen und schwer ansprechbar, unfähig, die Umgebung wahrzunehmen und klare Vorstellungen und Gedanken zu fassen. Andererseits spricht er von einer aktiven Selbstkontrolle, die die

355 Ebd., 151, 150. Ob völlige Furchtlosigkeit angesichts des Todes erreicht werden muss und kann, scheint fraglich; richtig ist aber, dass auch auf Seiten der Sterbe- und TrauerbegleiterInnen die Auseinandersetzung mit der eigenen Reaktion, auch der eigenen Angst, notwendig ist, um der Todeserfahrung standzuhalten und sich ihr zunehmend zu öffnen.
356 Vgl. a.a.O., 8.
357 Vgl. a.a.O., 14 u.ö.
358 Vgl. zum folgenden Abschnitt *Spiegel*, Prozeß, 57–89.
359 Vgl. *D.M. Fulcomer*, The Adjustive Behavior Of Some Recently Bereaved Spouses, Philosophische Dissertation, Northwestern University, Evanston, Illinois 1942. Zu Fulcomers Phaseneinteilung vgl. u. die nachstehende Graphik.

Betroffenen stoisch-beherrscht und der Situation überlegen erscheinen lasse. Und schließlich ordnet er noch ein drittes Erscheinungsbild der Schockphase zu, nämlich einen sofortigen »Zusammenbruch der psychischen Organisation«,[360] bzw. ein Einsetzen der Regression, die zunächst noch einmal kurzfristig von Zugehörigen und »Krisenagenten« abgebremst und unter Kontrolle gebracht werde.

Die kontrollierte Phase dauert nach Spiegel bis zur Bestattung bzw. bis zur Abreise der Verwandten, durchschnittlich drei bis sieben Tage. Die charakteristische Selbst- bzw. Fremdkontrolle der Trauernden soll einer »gesellschaftlich angemessenen Durchführung« der Bestattung dienen.[361] Da die Kontrolle den Trauernden viel Energie abverlangt, ist ihre Fähigkeit zur Interaktion mit der Umwelt eingeschränkt; so fällt etwa das Sprechen schwer, man verhält sich passiv oder handelt mechanisch wie ein Roboter, Phänomene wie Derealisation und Depersonalisation, aber auch Reizbarkeit treten auf.

Die Phase der Regression tritt laut Spiegel ein, wenn nach der Bestattung der Zwang zur Selbstkontrolle entfällt und das Erkennen des erlittenen Verlustes überwältigend wird. Um einen kompletten Zusammenbruch zu verhindern, organisiert sich die Psyche auf einem niedrigeren, weniger komplexen Niveau. Dabei kann die Regression dreierlei Formen annehmen:[362] Die Aufgabe der Kontrollfunktion des Ichs, wobei man sich Empfindungen von Hilflosigkeit oder freiwerdenden libidinösen und aggressiven Energien überlässt und auf vorbewusste Bewältigungsmechanismen wie Weinen, etc. zurückgreift (»topische Regression«); den Rückzug auf eine frühere, meist kindliche Entwicklungsstufe, wie z.B. auf die Stufe des primären Narzissmus oder auf bestimmte Bewältigungsmuster, die in lebensgeschichtlich früheren Krisen schon wirksam wurden (»zeitliche Regression«; vgl. M. Klein, J. Bowlby); schließlich den zeitweiligen Rückgriff auf weniger komplexe Denkformen, z.B. auf irrationale, oft archaisch-magische Vorstellungen (»formale Regression«). Hinsichtlich der Dauer der regressiven Phase legt Spiegel sich nicht fest (sie liegt im Bereich von Wochen und Monaten), er hält sie aber für die wichtigste und kritischste im Trauerprozess.

»In diesem Übergang bleibt sozusagen offen, in welchen Bereich der Trauernde gehört, ob zu den Gestorbenen oder zu den Lebenden. Er hat sich noch nicht von dem Verstorbenen gelöst, und es ist nicht entschieden, ob ihm dies gelingen wird.« »Bei jedem Trauerprozess ist es zunächst unentschieden, ob sich auf die Dauer die regressiven Kräfte durchsetzen, ob es zu einer Reorganisation kommt, oder ob es im ungelösten Zwiespalt des Todes und Lebenstriebes zu einem Kompromiss kommt, der zu einer pathologischen Trauerfixierung führt.« Es ist »... von entscheidender Bedeutung, dass die Trauer zu ihrer vollen Expression kommt und der

360 A.a.O., 61.

361 A.a.O., 63.

362 So *Spiegel*, a.a.O., 66f unter Rückgriff auf *S. Freud*, Die Traumdeutung (1900), in: *ders.*, Gesammelte Werke, Bd. 2/3, Frankfurt ^{4}1967.

Regression, die mit dem Verlust des Liebesobjektes verbunden ist, intellektuell und emotional Raum gegeben wird.«[363]

Die Phase der Adaptation schließlich führt nach Spiegel schrittweise zur Aufgabe regressiver Bewältigungsmechanismen bzw. zur Anerkennung des Verlustes, zur Ablösung von den Verstorbenen resp. zu deren Inkorporation[364] und zu einem Wiederaufbau der desintegrierten inneren Welt der Trauernden.
Spiegels Anliegen ähneln denen von Kübler-Ross, jedoch hat er als *setting* der begleitenden Arbeit nicht das Krankenhaus, sondern das häusliche Umfeld der trauernden Familie im Blick. Den dort auftretenden »Krisenagenten« wie Bestatter, Hausarzt und Pfarrer will er ein besseres Verständnis des Trauerprozesses bzw. der Verfassung, der Probleme und Bedürfnisse Trauernder in den verschiedenen »Phasen« des Prozesses vermitteln, so dass sie die Betroffenen jeweils »phasengerecht« unterstützen können.[365] Speziell die Aufgaben »des Pfarrers« siedelt Spiegel dabei ganz traditionell im Umfeld der Bestattung an (Besuch vor der Beerdigung in der Phase des Schocks, Beerdigung in der kontrollierten Phase, Besuche nach der Trauerfeier in der regressiven Phase), empfiehlt aber eine längerfristige Begleitung der Hinterbliebenen und für die Gemeindearbeit eine allgemeine »Erziehung zur Trauer«. In insgesamt 10 Unterkapiteln zu Fragen der pastoralen Trauerbegleitung kommt eine Begleitung in der akuten Sterbephase im Krankenhaus bei Spiegel noch nicht vor.

Weitere Phasenmodelle
Neben Kübler-Ross, Spiegel und anderen, die bereits unter den explikatorischen Beiträgen zur Trauertheorie dargestellt wurden (vgl. o., II.2), finden sich noch eine Fülle weiterer AutorInnen, die (in der Regel ohne Angaben über ihre Quellen und Methoden) eine jeweils eigene Phaseneinteilung des Trauerprozesses vornehmen. Einige davon stelle ich in der folgenden Graphik (vgl. u., Abb. 18) überblicksweise und unkommentiert zusammen, um danach von der Darstellung zur Kritik der Phasenmodelle überzugehen.

363 A.a.O., 75, 74, 79. Zur Kritik am Begriff der »pathologischen Trauer« vgl. o. den entsprechenden Abschnitt.

364 Das Ablösungsideal wurde oben schon mehrfach problematisiert; vgl. in den Abschnitten zu *Freud* (dort auch zum Begriff der Inkorporation) und *Bowlby*.

365 Vgl. hierzu a.a.O., Kap 5: Die Krisenagenten, 124–159.

Abb. 18: Phasenmodelle des Trauerprozesses[366] (Graphik K.L.):

Fulcomer 1942	Westberg 1962	Kübler-Ross 1969	Spiegel 1973	Kast 1977	Bowlby 1961	Bowlby 1980
Immediate State = Shock	Shock	Denial	Schock	Nicht-wahrhaben-Wollen	Protest	Numbing
Post-immediate State = Culturally deter-mined	Emotio-nal Ex-pression	Anger	Kontrol-lierte Phase	Aufbre-chende Emotionen	Despair	Yearning and searching for the deceased
Transi-tional State = Trial and Error	Depres-sion, Loneli-ness	Bargai ning	Phase der Regres-sion	Suchen und Sich-Trennen	Detach-ment	Desorga-nization and de-spair
Repatter-ing State	Physical Distress	Depres-sion	Phase der Adapta-tion	Neuer Selbst- und Weltbezug		Reorgani-zation
	Panick	Accep-tance				
	Guilt					
	Anger, Resent-ment					
	Resis-tance to »Return«					
	Gradual Hope					
	Struggle to affirm Reality					

366 Zu *Fulcomer*, *Kübler-Ross*, *Spiegel* und *Kast* vgl. die bereits zitierten Titel. Zu *Bowlby* vgl. o., II.2.2. Zu Granger *E. Westberg* vgl. *ders.*, Good Grief: A Constructive Approach to the Problem of Loss, Philadelphia (Fortress Press) 1962.

Kritik der Phasenmodelle: »Orthothanasie« – Trauergebote statt Trauerverboten

Das Postulat einer »phasengerechten« Sterbe- oder Trauerbegleitung markiert den therapeutischen Anspruch und zugleich eine zentrale Problematik der Phasenmodelle. Deren Anwendung stellt sich in der Praxis nämlich häufig so dar: Man »diagnostiziert« bei Trauernden, in welcher »Phase« sie sich gerade befinden, um ihnen dann zur raschen Überwindung ihres momentanen Entwicklungsstandes zu »verhelfen« und sie möglichst schnell auf die nächst-»höhere« Stufe zu befördern. Damit kann die von Kübler-Ross und anderen AutorInnen ursprünglich verfolgte Absicht einer Humanisierung und Personalisierung der Sterbe- und Trauerbegleitung leicht ins Gegenteil verkehrt werden:[367] »Phasengerechtes Verhalten« fordern die TrauerbegleiterInnen dann nicht mehr von sich selber (nach Kübler-Ross sollen sie sich von den Betroffenen leiten lassen und ihnen in ihrer jeweiligen Verfassung gerecht werden), sondern umgekehrt von den Trauernden: sie sollen nun der Norm des Phasenschemas gerecht werden und die von den BegleiterInnen erwarteten »Fortschritte« machen. Sie werden nun nicht mehr mit Trauer-*Ver*boten konfrontiert, statt dessen aber mit Trauer-*Ge*boten, die gleichermaßen kontraproduktiv sein können. Denn an die Stelle der angestrebten Zuwendung zu den einzelnen Menschen mit ihrem individuellen Erleben und Erleiden, bzw. ihren je verschieden persönlichen und situativen Gefühlen und Bedürfnissen, tritt u.U. ein Druck zur Anpassung an objektivierende Vorgaben darüber, auf welche Weise, in welcher Reihenfolge und in welchem Tempo man »richtig« zu sterben oder zu trauern habe (»Orthothanasie«). Zwar ist ein derart mechanistischer Gebrauch der Phasenmodelle wohl nicht im Sinne ihrer VertreterInnen. Er lässt sich aber kaum vermeiden, was erstens (1) mit dem Aufbau der Modelle selbst zusammenhängt und zweitens (2) mit den Bedürfnislagen ihrer professionellen AnwenderInnen.

ad 1): Die Phasenmodelle sind so aufgebaut, dass die Phasen eine invariante Sequenz bilden, d.h. eine hierarchisch angelegte, unumkehrbare Abfolge von höheren und niedrigeren Entwicklungsstufen, die von Trauernden – ungeachtet gelegentlich möglicher Vorgriffe auf höhere oder Rückfälle auf niedrigere Stufen – im Prinzip stetig fortschreitend durchlaufen werden sollen. Ein längeres Verweilen in jeder anderen als der letzten Phase, m.a.W.: ein anhaltendes Auftreten von Trauersymptomen, die sich nicht bald in Richtung auf eine »Akzeptanz«, eine »Reorganisation« oder einen anders bezeichneten *Abschluss* des Trauerprozesses hin auflösen, gilt dabei als »pathologisch«.[368]

367 Vgl. hierzu und zum folgenden Abschnitt: *G. Fitchett*, It's Time to Bury the Stage Theory of Death and Dying, in: Oncology Nurse Exchange II (3) (1980), 1–4.

368 Zur Kritik am Begriff »pathologische Trauer« vgl. meinen Exkurs unter II.3.

So heißt es etwa bei Spiegel: »Von einer pathologischen Trauerverarbeitung wird man dann sprechen müssen, wenn es nicht gelingt, den Trauernden aus der Fixierung auf eine der ersten drei Trauerphasen *herauszubringen*, d.h. wenn der Trauernde sich trotz starker emotionaler Bindung an den Verstorbenen unfähig zeigt, mit dem Trauerprozess zu beginnen, sondern unter dem Eindruck des Schocks verharrt, wenn er am Ende der kontrollierten Phase völlig hilflos und verwirrt ist und ohne die Hilfe der Umwelt nicht auskommt oder wenn er auch *nach vier bis sechs Wochen* auf die Verwendung regressiver Mechanismen nicht verzichten kann, muss man von einem *pathologischen* Trauerverhalten sprechen.«[369]

Der Evolutionsgedanke, der bestimmte Formen von Trauersymptomen, bzw. von Trauerverhalten höher bewertet als andere, die Reihenfolge ihres Auftretens festlegt und zu einem raschen Fortschreiten von »niedrigeren« zu »höheren« Formen drängt, liegt daher in der Logik der Phasenmodelle selbst.

ad 2): Die Phasenmodelle korrespondieren mit bestimmten professionellen Anliegen, aber auch mit psychologischen Bedürfnislagen ihrer AnwenderInnen: Indem sie Diagnostik und Mangagement von Trauerprozessen zu ermöglichen scheinen, erlauben die Phasenmodelle professionellen HelferInnen, sich angesichts von Tod und Trauer eine objektivierende Distanz zu verschaffen. So können sie die chaotischen Gefühle, insbesondere aber den Kontrollverlust und die Hilflosigkeit abwehren, die nicht nur die Trauernden, sondern auch *sie selber* zu erleiden drohen. Wo ärztliche und pflegerische Kunst versagt haben und es i.S. des Lebenserhalts der PatientInnen nichts mehr zu retten oder zu tun gibt, bzw. wo die verzweifelte Lage der Hinterbliebenen nicht zu ändern ist, da geben die Phasenmodelle den KrisenagentInnen neue Aufgaben und Handlungsmöglichkeiten: Wenigstens das psychische Ergehen der Sterbenden bzw. der Trauernden kann noch gesteuert, hier kann noch etwas getan werden. Die komplexe und oftmals emotional schwer erträgliche Trauerreaktion kann analysiert, eingeordnet und auf Begriffe reduziert werden. Damit ist Souveränität gewonnen und zumindest vermieden, dass das Bild von existentieller Verunsicherung, emotionaler Überwältigung und Überforderung etc., das die Betroffenen bieten, ähnliche Befindlichkeiten bei den KrisenagentInnen hinterlässt. So werden die Phasenmodelle i.S. der Abwehr- oder Vermeidungsmechanismen der HelferInnen instrumentalisiert, die sich damit selbst der Krisenerfahrung angesichts von Tod und Trauer entziehen und Kontrolle (bzw. die *Illusion* der Kontrolle) über die Situation zu gewinnen suchen – aber um den Preis der Dissoziation von den Betroffenen.

Es mag zwar ein legitimes Anliegen sein, professionelle Distanz zu gewinnen, die Komplexität der in der Berufspraxis auftretenden Phänomene und Probleme zu reduzieren und Kontrollverlust zu vermeiden; sicher sind solche Mechanismen bisweilen im schweren Alltag

369 A.a.O., 83f (Hervorhebungen von mir).

helfender Berufe sogar überlebensnotwendig. Dennoch, darin stimme ich dem Chicagoer Klinik-Seelsorger und CPE-Supervisor George Fitchett[370] zu, sollte klar erkannt und benannt werden, dass es mehr den Bedürfnislagen der professionellen *HelferInnen* als denen der *Betroffenen* dient, wenn Phasenmodelle im beschriebenen Sinne Anwendung finden. Hilflosigkeit und Kontrollverlust erleiden in Situationen von Tod und Trauer beide Seiten, sowohl die Trauernden, als auch die professionellen HelferInnen, wenn auch auf jeweils verschiedenen Ebenen. Im Hinblick auf die Trauerbegleitung könnte es m.E. viel sinnvoller sein, wenn die Professionellen sich auf diese gemeinsame Erfahrung einließen und sie mit den Betroffenen teilten, als dass sie sie für sich selber abwehren, während sie den Betroffenen das Gegenteil verordnen.

Fitchett führt folgendes Fallbeispiel als typisch an, in dem eine Krankenschwester ihn um eine Intervention bei einem unheilbar an Krebs erkrankten Patienten bittet: »Maybe you can help us with Mr. Jones, Reverend. His surgery went well and the doctors say the chemo[-therapy] is shrinking the tumor somewhat, but he doesn't seem to snap out of it. He seems depressed, and nothing we've tried seems to help him beyond this to the acceptance stage. Do you think you can do something?« Hier soll der Krankenhaus-Seelsorger etwas *tun,* um *dem Pflegepersonal* dazu zu verhelfen, dass Mr. Jones von einer depressiven zu einer zustimmenden Haltung befördert wird (»... help *us* with Mr. Jones«). Fitchett vermutet als Motiv des Pflegepersonals dessen Abwehr gegen die eigene Hilflosigkeit angesichts eines unheilbar kranken, unkommunikativen, negativ gestimmten Patienten, dessen Lage man nicht mehr abhelfen kann. »›Doing something.‹ That's the tip-off. The stage theory gives health care workers something to do. When there is nothing more we can do to treat the disease, gratification is still available if we try to do something to be sure Mr. Jones achieves the acceptance stage. Unfortunately, in our zeal to be helpful we generally forget to ask Mr. Jones why he is depressed and wether or not he wants to become more accepting.«[371]
Fitchett vermutet als Hintergrund der Konjunktur von Phasenmodellen weiter: »Another possibility is that in the stage theory we found a way to try to relieve ourselves of the burden of facing the pain and grief associated with the deaths of our patients and the awareness of our own finitude evoked by those deaths. It tests the depths of one's courage to resist the temptation to number someone else's stages and thereby avoid our own numbered days.«[372]

Darüber hinaus sind noch folgende Kritikpunkte geltend zu machen:
1. Die Phasenmodelle vereinheitlichen und generalisieren die empirisch nachgewiesene Komplexität und Diversität der Trauerphänomenologie in unsachgemäßer Weise. Zugunsten der Vereinheitlichung vernachlässigen sie die individuell verschiedenen situativen, personalen und sozialen Faktoren, von denen die Variabilität von Trauerreaktionen abhängt, etwa die jeweiligen Todesumstände, die Qualität der

370 Vgl. o., a.a.O.
371 Vgl. *Fitchett*, a.a.O., 1.
372 Vgl. *Fitchett*, a.a.O., 3.

Beziehung zu dem oder der Verstorbenen, Alter und Geschlecht der Betroffenen, persönliche Lebensumstände und Prädispositionen, biographische Vorerfahrungen, persönlichkeitsabhängige *coping-styles,* kulturell-, sozial- oder milieu-bedingte Einflüsse, etc.[373]

Spiegel selbst bestätigt die Diversität von Trauerprozessen: »Ein Trauerverlauf ist nicht voraussagbar, dazu sind die Formen der Beziehungen, die den Trauernden mit dem Verstorbenen verbanden, zu verschiedenartig; die Umwelt reagiert sehr verschieden, und die Ressourcen und Bewältigungsmechanismen, über die ein Trauernder verfügt, wechseln von Person zu Person. Es gibt weder *den normalen* Trauerverlauf noch *die angemessene* Adaptation.« Ungeachtet dieser Feststellung fährt Spiegel dann aber mit der Schilderung eines idealtypischen Trauer- und Adaptationsverlaufes i.S. seines Phasenmodells fort.[374]

2. Die Phaseneinteilung scheint hinsichtlich der Charakteristika, der Abgrenzung und der Abfolge der jeweils beschriebenen Phasen einem hohen Grad von Beliebigkeit zu unterliegen. Dies verdeutlicht schon auf den ersten Blick der Vergleich von einigen der vielen existierenden Phasenmodelle, unter denen drei- bis zehnstufige Einteilungen verschiedenster Ausprägung vorkommen (vgl. die tabellarische Übersicht in Abb. 18). Hinreichende Auskünfte über das methodische Verfahren, durch das die jeweilige Phaseneinteilung erreicht wurde, fehlen in der Regel. Die meisten AutorInnen gestehen zu, dass es zu Überschneidungen, Umkehrungen, Wiederholungen und Auslassungen von »Phasen« kommen kann; derartige Unregelmäßigkeiten lassen fraglich erscheinen, welchen Sinn die Phaseneinteilung dann noch macht.[375] In der neueren Forschung hat keine methodisch kontrollierte empirische Studie die Existenz bestimmter unterscheidbarer Phasen des Trauerprozesses nachweisen können.[376]

3. Nachdem also die *Existenz* von »Phasen« des Trauerprozesses sehr fragwürdig erscheint, müssen auch Zweifel an einer zuverlässigen *Diagnostizierbarkeit* derselben erhoben werden. Diesbezüglich verblüffte G. Fitchett die Fachwelt mit einem Experiment, das er u.a. im schon zitierten Artikel veröffentlichte:[377] Er legte 51 professionell im Krankenhaus arbeitenden Personen mit unterschiedlich langer Berufserfahrung dasselbe Protokoll eines Gesprächs mit einem Sterbenden vor und gab ihnen die Aufgabe, anhand des Modells von E. Kübler-Ross zu bestimmen, in welcher »Phase« seines Sterbe- bzw. Trauerprozesses

373 Vgl. zu dieser Kritik u.a. *Richard Kalish*, A little Myth is a dangerous Thing: Research in the Service of the Dying, in: *Charles A. Garfield* (Ed.), Psychosocial Care of the Dying Patient, New York (McGraw-Hill) 1978, 220.

374 *Spiegel*, a.a.O., 75 (Hervorhebung von mir).

375 Vgl. *Cleiren*, Bereavement and Adaptation, 23.

376 Vgl. dazu *Cleiren*, a.a.O., sowie *C.J. Barrett / K.M. Schneweiss*, An empirical search for the stages of widowhood, in: Omega 11 (2) (1980/81), 97–104.

377 Vgl. *Fitchett*, a.a.O., 3.

der Patient sich befinde. Bei dem Gesprächsprotokoll handelte es sich, was die Befragten nicht wussten, um den Fall des »Dr. G.«, der Kübler-Ross' eigenen Illustrationen zur Phase der Zustimmung (*acceptance*) entnommen war.[378] Die Testpersonen ordneten »Dr. G.« in jede der fünf möglichen Phasen ein: »Zustimmung« diagnostizierten mit 25 % annähernd gleich viele von ihnen wie den am entgegengesetzten Ende der Skala liegenden Befund, »Nichtwahrhabenwollen« (23 %). Bei einer Überprüfung der Korrelation zwischen Berufserfahrung und Treffsicherheit der Diagnose ergab sich, dass die erfahreneren Testpersonen sogar deutlich schlechter als die Unerfahreneren abschnitten: 33,3 % von ihnen votierten für »Nichtwahrhabenwollen«, nach Kübler-Ross also für die krasseste Fehldiagnose. Fitchett leitet daraus die Forderung ab: »Bury the stage-model!«[379]

Fazit

Aus den genannten Gründen sind Phasenmodelle m.E. als Instrumentarium der Darstellung von Trauerprozessen, der Diagnostik und der Intervention ungeeignet. Nicht, dass es die von ihnen beschriebenen Phänomene nicht gäbe. Im Gegenteil: die VertreterInnen der Phasenmodelle stellen einige der am häufigsten auftretenden Trauersymptome auf angemessene und z.T. eindrückliche Weise dar, und das ist, wirkungsgeschichtlich betrachtet, m.E. ihr großes Verdienst. Sie haben einer breiten Masse von »KrisenagentInnen« so »verrückt« erscheinende Trauersymptome wie Aggression, verschiedene Formen von Regression etc. nahegebracht und ihnen verständlich gemacht, dass diese normal und in der Regel vorübergehender Natur sind. Sie haben ein gesteigertes Bewusstsein nicht nur für einzelne Bedürfnisse Sterbender und Trauernder geweckt, sondern auch für die Tatsache, dass Trauer ein *Prozess* ist, der Zeit braucht und ein aufmerksames Eingehen auf die immer wieder wechselnden Verfassungen Trauernder verlangt.
Sinnvoll beschrieben sind die von den AutorInnen aufgegriffenen Phänomene jedoch nicht als *Phasen*, sondern als *einige* von vielen möglichen *Komponenten* des Trauerprozesses. M.a.W., die in den Phasenmodellen hervorgehobenen Erscheinungsbilder der Trauer gibt es und sie kommen häufig vor. Erstens handelt es sich dabei aber nur um eine kleine Auswahl, die viel zu beschränkt ist, um das tatsächliche Spektrum von zu erwartenden Trauerreaktion auch nur annähernd zu erfassen. Und zweitens entspricht das starre Schema eines Stufenmodells, das das Auftreten von Trauersymptomen in eine festgelegte, geordnete Reihenfolge von zeitlich eng begrenzten »Phasen« pressen will, nicht der Wirklichkeit von Trauerprozessen. Es mag zwar plausibel erscheinen, dass etwa das »Nichtwahrhabenwollen« der »Akzeptanz« oder die

378 Vgl. *Kübler-Ross*, Interviews, 80ff.

379 Vgl. den programmatischen Titel des genannten Beitrags, sowie im Text desselben, 1 u.ö.

»Desorganisation« der »Reorganisation« vorausgeht. Tatsächlich dürfte aber nicht das eine abgeschlossen sein, bevor das andere beginnt. Vielmehr kommt es in Trauerprozessen in frühen wie auch in späteren Stadien immer wieder zu heterogenen Emotionen, Kognitionen und Verhaltensweisen, bzw. zu einem Auf und Ab und einem Hin und Her zwischen Abwehr und Akzeptanz, Regression und Progression, Desorganisation und Reorganisation. Der Praktische Theologe Michael Schibilsky spricht daher zutreffend von »Spiralwegen der Trauer«.[380] Kurz: Die Phasenmodelle suggerieren eine Uniformität und Gradlinigkeit von Trauerprozessen, die realitätsfern ist. Sie vermitteln TrauerbegleiterInnen ein trügerisches Gefühl von Sicherheit und Kontrolle und können sie dazu verleiten, Trauernden mit einem engen Korsett falscher Erwartungen zu begegnen, das eher einengend und bedrängend als förderlich sein kann. Ich möchte das abschließend noch im Blick auf die Eingangsphase des Trauerprozesses konkretisieren, der das Hauptinteresse meiner Arbeit gilt.

Perimortale Trauerreaktionen – empirisch falsche Annahmen der Phasenmodelle

Am Beginn des Trauerprozesses veranschlagen die meisten VertreterInnen von Phasenmodellen einen »Schock« (vgl. Abb. 18). Trauernde müssten demnach in den ersten Stunden und Tagen nach dem Todesfall generell das Bild der Erstarrung bieten, ihr Bewusstsein, ihre Wahrnehmung und Handlungsfähigkeit müssten stark eingeschränkt sein, sie selbst wie gelähmt, wie betäubt. An diese »Phase des Schocks« schließt sich in einigen Modellen noch eine durch Einflüsse der kulturellen oder der engeren sozialen Umwelt gesteuerte Phase der »Kontrolle« an, und *erst dann* soll es zur eigentlichen Auslösung der Trauer kommen, sollen Gefühle[381] und andere Trauerreaktionen einsetzen.
Dieses entspricht – bei Y. Spiegel deutet sich das auch bereits in seiner uneinheitlichen und widersprüchlichen Darstellung der »Schockphase« an[382] – keineswegs der klinisch beobachtbaren Realität. Schon in den ersten Stunden unmittelbar vor und nach Eintreten des Todes können nach meiner Erfahrung[383] alle möglichen Trauerreaktion vorkommen: Erstarrung und Betäubung ebenso wie verzweifeltes Schluchzen, ruhi-

380 Vgl. *Schibilsky*, Trauerwege, 232–236.

381 Hier nur *eine* Gefühlsqualität wie »*anger*« (Kübler-Ross) oder »*despair*« (Bowlby) zu nennen, ist natürlich eine unsachgemäße Verengung.

382 Vgl. o. Ein sehr heterogenes Bild der ersten Trauerreaktionen am Todestag stellt auch Schibilsky dar: »Dazu gehören Sprachlosigkeit und Verzweiflung, Aggressionen und unkontrollierte Handlungen, Apathie und Erstarrung. ... Schutzlosigkeit, sich ausgeliefert fühlen, chaotische Reaktionen ... Panik-Reaktionen, überstürzte Handlungen.« Wieso Schibilsky dieses auf den Nenner reduziert »Das eigene Gefühlsleben erfährt eine Art Tod«, ist mir nicht nachvollziehbar. Vgl. *Schibilsky*, Trauerwege, 194f.

383 Vgl. Anm. 24 auf S. 19

ge, gefasste Aufnahme und Äußerungen von Akzeptanz oder auch Erleichterung ebenso wie stille Traurigkeit, kontrollierte Rationalität ebenso wie Unglaube, wütender Protest und Klageandrohungen gegen die Klinik. Manche Hinterbliebenen zeigen keine sichtbare Regung, andere werfen sich zu Boden und schreien, schlagen ihren Kopf an die Wand, werfen sich auf den Leichnam und schütteln ihn oder laufen fort; manche zeigen starke körperliche Symptome, Frieren und Zähneklappern ebenso wie Schwitzen und Herzrasen oder Atemnot; manche ziehen sich völlig in sich selbst zurück, andere klammern sich an Bezugspersonen, suchen Körperkontakt oder andere Formen von Nähe und Gemeinschaft, wieder andere kommunizieren mit den Verstorbenen, sprechen mit ihnen, streicheln sie, wachen bei ihnen. Manche sind apathisch, andere bringen ihre inneren Prozesse verbal oder emotional sehr stark zum Ausdruck. Einige brechen in Aktivität aus, verbreiten die Todesnachricht, beginnen die Bestattung zu organisieren, etc., andere beginnen ruhig Bilanz zu ziehen, blicken in die Vergangenheit mit und in die Zukunft ohne die Verstorbenen, wieder andere versammeln sich um das Totenbett zu privaten oder religiösen Ritualen. Teilweise erlebt man im Verlauf weniger Stunden innerhalb einer Gruppe von Zugehörigen oder auch bei ein und derselben Person ein chaotisches Nebeneinander, Ineinander und Durcheinander verschiedenster Trauerreaktionen, oder auch eine nachvollziehbar und progressiv erscheinende Entwicklung von der einen zur anderen Verfassung. Dabei kommen Elemente aus mehreren oder gar allen »Phasen« vor.

Die große Diversität von Trauerreaktionen schon in den ersten Minuten und Stunden nach dem Todesfall belegen auch empirisch-quantifizierende Studien, die George Fitchett und MitarbeiterInnen am Rush-Presbyterian-St. Luke's Medical Center in Chicago, Illinois, angestellt haben. Von 1978 bis 1980 dokumentierten sie bei Todesfällen von PatientInnen ihres Hauses das Verhalten von insgesamt 488 Hinterbliebenen unmittelbar nach dem Erhalt der Todesnachricht und stellten die verschiedensten Verhaltensweisen wie Erstarrung, Protest, Schreien, Verstummen, Nicht-Wahrhaben-Wollen, über Gefühlsäußerungen wie Klagen, Weinen, Aggression oder auch ruhige Akzeptanz bis hin zu allen möglichen Körpersymptomen wie Frieren, Schwitzen, Übelkeit, Schwindel, Zittern etc. fest – insgesamt über 150 unterschiedliche Formen von Trauerreaktionen.[384]

384 Es handelte sich um eine Pilotstudie mit einem Sample von n = 30 und eine Folgestudie mit n = 458 Fällen. Zu den Ergebnissen der Pilotstudie vgl. *Fitchett*, The First Moments of Grief, unveröffentlichtes Manuskript eines Vortrags, gehalten beim Fourth Annual Conference of the Forum for Death Education and Counseling, November 6, Cambridge, MA; Zur Vollstudie vgl. *ders*., The First Moments Of Grief: What May We Expect?, in: APHA Bulletin 44 (2) (1980), 123–130. Beide Skripte sind erhältlich beim Verfasser, Department of Religion and Health, Rush-Presbyterian-St. Luke's Medical Center, Chicago,

Falsche Schlussfolgerungen für die Trauerbegleitung
Der Annahme einer »Schockphase« als universaler erster Trauerreaktion ist also schon deshalb entgegenzutreten, weil sie empirisch falsch ist, darüber hinaus aber auch aus dem Grund, dass sie sich in Theorie und Praxis der Trauerbegleitung negativ auswirkt. Der logische Schluss aus der falschen Annahme lautet nämlich, Begleitung oder Intervention in der Frühphase des Trauerprozesses seien unnötig, bzw. unsinnig, weil die Betroffenen im Zustand des Schocks sowieso kaum in der Lage seien, zu denken, zu empfinden oder sich zu äußern, bzw. weil man sie für nicht wahrnehmungsfähig und nicht ansprechbar hält. Um Menschen, die sich angeblich im Zustand von »Schock« und »Betäubung« befinden, glaubt man sich nicht kümmern zu müssen oder zu können – was auch zu legitimieren scheint, dass sich die Institution Krankenhaus, bzw. die ErsthelferInnen in Krankenhäusern und anderswo von der Aufgabe der Trauerbegleitung in umittelbarer Nähe des Sterbens entlasten. Der richtige Zeitpunkt für ein Begleitangebot wird demnach frühestens im Kontext der Bestattung, oft aber auch erst Wochen danach angesetzt.

So meint z.B. Y. Spiegel, eine »Bewertung des Verlustes« werde »erst gegen Ende der regressiven Phase möglich«;[385] ich habe aber häufig erlebt, dass Trauernde bereits in der Todesstunde auf sehr fruchtbare Weise damit beginnen.
In der in USA und Deutschland mehrfach aufgelegten Monographie des Psychologieprofessors William Worden liest man: »In most instances grief counseling begins at the earliest a week or so following the funeral. In general, the first 24 hours is too soon for a counselor to call unless there has been contact prior to the death. The bereaved person is still in a state of numbness or shock and is not ready to come to grips with his or her confusion.«[386]
Ähnlich setzt auch T.A. Rando die von ihr empfohlene präventive (!) Trauerbegleitung erst in der Zeit zwischen den ersten 2-8 Wochen nach dem Todesfall an. Zu einem früheren Zeitpunkt seien die Trauernden noch zu sehr mit praktischen Erfordernissen wie den Bestattungsformalitäten etc. und mit Familienangelegenheiten befasst, um emotional präsent zu sein.[387]

Dabei wird aber übersehen, dass die Sterbesituation (bzw. der Empfang der Todesnachricht und das Aufsuchen des Sterbeortes) den Hinterbliebenen oft noch nach Jahren in lebhafter Erinnerung und stark affektiv besetzt bleibt,[388] mithin selbst eine Schlüsselszene des Trauer-

Illinois, 60612. Vgl. auch die unter II.3.1 schon dargestellte »Harvard-Studie« von *Glick, Weiss/Parkes* 1974, die ebenfalls ein differenzierteres Bild von Trauerreaktionen ergibt.

385 Vgl. *Spiegel*, Prozeß, 88.

386 *Worden*, Grief Counseling, 39.

387 Vgl. *T.A. Rando*, Grief, Dying and Death: Clinical Interventions for Caregivers, Champaign, Illinois (Research Press Company) 1984, 108.

388 Vgl. dazu auch *Stroebe/Stroebe*, Bereavement and Health, 241, sowie *P.L. Rabin / J.K. Pate*, Acute Grief, in: Southern Medical Journal 74 (1981), 468–470.

prozesses ist, in der die sinnliche Aufmerksamkeit und die emotionale Präsenz der Betroffenen offenbar sehr groß sein können, auch wenn es nach außen nicht so scheint. Ob hier z.B. Raum und Gelegenheit zur Realisierung des Todes und evtl. zur Auslösung der Trauer bestehen, ob individuelle Trauerreaktionen und Bedürfnisse hier erlaubt und unterstützt werden, oder ob die Realität des Todes schnell beiseitegeschoben wird und Trauerreaktionen bereits im Ansatz unterdrückt und kontrolliert werden müssen, dürfte von nicht zu unterschätzender Bedeutung für den weiteren Verlauf des Trauerprozesses sein. Dies möchte ich mit einem weiteren Zitat der schon oben angeführten Trauerforscherin Terese A. Rando unterstreichen, das m.E. dafür spricht, mit einer präventiven Trauerbegleitung noch früher einzusetzen, als sie es selbst tut:

»... it is important to intervene before the griever is less open to influence and has developed malaptive grief responses. This is consistent with crisis theory, which states that a little help rationally directed and purposefully focussed at a strategic time will be more effective than more extensive help given when the person is less emotionally accessible.«[389]

Ebenso kritisch wie die Annahme einer »Schockphase« sehe ich auch den Ansatz einer »kontrollierten Phase« am Beginn des Trauerprozesses, denn er legt nahe, dass eine frühzeitige Kontrolle und Hemmung der Trauerreaktion »natürlich« und notwendig sei, während es sich doch tatsächlich oft nicht um das Bedürfnis der Trauernden selber handelt, sondern um eine sozial geforderte Kontrolle, die den Betroffenen durchaus schaden kann. Zu Recht nennt Spiegel unter den Faktoren, die den Trauerprozess behindern: »Zweifel an der Realität des Todes ..., z.B. wenn es nicht möglich ist, den Verstorbenen zu sehen ...« und »... besondere gesellschaftliche oder religiöse Normen ..., *die Selbstkontrolle und Gefasstsein als besonders vorbildlich ansehen* ..., z.B., dass Christen nicht trauern, weil sie eine sichere Hoffnung haben.«[390]

389 Vgl. *T.A. Rando*, a.a.O., in zustimmender Rezeption von: *B. Raphael*, The anatomy of bereavement, New York (Basic Books) 1983. Beide Autorinnen befürworten eine *präventive* Intervention, setzen diese aber erst in der Zeit zwischen den ersten 2–8 Wochen nach dem Todesfall an. Zu einem früheren Zeitpunkt seien die Trauernden noch zu sehr mit praktischen Erfordernissen wie den Bestattungsformalitäten etc. und mit Familienangelegenheiten befasst, um emotional präsent zu sein (vgl. a.a.O.). Dabei wird aber übersehen, dass die Sterbesituation selbst von diesen Erfordernissen noch weitgehend unbelastet ist, die emotionale Präsenz in dieser Situation aber oft enorm groß ist.

390 *Spiegel*, a.a.O., 80f.

Fazit

Entgegen dem Eindruck, den die Phasenmodelle vermitteln können, ist der schon in den vorigen Abschnitten erhobenen Befund festzuhalten: Was in den ersten Minuten und Stunden nach dem Tod geschieht oder nicht geschieht, ist von prägender Bedeutung für den Verlauf von Trauerprozessen. Sinnvolle Aufgaben einer hier ansetzenden perimortalen Trauerbegleitung sind:

- die Realisation des Todes zu fördern
- individuellen Trauerreaktionen Raum zu geben und sie zu unterstützen
- die Betroffenen vor einer frühzeitigen sozialen Kontrolle und Hemmung ihrer Trauerreaktionen zu schützen.

3.3 Aufgabenmodelle

Aufgabenmodelle der Trauer fassen Anforderungen an Trauernde, bzw. an deren Trauerarbeit zusammen. Man gewinnt sie aus der Beobachtung positiv verlaufener Trauerprozesse, durch die die Trauerbewältigung gelungen ist. Es handelt sich bei diesen Modellen also quasi um reprojizierte *Deskriptionen* erfolgreicher Trauerprozesse. Von dieser Genese her betrachtet, können Aufgabenmodelle unter die »deskriptiven« Modelle der Trauer gezählt werden, obwohl in der Formulierung von »Aufgaben« auch ein gewisser normativer Anspruch liegt. Aufgabenmodelle finden sich nicht in reiner Form. Einerseits werden Aufgaben der Trauerarbeit oft auch von VertreterInnen anderer Modelle formuliert;[391] andererseits werden auch in Aufgaben-orientierten Entwürfen andere, meist explikatorische Beiträge zur Trauertheorie rezipiert. Ich möchte hier drei Aufgaben-Modelle vorstellen, und zwar jeweils in aller Kürze, da die von den Autoren vorausgesetzten explikatorischen und phänomenologischen Erträge der Trauerforschung bereits in den vorigen Abschnitten behandelt wurden.

Yorick Spiegel stellt unter dem Stichwort »Die Arbeit des Trauernden« ein Konzept von acht Aufgaben der Trauerbewältigung vor, das relativ unverbunden neben seinem zuvor beschriebenen Phasenmodell des Trauerprozesses steht.[392] Die von Spiegel genannten Aufgaben lauten:

- Auslösung der Trauer (1)
- Strukturierung (2)
- Anerkennung der Realität ... des eingetretenen Todes (3)
- Entscheidung zum Leben (4)
- Expression unakzeptabler Gefühle und Wünsche (5)
- Bewertung des Verlustes (6)

391 Vgl. für den explikatorischen Bereich etwa Freud, Bowlby und insbes. *Stroebe/Stroebe* (s.o., II.2).

392 Vgl. *Spiegel*, Prozeß, 86–89.

- Inkorporation des Verstorbenen (7)
- Neue Lebensorientierung (8)

Unter »Auslösung der Trauer« (1) ist im Gegensatz zu Leugnung und Kontrolle die Hingabe an den Schmerz und andere mit der Trauer verbundenen Gefühle verstanden, d.h. der »Mut, sich dem Prozess der Regression zu überlassen«.[393] Bei der Aufgabe der »Strukturierung« (2) geht es darum, das eintretende Gefühlschaos so zu ordnen, dass dabei »zunächst das Verhältnis zu dem Verstorbenen« geklärt wird. Die »Anerkennung der Realität« (3) erschöpft sich nicht in einem ersten, kognitiven Zur-Kenntnis-Nehmen des Todes, sondern muss, solange das charakteristische Schwanken zwischen Leugnung bzw. Derealisation und Realisation des Todes anhält, immer wieder von Neuem geleistet werden. Mit der Aufgabenstellung »Entscheidung zum Leben« (4) weist Spiegel auf die Suizidgefährdung Trauernder und auf andere Tendenzen zur Selbstaufgabe angesichts des Verlustes hin. Die Aufgabe der »Expression unakzeptabler Gefühle« (5) verweist auf den Ambivalenzkonflikt, bzw. auf die Notwendigkeit, auch latente, in den Hintergrund gedrängte Affekte gegenüber Verstorbenen zu bearbeiten. Bei der »Bewertung des Verlustes« (6) denkt Spiegel offenbar vorwiegend an funktionale Aspekte, wenn er davon spricht, im Hinblick auf lösungsbedürftige praktische Probleme Prioritäten zu setzen und »Ersatz« für das zu suchen, »was mit dem Verstorbenen verlorenging«. Die Verlustbewertung hält Spiegel »erst gegen Ende der regressiven Phase für möglich«.[394] Die »Inkorporation« (7) der Verstorbenen[395] setzt voraus, dass man während der Erinnerungs- und Trauerarbeit ein realistisches Bild von dem verstorbenen Menschen gewonnen hat, das ihn weder einseitig idealisiert noch dämonisiert, und dass entsprechend die ambivalenten Affekte, etwa Liebe und Hass, bearbeitet und miteinander abgeglichen wurden.[396] Der Vollzug der Inkorporation zeigt nach Spiegel an, dass der Trauerprozess sich seinem Abschluss nähert. Mit einer »neuen Lebensorientierung« (8) meint Spiegel die Neuordnung sozialer und familiärer Beziehungen. Hier ist durch den Tod des oder der Verstorbenen u.U. eine Veränderung der persönlichen Bindungen und Verpflichtungen und der bisherigen Lebensform (z.B. als EhepartnerIn, als Elternteil etc.) eingetreten, und neue Gestaltungsmöglichkeiten bieten sich an.

Spiegels Aufgabenmodell macht, verglichen mit dem Raum, den sein Phasenmodell in seiner Monographie einnimmt, nur einen kleinen Teil seiner Ausführungen aus. Auch in diesem Aufgabenmodell schlägt

393 A.a.O., 86f.
394 Vgl. a.a.O., 88.
395 Vgl. zu dem von *Karl Abraham* so benannten Vorgang oben, im Abschnitt über *Freud*.
396 *Spiegel* spricht in diesem Zusammenhang auch von Vergebung, vgl. a.a.O., 88.

sich Spiegels Vorstellung eines linearen, in »Phasen« verlaufenden Trauerprozesses nieder, und auch hier ist sein Zeitschema zu hinterfragen. So scheint mir zweifelhaft, ob etwa eine »Bewertung« des Verlustes erst zum Ende des Trauerprozesses hin stattfinden kann. Vielmehr gehört die Identifikation von Bereichen, in denen die Verstorbenen ihnen am meisten fehlen werden, oft zu den ersten Gedanken der Hinterbliebenen (z.B. sagt ein junger Witwer kurz nach dem Tod seiner Frau: »Oh Gott, und wer soll sich jetzt um die Kinder kümmern?«). Auch die »Inkorporation«, d.h. die Bildung von Introjekten bzw. psychischen Repräsentanzen der Bezugsperson kann längst vor deren Tod, d.h. zu ihren Lebzeiten begonnen haben, und zwar vom Anfang der Beziehung zu ihr an; ebenso wird sie von Beginn der Trauer- bzw. Erinnerungsarbeit an fortgesetzt werden. Sicher lassen sich noch weitere Fragen an Spiegels Aufgabenmodell stellen, etwa hinsichtlich der Anzahl der Aufgaben oder im Blick darauf, wie Spiegel die Prioritäten setzt: Sollte nicht z.B. die Realisierung bzw. Anerkennung des Todes an erster Stelle stehen? Und werden nicht für den Gebrauch in der Praxis der Trauerbegleitung zu viele Aufgaben aufgezählt, unter denen auch Doppelungen und Verschränkungen auftreten? (Ließen sich z.B. die Aufgaben 1 und 5 oder die Aufgaben 2 und 6 sinnvollerweise zusammenfassen?)

Trotzdem halte ich Spiegels Aufgabenmodell vom Ansatz und vom Inhalt her für ungleich besser als sein Phasenmodell. Die von Spiegel genannten »Trauer-Aufgaben« sind insgesamt sachgemäß bestimmt; im oben beschrittenen Durchgang durch die vorliegende Trauerforschung sind sie alle sinngemäß als notwendige Komponenten der Trauerbewältigung vorgekommen. Mit Elementen wie: Strukturierung und Klärung des Verhältnisses zum Verstorbenen (einschließlich der eigenen Ambivalenz), Bewertung des Verlustes, Erarbeitung und Inkorporation eines realistischen Bildes des Verstorbenen, sowie Entscheidung zum eigenen Leben und Neuorientierung des eigenen Lebens akzentuiert Spiegels Aufgaben-Konzeption m.E. besonders die umfassende Aufgabe der »Rekonstruktion von Lebensgeschichte«.[397] Ohne dass Spiegel dies benennt, tritt diese Aufgabe hier interessanterweise – und das deckt sich mit meinen Beobachtungen aus der Praxis der Trauerbegleitung – als eine *doppelte* hervor: Sowohl die Lebensgeschichte des oder der *Verstorbenen*, als auch die *eigene* Lebensgeschichte des oder der Hinterbliebenen müssen offenbar rekonstruiert werden, und besonders der Zusammenhang der einen mit der anderen. Entsprechend wäre eine wesentliche *Aufgabe der Trauerbegleitung, die doppelte Rekonstruktion von Lebensgeschichte anzuregen und zu unterstützen.* Dass die Expression und Bearbeitung der damit verbun-

397 Vgl. o. im Abschnitt über *Marris*.

denen Gefühle dabei nicht zu vernachlässigen sind, dürfte nach allem bisher Gesagten selbstverständlich sein.

Michael Schibilsky
Ein weiteres Aufgaben-Modell bietet, ohne es selbst so zu benennen, Michael Schibilsky in seiner pastoralpsychologisch orientierten Monographie »Trauerwege: Beratung für helfende Berufe« (1989).[398] Darin rezipiert er zwar Spiegels Phasenmodell der Trauer,[399] ergänzt es aber durch sein eigenes Modell eines *»Spiralweges« der Trauer,*[400] das er unter Rückgriff auf das »Kreuz der Wirklichkeit« des Sozialphilosophen Eugen Rosenstock-Huessy entwickelt. Von Rosenstock-Huessy übernimmt Schibilsky das Koordinatensytem der »Grundorientierung« des Menschen in Raum und Zeit; darin kreuzen sich Vergangenheit (»rückwärts«) und Zukunft (»vorwärts«) auf der Zeit-Achse mit »innen« und »außen« auf der Raumachse. »Innen« bezeichnet dabei »den Bereich der inneren Wahrnehmung und der Gemütsbewegung«, »außen« den Bereich von »Dialog« und »Sprache«.[401] Jeder dieser Koordinaten ordnet Schibilsky einen von vier verschiedenen, persönlichkeitsabhängigen »Trauer-Stilen« zu, die er nach dem Schema der vier von Fritz Riemann beschriebenen Persönlichkeitsprofile bestimmt[402] (vgl. u., Abb. 19).
»*Trauer-Stil A*«, im unten abgebildeten Koordinatensystem am »innen«-Pol der Raumachse zu finden, schreibt Schibilsky schizoiden Persönlichkeiten zu, die er als »egozentrisch« charakterisiert. Menschen mit solchen Persönlichkeiten zeichnen sich durch Angst vor Nähe und Abhängigkeit, bzw. durch ein ausgeprägtes Bedürfnis nach Distanz und Eigenständigkeit aus. Als beziehungsarme Menschen erleben sie den Todesfall weniger als Verlust eines »Du« als vielmehr in seiner Bedeutung für ihre eigene Person, d.h. als *Selbst*verlust. Ihre innere Gemütsbewegung schirmen sie dabei nach außen hin ab, so dass sie gefühlsarm erscheinen und keine Trauer zeigen; sie wollen allein mit der Situation fertig werden und verhalten sich BegleiterInnen gegenüber förmlich und distanziert; sie neigen zu Sarkasmus, Ironie und scharfer Kritik. TrauerbegleiterInnen empfiehlt Schibilsky, die Unnahbarkeit solcher Persönlichkeitstypen weder als Ablehnung ihrer eigenen Person oder als professionelles Versagen zu interpretieren (»Ich bin nicht an ihn/sie herangekommen«), noch ihrerseits ablehnend oder gar vorwurfsvoll darauf zu reagieren (»Sie haben ja gar keine Gefühle!«).

398 A.a.O.
399 Vgl. *Schibilsky*, Trauerwege, 194, 232ff u.ö.
400 Vgl. *Schibilsky*, a.a.O., 224f, 232–236 in Rezeption von: *E. Rosenstock-Huessy*, Die Sprache des Menschengeschlechts. Eine Grammatik in vier Teilen, Bd. 1, Heidelberg 1963.
401 Vgl. *Schibilsky*, a.a.O., 224f.
402 Vgl. hierzu und zum folgenden Abschnitt: *Schibilsky*, a.a.O., 220–236.

Vielmehr sollten sie die Betroffenen in ihrem Bedürfnis nach Distanz respektieren und ihnen den Schutzraum gewähren, den sie brauchen. Schizoide Menschen sind nach Schibilsky oft besonders einsam, aber erst dann in der Lage, sich begleiten zu lassen und sich schrittweise zu öffnen, wenn sie sich haben vergewissern können, dass ihr »Sicherheitsabstand« nicht bedroht, bzw. nicht ungefragt durchbrochen wird.

»*Trauer-Stil B*« verortet Schibilsky am »außen«-Pol der Raumachse, wo er depressive Persönlichkeitstypen ansiedelt. Diese beschreibt er als »altruistisch«, gefühlsbetont, mitteilsam und auch als mitfühlend mit dem oder der Verstorbenen und anderen Hinterbliebenen. Menschen mit depressiven Persönlichkeiten suchen Bindung, Nähe und Abhängigkeit, sie haben Angst vor Trennungen und vor dem Alleinsein. Solche »Beziehungs-Menschen« trifft der Todesfall besonders als Abschieds- und Trennungssituation, als Verlust des »Du«. In ihrer Erschütterung und Hilflosigkeit lehnen sie sich gern an TrauerbegleiterInnen an, zu denen sie schnell eine persönliche Nähe und Bindung herstellen. Auch hier fallen Trennungen schwer: Gespräche dauern u.U. viele Stunden, die Betroffenen vermitteln den Eindruck, man könne sie kaum allein zurücklassen. BegleiterInnen fühlen sich von Trauernden dieses Typus gebraucht und in ihrer Rolle bestätigt, aber auch ausgelaugt und überfordert, da ihre Zuwendung die Abhängigkeitswünsche der Betroffenen oft noch steigert und Mitgefühl, Trost und Hilfe wie in einem Fass ohne Boden zu versinken scheinen. Schibilsky empfiehlt BegleiterInnen, hier weder der Versuchung zu erliegen, sich unentbehrlich zu machen, noch die Depressivität zu »bekämpfen«. Vielmehr solle man gegenüber dem depressiven Persönlichkeitstyp eine gesunde Balance zwischen Distanz und Nähe halten und ihm das Gefühl geben, »während er an sich arbeitet, in Ruhe weiter (!) depressiv sein zu dürfen«.[403]

»*Trauer-Stil C*« attestiert Schibilsky »rückwärts«-gewandten, zwanghaften Menschen. Sie haben ein ausgeprägtes Bedürfnis nach Ordnung und Kontrolle, bzw. Angst vor Veränderung und Chaos. Die Unkontrollierbarkeit des Todes, die damit eintretenden radikalen Veränderungen und evtl. ausgelöste chaotische Gefühle bedrohen sie; sie reagieren mit Erstarrung und mit einer schnellen Zuwendung zu Angelegenheiten, die sie ordnen und kontrollieren können, etwa zu den Formalitäten der Bestattung, wobei sie peinlich darauf bedacht sind, alles »richtig« und nichts »falsch« zu machen. Spontane Gefühlsäußerungen erwartet man bei ihnen vergebens; sie beschäftigen sich aber intensiv mit Erinnerungen an die Verstorbenen, sortieren und archivieren Reminiszenzen und können penibelste Berichte darüber abgeben. Was Peter Marris als »Bewahrungsimpuls« darstellt, beschreibt Schibilsky als Neigung zwanghafter Persönlichkeiten, die Vergangenheit festzu-

403 Vgl. a.a.O., 231.

halten. BegleiterInnen sollten solchen Trauernden nach Schibilsky nicht vorschnell »Äußerlichkeit« und »Verdrängung« unterstellen und schon gar nicht versuchen, sie aus ihrer Fassung zu bringen oder sie zu Emotionsäußerungen zu provozieren. Eher sei hier ein Halt bietendes Geländer gefordert, Geduld und Verlässlichkeit, Strukturierungshilfen wie etwa ein gemeinsames Planen der nächsten Schritte und stabilisierende Angebote wie z.B. Rituale als geordnete Handlungen mit stützender Funktion.

»*Trauer-Stil D*« schließlich zeichnet nach Schibilsky »vorwärts«-gewandte Menschen mit hysterischen Persönlichkeiten aus. Für sie sind Flexibilität und Unruhe, der Drang nach Freiheit und eine Angst vor Stillstand und Festlegung charakteristisch. Hysterische Typen wirken unkontrolliert und unkontrollierbar, sie neigen zu extremen Gefühlsschwankungen und immer neuen, plötzlichen Einfällen und Handlungen, wobei sie wie auf einer Bühne das Drama der erlebten Krise inszenieren und ausagieren. Ihre sprunghaften »Szenenwechsel« stellen dabei nach Schibilsky Fluchtbewegungen dar: Ähnlich wie bei Peter Marris Menschen mit einem dominierenden »Willen zur Anpassung an die Veränderung« beschrieben sind, streben die Betroffenen nach Schibilsky weg von der zerstörten Vergangenheit und weg von der deprimierenden Gegenwart und suchen neue, zukunftsweisende Perspektiven. TrauerbegleiterInnen müssen sich hier nach Schibilsky auf die Rolle von ZuschauerInnen einlassen. Sie sollten weder versuchen, die Regie zu übernehmen, noch sich selbst als KrisenagentInnen »aufzuspielen«. Entscheidend sei es, den wechselhaften Impulsen der hysterisch Trauernden Raum zu geben und sie nicht abzuwerten, sondern ihnen Achtung, Annahme und Bestätigung entgegenzubringen, um ihr labiles Selbstbewusstsein zu stabilisieren.

Abb. 19:
»Spiralwege« der Trauer im »Kreuz der Wirklichkeit« nach Michael Schibilsky:

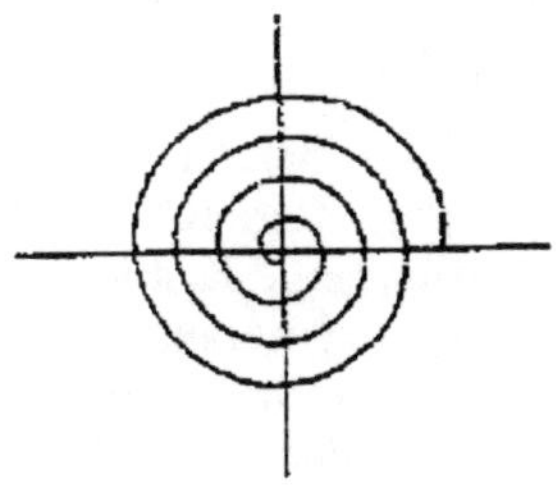

Derartige Typenlehren sind bekanntlich grob vereinfachend und werden daher in der Fachwelt mit Skepsis betrachtet. Schibilsky stellt dies auch in Rechnung und versieht das Modell mit den üblichen und notwendigen Einschränkungen:[404] Es handele sich nur um eine Hilfskonstruktion; die verschiedenen o.a. Trauerstile seien idealtypisch überzeichnet; tatsächlich seien sie niemals in reiner Form, sondern immer in Mischformen anzutreffen, da bei jedem Menschen alle vier genannten Persönlichkeitsprofile vorhanden seien, wenn auch in unterschiedlich starker Ausprägung. Entsprechend seien auch in jedem Trauerprozess Elemente aus allen vier Trauer-Stilen zu finden. Je nach Persönlichkeitsschwerpunkt begännen Trauernde zwar an verschiedenen Polen des o.a. Koordinatensystems ihren Trauerprozess, es sei aber entscheidend, dass in dessen Verlauf alle vier Segmente durchschritten werden, und zwar mehrfach, in jeder »Phase« von Neuem.

»Der Weg der Trauerbegleitung beginnt im ›Kreuz der Wirklichkeit‹ gleichsam im Mittelpunkt. Dort beginnt der spiralförmige Weg der Trauer. Und Station für Station wird er sich jeweils über alle vier Felder des Kreuzes bewegen. Der Schock wird nicht nur innerlich erlebt, er bezieht sich auch auf die drei anderen Dimensionen: Die Zukunft ist schockierend! Und sehr bald wird der Weg uns nach außen führen. Auch das ist schockierend. Alle Äußerlichkeiten haben sich verändert, so unabweisbar verändert, dass das erst einmal schockierend ist. Und die Vergangen-

404 Vgl. a.a.O., 224–226.

heit – auch das ist schockierend, weil sie unabweisbar ihr Ende gefunden hat, was ist da alles unwiederbringlich Vergangenheit geworden! Irgendwie geht dieser Weg dann weiter. Bei dem einen Trauernden beginnt der Spiralweg der Trauer ›innen‹ (A), beim anderen stärker ›außen‹ (B), beim nächsten eher in der Perspektive der Vergangenheit (C), bei dem anderen schließlich stärker in der Perspektive der Zukunft (D). Konkret: Auch die sogenannte kontrollierte Phase bezieht sich auf alle vier Dimensionen: Sich selbst kontrollieren, die unmittelbare Zukunft kontrollieren wollen, die veränderte Außenwelt kontrollieren, die unwiederbringliche Vergangenheit kontrollieren und sich ihrer wiederholend vergewissern. Wie oft erzählen Trauernde gerade die jüngste Vergangenheit, die Sterbegeschichte – immer wieder!« ... Usf.[405]

Schibilsky dekliniert in seinen Beispielen zwar kaum hinterfragt Y. Spiegels Phasenmodell durch. Zugleich stellt sein eigenes Konzept m.E. aber in zweierlei Hinsicht eine Kritik und Korrektur des Phasenmodells dar: Schibilsky arbeitet heraus, dass Trauerprozesse weder uniform und gleichsam automatisch, noch linear auf der Zeitachse ablaufen. Statt des Zeitfaktors macht er den Faktor Persönlichkeit stark; das dürfte nach allem, was wir aus trauersymptomatologischen Studien wissen, sachgemäß sein, auch wenn man die von Schibilsky rezipierte Persönlichkeits-Typologie für unterkomplex halten mag. An die Stelle des unrealistischen Bildes einer gradlinigen Entwicklung von Trauerprozessen setzt Schibilsky sein Spiralmodell. Dieses ist m.E. deshalb besonders treffend, weil es verdeutlicht, dass bei allem Hin- und Her, bei allen Schwankungen, denen Trauerprozesse charakteristischerweise unterworfen sind, und trotz scheinbarer Rückfälle und Wiederholungsrunden doch zugleich eine Progression möglich ist: In der Spirale wird der Tod wieder und wieder in allen möglichen Dimensionen umkreist, und doch öffnet sie sich nach außen hin.
Unabhängig vom persönlichspezifisch gewählten Ausgangspunkt müssen laut Schibilsky nach und nach generell *alle* Dimensionen der (Trauer-)Wirklichkeit durchschritten werden: innen, außen, Vergangenheit, Zukunft. Das bedeutet zugleich, die verschiedenen, auch die latenten Anteile der eigenen Persönlichkeit einzubeziehen. Insgesamt reduziert sich Schibilskys Modell der Spiralwege der Trauer damit m.E. auf eine *einzige* Aufgabe, die sich als universale *Integrationsaufgabe* bestimmen lässt.
Entsprechendes gilt für die *Aufgabe der Trauerbegleitung*. Hier darf die Wahrnehmungseinstellung nicht einseitig fokussiert sein, etwa in der Weise, dass man nur innere Entwicklungen sehen und fördern will, während man gleichsam auf dem anderen Auge blind ist und »Äußerlichkeiten« für unwesentlich hält. Auch äußere Symptome und Entwicklungen haben eine »innen«-Dimension; analog dazu sind auch

405 Vgl. a.a.O., 233; dort findet sich auch die Spiralgraphik »Kreuz der Wirklichkeit«, die ich in Abb. 15 übernommen und deren Beschriftung ich ergänzt habe.

»vorwärts«, bzw. in die Zukunft gerichtete Impulse auf ihren Vergangenheitsbezug hin befragbar und umgekehrt.

Schibilsky illustriert das am Beispiel von Hinterbliebenen, die Wochen oder Monate nach der Bestattung bei ihm im Pastorat anriefen, weil sie sich von den Kleidungsstücken der Verstorbenen trennen und sie durch ihn einem guten Zweck zuführen wollten. »Es wäre ein leichtes gewesen, einen Mitarbeiter vorbeizuschicken und die Sachen abzuholen. Ich habe solche Anrufe immer als ein wichtiges Signal betrachtet und bin selbst hingefahren. Denn mit dieser äußeren Bereitschaft zum Abgeben von Gegenständen war eben auch die Bereitschaft gewachsen, innerlich abzugeben, was uns nicht mehr gehörte ... Jetzt ging es wirklich um das Weiterleben nach dem Tod.«[406]

TrauerbegleiterInnen sollten Trauernde deshalb nicht zu einem bestimmten, von ihnen für »richtig« gehaltenen Trauerstil drängen und anderen Entwicklungen gegensteuern wollen. Vielmehr sollten sie sich nach Schibilsky auf den Trauer-Stil der Betroffenen einlassen und sie darin unterstützen; sie sollten deren Trauer-Weg in der gewählten Richtung mitgehen, dabei aber – mit dem »Kreuz der Wirklichkeit« als »geheimem Leitfaden«[407] – quasi »umsichtig« sein: vorausschauend, zurückblickend, in die Tiefe sehend, um die jeweils von den Betroffenen noch nicht in den Blick genommenen Aspekte einzubeziehen und latent Gebliebenes hervortreten zu lassen. Auch hier geht es also m.E. um eine Integrationsaufgabe: Die Kompetenz von TrauerbegleiterInnen läge demnach vor allem darin, die verschiedenen o.a. Dimensionen des Trauergeschehens – treffender würde man m.E. vielleicht sagen: *Perspektiven* der Trauerarbeit – miteinander zu vermitteln. Trauerbegleitung stellt sich damit als eine Art von Balanceakt dar, der folgendes erfordert:
- individuellen Trauerstilen Raum geben;
- die Integration verschiedener Dimensionen der Trauerarbeit fördern, indem jeweils latent gebliebene Affekte und vernachlässigte Perspektiven in den Vordergrund gerückt werden.

William Worden
Ein drittes, von ihm selbst auch als solches bezeichnetes Aufgabenmodell hat der US-amerikanische Psychiater und Psychologie-Professor William Worden in seiner schon zitierten Monographie »Grief Counseling/Grief Therapy: A Handbook for the Mental Health Practitioner« (2. überarbeitete Ausgabe 1991) vorgelegt.[408] Zur Explikation der Trauer

406 Vgl. a.a.O., 234.
407 Vgl. a.a.O., 233.
408 *W. Worden*, Grief Counseling & Grief Therapy: A Handbook for the Mental Health Practitioner, Second Edition, New York (Springer Publishing Company) 1991 ([1]1982); deutschsprachige Übersetzung der Erstausgabe: Beratung und Therapie in Trauerfällen: Ein Handbuch, Bern 1986. (Eine deutsche Übersetzung der zweiten, überarbeiteten Ausgabe liegt bislang nicht vor.)

rezipiert er John Bowlbys Bindungstheorie, die oben bereits so eingehend dargestellt und diskutiert wurde, dass hier keine Wiederholungen nötig sind.
Gegenüber Bowlby und anderen, die Phasenmodelle des Trauerprozesses entwerfen, bevorzugt Worden jedoch aus zwei Gründen ein Aufgabenmodell der Trauer, die mir beide zustimmungswürdig erscheinen:[409] Erstens impliziere ein Phasenmodell eine gewisse Passivität des oder der Trauernden, wenn man sich vorstelle, er oder sie mache nur »Phasen« durch *(to pass through)*, die wie von selbst aufeinanderfolgen, quasi wie Kindern Zähne und Jugendlichen Pickel wachsen. Dagegen betone ein Aufgabenmodell in sachgemäßer Weise die *aktive Bewältigungsleistung* Trauernder, die schon in Sigmund Freuds Konzept der Trauerarbeit als notwendig hervorgetreten sei. Zweitens sei ein Aufgabenmodell für professionelle TrauerbegleiterInnen leichter praktisch anzuwenden und daher brauchbarer. Letztere These belegt Worden, indem er auf sehr pragmatische Weise aus den von ihm zusammengestellten *Trauer*aufgaben Aufgaben für die Praxis der Trauer*begleitung* ableitet. Beide Aufgabenkomplexe lassen sich, wie die nachstehende Graphik zeigt, in einem direkten Entsprechungsverhältnis nebeneinanderstellen (vgl. u., Abb. 20).[410]
Mit den von ihm formulierten Aufgaben der Trauerarbeit, bzw. der Trauerbegleitung fügt W. Worden den o.a. vorliegenden Beiträgen zur Trauertheorie nichts kategorial Neues hinzu, das hier noch weiter expliziert werden müsste. Er bietet mit seinem Aufgabenmodell aber ein sachgemäßes, übersichtliches und in der Praxis der Trauerbegleitung handhabbares Extrakt wesentlicher Erkenntnisse der Trauerforschung. Naturgemäß muss ein derartiges Extrakt immer in gewissem Maße reduktionistisch sein; die Aufgaben sind bei Worden aber weit genug gefasst, um diesen Nachteil so gering wie möglich zu halten.

Fazit: Eignung der Aufgabenmodelle

Wie oben gezeigt, setzen Aufgabenmodelle der Trauerbewältigung die Erkenntnisse symptomatologischer Forschung wesentlich besser um als Phasenmodelle. Unter den Vertretern von Aufgabenmodellen zeichnet sich W. Worden dadurch aus, dass er analog zu den Aufgaben der Trauer auch Aufgaben der Trauer*begleitung* entwickelt. Dadurch ist sein Modell für PraktikerInnen besonders brauchbar. In ähnlich praxisorientierter Zielrichtung habe ich aus den oben diskutierten Forschungsbeiträgen jeweils Aufgaben der Trauerbegleitung abgeleitet. Diese fasse ich in der folgenden Konklusion des zweiten Buchteils zu einem eigenen Aufgabenmodell der Trauerbeleitung zusammen.

409 Vgl. *Worden*, Grief Counseling, 35.

410 Vgl. a.a.O., 10–18 und 38. Die vierte Aufgabe hat Worden gegenüber dem Text der Erstausgabe reformuliert.

Abb. 20:
Aufgabenmodell der Trauer nach William Worden[411]
(Graphik: K.L.):

AUFGABEN DER TRAUERARBEIT	AUFGABEN DER TRAUERBEGLEITUNG
Die Realität des Verlustes (an)erkennen / To accept the reality of the loss	Die Realität des Verlustes verdeutlichen / To increase the reality of the loss
Den Schmerz der Trauer durcharbeiten / To work through the pain of grief	Trauernden helfen, ausgedrückte und latente Affekte zu bearbeiten / To help the counselee deal with both expressed and latent affect
Sich in einer Wirklichkeit zurechtfinden, in der der/die Verstorbene fehlt / To adjust to an environment in which the deceased is missing	Trauernden helfen, Hindernisse der Wiederanpassung zu überwinden / To help the counselee overcome various impendiments to readjust after the loss
Den Verstorbenen / die Verstorbene innerlich neu verorten und sich dem Leben wieder zuwenden / To emotionally relocate the deceased and move on with life	Trauernde ermutigen, sich angemessen zu verabschieden und sich guten Gewissens wieder dem Leben zuzuwenden / To encourage the counselee to say an appropriate goodbye and to feel comfortable reinvesting back into life

411 Die Aufgaben sind der amerikanischen Ausgabe entnommen, vgl. a.a.O., 10–18, 38; Übersetzung K.L.

4. Ertrag und Weiterführung

Die wichtigsten Forschungsbeiträge zur Theorie der Trauer sind oben besprochen und ausgewertet worden. Im folgenden Abschnitt fasse ich die Ergebnisse dieses Durchgangs zusammen, und zwar zunächst unter allgemeinen Gesichtspunkten (4.1), dann speziell im Hinblick auf die perimortale Eingangsphase des Trauerprozesses und deren Begleitung (4.2). Ich entwickle ein allgemein anwendbares Aufgabenmodell der Trauerbegleitung (4.3) und spezifiziere anschließend, welche Aufgaben und Funktionen im engeren Sinne der *perimortalen* Trauerbegleitung zukommen (4.4).

4.1 Ertrag der Trauerforschung – allgemeine Aspekte

In Anlehnung an S. Freud habe ich Trauer definiert als die »regelmäßige«, d.h. als die in ihren vielfältigen Erscheinungsformen »normale« *Reaktion auf* einen *Verlust* – hier speziell auf den Verlust, der durch den Tod eines signifikanten Menschen eintritt.[412] Diese *Definition* hat sich als tragfähig erwiesen. Das hier abgeschrittene Feld der Trauerforschung ist weit, und die vorgestellten Beiträge sind entsprechend vielgestaltig. Dennoch haben sie sich alle unter eine der beiden Schlüsselkategorien einordnen lassen, die die o.a. Definition bereitstellt: Die einen suchen den im Trauerfall erlittenen *Verlust* näher zu explizieren, die anderen die *Reaktion* darauf phänomenologisch zu erfassen. Ich habe sie dementsprechend in zwei Gruppen eingeteilt, die ich *»explikatorische« und »deskriptive Modelle«* genannt habe.[413]

Es ist deutlich geworden, dass es *»die«* Trauertheorie, die umfassend und vollständig wäre und sämtliche zum Thema gehörigen Phänomene, Fragen und Probleme angemessen berücksichtigte, nicht gibt. Alle vorliegenden Ansätze beleuchten je unterschiedliche Aspekte und Dimensionen des Personenverlustes und seiner Auswirkungen, die sich gegenseitig ergänzen, teilweise auch überschneiden und verdoppeln. Daher ist kaum zu entscheiden, vielleicht auch nicht sinnvoll zu fragen, welcher Beitrag der vergleichsweise »beste« sei. Als wenig sachgemäß und wenig brauchbar haben sich unter den explikatorischen Ansätzen der *Soziobiologismus*, unter den deskriptiven Ansätzen die

412 Vgl. o. unter II.1. Dort sind auch die Modifikationen begründet, die ich an Freuds Definition vorgenommen habe.

413 Dass es zu Überschneidungen zwischen beiden Gruppen kommt, bzw. dass einzelne Theorien sowohl explikatorische als auch deskriptive Elemente einschließen, ist selbstverständlich. Die Unterscheidung bleibt dennoch zum Zweck der Systematisierung des Materials sinnvoll. Die Zuordnung richtet sich jeweils nach dem Schwerpunkt des betreffenden Beitrags.

Phasenmodelle erwiesen.[414] Was die übrigen leisten, vergegenwärtige ich hier in stichwortartig komprimierter Form:
Die *Psychoanalyse*[415] interpretiert den Personenverlust als Verlust eines libidinös besetzten »Objekts«, an das erhebliche Potentiale von Liebeswünschen, psychischer Energie und Aufmerksamkeit gebunden sind, die nun unbefriedigt bleiben und deren Rücknahme, Umleitung oder Reintegration ins eigene Ich komplexe psychische Verarbeitungsprozesse erfordern (»Trauerarbeit«, S. Freud); besondere Bedeutung mißt die Psychoanalyse dabei dem Ambivalenzkonflikt und seiner Bearbeitung zu. Darüber hinaus wird expliziert, wie es zu der oft auftretenden innerpsychischen Ausweitung und Entgrenzung der konkreten Verlusterfahrung kommt: Nach M. Kleins Theorem der »depressiven Position« kann der Verlust *eines* (Liebes-)Objekts zugleich eine Bedrohung *aller* positiv besetzten, »guten« Objektrepräsentanzen, d.h. den Zerfall der gesamten inneren Welt Trauernder auslösen. Aus psychoanalytischer Perspektive erzeugt der Objektverlust somit zugleich einen (partiellen) Ich-Verlust; die Trauererfahrung wirkt sich auch als persönliche Reifungskrise aus, deren Bewältigung zur Reintegration und Stärkung, deren Nicht-Bewältigung jedoch zur Desintegration und Schwächung der Psyche Betroffener führt. Von allen vorliegenden Forschungsbeiträgen dringt die Psychoanalyse am tiefsten in die *intra*personalen Wirkungszusammenhänge der Verlusterfahrung und in die psychodynamischen Mechanismen ihrer Verarbeitung ein; sie bietet die in sich geschlossenste Theorie der Trauer und begründet unter dem Stichwort der »*Trauerarbeit*« dasjenige Konzept der Verlustbewältigung, das – wenn auch einzelne o.g. Aspekte revidiert werden mussten – bis heute für zahlreiche psychologische »Schulen« verschiedenster Ausrichtung maßgeblich geblieben ist.
Der *Behaviorismus*[416] rückt einen *inter*personalen Aspekt ins Zentrum der Betrachtung: Hier wird »soziale Verstärkung« resp. der Verlust derselben sowohl als Hauptfaktor der Trauerauslösung als auch als Steuerungsprinzip des Trauerverhaltens und seines Verlaufs angesehen. Der Ansatz stellt eine starke Engführung dar, beleuchtet aber einen Teil-Aspekt des Trauergeschehens in sachgemäßer Weise. Insbesondere die Erkenntnisse über die Wirkung sozialer Verstärkung auf das Trauer*verhalten* bzw. das Trauervermeidungsverhalten der Betroffenen *(approach behavior* vs. *avoidance / escape behavior)* sind instruktiv.
Die Trauertheorien von *John Bowlby* und von *Margaret und Wolfgang Stroebe* integrieren jeweils mehrere intra- und interpersonale Aspekte der Trauer, zu deren Explikation sie Elemente verschiedener Rahmen-

414 Vgl. o. unter II.2.4 und II.3.2.
415 Vgl. o. unter II.2.1.
416 Vgl. o. unter II.2.3.

theorien heranziehen. *Bowlby*[417] verarbeitet in seiner *Bindungstheorie* Elemente aus Psychoanalyse, Lerntheorie und Ethologie; auf ihrem Hintergrund interpretiert er Personenverlust als Bindungsverlust, d.h. als Störung des Gleichgewichts sozialer Beziehungen und sozialer und psychischer Sicherheit. Neu gegenüber den o.a. Ansätzen sind bei Bowlby insbesondere die ethologische Explikation von Such- und Aggressionsverhalten in der Frühphase des Trauerprozesses und der Hinweis darauf, dass sowohl die kognitive Realisation des Verlustes als auch die emotionale Adaptation daran zeitaufwendige *Lern*prozesse voraussetzen. *Stroebe/Stroebe*[418] verbinden Elemente aus Psychoanalyse, Behaviorismus und speziell aus der kognitiven Stress-Theorie zu ihrem *»Defizit-Modell«*; sie explizieren Personenverlust als Auslöser multipler Defizite in Bedürfnisbereichen, die die verstorbenen Personen zu ihren Lebzeiten für die Hinterbliebenen abgedeckt haben (Verlust von instrumenteller, validierender und emotionaler Unterstützung sowie von sozialer Identität). Dieses Modell ist durch die Analyse verschiedener funktionaler Defizitbereiche besonders zu diagnostischen- und prognostischen- bzw. zu Evaluationszwecken geeignet. Durch die Verbindung von Elementen aus diversen Rahmentheorien mangelt es den beiden letztgenannten Beiträgen an innerer Geschlossenheit; gleichzeitig bieten sie dadurch aber den Vorteil, dass ihr Gegenstands- und Geltungsbereich gegenüber anderen Trauertheorien stark erweitert ist.
Peter Marris[419] versteht auf dem Hintergrund der Kognitionspsychologie Personenverlust als Verlust von Sinn- und Bedeutungsstrukturen, durch die Lebenssinn konstruiert und dessen Kontinuität sichergestellt wurde. Der erlittene Sinnverlust erschüttert nach Marris das Selbst- und Wirklichkeitsverständnis der Betroffenen insgesamt. Die Trauerbewältigung erfordert die Dekonstruktion und Rekonstruktion der eigenen Lebensdeutung auf dem Wege der Revision, Selektion, Abstraktion und Transformation von Sinnstrukturen. Marris arbeitet die paradigmatische Bedeutung der Trauerbewältigung für die Bewältigung von Verlust- und Umbrucherfahrungen verschiedenster Art heraus. Sein Beitrag ist besonders für den Dialog mit der (Pastoral-) Theologie geeignet.

Symptomatologien[420] der Trauer *im engeren Sinn* haben in jüngerer Zeit gezeigt, dass Trauer *nicht* – wie der Pionier symptomatologischer Trauerforschung, E. Lindemann, noch meinte – im medizinischen Sinn als »Syndrom« mit deutlich abgrenzbarem psychischem und physischem Erscheinungsbild definiert werden kann. Immer stärker ist in

417 Vgl. o. unter II.2.2.
418 Vgl. o. unter II.2.7.
419 Vgl. o. unter II.2.5.
420 Vgl. o. unter II.3.1 und im Exkurs über den Zusammenhang von Trauer und Krankheit.

neueren Studien die enorme *Diversität von Trauerreaktionen, bzw. von Trauersymptomen* in den verschiedensten Bereichen psychischer, physischer und mentaler Verfassung sowie im Bereich des Verhaltens hervorgetreten. Wurde und wird dies in der Literatur weithin als *Problem* der Trauerforschung angesehen, ist es m.E. doch zugleich einer der wesentlichsten *Befunde* symptomatologischer Untersuchungen, weil dadurch Dreierlei deutlich wird:
1) Trauer kann sich auf alle Bereiche des Lebens, des Seins und der Funktionsfähigkeit der Betroffenen auswirken; die Tragweite ihrer psychosomatischen und psychosozialen Effekte überschreitet bei weitem das in modernen westlichen Gesellschaften sozial Erwartete. Dasselbe gilt für ihre Dauer: Setzten ForscherInnen der vierziger bis sechziger Jahre des 20. Jahrhunderts sie auf nur wenige Wochen oder Monate an, werden Trauerprozesse heute von einigen AutorInnen für unabschließbar gehalten, ihre Dauer generell aber auf mindestens ein bis zwei, oft auch mehr Jahre beziffert. Trauer ist also komplexer, in ihren Auswirkungen (auch auf Gesundheit, Leistungs- und Arbeitsfähigkeit der Betroffenen) weitreichender und langanhaltender als weithin angenommen. Diese Erkenntnisse verdeutlichen m.E. die *hohe gesellschaftliche und insbesondere die gesundheitspolitische Relevanz* von Trauer, resp. von Trauerbegleitung und präventiver Intervention.
2) Trauer, insbesondere durch Nicht-Bearbeitung fehlgeleitete Trauer, gehört zu den häufigsten Ursachen psychosomatischer und psychosozialer Störungen. Aufgrund der phänomenologisch erfassten Bandbreite der verschiedensten Trauersymptome ist es aber nicht sachgemäß, kategorial zwischen »normalen« und »pathologischen« Formen von Trauer zu unterscheiden. Die symptomatologische Forschung hat gezeigt: Dass Trauer ein Gesundheitsrisiko darstellt, ist der Regelfall. Trauer kann »krank machen«; sie ist dann patho*gen*, deshalb aber noch nicht patho*logisch*.[421] Dieser Befund mahnt m.E. zum *Verzicht auf den Begriff der »pathologischen Trauer«* wie auch zum *Verzicht auf eine Definition von Trauer als »Krankheit«*. Eine derartige Begrifflichkeit pathologisiert den psychohygienisch notwendigen Akt des Trauerns und stigmatisiert Trauernde, was weder sachlich gerechtfertigt noch aus sozialpsychologischer Sicht wünschenswert ist.[422]

421 Zweifellos gibt es extreme Verlustreaktionen. Wenn Hinterbliebene etwa nach Jahren noch Wohnraum und Habseligkeiten von Verstorbenen unberührt und unverändert lassen, mag das in den Bereich der Verhaltenspathologie einzuordnen sein; es wäre aber zu fragen: Ist die Trauer ›pathologisch‹ oder das o.a. Verhalten? Und ist das Verhalten auf ›pathologische Trauer‹ zurückzuführen oder auf ›pathologisches‹ Nicht-Trauern, bzw. Nicht-getrauert-Haben?

422 Das gilt unbeschadet der Tatsache, dass »Risikofaktoren« benennbar sind, Faktoren also, die bei einzelnen Trauernden eine besonders erhöhte Störungsanfälligkeit prognostizieren lassen. Auch die Erhebung solcher Risikofaktoren (sie wurden oben auf S. 184f schon zusammengestellt) verdanken wir zu großen Teilen der symptomatologischen Trauerforschung. Sie geben Trauerbe-

3) Trauerreaktionen sind so vielfältig, so differenziert und so individuell verschieden, dass sich stereotype Erwartungs- und Wahrnehmungsmuster im Blick auf Trauernde, simplizistische und uniformistische Modelle von Trauerverläufen und folglich auch ebensolche Konzepte von Trauerbegleitung als unangemessen erwiesen haben. M.E. legt der Befund der Diversität von Trauerreaktionen vielmehr ein *Konzept einer flexiblen und differenzierenden, individuellen Trauerbegleitung* nahe, die neben allgemeinen Problemen und Aufgaben Trauernder auch individuell verschiedene Trauer-Stile und Problemlagen identifiziert und darauf eingeht.
Symptomatologische Untersuchungen haben ein nahezu unüberblickbar komplexes und differenziertes Bild der Trauer ergeben. *Phasen- und Aufgabenmodelle* stellen m.E. den Versuch dar, die Vielfalt der Phänomene zu ordnen und auf erkennbare Grundlinien zu reduzieren. Sie vereinfachen den komplizierten Befund und erreichen dadurch Übersichtlichkeit und Handhabbarkeit der Forschungsergebnisse – allerdings um den Preis der Verkürzung der Wirklichkeit und der Einebnung individueller Unterschiede. Ich habe gezeigt, warum m.E. im Fall der Phasenmodelle die Nachteile, im Fall der *Aufgabenmodelle*[423] jedoch die Vorteile überwiegen. Im Unterschied zu Phasenmodellen des Trauerprozesses heben Aufgabenmodelle – ähnlich dem psychoanalytischen Konzept der Trauerarbeit – die *aktive Bewältigungsleistung* Trauernder besonders hervor. Mit den »Aufgaben« sind Zielpunkte bzw. Teilziele gelingender Trauerverarbeitung angegeben, ohne dass zugleich der Weg dorthin in einengender Weise definiert würde. Weder werden bestimmten Aufgaben bestimmte Verhaltensweisen zugeordnet, noch werden diese in eine bestimmte zeitliche Abfolge gebracht, d.h. weder werden die Formen noch wird der Verlauf von Trauerreaktionen standardisiert. Damit werden Aufgabenmodelle eher als Phasenmodelle der Tatsache gerecht, dass Trauerreaktionen individuell sehr variabel sind, weil sich sowohl die Problematik des Verlusts als auch die Reaktionsmuster und Bewältigungsressourcen, die den Betroffenen zur Verfügung stehen, von Fall zu Fall stark unterscheiden.

Die in den o.a. Aufgabenmodellen beschriebenen Aufgabenstellungen sind weit genug gefasst, um *Raum für individuell verschiedene Trauererfahrungen und Bewältigungsstrategien* bzw. »-stile« (M. Schibilsky) zu lassen. Das Chaos der Trauererfahrung wird durch Aufgabenmodelle m.E. *strukturiert,* aber nicht, wie im Fall der Phasenmodelle, überstrukturiert. Aufgabenmodelle unternehmen den Versuch, Trauernden

gleiterInnen ein wichtiges diagnostisches Instrumentarium an die Hand, mithilfe dessen sie evaluieren können wo Intervention und Begleitung am dringendsten erforderlich sind.

423 Vgl. o. unter II.3.2. und unter II.3.3.

und TrauerbegleiterInnen *Orientierung* zu geben und gleichzeitig eine zu starke *Normierung* des Trauerverhaltens zu vermeiden.

Aufgaben Trauernder

Nachstehend sind die Aufgaben Trauernder zusammengestellt, die in den verschiedenen Aufgabenmodellen[424] genannt oder aus ihnen abgeleitet wurden:

Unter den acht von *Yorick Spiegel*[425] formulierten Aufgaben der Trauerarbeit steht an erster Stelle die Auslösung der Trauer. Die übrigen habe ich zusammengefasst und abstrahiert zu der Aufgabe der Rekonstruktion von Lebensgeschichte. Und zwar habe ich herausgearbeitet, dass die Aufgabe eine *doppelte* ist, d.h., dass Erinnerungsarbeit sowohl an der Biographie des verstorbenen Menschen zu leisten ist als auch an der eigenen Biographie bzw. der Verflechtung beider miteinander – also an der Beziehungsgeschichte.[426] Gerade indem die Bedeutung des einen Lebens für das andere und ihre Verflechtung miteinander in den Blick genommen und gewürdigt werden, können auch erste Schritte zu einer Entflechtung beider getan werden. Gerade indem die Beziehung zu dem oder der Verstorbenen noch einmal vergegenwärtigt bzw. geklärt und angeeignet wird, wird der Abschied erleichtert.

Michael Schibilsky[427] schreibt der Wirklichkeit der Trauererfahrung die vier Dimensionen »innen, außen, Vergangenheit, Zukunft« zu und sieht die Aufgabe der Verlustbewältigung darin, alle diese Dimensionen in einer Art spiralförmiger Bewegung zu durchschreiten. Dabei sollen zugleich verschiedene Persönlichkeitsanteile und verschiedene Impulse der Verlustbewältigung (Trauer um das Du: depressiv; Trauer um das Ich: schizoid; Trauer als Beharrung: zwanghaft; Trauer als Fluchterfahrung: hysterisch) einbezogen werden. Ich habe Schibilskys Anliegen daher zusammenfassend als universale Integrationsaufgabe bezeichnet.

Bei *W. Worden*[428] lauten die Aufgaben der Verlustbewältigung: Die Realität des Verlustes (an)erkennen (1); den Schmerz der Trauer durcharbeiten, resp. ausgedrückte und latente Affekte bearbeiten (2);[429]

424 *Stroebe/Stroebe* werden hier hinzugezogen, weil sie, obwohl in der obigen Systematik unter explikatorischen Modellen geführt, im Ergebnis sehr nahe an ein Aufgabenmodell grenzen. Vgl. unter II.3.3.

425 Vgl. o., 201f.

426 Vgl. o., 203.

427 Vgl. o., 204–207.

428 Vgl. o., 211.

429 Hier habe ich die Formulierung mit aufgenommen, mit der Worden die Aufgabe der Trauerbegleitung beschreibt (»to help the counselee deal with both expressed and latent affect«); sie ist m.E. auch zur Benennung der Aufgabe Trauernder besser geeignet als die erste Formulierung, weil sie weiter gefasst ist (statt »pain« allgemeiner »affect«), und weil sie die Aufmerksamkeit auch auf unausgedrückte Affekte lenkt (»both expressed and latent affect«).

sich in einer Wirklichkeit zurechtfinden, in der der/die Verstorbene fehlt (3); den Verstorbenen/die Verstorbene innerlich neu verorten und sich dem Leben wieder zuwenden (4).
Die von *Stroebe/Stroebe*[430] benannten Anforderungen an die Verlustbewältigung: das eigene Leben wieder meistern lernen (1); soziale Bezüge neu ordnen und neu bewerten (2); Sinn in der Verlusterfahrung suchen (3); neues Selbstbewusstsein entwickeln (4), lassen sich als Ausdifferenzierung der bei Worden an dritter Stelle genannten Aufgabe lesen, sich in einer Wirklichkeit zurechtzufinden, in der der/die Verstorbene fehlt.

4.2 Ertrag im Blick auf die perimortale Trauer

Inwieweit hat die Anfangssituation des Trauerprozesses in der Trauerforschung Berücksichtigung gefunden, wie ist ihre Bedeutung einzuschätzen und was lässt sich hinsichtlich einer perimortalen Erstintervention unmittelbar oder mittelbar aus den Forschungsergebnissen ableiten? Darauf soll der zweite Teil der Konklusion antworten.

Forschungsstand: Erkenntnisse, die für eine perimortale Trauerbegleitung sprechen
Wie wir gesehen haben, sind erste Trauerreaktionen in der Todesstunde und in den Stunden unmittelbar davor und danach – dieser Zeitraum wird mit einem terminus technicus auch als »perimortal« bezeichnet – in der Trauerforschung wenig berücksichtigt und fast nirgends zum Gegenstand eines spezifischen Forschungsinteresses gemacht worden.[431] Entsprechend wird eine schon perimortal ansetzende Trauerbegleitung in der Trauerliteratur weder *theoretisch* konzipiert, noch finden sich Berichte und Dokumentationen über eine systematische *Praxis* früher Erstinterventionen.[432] Es liegt eine Forschungslücke vor, vie-

430 Vgl. o., II.2.6.
431 Ausnahmen bilden vereinzelte kleinere Beiträge US-amerikanischer Krankenhausseelsorger, etwa *L. Joesten*, The Voices of the Dying and the Bereaved. A Bridge between Loss and Growth, in: *L.E. Holst* (Ed.), Hospital Ministry. The Role of the Chaplain Today, New York 1992, 139–150, – selbst hier werden aber Phasenmodelle unkritisch rezipiert. Kritisch aufgrund der eigenen klinischen Beobachtung vgl. dagegen die oben bearbeiteten Beiträge von *George Fitchett* sowie *A. Miles*, Caring for the family left behind, in: American Journal of Nursing (Dec. 1993), 34–36; *ders.*, Comforting a Family When a Child dies, in: The Christian Ministry (May–June 1990), 12–14; beide Autoren sind ebenfalls Krankenhausseelsorger.
432 Eine Ausnahme besteht im Bereich von Krisenintervention bei plötzlichem Kindstod (SIDS), vgl. *J. Hartmann*, Lautlos und unbemerkt: Der plötzliche Kindstod, München 1990 (darin auch Informationen über ein SIDS-Forschungsprojekt im Münsterland; ein ähnliches Projekt für Krisenintervention und Forschung im Bereich SIDS ist am Göttinger Institut für Gerichtsmedizin

lerorts offenbar auch eine Praxislücke. Daher musste hier als Erkenntnisgrundlage die allgemeine Trauerforschung dienen. Das vorliegende Material habe ich in größtmöglicher Breite verarbeitet. Die Auswertung der verschiedensten Forschungsbeiträge führt immer wieder zu dem Schluss, dass die gewonnenen Erkenntnisse durchaus geeignet sind, das von mir hier vorgeschlagene Konzept einer perimortalen, d.h. schon zur Sterbezeit ansetzenden Trauerbegleitung theoretisch zu fundieren, obwohl die vorgestellten AutorInnen selber oft nichts derartiges im Blick haben.

Unter den *VertreterInnen explikatorischer Ansätze* ist *John Bowlby* der einzige, der zumindest einen Teilbereich erster Verlustreaktionen, nämlich Aggressions- und Suchverhalten erörtert. Beide dienen nach Bowlby der Verlustabwehr: Solange Trauernde noch zwischen Realisation und Derealisation, zwischen Verzweiflung angesichts des erlittenen Verlustes und der Hoffnung, er möge doch nicht endgültig sein, schwanken, setzen sie Aggressions- und Suchverhalten ein, um die verlorene Bindungsfigur eventuell doch noch wiederzugewinnen.[433] Bowlby hat erstens gezeigt, dass diese vitalen Bemühungen aus ethologischer Sicht »normal« und sinnvoll sind. Zweitens hat er ihre lernpsychologische Bedeutung herausgearbeitet: Durch Wiedergewinnungsversuche und die Erfahrung ihrer Vergeblichkeit wird die *Realisation des Todes, bzw. des Verlustes* der Bindungsfigur gefördert. Es handelt sich dabei um einen *Lernprozess*, bei dem Trauernde sich durch *trial and error* sinnenhaft vom Tod der Bindungsfigur überzeugen; sie lernen die Realität des Todes be-greifen. Damit wird der erste und unverzichtbare Schritt auf dem Weg des Trauerprozesses vollzogen, ohne den eine Adaptation an den Verlust nicht möglich wird. Die Unterdrückung oder schnelle Abdrängung dieser frühen Verlustreaktionen ist nach Bowlby – und diese These hat die Trauerforschung vielfach bestätigt und erweitert – die häufigste Ursache für Fehlleitungen von Trauerprozessen und kann zu Persönlichkeitsstörungen und neurotischen Erkrankungen führen. In solchen Fällen sind dann später aufwendige therapeutische Verfahren nötig, die den Betroffenen erlauben, *»zur ersten Phase der Trauer ... zurückzukehren, die zur Zeit des Ver-*

angesiedelt). Auch für den Bereich der Rettungsdienste findet man vereinzelt Beiträge zu den Themen Tod und Trauer, vgl. *W. Meyer* u.a., Zur Psychologie des notärztlichen Verhaltens in Konfrontation mit dem Tod: Notärztlicher Umgang mit Zugehörigen, in: Der Notarzt 8 (1992), 66–71, sowie *ders.*, Über den Umgang mit dem Tod bei der Arbeit auf dem Notarztwagen, in: Der Notarzt 1 (1985), 99–103. Am Fachbereich Gesellschaftswissenschaften, Philosophie, Theologie der Universität Dortmund führen Prof. Dr. B. Gasch und Prof. Dr. F. Lagossa derzeit ein psychologisches Fortbildungsprojekt für Personal im Rettungsdienst durch, das auch das Thema des Umgangs mit Zugehörigen einschließt.

433 Zu Beispielen vgl. oben im Abschnitt über *Bowlby*.

lustes übergangen oder verpfuscht worden war.«[434] Bowlby zieht aus diesen Erkenntnissen keine Konsequenzen für die Praxis der Trauerbegleitung. M.E. liegt aber auf der Hand, dass der hier in Rede stehende Lernprozess der Realisierung des Todes Zeit und v.a. *Gelegenheit* braucht, die in idealer Weise am Totenbett selbst gegeben ist. Zweitens scheint mir selbstevident zu sein, dass es besser ist, wenn erste Verlustreaktionen am Beginn des Trauerprozesses ausgelöst werden, als wenn man später mit erheblichem Mehraufwand versucht, Verdrängtes wieder freizulegen und nachzuholen, was bei gegebenem Anlass versäumt wurde. Beides spricht m.E. klar für eine *frühe Erstintervention, die die Realisierung des Todes noch am Totenbett, bzw. die Trauerauslösung schon zum Zeitpunkt des Verlustes fördert.*

Ähnliche Argumente lassen sich im Hinblick auf *psychotherapeutische Ansätze* der Trauerbegleitung geltend machen. Selbst so weit auseinanderliegende Konzepte wie *Psychoanalyse* und *Behaviorismus* stimmen darin überein, dass das Durchleben einer emotionalen Katharsis und deren äußerer Ausdruck durch Trauerverhalten am Beginn des Trauerprozesses notwendig sind. Beide ziehen daraus aber nicht den naheliegenden Schluss, Trauerauslösung und Trauerexpression möglichst früh zu fördern. Vielmehr konzentriert sich die Psychoanalyse darauf, lange verschüttete Trauerproblematiken im therapeutischen Prozess wieder nacherlebbar und bearbeitbar zu machen. Ähnlich haben andere therapeutische Konzepte wie die »Re-grief work therapy« nach Volkan, die »Cathartic therapy« nach Hodgkinson, das »Reliving-Revising-Revisiting« nach Melges/DeMaso oder das »Flooding« nach Gauthier et al.[435] sämtlich die Funktion, durch mühsames *Wiederaufsuchen der Ursprungssituation* nachzuholen, was sich zu Beginn des Trauerprozesses unter günstigeren Bedingungen ganz natürlich hätte ergeben können. Solche *aufwendigen, retrospektiven Therapieverfahren*, die die Spätfolgen unterdrückter und nicht bearbeiteter Trauer rückgängig zu machen suchen, ließen sich m.E. *durch eine perimortale Trauerbegleitung* in dem hier vorgeschlagenen Sinne *reduzieren.*

Unter den *VertreterInnen deskriptiver Modelle* hat sich *lediglich Erich Lindemann für eine solche präventive Erstintervention* stark gemacht, durch die die pathologischen Folgen einer Verzögerung oder Unterdrückung von Trauerreaktionen am Beginn des Trauerprozesses vermieden werden soll. In der breiten Rezeptionsgeschichte seines Beitrags hat das aber keinerlei Niederschlag gefunden.[436]

434 Vgl. *Bowlby*, Trauern in der Kindheit, 74, Hervorhebung von mir.

435 Vgl. o. in den Abschnitten über Psychoanalyse und über Behaviorismus. Dort werden die genannten Therapieformen z.T. auch konkret beschrieben.

436 Die lückenhafte Rezeption Lindemanns ist auch darauf zurückzuführen, dass viele AutorInnen seinen Artikel offenbar nicht im Original gelesen, sondern Sekundärliteratur fortgeschrieben haben. Vgl. o. unter II.3.1.

Mehrheitlich wird ein *Begleitangebot* für Trauernde von TheologInnen *erst im Kontext der Bestattung, bzw.* von PsychologInnen in der Regel erst *Wochen oder Monate später für sinnvoll gehalten.*[437] Selbst Terese Rando, die als einzige der o.a. neueren AutorInnen das Konzept einer frühen, präventiven Trauerbegleitung vertritt, setzt deren Beginn frühestens 2–8 Wochen nach dem Todesfall an.[438]
Dieser Sachverhalt dürfte zu einem nicht unwesentlichen Teil mit der Dominanz der Phasenmodelle in der Trauerliteratur zusammenhängen. Das *Bild früher Trauerreaktionen* – vielfach nicht durch empirische Beobachtungen, sondern durch Fortschreibung von Sekundärliteratur gewonnen – wurde weithin *von der Annahme einer universellen »Schockphase« geprägt.* Man nahm an, Trauernde müssten in den ersten Stunden und Tagen nach dem Todesfall generell wie erstarrt und wie betäubt sein, Bewusstseinstrübungen und Störungen ihrer Wahrnehmungs-, Handlungs- und Kommunikationsfähigkeit aufweisen – woraus man folgerte, dass eine Trauerbegleitung in diesem Stadium nicht nötig und nicht möglich sei.[439]
Sowohl die Annahme als auch die Schlussfolgerung sind aber korrekturbedürftig, wie die *Ergebnisse symptomatologischer Forschung* zeigen. Diese erfassen nämlich ein weit *differenzierteres Bild erster Trauerreaktionen.*[440] »Schock« und die ihm zugeschriebenen Phänomene kommen vor; jedoch auch eine Fülle anderer Trauerreaktionen, die in der Trauerliteratur meist späteren »Phasen« des Trauerprozesses zugeordnet wurden. Entgegen des äußeren Anscheins ist offenbar auch die mentale und emotionale Präsenz Trauernder gerade in der perimortalen Situation oft sehr groß. Wie verschiedene empirische Untersuchungen bestätigen, handelt sich hier um eine Schlüsselsituation des Trauerprozesses: Nach *Bojanowsky/Bojanowsky* (*D, 1983*) erleben 58 % der Trauernden den Tiefpunkt ihres Traumas unmittelbar nach dem Tod und 18 % schon antizipatorisch kurz vor dem Tod. Im Zuge der *Harvard-Studie* (*Glick/Weiss/Parkes, USA 1974*) gaben 92 % der Betroffenen den Zeitraum vom Eintritt des Todes bis zur Beerdigung als Phase ihrer heftigsten Trauerreaktionen an. *Kaprio et al.* (*USA 1987*) fanden einen extremen Anstieg der Suizidraten bei Trauernden speziell innerhalb der ersten Woche nach dem Todesfall (bei Frauen um das 9,6-fache, bei Männern um das 66-fache!).[441] Die o.a. Forschungsergebnisse weisen also als besonders akute Phase des Trauer

437 Vgl. o. unter II.3.2.

438 Vgl. ebd.

439 Vgl. hierzu und zum folgenden Abschnitt i.d. Einleitung und unter II.3.2.

440 Vgl. II.3.1.

441 Andere Studien gehen von einer etwa 5-fachen Erhöhung der Suizidraten bei Trauernden aus. Über die Zuverlässigkeit der Angaben kann ich hier nicht urteilen; die Studie von *Kaprio* et al. zeichnet sich aber durch ein besonders hohes Sample (über 95000 Verwitwete) aus.

prozesses den Zeitraum *vor der, bzw. bis zur* Bestattung aus, und hier insbesondere *die Todeszeit selbst und die Zeit unmittelbar davor und danach.* Welche Erfahrungen hier gemacht werden und wie der Einstieg in den Trauerprozess hier gelingt oder misslingt, hat signifikante Bedeutung für den weiteren Verlauf der Verlustbewältigung.
Aus den genannten Gründen scheint es sinnvoll, eine Erstintervention zum Zeitpunkt des Verlustes anzubieten, d.h. eine perimortale Trauerbegleitung, die idealerweise schon am Sterbe- und Totenbett, jedenfalls aber in größtmöglicher Nähe zu Zeit und Ort des Sterbens stattfinden sollte. Wünschenswert ist dies generell in allen Sterbefällen, und die hier vorgetragenen Überlegungen zur perimortalen Trauerbegleitung sind auf die gemeindlichen (häusliche) ebenso wie auf die institutionelle Seelsorge anzuwenden. Kybernetische Strukturüberlegungen zur Institutionalisierung eines solchen Angebots verweisen jedoch zuallererst auf das Krankenhaus und als zweite institutionelle Größe auf Alten- und Pflegeheime, weil sich mit Abstand die meisten Sterbefälle in der modernen Gesellschaft dort ereignen. Sinnvoll ist darüber hinaus die Angliederung von mobilen seelsorglichen Begleit-Diensten an Polizei und Rettungsdienste, evtl. auch an Bestattungsinstitute, also an Organisationen und Unternehmen, die in Sterbefällen oft als Ersthelfer vor Ort sind.[442]

4.3 Das Aufgabenmodell der Trauerbegleitung

Wie wir gesehen haben, hat W. Worden die von ihm entwickelten Aufgaben der Trauerbewältigung in pragmatischer Orientierung so konkretisiert, dass sich aus ihnen zugleich Aufgaben der Trauer*begleitung*, und das heißt: handhabbare *Leitlinien für die Praxis* ergeben. In ähnlicher Weise habe ich selbst bei der Auswertung der verschiedenen o.a. Beiträge zur Trauerforschung aus den Ergebnissen jeweils Aufgaben der Trauerbegleitung abgeleitet. Die Aufgaben, die Worden nennt und die Aufgaben, die ich aus anderen Beiträgen abgeleitet habe, liste ich nachstehend noch einmal im Überblick auf, um sie dann zu einem eigenen Aufgabenmodell der Trauerbegleitung zu verarbeiten (vgl. u., Abb. 21).

William Worden:[443]
- Die Realität des Verlustes verdeutlichen;
- Trauernden helfen, ausgedrückte und latente Affekte zu bearbeiten;
- Trauernden helfen, Hindernisse der Wiederanpassung zu überwinden;
- Trauernde ermutigen, sich angemessen zu verabschieden und sich guten Gewissens wieder dem Leben zuzuwenden.

442 Die derzeit in vielen Städten aufgebaute Notfall-Seelsorge könnte ihr Angebot dahingehend ausbauen.
443 Vgl. o., II.3.3.

Abgeleitet von Michael Schibilsky:[444]
- individuellen Trauerstilen Raum geben;
- Die Integration verschiedener Dimensionen der Trauerarbeit fördern, indem jeweils latent gebliebene Affekte und vernachlässigte Perspektiven in den Vordergrund gerückt werden.

Abgeleitet von Yorick Spiegel:[445]
- Die Auslösung der Trauer fördern;
- Trauernden bei der doppelten Rekonstruktion von Biographie behilflich sein (d.h. Rekonstruktion der Lebensgeschichte des oder der Verstorbenen, der eigenen Lebensgeschichte und der Verflechtung beider miteinander).

Abgeleitet aus Symptomatologien:[446]
- Kenntnis der Phänomenologie der Trauer, bzw. der Variationsbreite von Trauerreaktionen zwecks:
- Abbau beschränkter Wahrnehmungseinstellungen und Erwartungsmuster an Trauernde;
- Vermeidung von Fehlbewertungen und Fehlreaktionen (Bsp.: eigenes Abwehr- und Vermeidungsverhalten; Stigmatisierung, Pathologisierung oder Medikamentierung normaler Trauersymptome);
- Entlastung Trauernder durch Validierung ihrer Reaktionen (Information über deren »Normalität«, Bestätigung ihrer Angemessenheit; Empathie);
- Kenntnis von Risikofaktoren, die eine erhöhte Stör- und Krankheitsanfälligkeit prognostizieren lassen zwecks:
- Evaluation eines evtl. Bedarfs an fortgesetzter Trauerbegleitung.

Abgeleitet von Margaret und Wolfgang Stroebe:[447]
- Die Verlusterfahrung analysieren und strukturieren helfen;
- Entstandene Defizite in den Bereichen sozialer Identität und instrumenteller, validierender und emotionaler Unterstützung identifizieren helfen und validieren;
- Vorhandene personale und soziale Ressourcen zur Deckung der entstandenen Defizite identifizieren helfen;
- Emotionale und validierende Unterstützung geben.

Abgeleitet von Peter Marris:[448]
- Kontinuität von Beziehung und Zuwendung anbieten;
- die Bedeutung des oder der Verstorbenen für die Hinterbliebenen erkennen und anerkennen helfen;
- die Rekonstruktion von Lebensgeschichte und die Formulierung und Reformulierung von Sinnstrukturen unterstützen.

Abgeleitet von behavioristischen Modellen:[449]
- Trauernden selbst möglichst viel positive Verstärkung geben;
- Trauernden die adäquate Form von Verstärkung geben (d.h. erst Verstärkung von Trauerverhalten, dann Verstärkung von adaptivem Verhalten);
- Trauernden helfen, andere Quellen von Verstärkung zu identifizieren und für sich zu nutzen;
- Die soziale Umwelt der Trauernden für ein verbessertes Verstärkungsverhalten gewinnen, bzw. entsprechende Schulung anbieten.

444 Vgl. a.a.O.
445 Vgl. ebd.
446 Vgl. o., II.3.1.
447 Vgl. o., II.2.6.
448 Vgl. o., II.2.5.
449 Vgl. o., II.2.3.

Abgeleitet von John Bowlby:[450]

- über den positiven Sinn von Wiedervereinigungsstreben, Aggression- und Suchverhalten informiert sein;
- diesen Reaktionen Raum geben, anstatt sie abzuwehren, zu meiden oder zu hemmen;
- Trauernden Gelegenheit und Zeit geben, am Totenbett den Lernprozess von der Derealisation zur Realisation des Todes zu vollziehen, bzw. den Verlust des verstorbenen Menschen sinnenhaft zu begreifen.

Abgeleitet aus psychoanalytischer Theoriebildung:[451]

- die Realisierung des Verlustes (und d.h. in der akuten Sterbe-Situation zunächst: die Realisierung des Todes) fördern;
- die Wahrnehmung und den Ausdruck der damit verbundenen Gefühle erlauben bzw. fördern;
- den Einstieg in den Prozess der Rekonstruktion bzw. Klärung der Beziehung zum/zur Verstorbenen fördern;
- die Wahrnehmung und den Ausdruck der Gefühle gegenüber dem/der Verstorbenen fördern und dabei insbesondere Ambivalenzen Raum geben;
- »negative« Impulse wie Rückzugsbedürfnisse, Ambivalenzen, Misstrauen und Aggressionen der Trauernden akzeptieren und trotzdem präsent bleiben;
- die Welt der »guten« Objekte, d.h.: Verfügbarkeit, Verlässlichkeit, Zugewandtheit, Freundlichkeit, Liebe, repräsentieren und verstärken.

Bei Durchsicht der Liste sind Mehrfachnennungen und sachliche Überschneidungen unverkennbar,[452] obwohl den verschiedenen Forschungsbeiträgen, aus denen die Aufgabenstellungen abgeleitet sind, verschiedene theoretische Referenzrahmen zugrundeliegen und sich ihr Sprachgebrauch z.T. unterscheidet. Mit Ausnahme der bei den behavioristischen Modellen an zweiter Stelle genannten Aufgabe[453] sind m.E. alle oben aufgeführten Punkte grundsätzlich zustimmungsfähig. Aus den Schnittpunkten bzw. den mir am wichtigsten erscheinenden Punkten bilde ich *mein eigenes Anforderungsprofil der Trauerbegleitung*, und zwar wie folgt:

- Den Tod realisieren helfen
- Den Verlust validieren

450 Vgl. o., II.2.2.

451 Vgl. o., II.2.1.

452 Sie sind z.T. auch aus meinem gleichbleibenden erkenntnisleitenden Interesse, bzw. der Fragestellung, unter der ich die einzelnen Forschungsbeiträge ausgewertet habe, erklärlich.

453 Sofern das »erst Verstärkung von Trauerverhalten, dann Verstärkung von adaptivem Verhalten« auf der Zeitachse zu lesen ist (wie von behavioristischen Autoren intendiert), handelt es sich hier um eine soziale Normierung des Trauerverlaufs. Angaben darüber, zu welchem Zeitpunkt Trauerreaktionen überwunden bzw. eingestellt werden sollten, sind aber nach allem, was wir über die Diversität von Trauerprozessen wissen, nicht objektivierbar und daher unangebracht. Allenfalls könnte man den genannten Punkt sinnvoll uminterpretieren, indem man das »erst ... dann« nicht temporal auffasst, sondern im Sinne einer Prioritätensetzung: die Verstärkung von Trauerverhalten hat Vorrang vor der Verstärkung von adaptivem Verhalten.

- Trauerreaktionen auslösen helfen
- Die Lebens- und Beziehungsgeschichte von Verstorbenen und Hinterbliebenen rekonstruieren helfen
- Den Abschied gestalten helfen und zur Hinwendung zum Leben ermutigen
- Bewältigungsressourcen und Risikofaktoren identifizieren

Begleitend dazu sollte man nach Möglichkeit:
- Die soziale Umwelt Trauernder im angemessenen Umgang mit ihnen schulen[454]

Um diese Arbeit leisten zu können, brauchen TrauerbegleiterInnen über die allgemeine Vorbildung für Seelsorge und Beratung hinaus noch spezielle *professionelle Voraussetzungen*, die in Aus- und Fortbildung zu trainieren sind. Ohne weiter darauf eingehen zu können, will ich diese hier kurz benennen: Erforderlich sind m.E. wenigstens ein Überblick über die Phänomenologie von Trauerreaktionen in ihrer Variationsbreite, insbesondere Kenntnisse über Aggressions- und Suchverhalten und über die Bedeutung des Ambivalenzkonflikts, sowie die Kenntnis von Risikofaktoren, die eine erhöhte Stör- und Krankheitsanfälligkeit, bzw. einen Bedarf an fortgesetzter Trauerbegleitung prognostizieren lassen. Weiterhin ist es nötig, dass TrauerbegleiterInnen ihr eigenes Verhältnis zu Tod und Trauer, d.h. ihre Vorerfahrungen, ihre Gefühle und Reaktionsmuster sowie ihre eigene theologische, bzw. weltanschauliche Todesdeutung klären, zugleich aber davon abstrahieren und beschränkte Wahrnehmungseinstellungen und Erwartungsmuster an Trauernde abbauen können.

Das Aufgabenmodell der Trauerbegleitung bildet das Ergebnis meiner Untersuchung zur Trauerforschung. Ich fasse es in nachstehender Graphik zusammen (Abb. 21), ehe ich darauf eingehe, inwieweit die genannten Aufgaben sich schon bei der perimortalen Trauerbegleitung stellen.

454 Diese Gesichtspunkt ist nicht aus den Ergebnissen symptomatologischer Forschung, sondern aus behavioristischen Modellen abgeleitet, vgl. in der obigen Liste dort den letzten Punkt.

Abb. 21:
Anforderungsprofil für die Praxis der Trauerbegleitung (K.L.):

AUFGABEN DER TRAUERBEGLEITUNG
1. Den Tod realisieren helfen
2. Den Verlust validieren
3. Trauerreaktionen auslösen helfen
4. Die Lebens- und Beziehungsgeschichte von Verstorbenen und Hinterbliebenen rekonstruieren helfen
5. Den Abschied gestalten helfen und zur Hinwendung zum Leben ermutigen
6. Bewältigungsressourcen und Risikofaktoren evaluieren

PROFESSIONELLE VORAUSSETZUNGENEN
Das eigene Verhältnis zu Tod und Trauer klären
Eigene Wahrnehmungseinstellungen und Erwartungsmuster an Trauernde erkennen und erweitern
Sich Wissen über die Trauerphänomenologie aneignen, speziell über Aggressions- und Suchverhalten und über Ambivalenzkonflikte
Risikofaktoren erkennen lernen, die eine erhöhte Stör- und Krankheitsanfälligkeit prognostizieren lassen

FLANKIERENDE MASSNAHMEN
Die soziale Umwelt Trauernder im angemessenen Umgang mit ihnen schulen

4.4 Aufgaben und Funktionen perimortaler Trauerbegleitung

Welche der oben erarbeiteten *Aufgaben* der Trauerbegleitung (vgl. Abb. 21) kommen nun für die *perimortale* Trauerbegleitung in Frage, d.h., welche davon sind bereits bei einer Erstintervention (im Krankenhaus) relevant und umsetzbar? Hier liegt es nahe, der perimortalen Trauerbegleitung *primär* die Aufgaben 1–3 und 6, also *Hilfe zur Realisierung des Todes und Reaktionsauslösung, Validierung und Evaluierung*, zuzuordnen. Für die Aufgaben 1–3 gilt das, ...

- weil sie der *Initiation* der Trauerprozesses dienen;
- weil sie *angesichts* des Todes, bzw. angesichts des Übergangs eines Menschen vom Leben zum Tod – also am Totenbett – am ehesten in Gang gesetzt werden können;
- weil sie u.U. erheblich erschwert werden, wenn die Chance, dem Leichnam des verlorenen Menschen noch einmal zu begegnen, verpasst wird.[455]

Die Aufgabe 6. (Evaluation) gehört unbedingt in den Kontext der perimortalen Trauerbegleitung, weil man hier eine *Erst*intervention institutionalisieren kann, die häufig auch die einzige bzw. die *letzte* Interventionsmöglichkeit sein wird, ehe die Trauernden wieder auf sich selber gestellt sind. Zu den Eigenarten der Trauer gehört es ja, dass die Betroffenen sich oft zurückziehen, ihre Energie für innere Prozesse verbrauchen und soziale Kontakte nicht mehr aktiv herstellen können. Daher ist in vielen Fällen nicht damit zu rechnen, dass Trauernde die Initiative aufbringen, sich Hilfe und Begleitung für ihren Trauerprozess zu suchen und sich aus eigenem Antrieb aufmachen, deren AnbieterInnen außerhalb ihres häuslichen Umfelds aufzusuchen. Wenn möglich, sollte daher bei einer Erstintervention evaluiert werden, bei wem aufgrund einer Konzentration von Risikofaktoren ein erschwerter oder komplizierter Trauerverlauf zu erwarten ist. Den Betroffenen sollte dann eine fortgesetzte Trauerbegleitung angeboten oder auf Wunsch vermittelt werden.
Die o.a. Aufgaben springen als primäre Anforderungen an eine perimortale Trauerbegleitung ins Auge, während man die Aufgaben 4 und 5 (Rekonstruktion von Lebens- und Beziehungsgeschichte; Gestaltung des Abschieds) eher der Bestattung und der Seelsorge in deren Umfeld

455 Die Aufbahrung des oder der Verstorbenen sind eine weitere Chance zu dieser Begegnung. Leider finden Aufbahrungen in Deutschland immer seltener und meist nur noch in den Leichenhallen von Bestattern oder (vornehmlich in Süddeutschland) in Leichenzellen von Friedhofskapellen statt. Dort können Zugehörige die Verstorbenen zwar noch einmal sehen, sind aber oft durch Glasscheiben von ihnen getrennt, so dass physische Nähe und Berührungen nicht mehr möglich sind. Vgl. zu Brauchtum und Rechtslage: *C. Thomas*, Berührungsängste? Vom Umgang mit der Leiche, Köln 1994, insbes. 136–145, sowie *F. Merkel*, Der Umgang mit Toten und Trauernden als Thema evangelischer Theologie und kirchlicher Praxis, in: *K. Richter* (Hg.), Der Umgang mit den Toten. Tod und Bestattung in der christlichen Gemeinde, Freiburg i.Br. 1990, 48–62, bes. 57–59.

zuordnen mag – wo sie auch gut aufgehoben sind. Unbeschadet der Funktion der Bestattung ist jedoch Aufgabe 4 unbedingt auch im perimortalen Kontext zu beachten (die Entfernung vom Totenbett ist ein ebenso sensibler Prozess wie die Annäherung daran), und auch die 5. Aufgabe kann gelegentlich schon hier ansatzweise in den Blick genommen werden (vgl. im folgenden Teil III).

Funktionen einer perimortalen Trauerbegleitung

Wenn es auch m.W. noch keine Studien speziell über die Effekte einer perimortalen Trauerbegleitung gibt, so sind doch zwei Fakten belegt: Erstens, Interventionen in den Trauerprozess können die Risiken psychischer und physischer Schädigungen reduzieren.[456] Zweitens, wie die allgemeine psychiatrische und psychotherapeutische bzw. beraterische Praxis zeigt, kann bereits eine einmalige diagnostische bzw. evaluative Behandlung therapeutische Funktion haben, weil sie kathartische Prozesse in Gang setzt und strukturierend wirkt.[457]

Eine einzelne Erstintervention zum Zeitpunkt des Verlustes wird eine gelungene Trauerbewältigung nicht gewährleisten, aber die Voraussetzungen dafür verbessern und sie initiieren helfen können. Damit wäre viel gewonnen, wenn man in Rechnung stellt, dass frühzeitige Hemmung und Unterdrückung, Verzögerung und Verschleppung von Trauerreaktionen die Risiken für die physische und psychische Gesundheit Trauernder erheblich steigern.

Wie aus dem oben Dargestellten deutlich wird, sind die Funktionen der vorgeschlagenen perimortalen Trauerbegleitung:

- Hilfe bei der *Initiation* des Trauerprozesses,
- *Prävention* von Fehlleitungen des Trauerprozesses.

Dass sie das leisten kann und dass dafür ein Bedarf besteht, wurde hier gezeigt.

Abb. 22: Funktionsprofil perimortaler Trauerbegleitung (K.L.):

FUNKTIONEN PERIMORTALER TRAUERBEGLEITUNG
1. Hilfe bei der *Initiation* des Trauerprozesses
2. Prävention von Fehlleitungen des Trauerprozesses

456 Vgl. den Forschungsüberblick dazu bei *Stroebe/Stroebe*, Bereavement and Health, 227–237, insbes. 236f.

457 Vgl. schon *L. Bellak / L. Small*, Emergency Psychotherapy and Brief Psychotherapy, New York 1965, sowie *G. Jacobson* et al., The Scope and Practice of an Early-Access Brief-Treatment Psychiatric Center, in: American Journal of Psychiatry 121 (1965), 1176–1182; s. auch *Spiegel*, Prozeß 148.

TEIL III

PERIMORTALE TRAUERBEGLEITUNG AM BEISPIEL DER KRANKENHAUS-SEELSORGE

Perimortale Trauerbegleitung am Beispiel der Krankenhausseelsorge

1. Zur Einführung: Rückblick und Ausblick

Im ersten Teil dieser Arbeit wurden die Bedingungen dargestellt, unter denen Sterben, Tod und Trauer in der modernen Gesellschaft stehen. Es wurde gezeigt, dass gegenwärtig ein Defizit an einer perimortalen Trauerbegleitung besteht, nämlich an einer Erstintervention in den Trauerprozess, die schon zur Sterbezeit und am Sterbeort (d.h. in den häufigsten Fällen: im Krankenhaus) ansetzt. Die Entwicklung von Angebot und Nachfrage kirchlicher Trauerbegleitung wurde nachgezeichnet. Dabei erwies sich, warum das kirchliche Angebot im Trauerfall über die traditionell verankerte christliche Bestattung hinaus um eine institutionalisierte perimortale Trauerbegleitung zu erweitern ist.

Im zweiten Teil der Arbeit wurden vorliegende Beiträge zur Trauerforschung bzw. Ansätze zu einer Theorie der Trauer systematisiert, dargestellt und ausgewertet. Die bisher verkannte Bedeutung der perimortalen Frühphase des Trauerprozesses wurde evident, ebenso die paradigmatische Bedeutung der Trauerbewältigung für die Bewältigung anderer Erfahrungen von Verlust und Lebensveränderung. In Korrespondenz zu Aufgabenmodellen der Trauer*bewältigung* wurde ein Aufgabenmodell der Trauer*begleitung* entwickelt.

Im dritten Teil ist noch darzulegen, was SeelsorgerInnen als AnbieterInnen von (perimortaler) Trauerbegleitung qualifiziert, d.h. welche spezifischen Kompetenzen sie einbringen und wie sie die oben entwickelten Aufgaben der Trauerbegleitung von daher füllen können. Dies geschieht beispielhaft anhand von Fallgeschichten und Überlegungen zur Praxis perimortaler Trauerbegleitung im Krankenhaus. Sie beziehen auch die Frage ein, was unter strukturell defizitären Bedingungen in der Krankenhausseelsorge gegenwärtig schon umgesetzt werden kann.

2. Kompetenzen – Befähigung zur (perimortalen) Trauerbegleitung

2.1 Allgemeines

SeelsorgerInnen und andere (Berufs-)Gruppen in der Trauerbegleitung
Wenn ich nachstehend beschreibe, was SeelsorgerInnen m.E. zur (perimortalen) Trauerbegleitung befähigt, soll damit keine, schon gar keine negative Aussage darüber gemacht werden, ob und inwieweit auch andere Berufsgruppen für diese Aufgabe kompetent sein können – etwa PsychologInnen, ÄrztInnen oder pflegerisches Personal. Ebenso ist damit nichts über die Befähigung sogenannter »Laien« gesagt, u.a. Zugehörige, ehrenamtliche Besuchsdienste etc. Ich setze voraus, dass ein konstruktives interdisziplinäres und zwischenmenschliches Zusammenwirken der verschiedenen Beteiligten im Interesse der Betroffenen wünschenswert ist und, wo möglich, auch oft geschieht.
Zwar habe ich auf ein gewisses strukturelles »Prä-« der Krankenhaus-SeelsorgerInnen bereits hingewiesen (vgl. die Einleitung und I.2): Sie kommen für eine perimortale Trauerbegleitung im Krankenhaus schon deshalb infrage, weil sie dort die Berufgruppe bilden, deren Zuständigkeit nicht mit der Behandlung der PatientInnen endet. Sie sind diejenigen, die, wenn PatientInnen sterben, die Begleitung von zugehörigen Hinterbliebenen zur genuinen Aufgabe ihrer Profession zählen können.[1] Ich will an dieser Stelle aber nicht diskutieren, welche Gruppe besser oder schlechter für die Aufgabe perimortaler Trauerbegleitung geeignet sei, sondern zeigen, auf welche *spezifische* Weise SeelsorgerInnen für diese Aufgabe geeignet sind, wo und wenn *sie* es sind, die dafür in Anspruch genommen werden.

Drei pastorale Kernkompetenzen in der Trauerbegleitung
Die Fähigkeiten, die SeelsorgerInnen in die Trauerbegleitung im Allgemeinen und speziell in die perimortale Trauerbegleitung einbringen können, unterscheiden sich natürlich individuell je nach persönlicher Begabung, Aus- und Weiterbildungsschwerpunkten, Berufs- und Lebenserfahrung etc. Darüber hinaus gibt es, so wie es verschiedene Arten zu *trauern* gibt, auch verschiedene persönliche *Stile* der Trauer*begleitung*, von denen nicht notwendigerweise einer besser oder schlechter ist als der andere. Auf solche individuellen Unterschiede gehe ich hier nicht ein. Gegenstand der Betrachtung sind Kompetenzen, die SeelsorgerInnen generell durch ihre Ausbildung als TheologInnen bzw. ihre Tätigkeit als PastorInnen erworben haben oder die ihnen aufgrund ihres geistlichen Amtes bzw. ihrer Rolle von außen zugeschrieben werden. Ich möchte diese Kompetenzen in drei Punkte gliedern:

1 Inwieweit andere Faktoren wie mangelnde personelle Besetzung der Krankenhaus-Seelsorge und mangelnde institutionelle Einbindung ins Krankenhaus diesen Vorteil schmälern, ist eine anderes Thema.

– Die poimenisch-hermeneutische Kompetenz
– Die systematisch-theologische Kompetenz
– Die liturgisch-rituelle Kompetenz

Was ich darunter genauer verstehe, wird unten im Einzelnen ausgeführt. Zusammenfassend betrachtet, handelt es sich im Wesentlichen um Wahrnehmungs-, Deutungs- und Vermittlungskompetenzen. Dass die drei genannten Kompetenzbereiche voneinander unterschieden und nacheinander gesondert behandelt werden, geschieht hier aus methodischen Gründen. In der Praxis überschneiden sie sich natürlich, und es gehört zur Kunst der Seelsorge, sie miteinander zu einem in sich stimmigen Ganzen zu integrieren.

Zusammenhang am Beispiel der Propriumsfrage

Um das an einem Beispiel zu verdeutlichen: Betrachtet man etwa die Frage nach Inhalten des christlichen Wirklichkeitsverständnisses, die in das Seelsorgegeschehen eingetragen werden (die sogenannte »Propriumsfrage«), so stellt man fest, dass sie durchaus nicht – wie man zunächst annehmen könnte – allein in den Bereich der systematisch-theologischen Kompetenz fällt. Denn Seelsorge ist ein komplexes Kommunikationsgeschehen, in dem sich explizite und implizite, diskursive und symbolische Kommunikationsformen mischen.

Angenommen, SeelsorgerInnen und Trauernde kommunizieren im Trauerfall *explizit* theologisch oder religiös miteinander. Sofern sie das auf diskursive Art tun und kognitiv-reflektierend z.B. über Sinnfragen bzw. über ihre (evtl. unterschiedlichen) Deutungen des Lebens und des Todes sprechen, kann diese Kommunikation im engeren Sinne als systematisch-theologisch eingeordnet werden. Sobald sie es in symbolisierender Weise tun, indem sie z.B. geprägte Bilder der christlichen Erzähltradition benutzen, biblische Texte lesen, Gebete sprechen etc., befinden sie sich eher im liturgisch-rituellen Bereich. Material aus der christlichen Tradition eignet sich – da es sich auch um ein System von Bildern und Symbolen handelt – nicht nur zu einer kognitiven Wirklichkeits- bzw. Sinnkonstruktion (P. Marris, vgl. Kap. II.2.5), sondern auch dazu, Menschen emotional auf der Erlebnisebene anzusprechen und in eine Erfahrungsgemeinschaft einzubinden; damit ist bereits auf die poimenisch-hermeneutische Ebene verwiesen.

Eine *explizit* christlich-theologische Kommunikation ist *dann* seelsorglich angemessen, wenn die GesprächspartnerInnen einen Bezug zur christlichen Traditionsgemeinschaft haben, ihnen die christliche Symbolsprache zugänglich ist und sie erkennbar dafür offen sind.

Aber auch in Fällen, in denen die seelsorgliche Begegnung völlig ohne expliziten Bezug auf christliche Inhalte verläuft, können diese *implizit* präsent sein; und auch in solchen Fällen überschneiden sich die drei o.a. Bereiche. Mit Recht haben P. Tillich u.v.a. darauf hingewiesen, dass erst die Psychotherapie und die pastoralpsychologisch orientierte

Seelsorge in jüngerer Vergangenheit die protestantische Rechtfertigungslehre für moderne Menschen wieder relevant und evident gemacht haben.[2] Dies gelang, indem PsychotherapeutInnen und SeelsorgerInnen die bedingungslose Annahme des Menschen, der sich selbst und seine Situation nicht annehmen kann (in der Sprache der Tradition: die Rechtfertigung aus Gnaden durch Glauben), weniger *gepredigt* als vielmehr mit ihrem eigenen Gesprächsverhalten *praktiziert* haben, so dass deren Qualität exemplarisch erfahrbar und damit glaubhaft wurde. Das heißt: Schon durch die Struktur der seelsorglichen Beziehung oder durch die Qualität der seelsorglichen Haltung können sich theologische Inhalte unausgesprochen mitteilen. PastoralpsychologInnen sehen allgemein darin, dass und wie der/die SeelsorgerIn sich ihren KlientInnen zuwendet, die geglaubte Zuwendung Gottes zum leidenden Menschen abgebildet. Und auch im Trauerfall werden die Betroffenen daran etwas vom christlichen Glauben ablesen, mit welcher Haltung gegenüber dem Tod, gegenüber ihnen selbst und gegen über ihrer Trauer ihnen SeelsorgerInnen begegnen.

SeelsorgerInnen müssen deshalb nicht nur ihre theologische Todesdeutung reflektieren, also *was* sie kommunizieren wollen, sondern auch, *wie* sie die betreffenden Inhalte vermitteln bzw. welche *anderen*, u.U. gegenläufigen Inhalte von ihnen evtl. unbewusst oder ungewollt mit-»gesendet« werden. Sie müssen sich z.B. klarmachen, inwieweit ihr Seelsorgekonzept, d.h. die Methoden, die sie in ihrer Seelsorgepraxis wählen bzw. die Formen ihres Gesprächs- und Beziehungsverhaltens im seelsorglichen Kontakt den Inhalten der Theologie entsprechen, die sie vertreten.[3] Die gleichen Fragen stellen sich auch im Blick auf die liturgisch-rituell verwandten Symbole, Texte und Handlungen. Stets müssen Kommunikationsinhalte und Kommunikationsformen miteinander abgeglichen werden; stets greifen die verschiedenen Kompetenzbereiche ineinander, die im Folgenden nacheinander vor Augen geführt werden.

2 Aufgrund dieser systematisch-theologischen Relevanz hat der Systematiker Tillich die Seelsorge(bewegung) überhaupt in den Blick genommen; vgl. *P. Tillich*, Der Einfluß der Pastoralpsychologie auf die Theologie, in: *F. Wintzer* (Hg.), Seelsorge, Stuttgart 1978, 134–144. S. auch *J. Scharfenberg*, Seelsorge als Gespräch. Zur Theorie und Praxis der seelsorglichen Gesprächsführung, Göttingen 1972; *D. Stollberg*, Therapeutische Seelsorge. Die amerikanische Seelsorgebewegung – Darstellung und Kritik, München 1969.

3 Solche Fragen werden in der Praktischen Theologie unter dem Stichwort »Theologie der Seelsorge« verhandelt (vgl. *R. Riess*, Seelsorge. Orientierung, Analysen, Alternativen, Göttingen 1973; s. auch *R. Preul*, Seelsorge als Bewältigung von Lebenssituationen, in: *J. Scharfenberg* (Hg.), Freiheit und Methode. Wege christlicher Einzelseelsorge, Göttingen 1979, 61–81); genauer müsste man vielleicht sagen: »implizite Theologie von Seelsorgekonzepten«.

2.2 Die poimenisch-hermeneutische Kompetenz – wahrnehmen und annehmen, verstehen und vergewissern

Im poimenisch-hermeneutischen Bereich geht es vorwiegend darum, Menschen in einer Krisensituation wie dem Trauerfall und in ihrer individuellen Reaktion auf die Krise zu begleiten. Und zwar, indem sie wahrgenommen, angenommen und dabei unterstützt werden, das Erlebte zu kommunizieren, zu verstehen und zu deuten. Poimenisch-hermeneutische kompetente SeelsorgerInnen helfen Menschen bei der Rekonstruktion ihres Selbst- und Wirklichkeitsverständnisses und damit bei der Arbeit an Selbstvergewisserung und Vergewisserung von Lebenssinn.

Pastoralpsycholgische Seelsorge-Konzepte; Seelsorge und Therapie
Dafür sind viele PastorInnen, die in speziellen Seelsorge-Pfarrstellen wie z.B. im Krankenhaus arbeiten, speziell zugerüstet; häufig dadurch, dass sie bei der DGfP (Deutsche Gesellschaft für Pastoralpsychologie) eine pastoralpsychologische Zusatzausbildung erworben und spezielle Techniken der therapeutischen Gesprächsführung erlernt haben.[4] Therapeutische Effekte sind in der Seelsorge, auch in der Seelsorge mit Trauernden, jedoch Nebeneffekte. Sie sind durchaus erwünscht, da sie *heil*sam sind und somit auf der Linie christlicher Theologie und Anthropologie liegen.

Im Sinne christlicher Theologie stellen therapeutische, d.h. *heil*same Effekte einen Vorschein des kommenden Heils bzw. einen Abglanz des Heils- und Erlösungswillen Gottes dar, auf die ChristInnen hoffen (vgl. die Heilungsgeschichten im Neuen Testament).
Im Sinne christlicher Anthropologie unterstreichen therapeutische, d.h. heilsame Effekte die Würde und Bestimmung, die der Mensch nach christlichem Verständnis hat. Sie versetzen ihn besser in die Lage, die Möglichkeiten seines gottgegebenen Mensch- und Person-Seins zu ergreifen; sie sollen m.a.W. »...den Klienten über seine gegenwärtige Hemmung hinaus zum aktuellen Vollzug derjenigen endlichen Freiheit befähigen, die ihm im Lichte theologischer Anthropologie als seine eigene Möglichkeit zugesprochen werden muss«.[5] (Vgl. *E. Herms*, II.B.1)

4 Die DGfP bietet derzeit Aus- und Weiterbildung in fünf Zweigen an: GPP = Gestaltseelsorge und Psychodrama in der Pastoralarbeit; GOS = Gruppe-Organisation-System; KSA = Klinische-Seelsorge-Ausbildung; PPS = Personzentrierte Psychotherapie und Seelsorge; T = Tiefenpsychologie. Manche pastoralpsychologisch weitergebildete SeelsorgerInnen sind auch SupervisorInnen; über die eigene seelsorgliche Tätigkeit hinaus können sie in ihrer Institution dem interdisziplinären Team Supervisionsgruppen anbieten. Dort werden durch Selbsterfahrung und Fallbesprechungen Probleme am Arbeitsplatz bearbeitet, um die Kompetenz im Umgang mit sich selbst, mit KollegInnen und mit KlientInnen der Institution zu verbessern.

5 *E. Herms*, Pastorale Beratung als Vollzug theologischer Anthropologie, in: WzM 29 (1977), 202–223, hier 221.

Therapeutische Effekte sind an sich aber nicht Sinn oder Ziel der seelsorglichen Arbeit. Auch ehe oder ohne dass sie eintreten, findet Seelsorge statt. Denn deren Anliegen ist zunächst eine *zweckfreie* Zuwendung zum Mitmenschen, die nicht an therapeutische oder missionarische oder sonst wie geartete Erfolgsaussichten gebunden, sondern allein in der Gottes- und Nächstenliebe genügend motiviert ist. Weil ChristInnen an einen Gott glauben, der die Menschen liebt und sich im gekreuzigten Christus solidarisch mit ihren Leiden gezeigt hat, wenden sie sich ihren Mitmenschen sorgend und solidarisch zu, stehen einander im Leiden bei, stärken einander im Vertrauen in das von Gott gegebene Leben, nehmen Anteil aneinander und an ihren Geschichten. Es ist der Vorzug der Seelsorge vor jeder Art von Therapie, dass sie Menschen angeboten werden kann, *ohne* dass diese irgendwelche Voraussetzungen erfüllen oder irgendwelche Ziele erreichen müssen (z.B. Therapie-»Fähigkeit«, Therapiefortschritte etc.). So ist auch in der Seelsorge im Trauerfall natürlich erwünscht, dass die Hinterbliebenen die Aufgaben der Trauer tatsächlich bewältigen und dass die seelsorgliche Intervention dazu förderlich ist. Aber auch wo dies nicht gelingt, ist Seelsorge schon dann sinnvoll, wenn sie nur die schlichte Erfahrung von zwischenmenschlicher Mit-Sorge und seelischem Beistand vermittelt. Seelsorge kann in diesem Sinne voraussetzungslos und ziellos arbeiten. Sie ist dabei nicht grundlos, sondern begründet in der paulinischen Devise: »Nehmt einander an wie Christus euch angenommen hat« (Röm 15,7).[6]
Nun geht aber dem »Annehmen« das *Wahrnehmen* voraus.[7] Nur wer sich gesehen und verstanden fühlt, wer Mitgefühl spürt, kann sich auch angenommen wissen.

Nicht zufällig ist eine der häufigsten Tätigkeitsbeschreibungen von Jesus in den Evangelien sein *Sehen* bzw. *Ansehen* eines Menschen (griech. *horao*; Bsp. Lk 7,13: »Und er sah sie [i.e. die trauernde Frau] an, und sie jammerte ihn«).

Deshalb gehören die Wahrnehmungsfähigkeit und die Fähigkeit zur Empathie zu den Grundvoraussetzungen seelsorglicher Arbeit und werden nicht erst und nicht allein in der pastoralpsychologischen Weiterbildung, sondern in der Regel schon in der poimenischen Grundausbildung von PfarramtsanwärterInnen speziell geschult. Dabei sind pastoralpsychologische Konzepte der aus den USA stammenden »bera-

6 Sie gilt natürlich nicht nur für »Berufs-ChristInnen«, sondern für *alle* ChristInnen, so dass sie alle einander SeelsorgerInnen werden können und sollen (vgl. den lutherischen Grundsatz vom Priestertum aller Gläubigen). Diejenigen, denen die Gemeinde resp. die Kirche ein Amt überträgt, müssen dafür professionell qualifiziert werden und in ihrer Ausbildung die hier beschriebenen Kompetenzen erwerben. Die evangelische Kirche bietet auch für LaienseelsorgerInnen qualifizierte Ausbildungsgänge (KSA, Telefonseelsorge) an.

7 Vgl. den programmatischen Titel der Seelsorge-Monographie von *D. Stollberg*, Wahrnehmen und Annehmen. Seelsorge in Theorie und Praxis. Gütersloh 1978.

tenden« bzw. der »partner-« oder »klientenzentrierten« Seelsorge leitend, die inzwischen auch in Deutschland Allgemeingut geworden sind. Diese Konzepte sind in der einschlägigen Literatur immer wieder ausführlich beschrieben;[8] hier genügen einige kurze Streiflichter auf die ihnen verpflichtete Arbeitsweise.

Nach J. Scharfenberg dient das Seelsorge-Gespräch der Strukturierung von konflikt- oder krisenhaften Erlebnissen, die die innere Struktur von KlientInnen überfordert und durcheinander gebracht haben. Dazu sind im Wesentlichen zwei methodische Schritte notwendig: Erstens die Fokussierung auf *Gefühle,* mit dem Ziel, dass die KlientInnen sich selbst und ihr Erleben zum *Ausdruck* bringen und die SeelsorgerInnen sich einfühlen und Resonanz geben können. Und zweitens die Strukturierung dieser Gefühle in Richtung auf eine *Geschichte*, mit dem Ziel, dass der betroffene Mensch nicht mehr selbst in chaotische Gefühle verstrickt bleibt, sondern diese Gefühle zu einem Sinnganzen verweben kann – d.h., dass ein deutendes *Verstehen* des auslösenden Erlebnisses stattfindet. Die Geschichte, in deren Rahmen das zunächst überfordernde Erlebnis sinnvoll eingeordnet werden kann, kann entweder die eigene Lebensgeschichte sein, evtl. aber auch eine überindividuelle Geschichte von anderen Menschen, die Ähnliches erlebt und bewältigt haben. So eignen sich z.B. Familiengeschichten und Volkssagen, mythische Erzählungen (etwa die Urmythen der Psychoanalyse: Narzissus und Ödipus), Curricula der menschlichen Entwicklungsgeschichte wie etwa das des Entwicklungspsychologen E.H. Erikson oder biblische Geschichten als »Musterlebensläufe« zur Orientierung und Entlastung des Individuums.[9]

Ich führe diese Grundregeln im Folgenden weiter und beziehe sie auf den Trauerfall.

Wahrnehmen und Annehmen

Poimenische Kompetenz beginnt mit der ganzheitlichen Wahrnehmung der GesprächspartnerInnen. Man fragt nach ihrem Ergehen und

8 Vgl. u.a.: *H. Clinebell*, Modelle beratender Seelsorge, München 1985 (am. Originalausgabe Nashville / New York [Abington Press] 1966); *H. Faber / E. van der Schoot*, Praktikum des seelsorglichen Gesprächs, Göttingen 1968; *H. Harsch* (Hg.), Seelsorge als Lebenshilfe. Studien zu Fragen der praktischen Theologie, Heidelberg 1965; *J. Scharfenberg*, Seelsorge als Gespräch, Göttingen 1972; *D. Stollberg*, Therapeutische Seelsorge. Die amerikanische Seelsorgebewegung – Darstellung und Kritik, München 1969; *H.-J. Thilo*, Beratende Seelsorge. Tiefenpsychologische Methodik, dargestellt am Kasualgespräch, Göttingen 1971.

9 Vgl. *J. Scharfenberg*, Einführung in die Pastoralpsychologie, Göttingen ²1990, 69–79, dessen Ausführen ich hier leicht erweitert habe. Scharfenberg fährt dann fort darzustellen, wie auch die Feste des Kirchenjahres und die liturgischen Stationen des Gottesdienstes in ähnlicher Weise helfen können, individuelles Erleben zu strukturieren.

Erleben und achtet bei den Antworten nicht nur auf den diskursiv gesprochenen »Text« dessen, was das Gegenüber *sagt,* sondern auch auf das, was sich auf andere Weise mitteilt: auf die Stimmung, die in der Stimme mitschwingt, auf Mimik und Körpersprache, auf unterschwellig Angedeutetes, auf das Nicht-Gesagte, kurz, man schult das »dritte Ohr«, um den »Untertext« unter dem verbal Ausgesprochenen mitzuhören. Besondere Aufmerksamkeit gilt der tiefsten Ebene menschlicher Erfahrung, der Emotionsebene. Man fühlt sich ein und äußert Mitgefühl. Man eröffnet einen Schutzraum, in dem Gefühle, auch ambivalente Gefühle zugelassen und ausgedrückt werden dürfen, aufgenommen werden und ein wertschätzendes Echo erfahren. Dazu muss man gelernt haben, von *eigenen* Erwartungsmustern (»Wie würde *ich* in dieser Situation reagieren?« »Welche Reaktion wäre *richtig, normal« etc.*) zu abstrahieren und die Reaktion des Gegenübers ohne Normierungen und Bewertungen wahrzunehmen und zu bekräftigen. Im Trauerfall dient das der *Auslösung* der Trauerreaktion. SeelsorgerInnen stellen sich zunächst als eine Art Resonanzkörper zur Verfügung, der mit den Trauernden und ihrer Trauerreaktion *mit*schwingt und sie verstärkt; sodann auch als haltendes, stützendes Gegenüber, das die Situation der Betroffenen und ihre Reaktion aushält, teilt und mitträgt und ihnen den Zuspruch gibt, den sie sich selbst nicht geben können. Erst in späteren Schritten begegnen sie ihnen auch als ein anderes, fremdes Gegenüber, das ihre Perspektive erweitert, sie anregt und ggf. konfrontiert.[10] Sie treten dann z.B. auf als AnwältInnen der Realität (Realitätswahrnehmung über den augenblicklichen Erlebnisfokus der Trauernden hinaus), als ExpertInnen für Sinnfragen, als DiagnostikerInnen (z.B. Evaluation von Risikofaktoren und Bewältigungsressourcen), als ÜbergangshelferInnen etc.

Erfahrungsdeutung – Verstehen und Vergewissern

Bis hierher wurde hauptsächlich der *Erlebnis*aspekt in der seelsorglichen Begegnung thematisiert. Im Folgenden geht es stärker um den *Erfahrungs*aspekt, wobei Erfahrung das *gedeutete,* resp. *verstandene* Erlebte meint.

Wie unten noch weiter auszuführen ist, steht mit dem christlichen Wirklichkeitsverständnis ein Referenzrahmen zur Verfügung, innerhalb dessen das Erleben von Tod und Trauer sinnvoll interpretiert werden kann. SeelsorgerInnen haben also als TheologInnen ein materiales Sinndeutungsangebot für Tod und Trauer anzubieten. Biblische

10 Zur »haltenden Funktion im intermediären Raum« und zur »Verwendung« der Beziehung mit einem entgegenkommenden Anderen nach *Winnicott* (Psychoanalyse) vgl. *Wagner-Rau*, Segensraum, 162–180. S. auch *D.W. Winnicott*, Spielen. Eine theoretische Darstellung, in: *ders.*, Vom Spiel zur Kreativität, Stuttgart [4]1987, 49–64; *ders.*, Objektverwendung und Identifizierung, ebd., 101–110.

Geschichten und christliche Vorstellungen, insbesondere die im Glaubensbekenntnis dogmatisch zum »Musterlebenslauf« der Christenheit verarbeitete Geschichte Jesu Christi, bieten überindividuelle Rahmenerzählungen, in die individuelle Erlebnisse und Lebensgeschichten eingeordnet werden können.

Mit »hermeneutischer Kompetenz« meine ich aber noch mehr, als dass TheologInnen die Erfahrungen Trauernder in den Rahmen ihres theologischen Systems einordnen und sie christlich deuten können. Ich meine: Auch dann, wenn die Trauernden das christliche Wirklichkeitsverständnis nicht teilen und sich nicht darauf beziehen möchten, können TheologInnen ihnen mittels ihrer hermeneutischen Kompetenz helfen, ihren *eigenen* Referenzrahmen zu aktivieren bzw. ihre *eigenen* Sinnstrukturen zu rekonstruieren.

Ich führe damit einen Gedanken *A. Boisen*s, eines der Väter der Pastoralpsychologie, weiter: Nach *Boisen*[11] besteht die Kompetenz von SeelsorgerInnen vor allem darin, die ihnen anvertrauten bzw. sich anvertrauenden Menschen ebenso sorgfältig wahrzunehmen, wie sie biblische Texte zu exegetisieren gelernt haben. Beide, die biblischen Aussagen und die Selbstaussagen der GesprächspartnerInnen in der Seelsorge, können mit dem selben hermeneutischen Schlüssel »gelesen« werden: nämlich, indem man sie auf ihren *Erfahrungs*hintergrund hin befragt und der Art und Weise nachgeht, wie hier Erlebnisse *gedeutet*, d.h. zu einzelnen Glaubens- oder Sinnaussagen resp. zu einem mehr oder weniger geschlossenen Wirklichkeitsverständnis verarbeitet werden. TheologInnen haben gelernt, alte biblische Texte für die Gegenwart auszulegen, indem sie den »Sitz im Leben« aufspüren, der hinter biblischen Geschichten und Glaubensaussagen steht, und erschließen, aus welchen Erlebnissen und welchen Deutungsmustern hier Sinnstrukturen entstanden sind. Die im biblischen Text »geronnene« Lebenserfahrung wird gleichsam wieder »verflüssigt« und für das aktuelle Leben und Erleben moderner Menschen nachvollziehbar gemacht – eine Leistung, die PastorInnen in jeder Predigt zu erbringen haben. Die gleiche Fähigkeit können sie m.E. auch im seelsorglichen Gespräch anwenden, um die »Texte« ihrer GesprächspartnerInnen, d.h. deren (Lebens-)Geschichten und Sinnaussagen aufzuschlüsseln. Die Exegese fragt nach dem »Sitz im Leben« biblischer, die Seelsorge nach dem »Sitz im *Er*leben« aktueller Lebensdeutungen.[12] Und umgekehrt: Sie hilft, aktuelles Erleben durch Deutung zu Erfahrung zu verarbeiten und möglicherweise zu einer sinntragenden Geschichte zu »verfestigen« – und dies nicht nur da, wo Geschichten einer bestimmten Glaubenstradition die Folien abgeben, auf deren Hintergrund das eigene Erleben eingeordnet wird. Vielmehr wird es m.E. im multikonfessionellen und

11 Vgl. unter III.B.1; dort auch die Literaturangaben zu *A.T. Boisen*.

12 Zum Begriff »Sitz im Erleben« vgl. *K. Winkler*, Pastoralpsychologische Aspekte der Rede von Gott, in: ThLZ 107 (1982), 866–876, insbes. 874.

multikulturellen Kontext der modernen Gesellschaft immer wichtiger, diese Kompetenz auch dort anwenden zu können, wo sich der sinntragende Referenzrahmen der GesprächspartnerInnen von dem der SeelsorgerInnen unterscheidet.[13]

TheologInnen sind, mit *P. Marris* gesprochen, ExpertInnen für Sinn(re)-konstruktion (vgl. II.2.5). Ihre hermeneutische Kompetenz befähigt sie, sich in die Erfahrungswelt und in die Deutungsmuster anderer einzudenken; sie können anderen helfen, sich selber, genauer: ihr Selbst- und Weltbild, besser zu verstehen. Wo Selbstverständnis und Wirklichkeitsverständnis durch eine Krise wie die Trauer ins Wanken geraten sind, können SeelsorgerInnen die Betroffenen auf ihre Lebenserfahrungen und die darin tragenden Sinnstrukturen hin befragen und sie bei deren Rekonstruktion unterstützen.[14] Es handelt sich dabei um eine Art Arbeit an der Selbstvergewisserung und an der Vergewisserung von Lebenssinn. Im Trauerfall geschieht sie u.a. durch die oben beschriebene *»Rekonstruktion von Lebens- und Beziehungsgeschichte«* (vgl. in Teil II.2.5, 3.3 und 4.3). Ich komme darauf unten noch einmal noch zurück.

2.3 Die systematisch-theologische Kompetenz – christliches Wirklichkeitsverständnis angesichts des Todes

Wie antwortet der christliche Glaube auf die existentiellen Fragen, die angesichts des Todes aufbrechen? Welche Inhalte des christlichen Wirklichkeitsverständnisses können SeelsorgerInnen Trauernden zur Deutung von Leben und Tod materialiter anbieten? Auf diese Fragen soll der Abschnitt zur systematisch-theologischen Kompetenz antworten.

Im Rahmen dieser Arbeit zur trauerbegleitenden Seelsorge beziehe ich mich dabei nicht auf die Vielzahl der in Kirchengeschichte und Gegenwart diskutierten *Aus*formungen, sondern auf die *Grund*form der Darstellung des christlichen Wirklichkeitsverständnisses: nämlich auf das für ChristInnen jeder Konfession und Prägung konsensfähige Apostolische Glaubensbekenntnis – und zwar bewusst, ohne die

13 Ggf. kann es auch sinnvoll sein, die unterschiedliche Wirklichkeitsverständnisse miteinander ins Gespräch zu bringen, d.h. KlientInnen nicht nur Raum zur Selbstthematisierung anzubieten, sondern auch eine Begegnung mit einem horizonterweiternden Anderen, etwa der abweichenden Sicht des Seelsorgers / der Seelsorgerin (vgl. *Wagner-Rau*, a.a.O., 169ff). In einer akuten Krisensituationen wird es aber in der Regel zunächst weniger um eine kritische als um eine stützende Begleitung gehen. Man wird Menschen, die erschüttert sind und »die Welt nicht mehr verstehen« beim Rückgriff darauf unterstützen, wie sie *selbst* ihre Welt bisher verstanden haben, welches Selbst- und Wirklichkeitsverständnis sie bisher getragen hat und welche Stücke dieses vertrauten Bodens neben den gerade unter den Füßen weggebrochenen noch betretbar und tragfähig bleiben.

14 Zur theologischen Anfrage an den Begriff »Sinn*konstruktion*« vgl. im Abschnitt über *P. Marris*, II.B.6.

Variationsbreite seiner Auslegungs- und Aneignungsmöglichkeiten i.S. der Lehrentscheidungen bestimmter theologischer Schulen zu reduzieren. Ich verzichte also auf einen spezifizierenden Diskurs über dogmatische Lehrauffassungen zu den vier großen Topoi individueller Eschatologie: Tod, Auferstehung, Gericht und Ewiges Leben, in dem verschiedene systematisch-theologischen Positionen (z.B.: *Tod* als »natürlicher Tod«, »Fluchtod« oder »Ganztod«; *Auferstehung* als »Auferweckung des Leibes«, »Unsterblichkeit« oder »Verwandlung zum Neuem Sein«; *Gericht* als mit doppeltem Ausgang – Rettung oder Vernichtung – oder als Reinigung und Allerlösung; *ewiges Leben* als Vervollkommnung, Vollendung oder Verewigung, Neuschöpfung oder Schöpfungskontinuität; etc.) dargestellt und im Vergleich bewertet würden. Dies ist andernorts geleistet worden[15] und wird hier nicht reproduziert. Und zwar nicht nur, weil ein solcher Diskurs hier zu umfänglich wäre oder weil die Feinheiten der Systematischen Theologie nicht in die fachliche Zuständigkeit der Praktischen Theologin fielen. Vielmehr, weil er aus pastoralpsychologischer Perspektive eher kontraindiziert ist. Denn dass die Symbolsprache der Bibel sowie der christlichen Glaubens- und Bekenntnistradition mehrdeutig ist und eine Vielzahl unhäretischer Auslegungsmöglichkeiten zulässt, ist aus Sicht der Pastoralpsychologie nicht als Unschärfe-Problem zu begreifen, das es durch vereindeutigende Positionierungen zu reduzieren oder zu beseitigen gälte. Es ist kein pastoralpsychologisches Anliegen, objektivierende Entscheidungen darüber zu treffen, welche Ausformung des einen, von der ganzen Christenheit geteilten Credo sachgemäßer, schlüssiger, »richtiger« oder »falscher« sei. Im Gegenteil: Auslegungsmöglichkeiten sind Aneignungsmöglichkeiten. Insofern stellt sich ihre Vielfalt als Reichtum und Chance dar, die pastoralpsychologische Seelsorge für ihre Klientel offen halten möchte – und zwar, wie Klaus Winkler es im Anschluss an Otto Haendler dargestellt hat, zur »Ermöglichung eines persönlichkeitsspezifischen (ich ergänze, Anm. d. Autorin: und situationsspezifischen) Credo«.[16]

15 Ich verweise besonders auf die m.E. sowohl in der Darstellung wie in den getroffenen Entscheidungen hervorragenden eschatologischen Abschnitt der Dogmatik W. Härles. Vgl. *W. Härle*, Dogmatik, Berlin / New York 1995, Kap. 15, 600–649.

16 Vgl. *Winkler*, a.a.O., 875; sowie *ders.*, Das persönlichkeitsspezifische Credo, in: WzM 34 (1982), 159–163, dort insbes. 162f: »Es erscheint uns nämlich von Vorteil zu sein, christlichen Glauben nicht nur abstrakt, kognitiv und in seiner allgemeingültigen Form, sondern auf seine individuelle Ausprägungs- und Wirkungsgeschichte bezogen erleben zu können. Die bewusste Annahme eines solchen persönlichkeitsspezifischen Credos stünde gerade nicht im Gegensatz zum allgemeingültig formulierten Glaubensbekenntnis der Kirche. Es legitimierte aber dessen sonst verschämt behandelte und dann verdeckt wirksame Verarbeitung durch den einzelnen Gläubigen. ... Die ›Gemeinschaft der Gläubigen‹ konstituiert sich dann freilich nicht vorwiegend aus der Gleichheit des Erlebens!

Die Wirklichkeit von Leben und Tod nach dem Apostolischen Glaubensbekenntnis

Von den drei Artikeln des Apostolischen Glaubensbekenntnisses, d.h. von der christlichen Auffassung der dreifachen Gestalt Gottes her skizziere ich drei Grundperspektiven auf die Wirklichkeit von Leben und Tod. Dabei fokussiere ich die Perspektive jeweils weniger auf Gott als auf die *conditio humana*, die Existenz des *Menschen* – was ohne weiteres möglich ist, denn jede Be- oder Erkenntnis-Aussage des Menschen über Gott ist ja in umgekehrter Blickrichtung auch eine Aussage über ihn selbst.

Das Glaubensbekenntnis bezieht sich auf Gott, den Vater, Sohn und Heiligen Geist als Schöpfer, Erlöser und Heiliger, d.h. Heil-Macher oder Vollender. In umgekehrter Perspektive bedeutet das, dass wir Menschen nicht SchöpferInnen, ErlöserInnen und VollenderInnen unseres eigenen Lebens sind, sondern:

- endlich und begrenzt (in der Sprache der Tradition: geschaffen)
- gebrochen bzw. gespalten und in uns gefangen (in der Sprache der Tradition: sündig)
- fragmentarisch und unvollendet (in der Sprache der Tradition: unheil)

Es bedeutet zugleich, dass die Überwindung dieser unserer Vorfindlichkeit jenseits unserer selbst liegt. Wir sind angewiesen auf das, was uns ohne unser eigenes Zutun von außen (*extra nos*) entgegenkommt und bewirkt, was wir aus uns allein heraus nicht schaffen können. In Bezogenheit auf ein Gegenüber, das uns Selbsterkenntnis und Selbstüberschreitung ermöglicht, sind wir:

- endlich und begrenzt, und dennoch über-uns-selbst-hinaus-angelegt (in der Sprache der Tradition: Ebenbild Gottes),
- gebrochen bzw. gespalten und in uns gefangen, und dennoch durch Liebe aufgerichtet bzw. geheilt und befreit (in der Sprache der Tradition: erlöst; in protestantischer Zuspitzung: gerechtfertigt),

Sie besteht eher im gegenseitigen Verstehen der verschiedenen möglichen Vorfindlichkeiten in demselben christlichen Glauben. Der Paulustext von den verschiedenen Gaben, die doch in einem Geiste wirksam werden (1Kor 12,4ff), regt dann dazu an, nicht nur die verschiedenen Handlungsfunktionen der einzelnen Christen, sondern schon deren verschiedene Erlebensmuster und strukturell bedingten Lebenseinstellungen als jeweils besondere Gabe Gottes zu definieren.« Es geht Winkler darum, eine »glaubensbezogene Identitätsfindung« zu unterstützen und die jeweils verschiedenen persönlichkeitsspezifischen Ausprägungen des Credo miteinander kommunikabel zu machen, so dass sich der Vorgang »letztendlich gemeinschaftsbildend auswirkt«. Mir geht es hier nicht darum, das »allgemeingültig formulierte Glaubensbekenntnis der Kirche« zu verlassen, sondern darum, die Variationsbreite seiner Auslegungs- und Aneignungsmöglichkeiten nicht zu reduzieren.

- fragmentarisch und unvollendet, und dennoch zur Teilhabe an der Ganzheit des Lebens (in der Sprache der Tradition: zur Heiligung) bestimmt.

Die Erfahrung dieser *conditio humana* prägt sich aus als:
- Kontingenzerfahrung
- Differenzerfahrung
- Transzendenzerfahrung

Diese drei Perspektiven auf die Wirklichkeit von Leben und Tod werden im Folgenden ausgeführt.

Kontingenzerfahrung – »Er hat uns gemacht und nicht wir selbst«
Endlichkeit und Begrenztheit sind Grundgegebenheiten der menschlichen Verfasstheit. Von Geburt an bedroht das Sterben unser Leben. Immer schon, auch in jedem der »kleinen« Tode, die wir sozial und psychisch sterben, sind wir der Ambiguität von Leben und Tod, Möglichkeit und Begrenztheit ausgesetzt. Das Besondere in der Begegnung mit dem Tod ist nicht diese Tatsache, sondern das Gewahrwerden derselben. Angesichts des Todes schiebt sich die Bedrohung mit überwältigender Dringlichkeit ins Bewusstsein; die Grenzerfahrung lässt sonst funktionierende Verdrängungs- und Bewältigungsmechanismen versagen.[17] Wer mit dem Tod eines nahestehenden Menschen konfrontiert wird, erlebt den Schock des »Nicht-Seins«. Und zwar nicht nur in Bezug auf den verstorbenen Menschen, der immer da war und nun nicht mehr ist, sondern in Bezug auf das Leben überhaupt, seine Unverfügbarkeit, seine Endlichkeit – und nicht zuletzt auch in Bezug auf das *eigene* Leben, die *eigene* Sterblichkeit. Alles, was ist, könnte auch anders, könnte auch *nicht* sein – inklusive meines eigenen Seins. So verweist der Tod auf die Kontingenz, und mit der Kontingenz zugleich auf die Transzendenz. Am Gewahrwerden der eigenen Endlichkeit entsteht dem Menschen die Frage nach seinem eigenen Sein – und mit ihr auch die nach einem Sein, das über ihn selbst hinausgeht. Insofern ist der Tod der hermeneutische Lehrmeister des Lebens, wie Ps 90,12 sagt: »Lehre uns bedenken, dass wir sterben müssen, auf dass wir klug werden.«
Indem er die menschliche Endlichkeit und Begrenztheit vor Augen führt, lehrt der Tod uns unser Angewiesensein auf Bezogenheit. F.D.E. Schleiermacher nannte dies bekanntlich »schlechthinnige Abhängigkeit«; E. Jüngel spricht vom »anthropologischen Passiv«:[18] Man *wird* geboren, man *wird* geliebt, man stirbt. In keiner dieser Situationen ist der Mensch Herr seiner oder Herrin ihrer selbst. In den wesentlichen

17 Vgl. dazu Krisentheorie und Anleitung zur Krisenintervention bei *G. Caplan*, Principles of Preventive Psychiatry, New York 1964.

18 Vgl. *E. Jüngel*, Tod, Gütersloh [5]1993 ([1]1971), 80f. S. auch *ders.*, Der Tod als Geheimnis des Lebens, in: *K.J. Kuschel* (Hg.), Lust an der Erkenntnis. Die Theologie des 20. Jahrhunderts, [2]1994 ([1]1986), 293–315. Die Ausführungen des folgenden Absatzes sind an die a.a.O. angelehnt.

Dingen seines Lebens ist der Mensch vielmehr sich selbst entzogen und existiert nur *be*zogen, d.h. in Beziehungen, die über ihn selbst hinausgehen. »Ich bin menschlich, indem ich einen anderen für mich da sein lasse.«[19] Alles, worauf er im Leben wirklich angewiesen ist, kann sich der Mensch nicht selber geben, sondern sich nur geben lassen. Er ist in seiner Existenz (an ihrem Anfang und immer wieder) *angewiesen* auf ein anderes Ich, von dem her er sich selbst empfangen kann. Er muss sich auch am Ende seiner Existenz loslassen und in andere Hände geben.

Als *spezifisches* anderes Ich, von dem her sie sich selbst empfangen, als Herrn über Leben und Tod, Ursprung und Ziel ihres Lebens, bekennen nun ChristInnen im ersten Artikel des Credo Gott, den Schöpfer. »Er hat uns gemacht und nicht wir selbst« (Ps 100,3). Nach christlichem Verständnis ist der Mensch nicht kraft seiner selbst und nicht »zufällig« in der Welt, sondern weil er ein gewolltes und geliebtes Geschöpf Gottes ist, als Mann und Frau zu Gottes Ebenbild erschaffen (1Mos 1,27f).

Die Vorstellung von Gottes liebevoller Erschaffung und Erhaltung jedes individuellen Menschen ist in Ps 139,13–16 in einer für viele Trauernde tröstlichen Weise lyrisch ausgestaltet: »Denn du hast meine Nieren bereitet und hast mich gebildet im Mutterleibe; ich danke dir dafür, dass ich wunderbar gemacht bin; wunderbar sind deine Werke, das erkennt meine Seele. Es war dir mein Gebein nicht verborgen, als ich im Verborgenen gemacht wurde, als ich gebildet wurde unten in der Erde. Deine Augen sahen mich, als ich noch nicht bereitet war, und alle Tage waren in dein Buch geschrieben, die noch werden sollten und von denen keiner da war.«

Daher erhält der Mensch seine Identität, seinen Wert und seine Würde – schon aus dem Gewollt- und Geliebtsein von Gott, und darüber hinaus aus seiner Gottebenbildlichkeit: Denn damit ist der Mensch über-sich-selbst-hinaus angelegt, bestimmt zur Gestaltung seiner Umwelt und bestimmt zur Bezogenheit auf den Mitmenschen und auf Gott (1Mos 1,26–28 und 2,18–22). Als dessen Ebenbild strebt er nach Vollkommenheit und hat, wie unvollkommen seine Existenz auch bleibt, dennoch Anteil an der Würde des Schöpfers selbst (vgl. auch Mt 5,48 und Mt 25,40).

Aus dem Gedanken der Geschöpflichkeit ergeben sich für ChristInnen im Angesicht des Todes drei Konsequenzen. Die erste: Unabhängig von allem, was Verstorbene nach den Maßstäben der Gesellschaft gegolten, erreicht, getan oder verdient haben, geben ChristInnen ihnen die letzte Ehre und würdigen sie, weil sie glauben, dass jeder Mensch seine Würde von Gott empfangen hat. Die zweite: Das nun zu Ende gegangene Leben empfingen nach christlichem Verständnis nicht nur die Verstorbenen selbst von Gott, dem Schöpfer, sondern auch die Hinterbliebenen,

19 *Jüngel*, Geheimnis, 306.

mit denen sie es teilten. Deshalb geben die Hinterbliebenen ihre Verstorbenen nach deren Tod in Gottes Hand zurück. Die angemessene Haltung dazu ist die dankbare Erinnerung an alles Gute, was ihnen durch das Leben mit den Verstorbenen geschenkt war, die Klage über das Schlechte und Versäumte; schließlich die ehrfürchtige Annahme dessen, was gewesen und was nun zuende ist: »Der Herr hat's gegeben, der Herr hat's genommen – der Name des Herrn sei gelobt!« (Hi 1,21). Und die dritte: Die Toten sind tot, aber die Hinterbliebenen leben noch und sollen dieses Leben auch als noch weiter zu gestaltende Gabe annehmen.

Der letzte Hinweis ist von Bedeutung, weil Trauernde, wie in Teil II gezeigt, aus verschiedenen Gründen dazu neigen können, auch ihr *eigenes* Leben aufzugeben – manchmal bis hin zu dem Wunsch, selbst zu sterben, und zur Suizidalität, öfter in Form von Depressivität, Passivität, Erkrankungen, Vernachlässigung und Verwahrlosung. Häufig ist dies verbunden mit Äußerungen der Betroffenen, ihr Leben *fühle* sich nun sinnlos an und sie *fühlten* sich ihm ohnmächtig ausgeliefert. Tatsächlich handelt es sich dabei um *Interpretationen* der erlebten Wirklichkeit, und es kann für manche Trauernde hilfreich sein, eine andere Wahrnehmung oder Deutung angeboten zu bekommen. Dass Lebenssinn uns wie das Leben selbst *extra nos* gegeben ist, ist ein Zuspruch (und Anspruch!), den die Betroffenen sich nicht selber sagen können. Auch die »Ohnmacht« ist ein Interpretament der Grenzerfahrung. M.a.W.: Die erfahrene *Begrenztheit* (des Lebens des oder der Verstorbenen resp. der eigenen und ärztlichen Möglichkeiten, deren Tod zu verhindern) ist real, die subjektive Interpretation als Ohnmacht aber irreal. Es handelt sich, psychologisch gesprochen, um eine Ohnmachts*phantasie*, die erst durch einen enttäuschten *Allmachts*wunsch entsteht: weil man den Menschen als heil und ganz, als unversehrt und unendlich phantasiert hat (z.B. dass der/die Verstorbene ewig leben und immer bei einem/einer bleiben könnte, dass ÄrztInnen oder man selbst den Tod verhindern könnten, dass die eigene (Beziehungs-)Welt immer heil und unversehrt bliebe), ist der Zusammenbruch dieser Vorstellung durch den Einbruch der Kontingenz so schwer zu ertragen. Wo die Phantasie von der menschlichen *Ganzheit* verloren gegangen ist, schlägt sie in die Phantasie um, man habe sich *ganz* verloren, als sei man alles Sinnvollen, aller Fähigkeiten und Möglichkeiten beraubt – ohnmächtig. Beide, Allmachts- und Ohnmachtsphantasie, sind unrealistisch. Die Chance der Grenzerfahrung ist, in einem Reifungsprozess beide Phantasien aufzugeben und zu einer realistischen Selbsteinschätzung zu kommen. Psychologisch gesprochen, akzeptiert die reife Persönlichkeit die Begrenztheit des eigenen Selbst, ergreift aber entschlossen die ihr zur Verfügung stehenden begrenzten Möglichkeiten. Theologisch gesprochen, nimmt, wer glaubt, das von Gott geschenkte Leben in seiner geschöpflichen Begrenztheit an, und zwar als Gabe und als Aufgabe, die geschenkte endliche Freiheit zu gestalten (vgl. zum Letzteren z.B. das Gleichnis von den anvertrauten Talenten in Mt 25 par.).

Es ist leicht zu erkennen, dass die drei o.a., am Schöpfungsglauben orientierten und den christlichen Bräuchen entsprechenden Empfehlungen, nämlich: Würdigung der Verstorbenen und Erinnerung an die mit ihnen gelebte Gemeinschaft, Annahme ihres Lebens und ihres Todes, Hinwendung zum eigenen Leben, ganz im Einklang mit denen der psychologischen Trauerforschung stehen.

Differenzerfahrung – »Denn das Gute, das ich will, das tue ich nicht; sondern das Böse, das ich nicht will, das tue ich.«

War im vorigen Abschnitt von der Ambiguität menschlicher Wirklichkeitserfahrung die Rede, geht es nun um die Ambivalenz menschlicher Selbsterfahrung. Nicht nur das Leben ist dem Menschen unverfügbar, sondern auch die eigene Person. Die Tragik unserer menschlichen Existenz ist, dass wir nicht mit uns selbst identisch sein können. Durch Bewusstsein und Vorstellungsvermögen über uns selbst hinaus angelegt (vgl. o.), bleiben wir gleichzeitig immer hinter dem Entwurf von uns selber zurück und getrennt von dem, was wir anstreben. All unsere Möglichkeiten, Fähigkeiten und Strebungen stoßen zwangsläufig an ihre Grenze und offenbaren die Schattenseite, die in einem Leben in Begrenztheit zu ihnen gehört: kein Streben ohne Scheitern, keine Liebe ohne Hass, keine Gemeinschaft ohne Einsamkeit, kein Gut ohne Böse, kein Gewinn ohne Verlust, keine Macht ohne Ohnmacht, keine Freiheit ohne Abhängigkeit usf. – alles Gute und Schöne außerhalb und eben auch innerhalb unserer selbst erleben wir nur mit seinem Gegenteil. »Die Hölle«, das sind nicht nur »die anderen«[20] (J.P. Sartre), es ist auch das eigene gespaltene Ich, in dem man gefangen ist wie in einem Hamsterrad. Die Gefangenheit und Gespaltenheit, die Paulus in Röm 7,15 für den Bereich des menschlichen Wollens und Handelns beklagt (vgl. das Zitat in der Abschnittsüberschrift), ist für *alle* Bereiche der menschlichen Selbsterfahrung zu konstatieren.

Die beschriebene Kluft zwischen Wunsch und Wirklichkeit, Entwurf (bzw. Bestimmung) und Existenz des Menschen wird in der humanwissenschaftlichen Literatur gemeinhin als »Differenzerfahrung« bezeichnet,[21] in der Theologie traditionell als »Sünde«. P. Tillich unterscheidet hier zwischen der »Existenz« des Menschen und seiner »Essenz«, nämlich der »potentiellen Vollkommenheit«, von der er getrennt, oder, wie Tillich den Begriff der Sünde paraphrasiert, ›entfremdet‹ ist.

> »Der Mensch als ein Existierender ist nicht, was er essentiell sein sollte. Er ist von seinem wahren Sein entfremdet. Die Tiefe des Begriffs ›Entfremdung‹ liegt darin, dass man essentiell zu dem gehört, wovon man entfremdet ist.«[22]

Nach biblischem Verständnis (vgl. 1Mos 3 und Röm 6) ist die Sünde darin begründet, dass der Mensch eigenmächtig sein und sich nur auf

20 So das berühmte Zitat des Garcin aus Sartres Theaterstück »Geschlossene Gesellschaft« von 1944.

21 Vgl. als Beispiel für die Rezeption in der Praktischen Theologie: *H. Luther*, Schmerz und Sehnsucht. Praktische Theologie in der Mehrdeutigkeit des Alltags, in: *ders.*, Religion und Alltag, Stuttgart 1992, 239–256, hier 250ff.

22 Vgl. *P. Tillich*, Systematische Theologie, Bd. II, Stuttgart [1]1958, 52ff. – Die Begriffe ›Existenz‹ und ›Essenz‹ hat Tillich aus dem französischen Existentialismus (*J.P. Sartre* u.a.) übernommen.

sich selbst anstatt auf Gott verlassen will. In sich selbst verkrümmt (*incurvatus in se ipsum*), entzieht er sich seiner Bezogenheit auf Gott und den Mitmenschen, auf die er angewiesen ist – obwohl durch sie allein seine Begrenztheit zu überwinden wäre (vgl. u.). So bleibt er nicht nur in der Begrenzung seiner Existenz durch Zeit und Raum, sondern auch in seiner inneren Ambivalenz gefangen und immer wieder ausgeliefert an Schuld, Verlust, Einsamkeit, Angst, Ohnmacht, das Uneins-Sein mit Gott, Mitmensch und sich selbst, m.a.W.: an den Tod und alle seine Vor- und Alltagsformen. Die Universalität und Unausweichlichkeit dieser Vorfindlichkeit des Menschen nennt die theologische Tradition »Erbsünde«. Daraus kann der Mensch sich nicht befreien, sondern bedarf der Erlösung von außen.

Als Erlöser aus der Entzweiung bzw. Gebrochenheit der menschlichen Existenz bekennen ChristInnen nun im zweiten Artikel des Glaubensbekenntnisses Jesus Christus, in dem Gott Mensch wurde. In ihm wird das Entzweite von Neuem in Beziehung gesetzt und versöhnt. Die durch die Sünde gestörte Gemeinschaft zwischen Gott und Mensch wird erneuert und der Mensch wieder in seine schöpfungsgemäße Relation zum Schöpfer eingesetzt, indem Gott die Trennung durch seine liebende Zuwendung zum Menschen überwindet. Anstatt vom Menschen zu fordern und ihm vorzuwerfen, was der sich selbst und seinem Schöpfer schuldig bleibt: die liebevolle Bezogenheit auf den- und diejenigen, auf die er angewiesen ist –, stellt Gott das Fehlende nun seinerseits her. Der menschgewordene Gott, »... geboren ..., gelitten ..., gekreuzigt, gestorben und begraben, hinabgestiegen in das Reich des Todes«, teilt die Existenz des Menschen und versöhnt sich und ihn damit. Hat Gott zunächst den Menschen zu seinem Ebenbild geschaffen, gibt nun er, Gott, sich als Ebenbild des Menschen her:

Im Bild[23] des *Gekreuzigten* ist Gott erkennbar identifiziert mit dem, was der Mensch seiner *Existenz* nach ist: leidend, entfremdet, dem Tod verfallen.[24] Indem ihm dies als seine Identität zugeeignet und er der Anteilnahme Gottes daran vergewissert wird, wird der Mensch beauf-

23 Wie *R. Preul* überzeugend herausgearbeitet hat, sind nach *M. Luthers* Sermon von der Bereitung zum Sterben von 1519 (WA 2, 685–697) neben den Sakramenten die *Bilder* Christi, die Sterbende sich als Gegenbilder zu den Schreckensbildern des *terror mortis* »einbilden« sollen (vgl. WA 2, 689–691), der eigentlich wirksame Faktor der Kommunikation des christlichen Wirklichkeitsverständnisses. »Nicht Symbol, sondern *inneres Bild* und – bezogen auf die Sakramente – *äußeres Zeichen* sind die tragenden Kategorien.« Vgl. *R. Preul*, Der Tod des ganzen Menschen. Luthers Sermon von der Bereitung zum Sterben, in: Der ›ganze‹ Mensch. Perspektiven lebensgeschichtlicher Individualität, FS Dietrich Rössler, Berlin / New York 1997, 111–130, hier 117.

24 Vgl. auch den Ausruf des Gekreuzigten: »Mein Gott, mein Gott, warum hast du mich verlassen?« in Mk 15,34 par; Ps 22,3 – Jesus Christus teilt hier die Entfremdung in ihrer tiefsten Dimension: Der, in dem Gott selber erkannt wird, hat den Bezug zu Gott, zu seiner eigenen göttlichen Natur verloren.

tragt und befähigt, seine geschöpfliche Existenz anzunehmen, anstatt in die »apathische«[25] Erstarrung der Leidensverdrängung zu verfallen.
Im Bild des *Auferstandenen* dagegen offenbart sich, was der Mensch über das Vorfindliche hinaus seiner *Essenz* nach ist: zum Heil bestimmt, versöhnt, ins Leben gerufen. Indem ihm auch dieses als seine Identität zugeeignet wird, wird der Mensch beauftragt und befähigt, immer wieder ins Leben aufzuerstehen – auch angesichts seiner vielen »kleinen Tode« und seiner Krisen, wie der der Trauer. Hier wird der Mensch mit Gott identifiziert, der über ihn hinausgeht und ihn über sich hinaus zu neuem Leben führt.
Die *Zusammenschau* der Bilder des Gekreuzigten und Auferstandenen schließlich zeigt, wie Erlösung als *Prozess* verläuft: dass nämlich durch Liebe und durch Hingabe des Lebens (an andere) dessen Begrenzung überwunden und neues Leben gewonnen wird (vgl. auch Mt 16,24f). Dies ist dem Menschen durch die *imago Christi* zugeeignet. Sich der *imago Christi* anzuverwandeln, kann der Mensch in seinem irdischen Leben allerdings nur ansatzweise verwirklichen.
Der zweite Glaubensartikel behauptet in bezug auf die *conditio humana* realistischerweise *nicht* die Auflösung der Spannung zwischen Kreuz und Auferstehung, Tod und Leben. Wenn es dort (in mythischer Sprache) heißt, Jesus Christus, »... am dritten Tage auferstanden von den Toten, aufgefahren in den Himmel, sitzend zur Rechten Gottes ...« werde wiederkommen »... zu richten die Lebenden und die Toten«, ist vielmehr ausgesagt: Auch nach dem Heilsereignis von Tod und Auferstehung des menschgewordenen Gottes bleibt die Ambivalenz der irdischen Existenz des Menschen bis zum Ende bestehen. Die Überwindung des Todes liegt weiterhin jenseits unserer selbst. Das Leben wird begrenzt und unvollkommen bleiben; jede Bilanz eines individuellen Lebens wird realistischerweise Gutes und Schlechtes feststellen. Es bleibt die Frage, welchem von beiden stärkere Geltung und Bedeutung gegeben wird, wie also das *Urteil* darüber ausfällt. Die Pointe des protestantischen Rechtfertigungsglaubens ist nicht etwa, dass am Menschen und seinem Leben plötzlich alles gut sei. Vielmehr, dass Gott den Menschen wegen des Schlechten nicht mehr *ver*urteilt, sondern sich und ihn damit versöhnt. Der Mensch wird nicht ganz und heil, aber gesegnet statt verflucht – im Sprachgebrauch Luthers: nicht gerecht, aber dennoch von Gott gerechtfertigt. Das Urteil lautet: Die Liebe ist stärker als der Tod. Oder mit Röm 8,38: Ich bin gewiss, dass weder Tod noch Leben, weder Engel noch Mächte noch Gewalten, weder Gegenwärtiges noch Zukünftiges, weder Hohes noch Tiefes

25 »Apathie als Leidensverleugnung nach innen, Apathie als Mitleidensunfähigkeit nach außen« beschreibt D. Sölle treffend als zeitgenössische Ausprägung von Sünde bzw. Entfremdung. Vgl. *Sölle*, Existenz ohne Leiden – eine Utopie? in: *dies.*, Sympathie. Theologisch-politische Traktate, Stuttgart 1978, 32–38, hier 34.

noch eine andere Kreatur uns scheiden kann von der Liebe Gottes, die in Christus Jesus ist, unserem Herrn.
Aus den Gedanken der Erlösung und der Rechtfertigung ergeben sich für (protestantische) ChristInnen im Angesicht des Todes zwei Konsequenzen. Die erste: ChristInnen sind zur Annahme des Sterbens und des Leidens daran befähigt, weil für sie die Einsamkeit im Sterben und Leiden aufgehoben ist. Das Bild des Gekreuzigten zeigt: Sterben, Leiden, auch der Schmerz der Trauer sind unser aller *gemeinsames* geschöpfliches Schicksal, und gerade darin hat Gott uns nicht verlassen, sondern sich uns am tiefsten zugewandt. Deshalb ist die christliche Haltung zu Tod und Trauer nicht Abwehr oder Flucht, sondern Annahme: Sich sehenden Auges darauf einzustellen und vorzubereiten; bewusst Abschied zu nehmen; die Sterbenden und die Trauernden nicht alleinzulassen, sondern zu begleiten.

Wenn leidende Menschen oft sagen: »Warum gerade ich?«, wenn Trauernde sagen: »Warum gerade er/sie?«, »Warum wird gerade mir mein geliebter Mensch genommen?«, steht ja dahinter letztlich der Eindruck: »Nur ich (bzw. er/sie) allein muss leiden« – und entsprechend fühlen sich Trauernde oft von Gott und der Welt verlassen, abgetrennt vom Lauf und vom Glück des Lebens und sozial isoliert. Dem wirkt der christliche Glaube im o.a. Sinne entgegen.

Die zweite Konsequenz bezieht sich auf die Rückschau auf das zu Ende gegangene Leben: Hier ist der realistische Blick auf die Licht- und Schattenseiten eines Lebens erlaubt und gefragt. Der christliche Maßstab von Gelingen oder Scheitern eines Lebens ist nicht, was jemand an gesellschaftlichen Zielen wie Status, Vermögen, Leistung und Erfolg, Wirkungs- und Bekanntheitsgrad etc. erreicht, sondern inwieweit er oder sie die essentielle Bestimmung der Menschen zu Bezogenheit, Hingabe, Selbstüberschreitung in Richtung auf ein Gegenüber verwirklicht hat. Hinterbliebene können dies nur auf die Beziehung zwischen den Verstorbenen und ihnen selbst bezogen beurteilen – und auch hier wird der Befund realistischerweise ambivalent bleiben. Es ist kein Widerspruch, hier der Wahrheit die Ehre zu geben, ohne die Verstorbenen oder sich selbst für Ungelungenes in der Beziehung zu verurteilen. Denn der Kern des Rechtfertigungsglaubens ist, dass wir alle zwangsläufig an unseren Grenzen scheitern und alle von Vergebung und Versöhnung leben. Das ermöglicht ChristInnen, in der Rückschau auf ein vergangenes Leben und auf eine vergangene Beziehung, trotz allem, was unvollkommen blieb, *das* gelten zu lassen, was an Gutem, an Liebe, Bezogenheit und Hingabe möglich und wirklich war, sich mit dem zu versöhnen, was ungelebt blieb, und zu vergeben, was schuldig geblieben wurde.
Die erste Konsequenz liegt wiederum auf der Linie dessen, was Trauerforschung heute hinsichtlich Einstellungen zum Tod und Widerbelebung von Sterbe- und Trauerkultur empfiehlt. Die zweite gibt der im

Trauerprozess zu leistenden Rekonstruktion von Lebens- und Beziehungsgeschichte ein spezifisches christliches Gepräge (vgl. Kap. III.3.2).

Transzendenzerfahrung – »Niemand von uns lebt sich selber, niemand von uns stirbt sich selber; darum, ob wir leben oder sterben sind wir des Herrn«

Da er sich der Grenzen des Lebens und seiner selbst bewusst ist, erlebt der Mensch sich und die Welt als fragmentarisch und unvollendet und drängt mit Schmerz und Sehnsucht über das Stückwerk hinaus zur Ganzheit des Lebens. Sein Bewusstsein transzendiert sich selbst; er möchte die o.a. Ambiguität seiner Wirklichkeitserfahrung und die Ambivalenz seiner Selbsterfahrung hinter sich lassen. Er möchte vollkommene Lebendigkeit erleben, sich selbst und das Sein als ganz und heil erfahren. Da er aber endlich und begrenzt bleibt, kann er nie *selbst* Ganzheit erlangen, sondern die eigenen Grenzen nur durch *Teilhabe* an einem über ihn selbst hinausgehenden, größeren Zusammenhang des Lebens überwinden.

Teilhabe an der Ganzheit des Lebens bzw. die Gegenwart wirklicher Lebendigkeit erlebt man in Momenten der Ehrfurcht, der Liebe und des Todes. In solchen Momenten erleben wir schon jetzt, was die christliche Tradition »ewiges Leben« nennt.

Wenn man wie Hiob im Angesicht der über seinem Leiden aufgehenden Morgenröte erkennt, dass die Wirklichkeit weit über das eigene kleine Leben hinausgeht und erhaben und wunderbar ist und man dort mit hineingehört. Wenn man sich angeschaut weiß, so wie man wirklich ist (nämlich in seiner Begrenztheit) und erlebt, dass man genau so sein darf und geliebt wird – und das glauben kann (die Tradition nennt das: »Vergebung der Sünden«). Wenn man im Augenblick der Hingabe und Selbstentäußerung die eigene Begrenztheit überschreitet hin auf ein Du, hin auf das Leben selbst – und das Leben so tief erfährt, dass Zeit und Raum keine Rolle mehr spielen (was in der Liebe und im Tod geschieht). Dann erfährt man Momente, in denen man ahnt, wie das eigene Leben, wie man selber im Grunde (d.h. der Essenz nach, vgl. o.) gemeint ist. Sie sind es, die die Unvollständigkeit und Ambivalenz des Alltagslebens ertragen lassen und die Sehnsucht wecken, die Menschen über sich selbst zu ihrer Bestimmung hinaustreiben.

ChristInnen bekennen im dritten Artikel des Glaubensbekenntnisses Gott, den Heiligen Geist, als Kraft, die wirkt, dass wir das Ewige Leben erhalten. Unser fragmentarisches Leben wird nach christlichem Verständnis vollendet durch Bezogenheit auf und Teilhabe an der Ganzheit des Lebens, d.h. am ewigen Leben Gottes selbst. Dort endet das Leiden an allem, was unvollkommen und un-heil ist, und man kehrt heim in das, zu dem man gehört. Ich nenne nur wenige Traditionsworte, die diese Hoffnung bildhaft ausdrücken, so das berühmte lyrische Zitat des Kirchenvaters Augustin: »Geschaffen hast du uns zu dir, und ruhelos ist unser Herz, bis es ruht in dir.«[26]

Vgl. auch die prosaischeren Fassungen der Grablegungsliturgien: »Nachdem Gott der Herr über Leben und Tod unsere Schwester/unseren Bruder in Christus aus diesem Leben abgerufen hat, legen wir ihren/seinen Leib in Gottes Acker. Erde zu Erde, Asche zu Asche, Staub zum Staube.«[27] »Gott vollende an ihr/ihm, was er ihr/ihm in der Taufe geschenkt hat, und gebe ihr/ihm Anteil an seiner Herrlichkeit. Friede sei mit ihr/ihm.«[28] bzw. im katholischen Bereich: »... Von Erde bist Du genommen, zu Erde sollst Du wieder werden. ... Das ewige Licht leuchte dir.« Nur noch selten wird heute als Geleitwort gebraucht: »Zum Paradies mögen Engel dich geleiten, die heiligen Märtyrer dich begrüßen und dich führen in die heilige Stadt Jerusalem. Die Chöre der Engel mögen dich empfangen, und ... ewiges Leben dich erfreuen.«[29]

Aus dem Gedanken der Vollendung unserer Existenz durch Teilhabe am ewigen Leben ergeben sich für ChristInnen im Angesicht des Todes zwei Konsequenzen:
Die erste: Der Tod verliert an Schrecken. Erstens, weil das Sterben selbst als einer der Momente begriffen wird, in denen sich unsere Existenz durch Hingabe und Selbstüberschreitung vollendet. Zweitens, weil der Tod nicht als Abbruch und Ende der Existenz verstanden wird, sondern als Eingang in die weit über unser kleines Leben hinausgehende Gesamtheit der Wirklichkeit (*the ongoing creation*) – und als Ende der Partikularität, unter der wir gelitten haben.
Vgl. dazu Offb 21,1–5 i.A.: Und ich sah einen neuen Himmel und eine neue Erde, denn der erste Himmel und die erste Erde vergingen, und das Meer ist nicht mehr. ... Und Gott wird abwischen alle Tränen von ihren Augen, und der Tod wird nicht mehr sein, noch Leid noch Geschrei noch Schmerz wird mehr sein; denn das Erste ist vergangen. ... Siehe, ich mache alles neu!
Und drittens, weil es für Hinterbliebene eine Vorstellung von der Geborgenheit ihrer Toten gibt (vgl. die Darstellung der himmlischen Stadt Jerusalem in den weiteren Versen von Offb 21 sowie Joh 14,2: »In meines Vaters Haus sind viele Wohnungen. ... ich gehe, euch die Stätte zu bereiten«).
Die zweite Konsequenz: Der Glaube an die Teilhabe am Ewigen Leben ist ein Aufruf an die Lebenden, sowohl die Erinnerung an die »heiligen« Momente der Gegenwart vollendeten Lebens zu pflegen, die sie mit den Verstorbenen hatten, als auch sich für zukünftige Heilserfah-

26 Augustin, Confessiones I,1, im lateinischen Original: »... fecisti nos ad te, et inquietum est cor nostrum, donec requiescat in te.«

27 Vgl. Kirchenleitung der *VELKD* (Hg.), Agende für Evangelisch-Lutherische Kirchen und Gemeinden, Bd. III, Die Amtshandlungen, Teil 5, Die Bestattung, Neubearbeitete Ausgabe Hannover 1996, 56.

28 A.a.O., 107.

29 A.a.O., 54.

rungen dieser Art zu öffnen, indem sie in echter Bezogenheit, nicht nur in Selbstbezogenheit zu leben versuchen. (Vgl. dazu die Abschnittsüberschrift aus Röm 14,7f.)

Fazit

Zusammenfassend kann man sagen: Der Mensch existiert nach christlichem Verständnis, weil Gott ihn gewollt und ihm das Leben geschenkt hat. Er stirbt, weil er nicht Gott ist, sondern ein Geschöpf, dessen individuelles Leben begrenzt ist. Endlichkeit, Begrenztheit und Unvollkommenheit werden während der zeitlichen Existenz des Menschen in Momenten der Selbstüberschreitung bereits transzendiert. Wo der Mensch über sich selbst hinaus in-Beziehung lebt, wo an seinem Leben Gottes Liebe für das Leben sichtbar wird, wo er sich hingibt an Ehrfurcht, Liebe und den Tod, wird seine Bestimmung zum vollendeten Leben bereits erfahrbar und partiell erreicht. Wenn das zeitliche Leben des Menschen endet, wird es nicht vom Nichts verschluckt, sondern vollendet, indem es in die Ganzheit des Lebens selbst eingeht, d.h. Anteil am ewigen Leben Gottes erhält. Sein Leben erhält Sinn und Wert nicht etwa aus dem, was er geleistet und erworben hat, sondern daraus, dass Gott sein Leben gewollt hat und durch Anteilgabe an seinem eigenen ewigen Leben vollendet.

Auf den Tod eines nahestehenden Menschen antworten ChristInnen mit Totengedenken, Dank für alles Geschenkte, Klage um Versäumtes und Vergebung von Schuld. Sie können angesichts des Todes ohne zu verzweifeln leben, indem sie das Geschenk des Lebens im Bewusstsein seiner Begrenztheit annehmen und es in Bezogenheit und Selbstüberschreitung gestalten.

Von diesen Grundlinien aus sind viele Spezifizierungen der Vorstellungen von Tod und Auferstehung, Gericht und ewigem Leben möglich. In der Seelsorge ist systematisch-theologische Kompetenz aber nur sehr selten in dem Sinne gefragt, dass man solche spezifischen Varianten bewertet, Position bezieht und anderen diese Position möglichst plausibel macht. Vielmehr geht es in der Regel darum, im Sinne einer Wahrnehmungsdifferenzierung von der eigenen Position zu abstrahieren und in den Blick zu nehmen, welche Variante desselben christlichen Glaubens auf die persönlichkeits- und situationsspezifischen Fragestellungen der jeweiligen Seelsorge-KlientInnen antwortet. Welche theologischen Fragestellungen religiöse Hinterbliebene im Trauerfall haben, unterscheidet sich nämlich von Person zu Person. Die einen fragen z.B. nach dem Wieso und Woher des Todes, die anderen nach dem Wohin der Toten. Und bei den Letzteren differenziert sich wiederum aus, ob sie eher mit einer Alternative zwischen »Himmel oder Hölle« beschäftigt sind oder mit Vorstellungen davon, wo und wie die Toten geborgen sind, wann und mit wem sie dorthin gelangen, ob ihre Identität über den Tod hinaus gewahrt bleibt, etc. Welches Todesverständnis jemand favorisiert, wird außer von persönlichkeitsspezifischen Faktoren u.a. auch von den Umständen des speziellen Todesfalls abhängen, mit dem er oder sie gerade konfrontiert ist. Systematisch-theologische Kompetenz verlangt im Rahmen der Seelsorge, KlientInnen den Ausdruck oder die Aneignung eines persönlichkeits- und situationsspezifisches Credo zu ermöglichen.[30]

Ich gebe zwei Fallbeispiele:
Wer seinen 93-jährigen Großvater alt und lebenssatt sein Leben aushauchen sieht, wird sich anders zu einem Konzept von »natürlichem Tod« oder »Fluchtod« einstellen als jemand, dessen Kind wenige Stunden nach der Geburt stirbt.
Wer einen geliebten Menschen durch eines anderen Menschen Schuld verloren hat, etwa durch einen Mord, wird möglicherweise eher der Vorstellung von einer ausgleichenden Gerechtigkeit als der der apokathastasis panton (Allerlösung) zuneigen.

2.4 Die liturgisch-rituelle Kompetenz – den Tod begehen, Übergänge gestalten

Im liturgisch-rituellen-Bereich geht es vorwiegend darum, wie die in den beiden anderen Bereichen erfassten Kommunikationsinhalte *Gestalt* gewinnen können, also um – meistenteils symbolische – Ausdrucksmöglichkeiten und Darstellungsformen.
In der evangelischen Theologie und Kirche ist dieser Bereich generell weniger zentral und weniger entwickelt als im Katholizismus. Dies gilt auch für den Todes- und Trauerfall. Mehr noch als der katholischen Kirche sind dem Protestantismus viele der reichhaltigen liturgischen Formen und Formeln verlorengegangen, mit denen man in früheren Jahrhunderten letzte Dienste an Sterbenden und an den Leichnamen Verstorbener vollzog – jeder Handgriff war von Riten und Gebeten begleitet.[31] Einige geprägte Formen der christlichen Tradition sind jedoch im Todes- und Trauerfall auch heute noch in Gebrauch: etwa das Sprechen und Hören tradierter oder freier (Klage-, Bitt- und Vertrauens-)Gebete und spezieller Bibeltexte, das Singen bestimmter Kirchenlieder bzw. das Hören von Kirchenmusik, der Gebrauch von Zeichenhandlungen wie Kerzenanzünden, Bekreuzigung, Salbung, (Aus-)Segnung, ggf. die Feier der Sakramente – (Not-)Taufe und Abendmahl – am Sterbebett, der Bestattungsritus, Gedenkgottesdienste.[32] Manche

30 Der Tatsache, dass Glaube nur *subjektiv* angeeignet werden kann, tragen schon die Evangelien Rechnung, indem sie auch Jesus selbst niemals sagen lassen: »*Ich* habe dir geholfen«, sondern: »*Dein Glaube* hat dir geholfen.« Vgl. Mt 9,22; Mk 10,52par u.ö.

31 Zu verlorengegangenen Formen vgl. u.a. *Ordo Romanus*, 49; *J. Bärsch / B. Kowalski*, Trauernde trösten – Tote beerdigen, Stuttgart 1997, 52.

32 Vgl. auch *K. Wiefel-Jenner*, An den Rändern des Todes. Beobachtungen und Überlegungen zur liturgischen Gestaltung von Trauerfeiern, in: PTh 86 (1997), 414–428.

Rituale, insbesondere ausgestaltete Formen der Salbung und der Segnung, werden in jüngerer Zeit erst wiederentdeckt und weiterentwickelt.[33] Nachdem die neuere evangelische Kasualtheorie ins Bewusstsein gerückt hat, dass die kirchlichen Amtshandlungen u.a. die Funktion von *Übergangshilfen* in Schwellen- und Übergangssituationen des Lebens haben, sprich: der rituellen Begehung des Kasus und der rituellen Gestaltung des Übergangs dienen,[34] ist der Trend zu einer erhöhten liturgisch-rituellen Aufmerksamkeit auch im weiteren seelsorglichen Umfeld von Bestattung und anderen kirchlichen Amtshandlungen folgerichtig.

Was *U. Wagner-Rau* für die Liturgie im Kasualgottesdienst ausgeführt hat,[35] gilt auch für den Gebrauch liturgischer Sprachformen und Riten im Sterbezimmer: Die Gestalt von Liturgie und Ritus bietet der individuellen Erfahrung eine Form, die überindividuell ist; darin kann sich die eigene Erfahrung zugleich ausdrücken und überschreiten. Was individuell und unmittelbar vielleicht nicht zu sagen oder zu tun gewagt würde, wird hier in der Sprache der Allgemeinheit bzw. in der »Fremd-Sprache« der Tradition gesagt und rituell in einer Symbolsprache inszeniert. Der »Sprach- und Erlebnisraum«,[36] der durch liturgische Sprache und Formen hergestellt wird, schützt das Individuum vor der »Zudringlichkeit der Unmittelbarkeit«.[37] Er ist »...offener und umfassender als die je individuelle Situation«; er kann »... eine Vielstimmigkeit individueller Wirklichkeiten in sich aufnehmen und zugleich

33 Ich verweise exemplarisch auf die Handreichung der *Arbeitsstelle für Gottesdienst und Kindergottesdienst der Evangelischen Kirche im Rheinland*, Das ewig Licht scheint da herein. Rituale für kranke, alte und sterbende Menschen, Düsseldorf 1998, die auch im Internet zugänglich ist (www.ekir.de); sie bietet auch Rituale am Toten- und Sterbebett. Vgl. auch *Kirchenleitung der Vereinigten Evangelisch-Lutherischen Kirche Deutschlands* (Hg.), Agende für evangelisch-lutherische Kirchen und Gemeinden, Bd. 3. Die Amtshandlungen, insbes. Teil 4. Dienst an Kranken, neubearb. Ausg. Hannover 1994; Teil 5. Die Bestattung, neubearb. Ausg. Hannover 1996, insbes. »Der Dienst im Sterbe- und Trauerhaus. Aussegnung; Abholung«, 32–43. Als *gemeindliche* Formen liturgischer Begleitung von Tod und Trauer sind im Protestantismus heute die Abkündigung von Bestattungen und das Fürbittgebet für Verstorbene und Hinterbliebene sowie das Totengedenken am Ewigkeitssonntag (früher »Totensonntag«) institutionalisiert, im Katholizismus darüber hinaus das Sechs-Wochen-Amt und Gedenkgottesdienste ein Jahr nach dem Tod.

34 Entsprechend wurde *A. v. Genneps* Beschreibung der *»rites de passage«* in der Kasualtheorie rezipiert; vgl. die Literaturhinweise in der Bucheinleitung.

35 Vgl. *Wagner-Rau*, Segensraum, 180–188.

36 Vgl. ebd., 185.

37 Vgl. a.a.O., 182, in Anlehnung an *P. Cornehl*, Individuum und Gemeinschaft im Gottesdienst. Altes Thema, neue Herausforderung, in: PTh 85 (1996), 292–310, hier 306f. Vgl. auch *R. Preul*, Gottesdienst und religiöse Sprache, in ZThK 88 (1991), 388–406, hier 400f.

transzendieren«.[38] Das Individuum kann in einem selbst gewählten Grad von Identifikation und Distanz in diese Sprache des Glaubens einstimmen oder sie hörend und betrachtend erleben: die Anrede Gottes, das Bekenntnis eigener Befindlichkeit und Bedürftigkeit, die Einbindung der eigenen Person und Krisenerfahrung in die menschliche Erfahrungs- und Schicksalsgemeinschaft.
PastorInnen haben im Allgemeinen gelernt, aus dem bereitstehenden »Repertoire« an liturgischen Texten und Ritualen der christlichen Tradition sensibel auszuwählen und sinnvoll einzusetzen, was zu den jeweiligen Situationen und Personen passt, denen sie seelsorglich begegnen. Diese liturgisch-rituelle Kompetenz können sie für die perimortale Trauerbegleitung im Krankenhaus um so fruchtbarer machen, je mehr sie in der Lage sind, Spielräume für kontext- und personenbezogene Variablen zu eröffnen. Das kann z.B. bedeuten, dass man Geistliche der Religion oder Konfession hinzuzieht, der die betroffenen Trauernden angehören und ihnen die rituelle Gestaltung des Abschieds überlässt oder dabei mit ihnen zusammenwirkt. Es kann bedeuten, dass man anders-religiösen oder nicht-religiösen Menschen Raum für deren eigene Ritualausübung lässt oder gemeinsam mit ihnen neue Rituale entwickelt. Oder es kann bedeuten, dass man geprägte Formelemente der eigenen Tradition kreativ erweitert und mit kontextuellen Elementen kombiniert.

Ich gebe wieder zwei Fallbeispiele:
Im multikulturellen Kontext von Honolulu, Hawaii, ist die Krankenhauskapelle in *The Queen's Medical Center* variabel ausgestattet: Ein neutraler Altar steht vor einem von hinten beleuchteten, bleiverglasten Wandbild mit einer Lotusblüte. Dieses kann wie ein Klappaltar geöffnet werden, dann erscheint dahinter eine Nische mit einer Buddha-Figur. Alternativ kann ein Standkreuz aus dem Wandschrank auf den Altar gestellt werden. Monatlich finden hier Gedenkfeiern für die jeweils im vergangenen Monat verstorbenen PatientInnen statt, zu denen die Zugehörigen eine persönliche schriftliche Einladung erhalten haben. Die verschiedenen Krankenhaus-SeelsorgerInnen halten die Feiern reihum jeweils mit den Symbolen ihrer eigenen Religion. Gleichbleibend ist als liturgisches Kernelement ein kontextbezogenes Ritual: In Hawaii hängt man Menschen zum Willkommen, zu Ehrungen aller Art und zum Abschied Blumenketten (»*lei*«s) um. Bei den Gedenkfeiern fädeln die TeilnehmerInnen reihum Blüten zu einer solchen Kette auf und erzählen mit jeder Blüte vom Leben und vom Tod ihres/ihrer Verstorbenen. Nachdem, verwoben mit dem gemeinsamen Totengedenken, eine gemeinsame Blumenkette entstanden ist, wird sie am Ende zu einem Kreis zusammengeknüpft und mit einem Gebet (vor der Lotusblüte oder der Buddha-Statue oder unter dem Kreuz) auf dem Altar niedergelegt.
Ein Krankenhaus-Seelsorger kommt zu einem jungen Paar, dessen Baby sterben wird. Alle Apparate und Schläuche sind eben entfernt worden, die Eltern halten das sterbende Kind und einander in den Armen. Unter Tränen bitten sie den Seelsorger, der selbst auch weinen muss, das Kind zu taufen. Der Seelsorger ist darauf nicht vorbereitet; er hat keine Schale, kein Wasser, ... Er streicht mit der Hand über

38 Vgl. ebd., 183.

das Gesicht der Mutter, des Vaters und die eigenen Augen und tauft das Kind mit der Nässe der um es geweinten Tränen.

Unabhängig von ihrer individuell erworbenen liturgisch-rituellen *Kompetenz* haben Geistliche, so weit sie als solche für andere erkennbar sind, per se eine ihnen von Amts wegen zugeschriebene liturgisch-rituelle *Funktion*, deren Wirkung nicht zu unterschätzen ist. Ehe sie noch eine symbolische Handlung vollzogen oder überhaupt irgend etwas gesagt oder getan haben, sind sie nämlich schon selbst eine Symbolfigur, die die Dimension des Transzendenten resp. des Heiligen repräsentiert. Ein negatives Beispiel dafür ist das Erschrecken mancher Menschen, die beim Eintritt eines/einer Geistlichen ins Krankenzimmer unwillkürlich fragen: »Ist es schon so weit?« – also PastorInnen als AgentInnen des Jenseits sehen, die nun das letzte Stündlein und den letzten Gang einläuten. Positiv betrachtet, verleiht für viele Menschen auch heute noch allein die *Anwesenheit* eines bzw. einer Geistlichen im Sterbezimmer der Situation eine besondere Bedeutung – sei es, dass die Begegnung mit dem Tod als Grenzsituation gewürdigt oder als heiliger Moment begriffen wird; sei es, dass Menschen durch die Gegenwart eines bzw. einer seiner RepräsentantInnen die Gegenwart Gottes in der Situation symbolisiert sehen und dadurch glauben können, dass Gott sie im Tod und in der Trauer nicht verlässt. Das kann für die Auslösung der Trauerreaktion und insbesondere für die Validation des Verlustes eine wichtige Rolle spielen.

Ein KSA-Supervisor erzählte mir aus seiner Biographie: Als er neun Jahre alt war, erkrankte sein Vater schwer und starb nach einer Zeit des Krankenlagers im eigenen Haus. In der Zeit vor und nach dem Tod seines Vaters kam täglich der Gemeindepastor zu Besuch und blieb einige Stunden. Das Bild des Pastors, der bei der Familie auf der Küchenbank saß, hat sich ihm eingeprägt. Er erinnert sich an nichts, was dieser evtl. tat oder sagte. Wichtig war, dass der Pastor in der schrecklichen Situation, als sein Vater ihn verließ, *da* war. Diese Erfahrung hat ihn motiviert, später selbst Pastor und Seelsorger zu werden.

3. Konkretionen – Praxis der perimortalen Trauerbegleitung

3.1 Allgemeines

Im Schlussabschnitt des Buches soll der Praxisbezug der oben angestellten Überlegungen noch einmal verstärkt werden. Ich skizziere einen konkreten Entwurf perimortaler Seelsorgepraxis, der ohne allgemeine Grundsätze und methodische Hinweise zur Handlungsorientierung nicht auskommen kann. Die folgenden Ausführungen sind jedoch unter zwei Vorbehalte zu stellen:
Erstens: Wie in Kapitel III.2 gezeigt, ist Seelsorge ein komplexes, mehrdimensionales Geschehen, das nicht in ein paar Verhaltensregeln

zu erfassen ist. Pastoralpsychologische Seelsorge erfordert von denen, die sie ausüben, vor allem seelsorglichen *Verhalten* zuerst eine seelsorgliche *Haltung*, vor jeder *Technik* zunächst eine *Wahrnehmungseinstellung* etc. (vgl. o.). Aus poimenischen wie auch aus systematisch-theologischen Gründen ist die Zurückhaltung gegenüber Methodik und Krisen-*Management* gerade für die Seelsorge im Trauerfall zu unterstreichen. Im Unterschied zu anderen Berufsgruppen im Krankenhaus zeichnen sich SeelsorgerInnen dadurch aus, dass sie den Tod nicht bekämpfen, aufhalten oder als größten anzunehmenden Unfall betrachten müssen, sondern ihn mit den Betroffenen aushalten und begehen. Sie begleiten die Betroffenen in einer Haltung, in der Tod, Trauer und ihre Begleiterscheinungen wahrgenommen und angenommen werden können. Sie sind, so lehrt der Seelsorge-Supervisor an den University of Chicago Hospitals, Jim Creighton, seine Auszubildenden, zuallererst nicht *»Do-ers«*, sondern *»Be-ers«*. Sie sind gerade deshalb in der Lage, Trauerreaktionen zu fördern, weil ihre Leistung weniger im »Machen« und »Tun« besteht (vor allem nicht darin, etwas *gegen* Tod und Trauer zu tun), als zunächst darin, Trauernde so empfinden, reagieren und *sein lassen* zu können, wie es deren augenblicklicher äußerer und innerer Realität entspricht, und dieses mit ihnen zu (er)tragen. Ich verweise dazu auf den vorigen Abschnitt (Kap. III.2) und insbesondere auf meine Ausführungen zur Kritik der an Phasenmodellen orientierten Trauerseelsorge zurück (vgl. die Einleitung und besonders Kap. II.3.2).

Zweitens: Wie wir gesehen haben, ist die Diversität und Individualität von Trauerreaktionen das herausragende Ergebnis der symptomatologischen Trauerforschung. Daher muss Seelsorge im Trauerfall immer *individuell* auf die Todes- und Lebensumstände, sowie auf die Situation, Person und Reaktion der Betroffenen eingehen. Ich verweise dazu auf Kap. II.3.1 zurück.

3.2 Das Aufgabenmodell der Trauerbegleitung für die perimortale Praxis durchdekliniert

Wie kann perimortale Trauerbegleitung das oben erarbeitete Aufgabenmodell der Trauerbegleitung (vgl. Kap. II.4.1, insbes. Abb. 21) praktisch umsetzen? Darauf soll der folgende Abschnitt antworten. Ich gehe die Aufgaben einzeln durch und skizziere, wie SeelsorgerInnen sie in perimortalen Situationen konkret füllen können, und zwar aus den genannten Gründen am Beispiel der Krankenhausseelsorge.[39] Viele der gegebenen Hinweise sind auch auf andere Kontexte übertragbar, in denen perimortale Trauerbegleitung angezeigt ist, etwa auf die Not-

39 Die folgenden Überlegungen wurden in gekürzter Form vorveröffentlicht in: *K. Lammer*, Den Tod begreifen – Trauerbegleitung am Totenbett, in: WzM 52 (2000), 400–408, hier 403–407.

fallseelsorge oder die Seelsorge in Polizei- und Rettungsdienst und natürlich, wo sie noch oder wieder vorkommt, auch auf die gemeindliche Seelsorge am Totenbett.

1. Den Tod realisieren helfen

Die erste Aufgabe, die Trauernde zu bewältigen haben, die Realisation des Todes, kann *angesichts* des Todes, also am Sterbe- oder Totenbett, nicht nur am *ehesten* in Gang gesetzt werden, sondern auch am *besten.* Denn – so wissen wir seit *J. Bowlby* (vgl. Kap. II.2.2) – es handelt sich bei der Realisation des Todes um einen Lernprozess, und dafür sind die Bedingungen am günstigsten, wo und wenn man den Tod sehen, fühlen und im Wortsinn be-greifen kann, wie der eben noch lebendige Mensch sich nun nicht mehr regen und nicht mehr antworten kann, die Augen gebrochen sind, die Wärme aus dem Körper und die Farbe aus der Haut weichen etc. Dies ist exemplarisch schon am ersten Fallbeispiel verdeutlicht worden, das der Bucheinleitung vorangestellt wurde. Die Realisation des Todes kann u.U. erheblich erschwert werden, wenn die Chance, dem Leichnam des verlorenen Menschen noch einmal zu begegnen, verpasst wird. Deshalb sollte man Hinterbliebene, die ihre Verstorbenen noch nicht tot gesehen bzw. ihren Übergang vom Leben zum Tod nicht am Sterbebett begleitet haben, in aller Regel zum Aufsuchen des Totenbetts ermutigen. Dies gilt auch, wenn Zugehörige erst so spät eintreffen, dass der Leichnam noch einmal aus der Leichenhalle geholt und erneut aufgebahrt werden muss (dann ist guter Kontakt und vorausgegangene Überzeugungsarbeit mit dem Krankenhauspersonal nötig). Und es kann sinnvoll sein, auch solche Hinterbliebene zur Leichenschau zu ermutigen (niemals zu drängen!), die sich vor dem Anblick der Toten fürchten – z.T. sogar dann, wenn der Leichnam tatsächlich nicht »schön« anzusehen ist. Denn Phantasien und Befürchtungen über den Anblick der Leiche sind, sofern nicht grausame Entstellungen oder Verstümmelungen vorliegen, meist schlimmer als die Wirklichkeit; sie steigern sich oft später und quälen die Hinterbliebenen in Vorstellungen und Träumen noch lange, wenn sie sie nicht an der Realität überprüft haben. Wo der Leichnam tatsächlich vom Todeskampf gezeichnet sein sollte, hilft längeres Verweilen oder Wiederkehren – schon nach Stunden beginnt bei Verstorbenen die Erschlaffung der Muskulatur; sie »entspannen« sich, so dass fast alle Leichen spätestens am dritten Tage friedlich aussehen.

Bei Hinterbliebenen setzt offenbar auch oft ein natürlicher Schutz der Wahrnehmung ein: Ich habe immer wieder Eltern erlebt, die den für mich schwer anzusehenden Leichnam ihres zu früh geborenen oder missgebildeten Kindes wunderschön wie einen Engel fanden.

Für die Entscheidung, ob sie ihre Verstorbenen sehen möchten oder nicht, brauchen Zugehörige oft Zeit. Ich habe mich deshalb nach Möglichkeit vorab mit dem Pflegepersonal darüber verständigt, wie lange der Leichnam noch im ER (Emergency Room, d.h. Notaufnahme) oder im Krankenzimmer bleiben, bzw. wo er sonst aufgebahrt werden konnte. Ehe die Zugehörigen den Raum betreten haben, bin ich grundsätzlich erst selbst hineingegangen, um sicherzustellen, dass der/die Tote noch dort und angemessen versorgt worden war (kein Blut, keine Schläuche, etc.). Wo wegen einer bevorstehenden gerichtsmedizinischen Untersuchung der Intubationsschlauch nicht entfernt werden konnte oder ein anderer evtl. erschreckender Umstand vorlag, habe ich die Zugehörigen vor ihrem Eintritt darauf vorbereitet. Selbstverständlich gehört zur seelsorglichen Begleitung auch das Angebot, den Weg ans Totenbett gemeinsam mit den Angehörigen zu gehen und dort ggf. rituelle Übergangshilfen zur Verfügung zu stellen. Wo eine Kapelle oder ein Abschiedsraum vorhanden ist, ist das der Ort der Wahl für die Aufbahrung.

Im *Gespräch* mit den Zugehörigen fördert man die Realisierung des Todes generell schon, indem man die Wörter »Tod, tot, gestorben« etc. schlicht *ausspricht.* Leider wird dies gerade vom Krankenhauspersonal häufig vermieden – ich kann nicht mehr zählen, wie viele Todesmitteilungen ich gehört habe, ohne dass die mitteilenden ÄrztInnen das Wort »tot« über die Lippen gebracht hätten. Sinnvoll ist, nicht nur selber Klartext zu sprechen, sondern auch die Zugehörigen zum Sprechen über den Tod zu ermuntern. Obwohl die Schwestern mich meist gut über die Todesumstände informiert hatten, habe ich mir in aller Regel von den Zugehörigen selbst erzählen lassen, was geschehen war – auf diese Weise sprachen sie vom Tod, wie *sie* ihn erlebt hatten und ließen erkennen, wie sie damit umgingen. Häufig habe ich die Zugehörigen auch gefragt, ob sie noch andere, ihnen oder den Verstorbenen nahestehende Menschen benachrichtigen und herbitten wollten. Ich habe ihnen in geschütztem Raum ein Telefon bereitgestellt, sie die Anrufe aber selbst tätigen lassen – so sprachen sie den Tod weitere Male aus. Sie verhalfen zugleich den angerufenen Hinterbliebenen zu deren Initiation in den Trauerprozess und aktivierten ihr soziales Umfeld zu gegenseitiger Unterstützung bei der Trauerbewältigung.

2. Den Verlust validieren

Ob der Tod *über-*, oder gemeinschaftlich *be*gangen wird – sei es schlicht durch menschliche Teilnahme, sei es in ritueller Weise –, ist eine Frage der Würde und Achtung der *Verstorbenen.* Zugleich ist die gemeinschaftliche Begehung das Signal an die *Hinterbliebenen*, dass die Krisenhaftigkeit ihrer Situation und die Schwere ihres Verlustes sozial anerkannt werden.

SeelsorgerInnen sollen den Verlust verbal und non-verbal würdigen und bekräftigen. Die wohlgemeinte Absicht, zu beruhigen oder zu trösten, kann leicht genau das Falsche bewirken: die Bedeutung der Verstorbenen wird geschmälert oder die Trauerreaktion der Hinterbliebe-

nen beschwichtigt. Statt dessen sollen beide durch Affirmation validiert werden.
Eine zusätzliche Validierung findet statt, wo eine Geistliche / ein Geistlicher die Zugehörigen begleitet, selbst dann, wenn er oder sie nichts, bzw. nichts anderes sagt und tut, als irgendein anderer einfühlsamer Mensch. Denn allein durch die reine Anwesenheit der Repräsentationsfigur wird Gott symbolisch in die Situation eingetragen; die Dimension der Transzendenz und des »Heiligen« ist gegenwärtig (vgl. III.2.4). Gerade aufgrund ihrer Symbolfunktion sind Geistliche hier gefordert, in Kleidung und Verhalten angemessen, d.h. in einer den Kasus würdigenden Weise, aufzutreten. Darüber hinaus vermittelt ihre Haltung hoffentlich Zuwendung, Wahrhaftigkeit, Halt[40] und Lebensgewissheit angesichts des Todes. Hier ist die authentische Präsenz von SeelsorgerInnen gefragt, die sich genügend mit ihrem eigenen Verhältnis zu Tod und Trauer und mit ihrer eigenen Endlichkeit auseinandergesetzt haben.
Dass eine Validation von Tod und Verlust im Krankenhaus geschehen kann, ist besonders in solchen Fällen von Bedeutung, in denen später keine ausreichende *soziale* Validation zu erwarten ist, z.B. weil die Beziehung zwischen den Verstorbenen und den Hinterbliebenen nicht öffentlich und sozial nicht wahrgenommen wurde.
Ich denke etwa an Eltern, deren Kind bei der Geburt oder kurz darauf gestorben ist und also in ihrer sozialen Umwelt nie in Erscheinung treten konnte.
In solchen Fällen von perinatalem Tod zählen die Eltern bei der Leichenschau oft jedes Fingerchen und jeden Zeh ihres verstorbenen Kindes, sie untersuchen das Geschlecht, die Ohren, als wollten sie sich vergewissern: Ja, ich habe wirklich ein vollständiges Kind gehabt. Ich bin wirklich Vater/Mutter gewesen. Mein Kind hat wirklich gelebt und ich habe wirklich diesen schweren Verlust erlitten. Dies sollte dann durch den/die TrauerbegleiterIn auch verbal und non-verbal validiert werden. Es wird keine sozial sichtbare Lebensgeschichte des Kindes geben, an deren Ende andere Anteil nehmen; aber auch diese Eltern haben schon eine Beziehungsgeschichte mit ihrem Kind: mindestens eine Geschichte von Plänen und Träumen, Ängsten und Hoffnungen, die keineswegs »nichts« sind, sondern ausgesprochen, gehört und betrauert werden wollen. Und mehr als bei einem Tod nach langem, erfülltem Leben stellen sich hier Fragen nach Sinn und religiöser Lebensvergewisserung. Soviel zur verbalen Validierung. Auf der nonverbalen Ebene ist beispielsweise wichtig, dass die Eltern nicht mit leeren Händen zu ihrem leergebliebenen Kinderzimmer zu Hause zurückkehren, sondern möglichst viele »Spuren« ihres verstorbenen Kindes erhalten: etwa Kleidung und Decke, Fußabdrücke und Fotos.

40 Ich denke hier an die »haltende Funktion« im intermediären Raum nach Winnicott.

Eine weitere Betroffenengruppe bilden Paare, die sozial nicht oder noch nicht in Erscheinung getreten sind, etwa in Fällen von vor- oder außerehelichen oder gleichgeschlechtlichen Partnerschaften.

Ein Fallbeispiel: Ein junger Mann ist bei einem Verkehrsunfall so schwer verletzt worden, dass er kurz nach der Einlieferung ins Krankenhaus stirbt. Seine 17-jährige, hochschwangere Verlobte legt sich weinend auf den Toten und sagt: »Oh nein, ich liebe dich so! Ich schwöre dir, ich werde nie einen anderen Mann haben.« Als Seelsorgerin validierte ich hier den einen Teil der Aussage der jungen Frau, nämlich, wie groß ihre Liebe und ihr Verlust seien und dass ihr Verlobter in seiner Einzigartigkeit nicht zu ersetzen sei. Dadurch trat der andere Aussageteil in seiner Bedeutung so in den Hintergrund, dass sie ihn zurücknehmen konnte: nämlich das Gelübde, das die Lebensmöglichkeiten der jungen Frau und ihres Kindes sonst erheblich hätte einschränken, bzw. mit Schuldgefühlen belasten können.

3. Trauerreaktionen auslösen helfen

Die Begegnung oder die gedankliche Beschäftigung mit dem oder der Toten schafft Anlass zur Auslösung der Trauerreaktion. Zur Initiation ist oft wenig mehr erforderlich, als dafür Zeit und Raum zu geben. Wenn Trauerreaktionen einsetzen, sollten SeelsorgerInnen nicht nur *Gefühlsäußerungen,* sondern auch andere Arten von Trauer*verhalten* als solche erkennen und affirmierend unterstützen.

Dass Trauernde die Gelegenheit bekommen, ihre Emotionen wahrzunehmen und expressiv ausdrücken, nützt der psychohygienischen Verarbeitung der Trauer – und zwar nicht nur i.S. eines Abreagierens bzw. einer kathartischen Wirkung. Vielmehr können Emotionen auch als Wegweiser zu denjenigen Bereichen der Verlusterfahrung dienen, die am meisten der Bearbeitung bedürfen, also als diagnostisches Mittel bzw. als Strukturierungshilfe: Wo die Gefühle sich verdichten, ist ein Fokus der Trauerarbeit zu setzen. Da Ambivalenzkonflikte bei der Verlustbewältigung eine besonders wichtige Rolle spielen, lenkt eine qualifizierte seelsorgliche Begleitung die Aufmerksamkeit gerade auch auf ambivalente und *latente* Gefühle. Es gehört zur Kunst der Trauerbegleitung, quasi mit dem »dritten Ohr« auch die verborgene Kehrseite dessen, was gesagt wird, mitzuhören und einen Erlaubnis- und Erlebnisraum dafür zu eröffnen.

Sagt z.B. eine Witwe: »Er konnte ja so lieb sein«, deutet sie damit evtl. auch an, dass ihr verstorbener Mann auch ganz anders sein konnte – man hört solche Verklausulierungen öfter über Verstorbene, die gewalttätig und/oder alkoholkrank waren. Oder sagt ein Sohn: »Die Firma war sein ein und alles«, verbirgt sich dahinter evtl., dass er sich selbst vom Vater nicht genügend beachtet und gefördert fühlte.

Weiterhin ist zu beachten, dass oft nicht die expressivsten, sondern die gefasstesten Mitglieder einer Hinterbliebenengemeinschaft am meisten

der seelsorglichen Unterstützung bedürfen – denn die Expressiveren sorgen ja selbst schon aktiv für ihre Psychohygiene und aktivieren auch viel Zuwendung ihrer sozialen Umwelt für sich.
Die Unterstützung emotionaler Trauerreaktionen ist wichtig. Dennoch gilt hier einschränkend die Maxime: *fördern,* nicht *fordern*! Jeder Mensch trauert anders, und manche können oder wollen im Beisein anderer keine Gefühle zeigen. Man darf nicht vergessen, dass das Krankenhaus und sein Personal (inklusive der SeelsorgerInnen) für die Hinterbliebenen fremd sind – emotionale Zurückhaltung ist unter diesen Umständen keine unnormale Reaktion. Um so wichtiger ist es, auch andere Trauerreaktionen, die mehr im somatischen oder im Verhaltens- als im Emotionsbereich liegen, wahrzunehmen und zu unterstützen.

Ein zehnjähriger Junge ist in einen Straßenkampf zwischen zwei Gangs geraten und versehentlich angeschossen worden. Als die Mutter eine halbe Stunde nach der Einlieferung ins Krankenhaus erfährt, dass die Notoperation gescheitert und ihr Sohn gestorben ist, läuft sie laut schreiend die Krankenhausflure hinunter, stürzt sich auf alle Blumenkübel, die sie unterwegs sieht, und reißt sie um. Schnell wird sie von Krankenhauspersonal umringt und daran gehindert; man ordnet ihr Verhalten als »verrückt« und »unangemessen« ein und gibt ihr eine Beruhigungsspritze. Aus seelsorglicher Sicht dagegen hat sie eine wunderbar expressive und absolut situationsangemessene Trauerreaktion gezeigt, die es unbedingt zu bekräftigen gilt: Ihre Welt ist soeben eingestützt, eine verrückte Welt ist in die Normalität ihres Lebens eingebrochen und hat ihr das Liebste weggerissen. Dies symbolisiert sie adäquat durch ihr Verhalten. Natürlich muss das Krankenhauspersonal Aufsehen bei PatientInnen und Besuchern, materiellen Schaden und evtl. Verletzungen bei PassantInnen oder bei der Frau selbst zu vermeiden suchen. Es ist jedoch klarzustellen, dass dies im Interesse und im Rahmen der Systemregeln der *Institution,* nicht im Interesse der Frau und ihrer Trauerverarbeitung geschieht. Im Sinne der Trauerarbeit ist nicht das Verhalten der Frau, sondern dessen Unterdrückung verrückt – und die Beruhigungsspritze ganz kontraindiziert.[41]

Generell habe ich Zugehörige ermutigt, ihre Begegnung mit ihren Toten und ihren Abschied entsprechend ihren eigenen, oft sehr unterschiedlichen und manchmal nicht »gesellschaftsfähigen« Bedürfnissen zu gestalten. Manche möchten das lieber ohne Anwesenheit von Fremden tun. Manche sind froh, wenn man ihnen Stützen bietet. Z.B. kann es im Sterbezimmer hilfreich sein, Zugehörigen Berührungsängste zu nehmen und ihnen ein Modell für letzte Gesten zu geben, etwa indem man selbst ans Totenbett tritt und die Toten anspricht und anfasst.

41 Zu den Argumenten gegen bzw. Alternativen zur Verabreichung von Sedativa an Trauernde vgl. *B. Fertig*, »Mit Dir stirbt auch ein Teil von mir ...«. Begegnungen mit Tod und Trauer im Rettungsdienst, in: *B. Fertig / H. v. Wietersheim* (Hg.), Menschliche Begleitung und Krisenintervention im Rettungsdienst, Edewecht/Wien 1997, 209–221, hier 211f und 216.

4. Lebens- und Beziehungsgeschichte rekonstruieren helfen
Im Trauerfall fragen die Hinterbliebenen nach Sinnhaftigkeit und Erfülltheit sowohl im Hinblick auf das nun unwiederbringlich zu Ende gegangene Leben ihres/ihrer *Verstorbenen* als auch im Hinblick auf ihr *eigenes* Leben, in dem der/die Verstorbene nun fehlen wird. Was war in der Lebensgeschichte des/der Verstorbenen bedeutungsvoll, und welchen Anteil haben die Hinterblieben daran gehabt? Wodurch hat dieses Leben für andere Bedeutung gewonnen? Welche Rolle hat der/die Verstorbene in der Lebensgeschichte der Hinterbliebenen gespielt? Was war *innerhalb* der Beziehung zu dem oder der Verstorbenen bedeutsam? Was fehlt nun nach ihrem/seinem Tod im Leben der Hinterbliebenen, was ist unerfüllt geblieben, welche gemeinsame Lebenserfahrung wird über den Tod hinaus Bedeutung behalten? Und was war und bleibt *außerhalb* dieser Beziehung und über sie *hinaus* für die Hinterbliebenen in der eigenen Lebensgeschichte, im eigenen Wirklichkeitsverständnis tragend?
Die Bearbeitung dieser Fragen erfordert natürlich ebenso wie das Durchleben der damit verbundenen Gefühle viel Energie und Zeit. Sie erstreckt sich über den gesamten Trauerprozess (und darüber hinaus) und kommt in der perimortalen Situation höchstens ansatzweise vor. Deshalb habe ich oben die Hilfe zur »Rekonstruktion von Lebensgeschichte« als Aufgabe der Trauerbegleitung definiert, nicht aber als Ziel der *perimortalen* Trauerbegleitung.
Trotzdem ist es nicht selten möglich (und dann auch sinnvoll), diesen Vorgang während der perimortalen Trauerbegleitung immerhin schon zu *initiieren*. Z.B. bietet es sich an, Zugehörige, die in der Notaufnahme Stunden des Wartens, Bangens und Hoffens auf den Ausgang einer Notoperation verbringen, zum Erzählen zu ermutigen: Was die PatientInnen für Menschen sind, was die Zugehörigen mit ihnen verbindet, an welche gemeinsam erlebten Geschichten sie jetzt denken, welche Ängste und Hoffnungen sie im Hinblick auf den möglichen Tod und das mögliche Überleben ihres geliebten Menschen jetzt haben ... Auch im Bereich der Intensivstationen lässt sich leicht der Raum für solche Gespräche eröffnen, die schon antizipatorisch die Trauerarbeit einleiten. Insbesondere Zeiten des Wachens am Sterbe- oder Totenbett und die Pausen vom Wachehalten eignen sich, das gemeinsame und je eigene Leben Revue passieren zu lassen und die Zukunft ohne die Sterbenden in den Blick zu nehmen. Und selbst in kurzen Schwellensituationen zur Todeszeit gibt es immer wieder Momente, in denen eine Retrospektive (manchmal sogar in Verbindung mit einer Lebens*perspektive*) aufblitzt.
Signal-Formulierungen wie: »*Er/sie hat immer ...*« oder »*Sie/er hätte gewollt, dass wir ...*« sind hier m.E. Indikatoren, die signifikante Elemente der Beziehung zwischen Hinterbliebenen und Verstorbenen anzeigen. Da diese für die spätere Trauerarbeit bedeutsam sind, sollte

sehr aufmerksam gehört und seelsorglich aufgenommen bzw. bekräftigt werden, was Hinterbliebene nach einer solchen Einleitung sagen.[42] Ich gebe dafür zwei kleine Fallbeispiele:

Ein Ehepaar hat geplant, sich zum Eintritt in den Ruhestand den Traum einer Reise in ihr gemeinsames Herkunftsland zu erfüllen. Wenige Tage vor Reisebeginn bricht der Ehemann auf dem Balkon zusammen, wird sofort ins Krankenhaus eingeliefert und stirbt noch in der Notaufnahme an Herzinfarkt. Nachdem die herbeigerufene Familie den Toten gemeinsam in Augenschein genommen und sich von ihm verabschiedet hat, werden die nächsten Schritte besprochen. Trotz ihrer Befürchtung, andere könnten dies als pietätlos verurteilen, entscheidet sich die Witwe noch im Krankenhaus, die gebuchte Reise nicht zu stornieren, sondern sie nun mit ihrer Schwägerin (der Schwester des Verstorbenen) anzutreten. »*Mein Mann hätte gewollt, dass ich* unser Dorf für uns beide besuche«, sagt sie. Die Seelsorgerin unterstützt den Entschluss. Die Witwe ermöglicht mit der Reise sich und der Schwägerin sowohl die Rückschau auf die mit dem Verstorbenen verbundene Vergangenheit als auch die Perspektive auf eine Zukunft, in der es beide gemeinsam unternehmen, ohne den Verstorbenen weiterleben und neue signifikante Beziehung- und Lebenserfahrungen zu machen. Die beiden können auf der Reise die Trauer und ein Stück neues Leben teilen; sie bewahren zugleich die bleibende Bedeutung des Verstorbenen und führen die Verbundenheit mit ihm über seinen Tod hinaus in ihrem Leben fort.

Eine Frau packt nach dem Tod ihres Mannes im Krankenhaus dessen Habseligkeiten zusammen. Sie findet seinen Ring in der Nachttischschublade und streift ihn auf den eigenen Finger. Er passt. »*Er hatte immer* so zarte Hände«, sagt sie. Sie streicht zärtlich über den Ring und die eigene Hand, dann streichelt sie mit der beringten Hand dem Enkelkind über den Kopf. Damit eignet sie sich symbolisch die erfahrene Zartheit und Zärtlichkeit des verstorbenen Mannes an, aktiviert sie in sich selbst und gibt sie weiter. Sie will sie sich bewahren und dies symbolisch ausdrücken, indem sie den Ring in Zukunft weiter trägt.

Wie wir gesehen haben, stellt der christliche Rechtfertigungsglaube die Rückschau auf die Lebens- und Beziehungsgeschichte in eine besondere Perspektive: Sie kann realistisch mit ihren Ambivalenzen und Schattenseiten gesehen werden, ohne dadurch entwertet oder verurteilt werden zu müssen. In der Bilanzierung dessen, was zwischen den Hinterbliebenen und den Verstorbenen gewesen und nicht gewesen ist, gelebt wurde und ungelebt blieb, glückte und scheiterte, kann man der Wahrheit die Ehre geben. Zugleich kann man die Wahrheit ertragen, wenn man im christlichen Sinne über das Wahrgenommene *urteilt*: Nämlich indem man das Gute, Gegebene und Gelungene gelten lässt und sich mit dem Ungelungenen, Versäumten und Schuldig-Gebliebenen versöhnt (vgl. Kap. III.2.3 zur Differenzerfahrung).

42 Vgl. auch *M. Specht-Tromann / D. Tropper*, Zeit des Abschieds. Sterbe- und Trauerbegleitung, Düsseldorf 1998.

5. Den Abschied gestalten helfen und zur Hinwendung zum Leben ermutigen

Ähnlich wie bei der Bestattung wird auch beim Abschied am Totenbett der Trauerprozess insgesamt schon vorabgebildet. Besonders kritisch sind bei der Annäherung an den Tod und dann wieder an das Leben die Übergänge: Das Aufstehen und sich aufmachen zum Sterbezimmer; das Zugehen auf die Tür bzw. das Öffnen der Tür, hinter der man den Leichnam sehen wird; das Eintreten und sich Annähern ans Totenbett; am Schluss vor allem der Moment, in dem man sich vom Leichnam verabschiedet, sich abwendet und – den verstorbenen Menschen für immer zurücklassend – über die Türschwelle und schrittweise wieder ins soziale Leben tritt (erst in die Öffentlichkeit des Krankenhauses, dann in die der Straße). Es handelt sich dabei im Wortsinn um Schwellen- und Übergangssituationen,[43] in denen besonders sensible, oft auch körperliche Stütze und Begleitung nötig ist (vgl. wieder das Fallbeispiel auf der ersten Buchseite). Man sollte die Wege der Hinterbliebenen hier mitgehen, so weit es gewünscht und möglich ist (z.B. immer bis ganz hinaus aus dem Krankenhausausgang) und unterwegs ggf. auch die Übergänge thematisieren, die als nächste bevorstehen (etwa indem man mit den Trauernden bespricht, wie sie die ersten Schritte und Stunden nach dem Verlassen des Krankenhauses gestalten werden, wem sie in der allernächsten Zeit begegnen werden oder wie ihr Leben in den nächsten Tagen aussehen wird).

Im Sterbezimmer selbst kann von rituellen Übergangshilfen Gebrauch gemacht werden. Hier stehen einige säkulare oder säkularisierte Rituale zur Verfügung, die in unserem Kulturkreis üblich sind: etwa letzte Dienste an den Toten wie das Zudrücken der Augen oder das Zudecken des Gesichts mit dem Leichentuch, das Verhüllen von Spiegeln, das Anhalten der Uhr (die Zeit bleibt stehen), das Öffnen des Fensters (damit die Seele freigesetzt wird) etc. Ggf. sollten hier auch Rituale anderer Kulturkreise und evtl. deren MeisterInnen (z.B. PriesterInnen anderer Konfessionen und Religionen) Raum haben. Dasselbe gilt für Privatrituale, die in Gruppen und Familien Tradition haben oder anlässlich des Todesfalls erfunden werden. Evtl. kann, wenn man sich etwas Zeit nimmt, mit den Hinterbliebenen gemeinsam ein Abschiedsritual entwickelt werden; manchmal fehlt dazu nur die Einladung oder ein Gedankenanstoß.

Ich habe bewegende Abschiede miterlebt, die Hinterbliebene selber gestalteten. Etwa, als Freunde und Nachbarn eines Verstorbenen sich im Kreis um das Totenbett versammelten, an den Händen fassten, erst reihum erzählten, wie sie ihn kennengelernt hatten und welches Erlebnis mit ihm ihnen besonders im Gedächtnis war, dann einige Lieder anstimmten, die sie bei ihren Zusammenkünften in seinem Haus oft

43 Ich denke hier an *A. van Genneps* »Rites de Passage«; vgl. Kap. I.2.3.

gesungen hatten, und schließlich einzeln vortraten, um den Verstorbenen zu küssen oder zu berühren und ihm ein Wort des Dankes und des Abschieds zu sagen.
Die christliche Tradition bietet eine Vielzahl von geprägten liturgisch-rituellen Übergangshilfen zur Gestaltung des Abschieds (vgl. Kap. III.2.4). Für besonders geeignet halte ich verschiedene Formen des Segens und solche Formen, die in der Lage sind, auch ambivalente Gefühle gegenüber Gott und gegenüber den Verstorbenen auszudrücken bzw. zu bergen. In Frage kommen dafür z.B. die Klagepsalmen oder agendarische Abschiedsformeln.

Ein Beispiel:[44]
»Wir nehmen nun Abschied von N.N. und bedenken, was uns mit ihm/ihr verbunden hat.
Wer ihn/sie geliebt hat, bewahre die Liebe.
Wen er/sie geliebt hat, danke ihm/ihr und Gott. Denn Menschen, die uns liebhaben, sind Werkzeuge Gottes.
Wer ihm/ihr etwas schuldig geblieben ist in Worten und Taten, bitte um Vergebung.
Wem er/sie etwas schuldig geblieben ist und weh getan hat, möge ihm/ihr vergeben, wie Gott uns vergibt.
Noch einmal zieht vor unserem inneren Auge vorbei, was zwischen uns gewesen und nicht gewesen ist.
Wir danken und klagen und lassen los.
Gott lasse N.N. im Frieden ruhen. (*oder*: ...So gebe euer Abschied euch Frieden.)
Nehmt euren Abschied nun in der Stille.«

Ob beim Segen oder bei anderen Formen von Zuspruch und Vergewisserung – immer sollten nicht nur die Toten, sondern gesondert auch die Lebenden angesprochen werden. Denn es geht nicht nur darum, den Übergang der Verstorbenen von der Sphäre des Lebens zu der des Todes zu begehen, sondern auch umgekehrt: den Übergang der Hinterbliebenen von der Begegnung mit dem Tod zurück ins Leben. Nach der Aussegnung der Toten hat deshalb immer die Segnung und Sendung (!) der Lebenden ins Leben zu folgen. Zu anderen Formen der Ermutigung zur Hinwendung zum Leben verweise ich zurück auf meine Ausführungen eingangs dieses Abschnitts und auf das Fallbeispiel der 17-jährigen Witwe (vgl. o. unter 2., Validation des Verlusts).
Grundsätzlich vergewissere sich, wer christliche Traditionselemente einbringen möchte, vorher unbedingt, welcher Religionsgemeinschaft die Hinterbliebenen angehören!

Ein Kollege stimmte an einem Totenbett das Vaterunser an, um nach eisigem Schweigen der Zugehörigen festzustellen, dass diese praktizierende orthodoxe Juden waren.
Im NICU (Intensivstation für Neu- und Frühgeborene) kommt es gelegentlich zum Eklat, wenn wohlmeinende Schwestern an einem plötzlich sterbenden Kind

44 So in Anlehnung an Abschiedstexte aus Bestattungsagenden.

schnell noch die Nottaufe vorgenommen haben, ohne zu wissen oder zu bedenken, dass die Eltern Muslime sind.

6. Bewältigungsressourcen und Risikofaktoren evaluieren

Die Evaluation gehört unbedingt zu den Aufgaben einer perimortalen Trauerbegleitung. Denn die Erstintervention wird häufig zugleich auch die *letzte* und *einzige* Chance sein, bei der professionelle »KrisenagentInnen« Kontakt zu den Trauernden herstellen können. Es ist kaum zu erwarten, dass Hinterbliebene, die eine fortgesetzte Trauerbegleitung bräuchten, von sich aus die Initiative aufbringen, deren AnbieterInnen aktiv außerhalb ihres häuslichen Umfelds aufzusuchen. Das Gegenteil liegt in der Natur der Sache: Trauernde verbrauchen enorme Energien für ihre inneren Prozesse und ziehen sich oft sozial zurück.

Daher ist nach Möglichkeit die Erstintervention zu nutzen, um zu evaluieren, bei wem aufgrund einer Konzentration von Risikofaktoren ein erschwerter oder komplizierter Trauerverlauf zu erwarten ist. Zu diesem Zweck sucht man mit den Hinterbliebenen das Gespräch über die Belastungen, mit denen sie sich nach dem erlittenen Verlust konfrontiert sehen und über die Ressourcen, die ihnen zur Bewältigung zur Verfügung stehen. Wo keine Risikofaktoren vorliegen, kann diese Sichtung auch als Strukturierungshilfe im Hinblick auf die bevorstehende Trauerarbeit und Alltagsbewältigung nützlich sein. Vorsicht ist geboten, wo sich folgende Umstände abzeichnen:

- Unterdrückung, Vermeidung oder Verzögerung der Trauer (man achte auf die »Gefassten«!).
- Eine besonders komplizierte Beziehung zum/zur Verstorbenen (z.B. starke Abhängigkeit, starke Ambivalenz, starke Konflikthaftigkeit und Ungeklärtheit der Beziehung).
- Besonders traumatisierende Todesumstände (z.B. plötzlicher und unerwarteter, gewaltsamer, stigmatisierter oder sozial nicht wahrgenommener Tod).
- Weitere unbewältigte Trennungskrisen, die die Hinterbliebenen noch belasten.
- Fehlendes unterstützendes soziales Umfeld.

Diese Risikofaktoren können eine Chronifizierung oder Pathologisierung des Trauerprozesses begünstigen. Wenn Trauernde von mehreren davon zugleich betroffen sind, sollte man ihnen eine weiterführende Trauerbegleitung empfehlen und ihnen möglichst auch entsprechendes Adress- und Informationsmaterial mit nach Hause geben.

3.3 Kunstregeln – *Do*s und *Don't*s

Im Folgenden werden einige Verhaltenstipps für die Praxis perimortaler Trauerbegleitung zusammengestellt. Es handelt sich teils um Extrakte aus, teils um Ergänzungen zu den obigen Ausführungen. Selbstverständlich gilt auch hier: Ausnahmen bestätigen die Regel.

Die Person beachten, die Seelsorge angefordert hat
Wer zu einem Sterbefall nicht aufgrund eines automatisierten Alarmierungs- oder Einsatzplans, sondern aufgrund der Initiative einer Einzelperson gerufen wurde, sollte immer die anfordernde Person selbst beachten und sich nach dem Einsatz ggf. auch ihr seelsorglich zuwenden. Die alarmierende Person hat die betreffende Situation so eingeschätzt, dass ein Seelsorgebedarf bestehe – möglicherweise hat sie auch selber einen solchen Bedarf. Auch für professionelle HelferInnen sind Sterbefälle Belastungssituationen. Es kann hilfreich sein, sie z.B. bei Abschiedsritualen am Totenbett in die Hinterbliebenengemeinschaft mit einzubeziehen oder ihnen, nachdem die Zugehörigen die Station verlassen haben, Gelegenheit zum Ventilieren eigener Betroffenheiten oder Identifikationen zu geben.

Immer »tot«, »gestorben« sagen
Viel zu häufig wird der Tod nicht angesprochen. Statt deutlicher Begriffe benutzt man vor den Zugehörigen Euphemismen (»Sie ist eingeschlafen.«) und Umschreibungen (»Wir haben alles versucht, aber wir konnten leider nichts mehr für ihn tun – mein Beileid.«); man spricht von den Toten nur im Flüsterton; etc. – bis hin dazu, dass Bekannte, wenn ihnen Trauernde entgegenkommen, die Straßenseite wechseln, weil sie nicht wissen, was sie sagen sollen. Solches Vermeidungsverhalten vermittelt Trauernden den Eindruck, als seien der Tod und die Trauer, die sie erleben, unaussprechlich, unsagbar und sozial weder erträglich noch kommunizierbar. Mit dem, was niemand sagen oder hören will, bleiben sie allein. Das klare Aussprechen der Tatsachen bzw. der Wörter »tot«, »gestorben« etc. dagegen hilft ihnen einerseits zur Realisierung des Todes und zeigt ihnen andererseits, dass ihr(e) GesprächspartnerIn bereit ist, mit ihnen darüber zu reden.

Lindern heißt behindern
Das Bedürfnis vieler HelferInnen, den Schmerz Trauernder zu lindern und zu trösten, ist verständlich, jedoch oft hinderlich. Was trösten soll, schlägt leicht ins Gegenteil um: Die Gefühle der Trauernden werden beschwichtigt und ihr Verlust verharmlost. Oft bringt man Trauernde damit gegen sich auf oder zum Schweigen, weil sie sich nicht verstanden oder nicht ernstgenommen fühlen. (»Sie hatten eine Fehlgeburt? Nehmen Sie es nicht so schwer! Sie sind ja noch so jung, Sie können doch wieder schwanger werden.«)
Die Trauerreaktion lindern heißt oft, sie behindern. Also gilt: Den Verlust nicht schmälern, verharmlosen oder beschönigen; Gefühle nicht beschwichtigen. Nicht von anderen erzählen, denen es ähnlich oder

noch schlechter geht; nicht ablenken und (ver)trösten (»Das Leben geht weiter«). Wie bedeutend der Verlust, wie intensiv die Gefühle und wie schwer das Krisenerleben der Trauernden ist, will gewürdigt werden.

Trauerreaktionen fördern, nicht fordern

SeelsorgerInnen sollen für Trauerreaktionen Erlaubnisräume öffnen und sie validieren. Sie sollen aber keine spezifische Erwartungen und keine Trauer-Gebote an Hinterbliebene herantragen (»Solange du nicht dies oder das empfunden und getan hast, hast du nicht ›richtig‹ getrauert«) – weder explizit noch implizit. Jeder Mensch trauert anders. Und manche möchten ihre Trauer nicht (oder auch nur nicht jetzt, nicht hier, nicht mir) zeigen.

Also gilt: Trauerreaktionen fördern, nicht fordern. Verstandenes wiederholen und Mitgefühl äußern, zum Weitersprechen ermuntern, Körpersignale aufnehmen, bestätigen, dass es in Ordnung und verständlich ist, so zu empfinden, zu denken und zu handeln, wie das Gegenüber es ausdrückt. Aber nicht drängen, nicht bohren, nicht dramatisieren und schon gar nicht kritisieren, wenn nicht »genügend« Gefühle geäußert werden (»Na, Ihnen scheint der Tod Ihrer Mutter ja nicht besonders nahe zu gehen.«)!

Nichts voraussetzen

SeelsorgerInnen sollten niemals meinen, sie wüssten schon, was ihre KlientInnen erleben. Auch wer von der Krankenschwester über die Vorgeschichte des Sterbefalls gut gebrieft ist, sollte sich immer von den Zugehörigen selbst *ihre* Geschichte erzählen lassen. Und auch wer bei anderen KlientInnen oder im eigenen Leben schon sehr ähnliche Geschichten erlebt hat, sollte nicht meinen zu wissen, wie jemand anders sie erlebt. Auch wenn z.B. der Seelsorger und der Klient beide ihren Bruder im selben Alter und auf dieselbe Art verloren haben, ist die Erfahrung für beide niemals dieselbe, denn der Seelsorger ist nicht derselbe wie der Klient, der Bruder des einen ist nicht wie der des anderen, die Qualität der Beziehung zwischen den jeweiligen Brüdern war in beiden Fällen verschieden, und die Trauer wird verschieden sein. Das hängt eng mit der nächsten Regel zusammen:

Niemals sagen: »Ich weiß genau, wie Sie sich fühlen / was Sie durchmachen«

InterpretatorInnen des eigenen Erlebens sind immer die Betroffenen selbst. SeelsorgerInnen können Deutungs*angebote* machen, die die Betroffenen als für sie stimmig annehmen oder als nicht stimmig ablehnen können – aber *Zuschreibungen* sind meist fehl am Platz und werden oft als respektlos erlebt. Dasselbe gilt für Appelle und ungebetene Ratschläge.

Sein und sein lassen statt tun und machen
Diese Regel fasst einige der obigen zusammen. Die Chance der Seelsorge ist, Tod, Trauer und die damit verbundenen Reaktionen nicht verhindern, aufhalten, lindern, ändern, etwas dagegen tun oder davor fliehen zu müssen, sondern sie schlicht aushalten, sich mitteilen lassen und er- bzw. mittragen zu können. Wer selber im Angesicht von Tod und Trauer nicht aus- und innehalten, nicht *sein* und sein-*lassen* kann, sondern sich in Gerede oder Geschäftigkeit flüchten muss, wer die Situation kontrollieren, managen oder verändern anstatt akzeptieren will, wird anderen kaum das Vertrauen vermitteln können, dass wir auch hier nicht vor dem Nichts stehen, sondern vor Gott, dem Grund und Ziel des Seins, der uns im Leben und im Sterben trägt und hält.

Verlässlich sein
Hinterbliebene sind von ihren Verstorbenen soeben verlassen worden. Deshalb sollten SeelsorgerInnen sie nicht ihrerseits abrupt verlassen. Die Verabschiedung ist sorgfältig zu gestalten. Wo die Begegnung unterbrochen werden muss (etwa weil man zu einem anderen Sterbe- oder Notfall gerufen wird) oder Anschlusskontakte angeboten werden, sollte man Trauernde nicht im Ungewissen lassen, sondern die Situation klärende Aussagen und verbindliche Verabredungen treffen, die man dann auch zuverlässig einhält. (»Ich muss jetzt leider zu einem Notfall. In einer Stunde bin ich wieder bei Ihnen.« »An folgendem Datum feiern wir einen Gedenkgottesdienst für die im Krankenhaus Verstorbenen. Ich werde Ihnen eine Woche vorher eine Karte schicken und Sie dazu einladen.« »Am Geburtstag Ihres verstorbenen Mannes rufe ich Sie an, um Sie zu fragen, wie es Ihnen geht.« »Wenn Sie möchten, können Sie mich dann und dann da und da erreichen.« Oder: »Ich verabschiede mich jetzt von Ihnen und kann Ihnen leider selbst keine weitere Begleitung anbieten. Bitte wenden Sie sich an ...«.)

3.4 Mit begrenzten Möglichkeiten

Perimortale Trauerbegleitung würde idealerweise in jedem Sterbefall angeboten, ist vordringlich aber mindestens in Krankenhäusern sowie mit zweiter Priorität in Alten- und Pflegeheimen zu institutionalisieren und dort als Regelangebot vorzuhalten.[45]
Eine systemische Analyse des Kontexts Krankenhaus bzw. Alten- und Pflegeheim unter institutionellen und organisationsdynamischen Gesichtspunkten bzw. eine entsprechende systemische Verortung des hier

45 Eine dem schon vorausgehende Begleitung der Sterbenden und der antizipatorischen Trauer ihrer Zugehörigen ist natürlich ebenso wünschens- bzw. begrüßenswert, aber nicht Gegenstand meines Beitrags. Zum Bereich der Sterbebegleitung gibt es – im Unterschied zu meinem Thema – auch ausreichende Literatur.

vorgeschlagenen Konzepts kann im Rahmen dieses Buches nicht mehr erwartet und geleistet werden.[46] Dasselbe gilt für eine kybernetische oder auch nur poimenische Analyse der institutionellen Seelsorge im Verhältnis zur parochialen.[47] Meine Studie bietet Begründung und Entwurf perimortaler Trauerbewältigung. Die Implementierung mag andernorts weiterverfolgt werden. Ich kann hier nur noch skizzieren, wie perimortale Trauerbegleitung unter besseren strukturellen Bedingungen als den gegenwärtig in Deutschland bestehenden vorzustellen ist und was mit den begrenzten Möglichkeiten, die uns hier derzeit zur Verfügung stehen, angefangen werden kann.

Perimortale Trauerbegleitung als Regelangebot – so habe ich es in Großkliniken in USA, in denen ich gearbeitet habe, erlebt und praktiziert.[48] Ermöglicht wurde dies durch eine im Vergleich zu deutschen Verhältnissen dichtere Personaldecke und durch eine bessere strukturelle Einbindung der Seelsorge-Abteilung in die Institution Krankenhaus. Wir arbeiteten mit Teams von zwischen acht und fünfzehn KollegInnen, so dass im Durchschnitt für nicht mehr als ca. 200 Betten je ein(e) SeelsorgerIn zur Verfügung stand. Wir waren nicht von den Kirchen im Krankenhaus platziert, also nicht Gäste einer Fremdinstitution, sondern vom Krankenhaus selbst angestellt und in dessen Administration und Organisation integriert. Dazu gehörte auch die Einbindung in sämtliche *policies* und *procedures.* Wie die diensthabenden Chirurgen, OP-Schwestern etc. wurden wir protokollarisch zu jedem Notfall (Atemstillstand, Herzstillstand, Notoperation, Eintreffen des Notarztwagens im ER etc.) gerufen. An 365 Tagen im Jahr war rund um die Uhr immer ein(e) SeelsorgerIn zum Bereitschaftsdienst im Krankenhaus anwesend und über Pieper ständig erreichbar.

Perimortale Trauerbegleitung kam täglich in verschiedener Weise vor. Wenn stationäre PatientInnen im Sterben lagen, begleiteten wir sie zum Sterben, z.T. gemeinsam mit ihren Zugehörigen, mit denen wir nach dem Tod dann auch den Abschied gestalteten. Wenn PatientInnen ohne Beisein von Zugehörigen verstorben waren (z.B. in der Nacht), wurden die Zugehörigen verständigt und kamen oft noch ins Krankenhaus, um ihre Toten zu sehen und von ihnen Abschied zu nehmen. Oft

46 Vgl. Ansätze zu beidem bei *C. Morgenthaler*, Sterben im Krankenhaus – systemische Aspekte, in: WzM 52 (2000), 408–424; sowie bei *K. Brauner*, Wenn Organisationen sich verändern, in: WzM 53 (2001), 507–522.

47 Zu den kirchentheoretischen Grundlagen vgl. die bereits zitierte Kirchentheorie von *R. Preul.*

48 Es handelte sich um die University of Chicago Hospitals in Chicago, Illinois und um The Queen's Medical Center in Honolulu, Hawaii. Der hier beschriebene Dienst wird in vielen Großkrankenhäusern US-amerikanischer Metropolen geleistet, insbesondere in solchen, an denen Klinische Seelsorge-Ausbildung angeboten wird und neben den hauptamtlichen Krankenhaus-SeelsorgerInnen auch Gruppen von KollegInnen tätig sind, die dort drei, sechs, neun, zwölf oder 24 Monate berufsbegleitender Weiterbildung absolvieren.

hatten die Betroffenen zuvor Kontakt zur Krankenhaus-Seelsorge gehabt, wenn nicht zu der Person im Bereitschaftsdienst, so doch zu den für die betreffende Station regulär zuständigen KollegInnen. Wenn akute Krisen bei stationären oder mit dem Notarztwagen eingelieferten PatientInnen eintraten und das medizinische Personal hinter verschlossenen Türen um das Überleben der PatientInnen kämpften, waren wir in der Regel für die Betreuung der Zugehörigen zuständig, sorgten z.B. für den Informationsfluss zwischen ihnen und dem ER oder dem OP, begleiteten sie in der Wartezeit zwischen Hoffen und Bangen und waren ggf. während der ärztlichen Todesmitteilung und in den ersten Stunden unmittelbar danach bei ihnen. Die Kliniken hatten eigene Warte- und Beratungsräume für Zugehörige eingerichtet, in denen die seelsorgliche Begleitung vor den Augen der Öffentlichkeit geschützt stattfinden konnte.
Gründe für diese ungleich besseren Bedingungen der Krankenhaus-Seelsorge in amerikanischen Großkliniken dürften u.a. die folgenden sein: Religion spielt in den USA eine größere Rolle sowohl im öffentlichen Leben als auch in Gesundheits- und Therapiekonzepten. Vor allem aber befinden sich Krankenhäuser spätestens seit der Reagan-Administration in einer wirtschaftlichen Wettbewerbssituation, in der sie um PatientInnen werben müssen. Seelsorgliche Dienstleistungen lohnen sich hier für das Unternehmen Krankenhaus: Sie erreichen einen sehr hohen Grad an Kundenbindung, weil die Klientel sich in Krisensituationen gut betreut fühlt, erfordern aber im Vergleich zu den technikintensiven medizinischen Leistungen nur geringe finanzielle Investitionen.
In Deutschland verändert sich seit den jüngsten Gesundheitsreformen die Marktsituation von Krankenhäusern. Wie in den USA müssen sie auch zunehmend wirtschaftlicher arbeiten und stehen im Wettbewerb um PatientInnen. Jedoch beginnen Klinikleitungen erst ganz vereinzelt, einen Wettbewerbsvorteil im seelsorglichen Serviceangebot zu erkennen und eine Eigenfinanzierung von Krankenhaus-Seelsorgestellen zu erproben. Noch sind es überwiegend die Kirchen, die die vergleichsweise wenigen Krankenhaus-Seelsorgestellen finanzieren, und auch sie haben die Chancen der Mitgliederbindung und -gewinnung durch institutionelle Seelsorge noch nicht erkannt. Landeskirchliche Statistiken über die Entwicklung der Stellenzahl im Verhältnis zur Bettenzahl liegen nicht vor, da die Krankenhaus-Seelsorge meist den Kirchenkreisen obliegt. Man kann aber beobachten, dass in den zurückliegenden Jahren knapper werdender kirchlicher Geldmittel Krankenhaus-Seelsorgestellen in der Regel nicht vermehrt, sondern noch stärker als Gemeindepfarrstellen verringert worden sind. Eine Umfrage, die ich 1994 unter Krankenhaus-SeelsorgerInnen in der Nordelbischen Kirche durchgeführt habe, ergab, dass in den Häusern, die *überhaupt* mit hauptamtlicher Krankenhaus-Seelsorge versorgt waren, durch-

schnittlich über 550 Betten auf eine Seelsorgestelle kamen;[49] dieser Schlüssel dürfte sich seither eher verschlechtert als verbessert haben. Viele kleinere, nicht konfessionelle Krankenhäuser waren und sind hauptamtlich unversorgt. Zahlenverhältnisse von 600–1000 Betten auf eine hauptamtliche Krankenhaus-Seelsorgestelle sind keine Seltenheit. Noch ungünstiger als der Stellenschlüssel wirkt sich aber die steigende PatientInnenfluktuation aus. Schon 1994 errechnete der Fachausschuss Krankenhausseelsorge des Kirchenkreisverbandes Hamburg, dass in Akut-Krankenhäusern auf ein Bett zwei MitarbeiterInnen und – bei einer Auslastung von durchschnittlich 85 % und einer PatientInnen-Verweildauer von durchschnittlich 11,4 Tagen – jährlich 27,2 PatientInnen kamen.[50] D.h.: Je 100 Betten waren jährlich knapp 3000 Menschen seelsorglich zu versorgen – Zugehörige *nicht* eingerechnet. Inzwischen verschiebt sich das Verhältnis von Bettenzahl und Zahl der zu versorgenden Menschen immer ungünstiger, weil die durchschnittlichen PatientInnen-Verweildauern durch die Reformen im Gesundheitswesen drastisch sinken. Wie für den medizinischen und pflegerischen Bereich gilt auch für die Seelsorge, dass mit gleichbleibend niedrigem oder sogar vermindertem Personalbestand eine ständig wachsende Zahl von Menschen zu versorgen ist.

Wie in Buchteil I unter psychologischen, soziologischen und theologischen Aspekten gezeigt, täten die Kirchen gut daran, zur Institutionalisierung einer perimortalen Trauerbegleitung vor allem im Krankenhaus mehr qualifiziertes Seelsorge-Personal einzusetzen. Hier sind sie gefragt und gefordert, Menschen in existentiellen Übergangskrisen anzusprechen. Hier haben sie heute die kirchliche Zuständigkeit im Trauerfall wahrzunehmen und ihre Expertise einzubringen. Erste Schritte könnten Modellversuche in einzelnen Großkliniken sein, in denen einige zusätzliche, pastoralpsychologisch qualifizierte oder begleitete SeelsorgerInnen eingesetzt würden.

Perimortale Trauerbegleitung als Regelangebot – das kann unter den gegenwärtigen Bedingungen dünner Personaldecke und schwacher institutionell-struktureller Einbindung der Krankenhaus-Seelsorge in deutschen Krankenhäusern nicht geleistet werden. Selbst in Großkliniken mit zwei bis vier hauptamtlichen Stellen kann kaum ein ständiger Bereitschaftsdienst eingerichtet werden; erst recht nicht in kleineren Kliniken mit einer halben Krankenhaus-Seelsorgestelle.

Was aber können engagierte SeelsorgerInnen unter solchen Bedingungen schon jetzt mit begrenzten Möglichkeiten initiieren? Dazu seien

49 Sämtliche Krankenhaus-SeelsorgerInnen wurden angeschrieben; 70 % beantworteten die Anfrage.

50 Im Sprengel Hamburg der Nordelbischen Evangelisch-Lutherischen Kirche intern veröffentlichtes Papier des Fachausschusses Krankenhausseelsorge des Kirchenkreisverbandes Hamburg vom 21.3.1994, korrigierte Fassung vom Juni 1994.

abschließend – ohne jeden Anspruch auf Vollständigkeit – einige wenige Überlegungen genannt:

1. Man kann exemplarisch in Schwerpunktbereichen arbeiten, etwa indem man ausschließlich der Notaufnahme und/oder der Intensivstation einen regelmäßigen Bereitschaftsdienst für Sterbefälle anbietet.
2. Man kann Zugehörige, die man zum Zeitpunkt des Todes nicht erreicht hat, nachträglich ansprechen und an den Ort des Geschehens zurückholen. Etwa, indem man regelmäßige Gedenkgottesdienste für die im vergangenen Monat oder im vergangenen Vierteljahr im Krankenhaus Verstorbenen einrichtet. Oder indem man zu Anlässen, an denen Hinterbliebenen das Fehlen der Verstorbenen besonders schmerzlich bewusst wird (etwa zum ersten Weihnachtsfest nach dem Tod oder zum ersten Geburts- oder Todestag der Verstorbenen), Briefe an sie schickt, die außer einer Beileidsbekundung auch konkrete Gesprächs- und Veranstaltungsangebote enthalten.
3. Man kann Gesprächs- bzw. Selbsthilfegruppen für Zugehörige sterbender und verstorbener PatientInnen einrichten.
4. Man kann Muliplikationseffekte der eigenen Bemühungen erreichen, etwa, indem man ÄrztInnen und Pflegepersonal für den Umgang mit Zugehörigen im Sterbefall zurüstet oder indem man PastorInnen der umliegenden Gemeinden in den Bereitschaftsdienst mit einbezieht. Auch Ehrenamtliche können beteiligt werden, wenn man sie für diesen Dienst entsprechend zurüstet und supervisorisch begleitet. Dies ist für den Bereich der Sterbebegleitung in Hospizen bereits erfolgreich erprobt und analog auf die Trauerbegleitung übertragbar.
5. Man kann darauf hinwirken, dass nicht nur in der Krankenhaus-Seelsorge, sondern allgemein in der Kirche die *ars moriendi* wieder mehr in den Blick genommen und gepflegt wird. Wenn in Verkündigung und Unterricht gelehrt wird, wie Christen mit Sterben und Tod umgehen, wenn die Gläubigen in Trauerverhalten und Trauerbegleitung unterwiesen werden, dann können sie auch einander am Totenbett PriesterInnen und SeelsorgerInnen sein.

Literatur

(*Kursivschreibungen* weisen darauf hin, dass es sich bei der angegebenen Quelle um eine Zeitschrift handelt.
Groß- und Kleinschreibungen in anglo-amerikanischen Titeln entsprechen jeweils der Schreibweise des Originals.
Häufig zitierte Literatur wurde im Buch nur bei der ersten Zitation vollständig angegeben, danach mit einem Kurztitel.)

Abraham, K., Versuch einer Entwicklungsgeschichte der Libido auf Grund der Psychoanalyse seelischer Störungen (1924), in: *ders.*, Psychoanalytische Studien, Bd. 1 (Conditio humana), Frankfurt ^{2}1971, 113–183

Aden L. / Ellen, J.H. (Ed.s), Turning Points in Pastoral Care: The Legacy of Anton Boisen and Seward Hiltner, Grand Rapids 1990

Ahuis, F., Der Kasualgottesdienst. Zwischen Übergangsritus und Amtshandlung, Stuttgart 1985

Ahrens, R., Beitrag zur Entwicklung des Physiognomie- und Mimikerkennens, in: *Zeitschrift für Experimentelle und Angewandte Psychologie* 11 (3) (1954), 412–454

Alheit, P., Religion, Kirche und Lebenslauf. Überlegungen zur »Biographisierung« des Religiösen, in: *ThPr* 21 (1986), 130–143

Arbeitsstelle für Gottesdienst und Kindergottesdienst der Evangelischen Kirche im Rheinland (Hg.), Das ewig Licht scheint da herein. Rituale für kranke, alte und sterbende Menschen, Düsseldorf 1998

Archer, J., The sociobiology of bereavement. A reply to Littlefield / Rushton, in: *Journal of Personality and Social Psychcology* 55 (1) (1988), 272–278

Averill, J.R., Grief. Its Nature and Significance, in: *Psychological Bulletin* 70 (1968), 721–748

Averill, J.R. / Nunley, Elma P., Grief as an emotion and as a disease. A social-constructionist perspective, in: *Stroebe, M. / Stroebe, W. / Hansson, R.O.* (Eds.), Handbook of bereavement. Theory, research and intervention, Cambridge (Cambridge University Press) 1993, 77–90

Bärsch, J. / Kowalski, B., Trauernde trösten – Tote beerdigen, Stuttgart 1997

Barrett, C.J. / Schneweiss, K.M., An empirical search for the stages of widowhood, in: *Omega* 11 (2) (1980/81), 97–104

Beck, U., Risikogesellschaft. Auf dem Weg in eine andere Moderne, Frankfurt a.M. 1986

Becker, H. u.a. (Hg.), Im Angesicht des Todes. Ein interdisziplinäres Kompendium, 2 Bde., St. Ottilien 1987

Becker, P., Moderne Gesellschaft im Umgang mit Sterben und Tod – Hospize. Hospitalisierung des Todes?, in: *Nassehi, A. / Pohlmann, R.* (Eds.), Sterben und Tod. Probleme und Perspektiven der Organisation von Sterbebegleitung, Münster/Hamburg 1992

Bernhard, J., The Sex Game, Ebglewood Cliffs, N.J. (Prentice Hall) 1968

Bellak, L. / Small, L., Emergency Psychotherapy and Brief Psychotherapy, New York 1965

Benjamin, B. / Fitzgerald, R.G., Broken heart. A statistical study of increased mortality among widowers, in: *British Medical Journal* 1 (1969), 740

Beutel, M. / Deckardt, R. / von Rad, M. / Weiner, H., Grief and depression after miscarriage. Their separation, antecedents, and course, in: *Psychosom Med* 1995; 57 (6), 517–526

Bloth, P.C., Praktische Theologie, Stuttgart 1994

Boer, O.F., de / Wal, J., van der, Geholpen worden door te helpen. Een onderzoek naar het functioneren van rouwgroepen, Leiden University 1988

Boisen, A.T., Out of the Depths. An Autobiographical Study of Mental Disorder and Religious Experience, New York 1960

– The Exploration of the Inner World, New York 1962

Bojanovsky, A. / Bojanovsky, J., Zur Verwitwung in Mannheim (1983), in: *Howe/Ochsmann*, 1. Tagung, 349–352

Bojanovsky, J., Verwitwete. Ihre gesundheitlichen und sozialen Probleme, Weinheim/München 1986

Bowlby, J., Attachment and Loss, Vol 1, Attachment, New York (Basic Books) 1969

– Attachment and Loss, Vol. 2, Separation: Anxiety and Anger, New York (Basic Books) 1973

– Attachment and Loss, Vol. 3, Loss: Sadness and Depression, New York (Basic Books) 1980

– Das Glück und die Trauer. Herstellung und Lösung affektiver Bindungen, Stuttgart 1982 (am. Originalausgabe: The Making and Breaking of Affectional Bonds, London [Tavistock Publications] 1979)

– Das Trauern in der Kindheit und seine Implikationen für die Psychiatrie (1961), a.a.O., 62–88 (Erstveröffentlichung unter dem Titel: Childhood Morning and its Implikations for Psychiatry, in: *American Journal of Psychiatry* 118 (1961), 481–498)

– Die Auswirkungen des Abbruchs einer affektiven Bindung auf das Verhalten (1968), a.a.O., 89–104 (Erstveröffentlichung unter dem Titel: Effects on Behaviour of Disruption Influences on Behaviour, in: *J.M. Thoday / A.S. Parkes* (Eds.), Genetic and Environmental Influences on Behaviour, Edinburgh (Oliver/Boyd) 1968

– Ein ethologischer Ansatz zur Erforschung der kindlichen Entwicklung (1957), in: *ders.*, Glück und Trauer, 40–61 (Erstveröffentlichung unter dem Titel: The Contribution of Current Theories to an Understanding of Child Development, in: *British Journal of Medical Psychology* 30 (1957), 230–240

– Grief and mourning in infancy and early childhood, in: *Psychoanalytic Study of the Child* 15 (1960), 9–52

– Separation Anxiety, in: *International Journal of Psycho-Analysis 41* (1960), 89–113

– Trennung und Verlust innerhalb der Familie, in: *ders.*, Glück und Trauer, 105–129

Bowlby, J. / Robertson, J., Responses of young children to separation from their mothers, in: *Courrier de la Centre Internationale de l'Enfance* 2 (1952), 131–142

Brauner, K., Wenn Organisationen sich verändern, in: *WzM* 53 (2001), 507–522

Bron, B., Pathologische Trauerreaktionen nach Verlust einer nahestehenden Person bei endogenen und neurotisch-reaktiven Depressionen im höheren Lebensalter, in: *Howe/Ochsmann*, 2. Tagung, 27–41

Buckingham, R.W., Hospiz – Sterbende menschlich begleiten, Freiburg i.Br. 1993

Burton, R., The Anatomy of Melancholy (1621), Nachdruck New York (Random House) 1971

Cameron, J. / Parkes, C.M., Terminal care. Evaluation of the effects on surviving familiy of care before and after bereavement, in: *Postgraduate Medical Journal* 59 (1983), 73–78

Caplan, G., Principles of Preventive Psychiatry, New York 1964

Clayton, P., Mortality and Morbidity in the First Year of Bereavement, in: *Archives of General Psychiatry* 30 (1974), 747–750

Clayton, P. et al., A Study of Normal Bereavement, in: *American Journal of Psychiatry* 125 (1968), 168–178

Cleiren, M.P., Bereavement and Adaptation: A Comparative Study on the Aftermath of Death, Washington/Philadelphia/London 1993 (Erstausgabe Leiden University, DSWO Press, 1991)

Clinebell, H., Modelle beratender Seelsorge, München [5]1985 (am. Originalausgabe: Basic Types of Pastoral Counseling, Nashville, NY 1966)

Correll, W. (Hg.), Programmiertes Lernen und Lehrmaschinen, Braunschweig [4]1965

Dennis, W., An Experimental Test of Two Theories of Social Smiling in Infants, in: *Journal of Social Psychology* 6 (1935), 214–223

Deutsch, Helene, Absence of Grief, in: *Psychoanalytic Quarterly* 6 (1937), 12–22

Dirschauer, K., Dem Tod Paroli bieten: Bestatter werden Unternehmer und Trauerbegleiter zugleich, in: *ZeitZeichen 1 (2001), 50–52*

Doyle, P., Grief counseling and sudden death. A manual and guide, Springfield, Illinois (Charles C. Thomas), 1980

Durkheim, E., Suicide. A Study in Sociology, Glencoe, Illinois (Free Press) 1951 (Erstveröffentlichung 1897)

Engel, G.L., Is grief a disease?, in: *Psychosomatic Medicine* 23 (1961), 18–22

– Psychological Development in Health and Disease, Philadelphia 1962

Eysenck, H.J., Single-trial conditioning, neurosis and the Napalkov phenomenon, in: *Behavior Research and Therapy* 5 (1967), 63–65

Faber H. / van der Schoot, E., Praktikum des seelsorgerlichen Gesprächs, Göttingen 1968

Farr, W., Influence of marriage on the mortality of the French People, in: *Humphreys, N.*, Vital Statistics. A Memorial Volume of Selections from Reports and Writings of William Farr, New York (Scarecrow Press) 1975 (Erstveröffentlichung 1858)

Fertig, B., »Entschuldigen Sie, sind Sie die Witwe Maier?« – Von der Schwierigkeit, eine Todesnachricht zu überbringen, in: *ders. / H. v. Wietersheim* (Hg.), Menschliche Begleitung und Krisenintervention im Rettungsdienst, Edewecht/Wien 1997, 196–208

– »Mit Dir stirbt auch ein Teil von mir ...« – Begegnung mit Tod und Trauer im Rettungsdienst, a.a.O., 209–221

Festinger, L., A theory of social comparison processes, in: *Human Relations* 7 (1954), 117–140

Fitchett, G., It's Time to Bury the Stage Theory of Death and Dying, in: *Oncology Nurse Exchange II* (3) (1980), 1–4
– The First Moments of Grief, unveröffentlichtes Manuskript eines Vortrags, gehalten bei der Fourth Annual Conference of the Forum for Death Education and Counseling, November 6 (1979), Cambridge, MA; erhältlich beim Verfasser, Department of Religion and Health, Rush-Presbyterian-St. Luke's Medical Center, Chicago, Illinois, 60612
– The First Moments Of Grief. What May We Expect?, in: *APHA Bulletin* 44 (2) (1980), 123–130
Freud, A., Discussion of Grief and Mourning in Infancy and Early Childhood < by John Bowlby, in: *Psychoanalytic Study of the Child* 15 (1960), 53–62
Freud, A. / Burlingham, D., War and Children, New York (International University Press) 1943
Freud, S., Die Traumdeutung (1900), in: *ders.*, Gesammelte Werke, Bd. 2/3, Frankfurt [4]1967
– Totem und Tabu (1912/13), in: *ders.*, Gesammelte Werke, Bd. 9, Frankfurt [4]1968,122–194
– Zeitgemäßes über Krieg und Frieden (1915), in: *ders.*, Gesammelte Werke, Bd. 10, Frankfurt [4]1967, 324–355
– Vergänglichkeit (1916), in: *ders.*, Gesammelte Werke, Bd. 12, Frankfurt [3]1966, 227–268
– Trauer und Melancholie (1916), in: *ders.*, Gesammelte Werke, Bd. 10, Frankfurt [4]1967, 428–446
Fried, A., Wo man in Frieden sterben kann. Die Hospizbewegung, Wuppertal 1988
Fulcomer, D.M., The Adjustive Behavior Of Some Recently Bereaved Spouses, Philosophische Dissertation, Northwestern University, Evanston, Illinois 1942.
Garfield, C.A. (Ed.), Psychosocial Care of the Dying Patient, New York (McGraw-Hill) 1978
Gastager, H. (Hg.), Hilfe in Krisen. Wege und Chancen einer personalen Krisenintervention, Göttingen 1982
Gauthier, J. / Marshall, W.L., Grief. A Cognitive-Behavioral Analysis, in: *Cognitive Therapy and Research* 1 (1977), 39–44
Gauthier, J. / Pye, C., Graduated Self-Exposure in the Management of Grief, in: *Behav. Anal. Modif.* 3 (1979), 202–208
Gennep, van, A., Übergangsriten (Les Rites de Passage), Frankfurt / New York 1986 (französische Originalausgabe Paris 1909)
Geuß, H., Morbidität und Mortalität bei Verwitwung, in: *Howe*, Sterben – Tod – Trauer, 111–119
Glick, I. / Weiss, R. / Parkes, C.M., The first year of bereavement (»Harvard-Studie«), New York (Wiley and Sons) 1974
M. Goin / R. Burgoyne / J. Goin, Timeless attachment to a dead relative, in: *American Journal of Psychiatry* 136 (1979), 988–989
Goldbrunner, H., Trauer und Beziehung. Systemische und gesellschaftliche Dimensionen der Verarbeitung von Verlusterlebnissen, Mainz 1996
Gorer, G., Death, Grief, and Mourning in Contemporary Britain, London (Cresset) 1965
Grötzinger, A. / Luther, H. (Hg.), Religion und Biographie. Perspektiven zur gelebten Religion, München 1987
Härle, W., Dogmatik, Berlin / New York 1995
Hansson, R.O. /Stroebe, M. / Stroebe, S., Bereavement research. A Historical Introduction, in: *Journal of Social Issues* 44 (1988), No. 3, 1–18

Harlow, H.F. / Harlow, M.R., The Affectional Systems, in: *A.M. Schrier / H.F. Harlow / F. Stollnitz (Ed.)*, Behaviour of Non-Human Primates, Vol. 2. New York / London (Academic Press) 1965

Harlow, H.F. / Zimmermann, R.R., Affectional Responses in the Infant Monkey, in: *Science* 130 (1959), 421–432

Harsch, H. (Hg.), Seelsorge als Lebenshilfe. Studien zu Fragen der praktischen Theologie, Heidelberg 1965

Hartmann, J., Lautlos und unbemerkt. Der plötzliche Kindstod, München 1990

Heller, A. (Hg.), Kultur des Sterbens. Bedingungen für das Lebensende gestalten, Freiburg i.Br. 1994

Herms, E., Erfahrbare Kirche. Beiträge zur Ekklesiologie, Tübingen 1990

– Ist Religion noch gefragt? in: *ders.*, Erfahrbare Kirche, 25–48

– Luther als Seelsorger, in: *ders.*, Erfahrbare Kirche 222–238

– Pastorale Beratung als Vollzug theologischer Anthropologie, in: *WzM* 29 (1977), 202– 223

Hochschild, A.R., Emotion work, feeling rules, and social structure, in: *American Journal of Sociology* 85 (1979), 551–75

Hodgkinson, P.E., Abnormal grief – the problem of therapy, in: *British Medical Psychology* 55 (1982), 29–34

Holl, S.H., Witwen und ihre Probleme, Köln 1975

Holst, L.E. (Ed.), Hospital Ministry. The Role of the Chaplain Today, New York (Crossroad) 1992

Homer, Odyssee, Elftes Buch, in der Übertragung von J.H. Voss, Hg. *P. von der Mühll*, Emil Vollmer Verlag, Österreich (keine Angaben zu Erscheinungsort und -jahr im Band; es handelt sich um ein Imprint des Phaidon-Verlages Essen), 140–157

Horowitz, M.J., Psychological response to serious life events, in: *H.J. Parad / H.L. Resnik / L.G. Parad* (Eds.), Emergency and disaster management. A mental health sourceback, Bowie (Maryland) 1979, 259–269

Horowitz, M.J., A model of mourning. Changes in schemas of self and other, in: *Journal of the American Psychoanalytic Association* 38 (2) (1989), 297–324

Howe, J. / Ochsmann, R. (Eds.), Tod – Sterben – Trauer. Lehrbuch der psychologischen und sozialen Alternswissenschaft, Bd. 4, Frankfurt 1984

– Tod – Sterben – Trauer. Bericht über die 1. Tagung zur Thanato-Psychologie vom 4.–6. November 1982 in Vechta, Eschborn 1985

– Trauer – Ontologische Konfrontation. Bericht über die 2. Tagung zur Thanato-Psychologie vom 23.–24. November 1989 in Osnabrück, Stuttgart 1991

M. Irwin / J. Pike (1993), Bereavement, depressive symptoms, and immune function, in: *Stroebe/Stroebe/Hansson*, Handbook, 160–171

Jacobs, S. / Kim, K., Psychiatric complications of bereavement, in: *Psychiatric Annals* 20 (1990), 314–317

Jacobson, G.F., Crisis Intervention from the viewpoint of the Mental Health Professional, in: *Pastoral Psychology* 21 (1970), Nr. 203, 21–28

Jacobson, G.F. et al., The Scope and Practice of an Early-Access Brief-Treatment Psychiatric Center, in: *American Journal of Psychiatry* 121 (1965), 1176–1182

Jerneizig, R. / Langenmayr, A., Klientenzentrierte Trauertherapie. Eine Pilotstudie zur Erfassung der therapeutischen Wirksamkeit, Göttingen 1992

Joesten, L., The Voices of the Dying and the Bereaved. A Bridge between Loss and Growth, in: *L.E. Holst* (Ed.), Hospital Ministry. The Role of the Chaplain Today, New York 1992, 139–150

Jüngel, E., Der Tod als Geheimnis des Lebens, in: *K.J. Kuschel* (Hg.), Lust an der Erkenntnis. Die Theologie des 20. Jahrhunderts, [2]1994 ([1]1986), 293–315

Kalish, R.A., A little Myth is a dangerous Thing. Research in the Service of the Dying, in: *C.A: Garfield* (Ed.), Psychosocial Care of the Dying Patient, New York (McGraw-Hill) 1978, 220

Kaprio, J. et al., Mortality after bereavement. A prospective study of 95647 widowed persons, in: *American Journal of Public Health* 77 (1987), 283–287

Kast, V., Trauern, Phasen und Chancen des psychischen Prozesses, Stuttgart [14]1993 (Erstauflage 1982)

Kim, K. / Jacobs, S. (1993), Neuroendocrine changes following bereavement, in: *Stroebe/Stroebe/Hansson*, Handbook, 143–159

Kirchenleitung der Vereinigten Evangelisch-Lutherischen Kirche Deutschlands (Hg.), Agende für evangelisch-lutherische Kirchen und Gemeinden, Bd. 3. Die Amtshandlungen, Teil 4. Dienst an Kranken, neubearb. Ausg. Hannover 1994; Teil 5. Die Bestattung, neubearb. Ausg. Hannover 1996

Klass, D., John Bowlby's Model of Grief and the Problem of Identification, in: *Omega* 18 (1987/88), 13–32

Klein, M., Zur Psychogenese der manisch-depressiven Zustände, in: *dies.*, Das Seelenleben des Kleinkindes und andere Beiträge zur Psychoanalyse (Beiheft zur Zeitschrift »Psyche«), Stuttgart 1962, 44–71

– Die Trauer und ihre Beziehung zu manisch-depressiven Zuständen (1940), in: *dies.*, Das Seelenleben des Kleinkindes und andere Beiträge zur Psychoanalyse, neu hg. von *H. Thorner*, Stuttgart [5]1994, 95–130

Kohut, H., Narzißmus, Frankfurt a.M. [8]1992 (am. Originalausgabe: The analysis of the Self. A Systematic Appoach to the Psychoanalytic Treatment of Narcissistic Personality Disorders, New York 1971)

Kübler-Ross, E., Interviews mit Sterbenden, Gütersloh [16]1992 (Erstauflage Stuttgart 1969); am. Originalausgabe: On Death and Dying, New York (Macmillan) 1969)

Lammer, K., Den Tod begreifen – Trauerbegleitung am Totenbett, in: *WzM* 52 (2000), 400–408

Landauer, K., Äquivalente der Trauer, in: *Internationale Zeitschrift für Psychoanalyse* 11 (1925), 194–205

Lazarus, R.S., Psychological Stress and the coping process, New York (McGraw-Hill) 1966

Lazarus, R.S. / Folkman, S., Stress, appraisal and coping, New York (Springer Publishing) 1984

Lazarus, R.S. / Launier, R., Stress-related transactions between person and environment, in: *L.A. Pervin / M. Lewis* (Eds.), Perspectives in Interactional Psychology, New York (Plenum) 1978

Lewinsohn, P.M. et al., Reinforcement and Depression, in: *Depue, R.A.* (Ed.), The Psychobiology of Depressive Disorders, New York (Academic Press) 1979, 291–316

Lindemann, E., Symptomatology and Management of Acute Grief, in: *American Journal of Psychiatry* 10 (1944), 141–148

– Modifications in the course of ulcerative colitis in relationship to changes in life situations and reaction patterns, in: *Life Stress and Bodily Disease, Association for Research in Nervous and Mental Disorders* 29 (1950), 706–723

– Die Bedeutung emotionaler Zustände für das Verständnis mancher innerer Krankheiten und ihre Behandlung, in: *Die Medizinische* (1953), Nr. 1, 515ff

– Beyond Grief. Studies in Crisis Intervention, New York (Aronson) 1979, deutsche Ausgabe: Jenseits von Trauer, Göttingen 1985

Littlefield, C.H. / Rushton, J.P., When a child dies. The sociobiology of bereavement, in: *Journal of Personality and Social Psychology* 51 (1986), 797–802

Loch, W., Regression – Über den Begriff und seine Bedeutung in einer allgemeinen psychoanalytischen Neurosentheorie, in: *Psyche* 17 (1963/64), 516–545
Lösel, F. / Ott-Engelmann, N., Zur Typik und Spezifität im Trauerverhalten – eine empirische Untersuchung an Witwen, in: *Howe/Ochsmann*, 1. Tagung, 338–348
Lundin, B., Morbidity following Sudden and Unexpected Bereavement, in: *British Journal of Psychiatry* 144 (1984), 84–88
Luther, H., Schmerz und Sehnsucht. Praktische Theologie in der Mehrdeutigkeit des Alltags, in: *ders.*, Religion und Alltag, Stuttgart 1992, 239–256
– Tod und Praxis. Die Toten als Herausforderung kirchlichen Handelns. Eine Rede, in: *ZThK* 88 (1991), 407–426
Luther, M., Der Segen, so man nach Mose spricht über das Volk, aus dem vierten Buche Mosi, am 6. Capitel. 1532, WA 30/3, 572–582
– Ein Sermon von der Bereitung zum Sterben (1519), in: WA 2, 685–697
Lutz, G. / Künzer-Riebel, B. (Eds.), Nur ein Hauch von Leben. Eltern berichten vom Tod ihres Babys und von der Zeit ihrer Trauer, Lahr [4]1987
Maddison, D. / Viola, A., The Health of Widows in the year following Bereavement, in: *Journal of Psychosomatic research* 12 (1968), 223–233
Maddison, D. / Walker, W., Factors affecting the outcome of conjugal bereavement, in: *British Journal of Psychiatry* 113 (1967), 1057–1067
Margolis, O.S. et al. (Eds.), Acute grief. Counseling the bereaved, New York (Columbia University Press) 1981
Marris, P., Loss and Change, London (Routledge / Kegan Paul) 1974
– Widows and their families, London (Routledge / Kegan Paul) 1958
Matthes, J., Volkskirchliche Amtshandlungen, Lebenszyklus und Lebensgeschichte, in: *ders.* (Hg.), Erneuerung der Kirche – Stabilität als Chance?, Gelnhausen/Berlin 1975, 83–112
Melges, F.T. / DeMaso, D.R., Grief-Resolution Therapy. Reliving, Revising, Revisiting, in: *American Journal of Psychotherapy* 34 (1) (1980), 51–61
Merkel, F., Der Umgang mit Toten und Trauernden als Thema evangelischer Theologie und kirchlicher Praxis, in: *K. Richter* (Hg.), Der Umgang mit den Toten. Tod und Bestattung in der christlichen Gemeinde, Freiburg i.Br. 1990, 48–62
Meyer, W., Über den Umgang mit dem Tod bei der Arbeit auf dem Notarztwagen, in: *Der Notarzt* 1 (1985), 99–103
Meyer, W. et al., Zur Psychologie des notärztlichen Verhaltens in Konfrontation mit dem Tod. Notärztlicher Umgang mit Angehörigen, in: *Der Notarzt* 8 (1992), 66–71
Middleton, W. / Raphael, B. et al. (1993), Pathological grief reactions, in: *Stroebe/Stroebe/Hansson*, Handbook, 44–61
Miles, A., Caring for the family left behind, in: *American Journal of Nursing* (Dec. 1993), 34–36
Miles, A., Comforting a Family When a Child dies, in: *The Christian Ministry* (May/June 1990), 12–14
Mitscherlich, A., Krankheit als Konflikt, Studien zur psychosomatischen Medizin, 2 Bde., Frankfurt a.M. 1966/1967
Mitscherlich, M., Trauer ist der halbe Trost. Gespräch mit Meinhard Schmidt-Degenhard, Zürich (pendo-Verlag) 1995
Morgenthaler, C., Sterben im Krankenhaus – systemische Aspekte, in: *WzM* 52 (2000), 408–424
Napalkov, A.V., Information process in the brain, in: *N. Weiner / J.C. Schade* (Eds.), progress in brain research. Nerve, brain and memory models, Amsterdam 1963

Nassehi, A. / Weber, G., Tod, Modernität und Gesellschaft. Entwurf einer Theorie der Todesverdrängung, Opladen 1989
Nassehi, A. / Pohlmann, R. (Hg.), Sterben und Tod. Probleme und Perspektiven der Organisation von Sterbebegleitung, Münster/Hamburg 1992
Osterweis, M. / Solomon, F. / Green, M. (Eds.), Bereavement. Reactions, consequences and care, Washington, DC (National Academy Press) 1984
Parkes, C.M., Bereavement. Studies of grief in adult life, London (Tavistock Publications) 1972; deutsche Ausgabe: Vereinsamung. Die Lebenskrise bei Partnerverlust. Psychologisch-soziologische Untersuchung des Trauerverhaltens, Hamburg 1974
– Effects of bereavement attached physical and mental health. A study of the medical records of widows, in: *British Medical Journal* 2 (1964), 274–279
– Recent bereavement as a cause of mental illness, in: *British Journal of Psychiatry* 110 (1964), 198–204
– Bereavement and Mental Illness (»Bethlehem-Studie«), in: *British Journal of Medical Psychology* 38 (1965), 1–26
– The First Year of Bereavement (»London-Studie«), in: *Psychiatry* 33 (1970), 444–467
Parkes, C.M. / Brown, R.J., Health after bereavement. A controlled study of young Boston widows and widowers, in: *Psychosomatic Medicine* 34 (1972), 449–461
Parkes, C.M. / Weiss, R.S., Recovery from Bereavement, New York (Basic Books) 1983
Pennebaker, J.W. / O'Heron, R.C., Confiding in others and illness rate among spouses of suicide and accidental death victims, in: *Journal of Abnormal Psychology* 93 (1984), 473–476
Petzold, H. / Rösing, I. (Hg.), Die Begleitung Sterbender. Theorie und Praxis der Thanatotherapie, Paderborn ^{2}1992
Preul, R., Kirchentheorie, Berlin 1997
– Religion-Bildung-Sozialisation. Studien zur Grundlegung einer religionspädagogischen Bildungstheorie, Gütersloh 1980
– Seelsorge als Bewältigung von Lebenssituationen, in: *J. Scharfenberg* (Hg.), Freiheit und Methode. Wege christlicher Einzelseelsorge, Göttingen 1979, 61–81
– Der Tod des ganzen Menschen. Luthers Sermon von der Bereitung zum Sterben, in: Der ›ganze Mensch‹. Perspektiven lebensgeschichtlicher Individualität, FS Dietrich Rössler, Berlin / New York 1997, 111–130
Rabin, P.L. / Pate, J.K., Acute Grief, in: *Southern Medical Journal* 74 (1981), 468–470
Ramsey, R.W., Behavioral approaches to bereavement, in: *Behavioural Research Therapy* 5 (1977), 131–135
– Bereavement. A behavioral treatment of pathological grief, in: *P.O. Sjoden / S. Bates / W.S. Dorkens* (Eds.), Trends in behavior therapy, New York (Academic Press) 1977, 217–248
Rando, T.A., Grief, dying and death. Clinical interventions for caregivers, Champain, Illinois (Research Press) 1984
Raphael, B., The Anatomy of Bereavement, New York (Basic Books) 1983
– Preventive Intervention with the Recently Bereaved, in: *Archives of General Psychiatry* 34 (1977), 1450–1454
Rees, W.D., The hallucinations of widowhood, in: *British Medical Journal* 4 (1971), 37–41
Richter, K. (Hg.), Der Umgang mit den Toten. Tod und Bestattung in der christlichen Gemeinde, Freiburg i.Br. 1990
– Art. Bestattung IV und V, in: TRE 5, 743ff

Riess, R., Seelsorge. Orientierung, Analysen, Alternativen, Göttingen 1973

Rosenstock-Huessy, E., Die Sprache des Menschengeschlechts. Eine Grammatik in vier Teilen, Bd. 1, Heidelberg 1963

Rush, B., Medical Inquiries and Observations upon the Diseases of the Mind, Philadelphia (Griegg and Elliot) 1835

Sanders, C.M. (1993), Risk factors in bereavement outcome, in: *Stroebe/Stroebe/Hansson*, Handbook, 255–270

Schachter, S., The Psychology of Affiliation, Stanford, CA (Stanford University Press) 1959

Scharfenberg, J., Einführung in die Pastoralpsychologie, Göttingen ²1990

Scharfenberg, J., (Hg.), Freiheit und Methode. Wege christlicher Einzelseelsorge, Göttingen 1979

Scharfenberg, J., Seelsorge als Gespräch. Zur Theorie und Praxis der seelsorgerlichen Gesprächsführung, Göttingen 1972

Scharffenorth, G. / Müller, K.A.M. (Hg.), Patienten-Orientierung als Aufgabe. Kritische Analyse der Krankenhaussituation und notwendige Neuorientierungen, Heidelberg ²1991 (¹1990)

Schaudig, K. u.a., Verarbeitung eines Spontanaborts und chronische Trauer im weiteren Verlauf, in: *Psychosomatische Gynäkologie und Geburtshilfe* (12) (1993/94), 152–156

Schelling, Erinnern und Erzählen. Psychotherapeutische und autobiographische Deutungen der Lebensgeschichte, in: *WzM* 35 (1983), 416–422

Schibilsky, M., Trauerwege. Beratung für helfende Berufe, Düsseldorf ⁴1994 (¹1989)

Schmidt-Furstoss, U., Suizid alter Menschen, in: *Howe*, Sterben – Tod – Trauer, 129–152

Schoenberg, B.M. et al. (Eds.), Anticipatory Grief, New York / London (Columbia University Press) 1974

– Bereavement Counseling. A Multidisciplinary Handbook, Westport, CT (Greenwood Press) 1980

Schulz-Nieswandt, F., Sterben im Krankenhaus. Determination der Hospitalisierung und Institutionalisierung in Alteneinrichtungen – Ein Beitrag zur Soziologie und Anthropologie des Wohnens im Alter, Weiden/Regensburg (eurotrans-Verlag) 1997

Schweidtmann, Der Umgang mit Toten und Hinterbliebenen im Krankenhaus, in: *K. Richter* (Hg.), Der Umgang mit den Toten. Tod und Bestattung in der christlichen Gemeinde, Freiburg i.Br. 1990, 81–92

Schweitzer, F., Lebensgeschichte als Thema von Religionspädagogik und Praktischer Theologie, in: *PTh* 83 (1994), 402–414

Seitz, F.C., Behaviour modification techniques for treating depression, in: *Psychotherapy, Theory, Research and Practice* 8 (1971), 181–184

Selye, H., The Stress of Life, New York (Mc Graw Hill) ²1976 (Erstausgabe 1936)

Shakleton, C.H., The Psychology of Grief. A Review, in: *Advances in Behaviour Research and Therapy* 6 (1984), 153–205

Shuchter, S. / Zisook, S. (1993), The course of normal grief, in: *Stroebe/Stroebe/Hansson*, Handbook, 23–43

Sies, E., Trauer und Depression. Eine empirische Untersuchung unter gesundheitlichen, psychologischen und sozialen Aspekten. Dissertation an der Medizinischen Fakultät der Universität Hamburg, Hamburg 1971

Skinner, B.F., Science and human behavior, New York 1953

– The Science of learning and the Art of teaching, in: *Harvard Educational Review* 24 (1954), 86–97

Sölle, D., Existenz ohne Leiden – eine Utopie? in: *dies.*, Sympathie. Theologisch-politische Traktate, Stuttgart 1978, 32–38

Specht-Tromann, M. / Tropper, D., Zeit des Abschieds. Sterbe- und Trauerbegleitung, Düsseldorf 1998

Spiegel, Y., Der Prozeß des Trauerns. Analyse und Beratung, München [7]1989 ([1]1973), Bd. I (Textband) und Bd. II (Anmerkungsband)

Stemme, F., Pädagogische Psychologie. Sozialpsychologische und therapeutische Aspekte, Bad Heilbrunn 1970

Stollberg, D., Therapeutische Seelsorge. Die amerikanische Seelsorgebewegung – Darstellung und Kritik, München 1969

Stollberg, D., Wahrnehmen und Annehmen. Seelsorge in Theorie und Praxis, Gütersloh 1978

Strauss, A.L., Spiegel und Masken. Die Suche nach Identität, Bd. 2, Frankfurt 1969; darin insbes. Kap. 4: »Wandlungen der Identität«, 95–142

Stroebe, M. / Stroebe, W., Bereavement and Health. The psychological and physical consequences of partner loss, Cambridge / New York (Cambridge University Press) 1987

– Who suffers more? Sex differences in health risks of the widowed, in: *Psychological Bulletin* 93 (1983), 279–301

– When love dies. An integration of attraction and bereavement research, in: *H. Tajfel* (Ed.), The Social Dimension (Vol. 1), Cambridge (Cambridge University Press) 1984

– The Mortality of Bereavement. A Review (1993), in: *Stroebe/Stroebe/Hansson*, Handbook, 175–195

Stroebe, M. / Stroebe, W. / Domittner, G., The impact of recent bereavement on the mental and physical health of young widows and widowers. Reports from the Psychological Institute of Tübingen University 17, 1985, 1–42

Stroebe, M. / Stroebe, W. / Gergen, K. / Gergen, M., Der Kummer-Effekt. Psycholgische Aspekte der Sterblichkeit bei Verwitweten, in: *Psychologische Beiträge* 22 (1980), 1–26

Stroebe, M. / Stroebe, W. / Hansson, R.O. (Eds.), Bereavement and Widowhood, *Themenband der Zeitschrift Journal of Social Issues* 44 (3) (1988)

– Handbook of bereavement. Theory, research and intervention, Cambridge/ New York (Cambridge University Press) 1993

Tajfel, H., Social categorization, social identity, and social comparison, in: *ders.* (Ed.), Differentiation between social groups, London (Academic Press) 1978

Tausch-Flammer, D. / Bickel, L., Wenn ein Mensch gestorben ist – wie gehen wir mit den Toten um? Freiburg i.Br.1995

Taylor, S.E., Adjustment to threatening events. A theory of cognitive adaptation, in: *American Psychologist* 38 (1) (1983), 161–173

Thilo, H.-J., Beratende Seelsorge. Tiefenpsychologische Methodik, dargestellt am Kasualgespräch, Göttingen 1971

Thomas, C., Berührungsängste? Vom Umgang mit der Leiche, Köln 1994

Thorndike, E.L., Animal Intelligence. An Experimental Study of the Associative Processes in Animals, in: *Psychological Review, Monograph Supplement* 8, New York 1898

Tillich, P., Der Einfluß der Pastoralpsychologie auf die Theologie, in: *F. Wintzer* (Hg.), Seelsorge, Stuttgart 1978, 134–144

Tillich, P., Systematische Theologie, Bd. I, Stuttgart [2]1956

Tillich, P., Systematische Theologie, Bd. II, Stuttgart, [1]1958

Volkan, V., A Study of a Patient's »Re-Grief Work«, in: *Psychiatric Quarterly* 45 (1971), 255–273

Wagner-Rau, U., Segensraum. Kasualpraxis in der modernen Gesellschaft, Stuttgart 2000

Wehkamp, K.-H., Kindstod in der Frauenklinik, in: *G. Lutz / B. Künzer-Riebel* (Hg.), Nur ein Hauch von Leben. Eltern berichten vom Tod ihres Babys und von der Zeit ihrer Trauer, Lahr ^{4}1987, 79–95

Weiher, E., Die Religion, die Trauer und der Trost. Seelsorge an den Grenzen des Lebens, Mainz 1999

Westberg, G.E., Good Grief. A Constructive Approach to the Problem of Loss, Philadelphia (Fortress Press) 1962

Westermann, C., Der Segen in der Bibel und im Handeln der Kirche, München 1968

Wiefel-Jenner, K., An den Rändern des Todes. Beobachtungen und Überlegungen zur liturgischen Gestaltung von Trauerfeiern, in: *PTh* 86 (1997), 414–428

Will, K., Sinngebung und Lebenshilfe. Zur theologischen Theorie der Amtshandlungen, Frankfurt a.M. 1983

Winkler, E., Tore zum Leben. Taufe, Konfirmation, Trauung, Bestattung, Neukirchen 1995

Winkler, K., Das persönlichkeitsspezifische Credo, in: *WzM* 34 (1982), 159–163

– Pastoralpsychologische Aspekte der Rede von Gott, in: *ThLZ* 107 (1982), 866–876

Winnicott, D.W., Objektverwendung und Identifizierung, in: *ders.*, Vom Spiel zur Kreativität, Stuttgart ^{4}1987, 101–110

– Spielen. Eine theoretische Darstellung, in: *ders.*, Vom Spiel zur Kreativität, Stuttgart ^{4}1987, 49–64

– Vom Spiel zur Kreativität, Stuttgart ^{4}1987

Wintzer, F. (Hg.), Seelsorge, Stuttgart 1978

Worden, W., Beratung und Therapie in Trauerfällen. Ein Handbuch, Bern 1986, deutsche Übersetzung der amerikanischen Erstausgabe von 1982; (am. Originaltitel vgl. u. die überarbeitete Zweitauflage)

Worden, W., Grief Counseling & Grief Therapy. A Handbook for the Mental Health Practitioner, Second Edition, New York (Springer Publishing Company) 1991

Wortman, C. B. / Silver, R. C., The Myths of Coping with Loss, in: *Journal of Consulting and Clinical Psychology* 57 (1989), 349–357

Zielinsky, R., Wo Schmerzen ihre Schrecken verlieren. Ein Modell der palliativen Therapie, Mainz 1988

Zisook, S. / Shuchter, S., The First Four Years of Widowhood, in: *Psychiatric Annals* 16 (1986), 288–294

Zulehner, P.M., Heirat – Geburt – Tod. Eine Pastoral zu den Lebenswenden, Wien ^{4}1982 (^{1}1976)